W0255088

# Informatik — Fachberichte


Band 200: A. Reinefeld, Spielbaum-Suchverfahren. IX, 191 Seiten. 1989.

Band 201: A. M. Kotz, Triggermechanismen in Datenbanksystemen. VIII, 187 Seiten. 1989.

Band 202: Th. Christaller (Hrsg.), Künstliche Intelligenz. 5. Frühjahrsschule, KIFS-87, Günne, März/April 1987. Proceedings. VII, 403 Seiten, 1989.

Band 203: K. v. Luck (Hrsg.), Künstliche Intelligenz. 7. Frühjahrsschule, KIFS-89, Günne, März 1989. Proceedings. VII, 302 Seiten. 1989.

Band 204: T. Härder (Hrsg.), Datenbanksysteme in Büro, Technik und Wissenschaft. GI/SI-Fachtagung, Zürich, März 1989. Proceedings. XII, 427 Seiten. 1989.

Band 205: P. J. Kühn (Hrsg.), Kommunikation in verteilten Systemen. ITG/GI-Fachtagung, Stuttgart, Februar 1989. Proceedings. XII, 907 Seiten. 1989.

Band 206: P. Horster, H. Isselhorst, Approximative Public-Key-Kryptosysteme. VII, 174 Seiten. 1989.

Band 207: J. Knop (Hrsg.), Organisation der Datenverarbeitung an der Schwelle der 90er Jahre. 8. GI-Fachgespräch, Düsseldorf, März 1989. Proceedings. IX, 276 Seiten. 1989.

Band 208: J. Retti, K. Leidlmair (Hrsg.), 5. Österreichische Artificial-Intelligence-Tagung, Igls/Tirol, März 1989. Proceedings. XI, 452 Seiten. 1989.

Band 209: U. W. Lipeck, Dynamische Integrität von Datenbanken. VIII, 140 Seiten. 1989.

Band 210: K. Drosten, Termersetzungssysteme. IX, 152 Seiten. 1989.

Band 211: H. W. Meuer (Hrsg.), SUPERCOMPUTER '89. Mannheim, Juni 1989. Proceedings, 1989. VIII, 171 Seiten. 1989.

Band 212: W.-M. Lippe (Hrsg.), Software-Entwicklung. Fachtagung, Marburg, Juni 1989. Proceedings. IX, 290 Seiten. 1989.

Band 213: I. Walter, Datenbankgestützte Repräsentation und Extraktion von Episodenbeschreibungen aus Bildfolgen. VIII, 243 Seiten. 1989.

Band 214: W. Görke, H. Sörensen (Hrsg.), Fehlertolerierende Rechensysteme / Fault-Tolerant Computing Systems. 4. Internationale GI/ITG/GMA-Fachtagung, Baden-Baden, September 1989. Proceedings. XI, 390 Seiten. 1989.

Band 215: M. Bidjan-Irani, Qualität und Testbarkeit hochintegrierter Schaltungen. IX, 169 Seiten. 1989.

Band 216: D. Metzing (Hrsg.), GWAI-89. 13th German Workshop on Artificial Intelligence. Eringerfeld, September 1989. Proceedings. XII, 485 Seiten. 1989.

Band 217: M. Zieher, Kopplung von Rechnernetzen. XII, 218 Seiten. 1989.

Band 218: G. Stiege, J. S. Lie (Hrsg.), Messung, Modellierung und Bewertung von Rechensystemen und Netzen. 5. GI/ITG-Fachtagung, Braunschweig, September 1989. Proceedings. IX, 342 Seiten. 1989.

Band 219: H. Burkhardt, K. H. Höhne, B. Neumann (Hrsg.), Mustererkennung 1989. 11. DAGM-Symposium, Hamburg, Oktober 1989. Proceedings. XIX, 575 Seiten. 1989

Band 220: F. Stetter, W. Brauer (Hrsg.), Informatik und Schule 1989: Zukunftsperspektiven der Informatik für Schule und Ausbildung. GI-Fachtagung, München, November 1989. Proceedings. XI, 359 Seiten. 1989.

Band 221: H. Schelhowe (Hrsg.), Frauenwelt – Computerräume. GI-Fachtagung, Bremen, September 1989. Proceedings. XV, 284 Seiten. 1989.

Band 222: M. Paul (Hrsg.), GI – 19. Jahrestagung I. München, Oktober 1989. Proceedings. XVI, 717 Seiten. 1989.

Band 223: M. Paul (Hrsg.), GI – 19. Jahrestagung II. München, Oktober 1989. Proceedings. XVI, 719 Seiten. 1989.

Band 224: U. Voges, Software-Diversität und ihre Modellierung. VIII, 211 Seiten. 1989

Band 225: W. Stoll, Test von OSI-Protokollen. IX, 205 Seiten. 1989.

Band 226: F. Mattern, Verteilte Basisalgorithmen. IX, 285 Seiten. 1989.

Band 227: W. Brauer, C. Freksa (Hrsg.), Wissensbasierte Systeme. 3. Internationaler GI-Kongreß, München, Oktober 1989. Proceedings. X, 544 Seiten. 1989.

Band 228: A. Jaeschke, W. Geiger, B. Page (Hrsg.), Informatik im Umweltschutz. 4. Symposium, Karlsruhe, November 1989. Proceedings. XII, 452 Seiten. 1989.

Band 229: W. Coy, L. Bonsiepen, Erfahrung und Berechnung. Kritik der Expertensystemtechnik. VII, 209 Seiten. 1989.

Band 230: A. Bode, R. Dierstein, M. Göbel, A. Jaeschke (Hrsg.), Visualisierung von Umweltdaten in Supercomputersystemen. Karlsruhe, November 1989. Proceedings. XII, 116 Seiten. 1990.

Band 231: R. Henn, K. Stieger (Hrsg.), PEARL 89 – Workshop über Realzeitsysteme. 10. Fachtagung, Boppard, Dezember 1989. Proceedings. X, 243 Seiten. 1989.

Band 232: R. Loogen, Parallele Implementierung funktionaler Programmiersprachen. IX, 385 Seiten. 1990.

Band 233: S. Jablonski, Datenverwaltung in verteilten Systemen. XIII, 336 Seiten. 1990.

Band 234: A. Pfitzmann, Diensteintegrierende Kommunikationsnetze mit teilnehmerüberprüfbarem Datenschutz. XII, 343 Seiten. 1990.

Band 235: C. Feder, Ausnahmebehandlung in objektorientierten Programmiersprachen. IX, 250 Seiten. 1990.

Band 236: J. Stoll, Fehlertoleranz in verteilten Realzeitsystemen. IX, 200 Seiten. 1990.

Band 237: R. Grebe (Hrsg.), Parallele Datenverarbeitung mit dem Transputer. Aachen, September 1989. Proceedings. VIII, 241 Seiten. 1990.

Band 238: B. Endres-Niggemeyer, T. Hermann, A. Kobsa, D. Rösner (Hrsg.), Interaktion und Kommunikation mit dem Computer. Ulm, März 1989. Proceedings. VIII, 175 Seiten. 1990.

Band 239: K. Kansy, P. Wißkirchen (Hrsg.), Graphik und KI. Königswinter, April 1990. Proceedings. VII, 125 Seiten. 1990.

Band 240: D. Tavangarian, Flagorientierte Assoziativspeicher und -prozessoren. XII. 193 Seiten. 1990.

Band 241: A. Schill, Migrationssteuerung und Konfigurationsverwaltung für verteilte objektorientierte Anwendungen. IX, 174 Seiten. 1990.

Band 242: D. Wybranietz, Multicast-Kommunikation in verteilten Systemen. VIII, 191 Seiten. 1990.

Band 243: U. Hahn, Lexikalisch verteiltes Text-Parsing. X, 263 Seiten. 1990.

Band 244: B. R. Kämmerer, Sprecherunabhängigkeit und Sprecheradaption. VIII, 110 Seiten. 1990.

Band 245: C. Freksa, C. Habel (Hrsg.), Repräsentation und Verarbeitung räumlichen Wissens. VIII, 353 Seiten. 1990.

Band 246: Th. Bräunl, Massiv parallele Programmierung mit dem Parallaxis-Modell. XII, 168 Seiten. 1990

Band 247: H. Krumm, Funktionelle Analyse von Kommunikationsprotokollen. IX, 122 Seiten. 1990.

Band 248: G. Moerkotte, Inkonsistenzen in deduktiven Datenbanken. VIII, 141 Seiten. 1990.

Band 249: P. A. Gloor, N. A. Streitz (Hrsg.), Hypertext und Hypermedia. IX, 302 Seiten. 1990.

Informatik-Fachberichte 297

Herausgeber: W. Brauer
im Auftrag der Gesellschaft für Informatik (GI)

Thomas Ruf

# Featurebasierte Integration von CAD/CAM-Systemen

## Springer-Verlag

Berlin Heidelberg New York London Paris
Tokyo Hong Kong Barcelona Budapest

**Autor**

Thomas Ruf
Universität Erlangen-Nürnberg, IMMD VI
Martensstr. 3, W-8520 Erlangen

CR Subject Classification (1991): I.2.1, I.2.8, I.3.5, I.3.8, I.5.2, I.5.3, J.2, J.6

ISBN-13: 978-3-540-54991-8      e-ISBN-13: 978-3-642-77193-4
DOI: 10.1007/978-3-642-77193-4



Satz: Reproduktionsfertige Vorlage vom Autor
33/3140-543210 – Gedruckt auf säurefreiem Papier

# Geleitwort

Die vorliegende Arbeit ist ein Lehrbuch über Systeme des Computer Integrated Manufacturing (CIM) und eine Monographie über Arbeitsplanerzeugung zugleich. Es wird schrittweise ein Ansatz zur Integration diverser CIM-Teilbereiche entwickelt und ausgeführt, der in zentralen Zielsetzungen beim Aufbau rechnerintegrierter Produktionssysteme (Flexibilität, Durchgängigkeit und Redundanzfreiheit, Erweiterbarkeit, Automatisierungsgrad sowie Fehlertoleranz und Adaptivität) wesentlich über die heute oft üblichen ad-hoc-Kopplungsansätze hinausgeht. In Form einer stufenförmigen Pyramide bilden die beiden ersten, breit angelegten Hauptabschnitte eine umfassende, leicht verständliche Basis, auf der dann die speziellen Kapitel über Konzeption und Realisierung von durchgängigen Konstruktions- und Fertigungssystemen aufgebaut werden.

Die glänzende Idee, die Hohlkörper (form features) eines mechanisch zu fertigenden Teils zu klassifizieren und – analog zu CSG-Systemen – zur Konstruktion und dann weiter zur Fertigung zu nutzen, wurde erstmals in der Dissertation von Kyprianou (Cambridge) vorgetragen und in der Dissertation von Henderson (Purdue) verfeinert. Ich sehe in der Arbeit von Ruf eine dritte bemerkenswerte Leistung zur gleichen Problematik. Sie unterscheidet sich von den beiden amerikanischen Vorgängern vor allem in Sachen "Durchgängigkeit" des Feature-Ansatzes von der Erkennung über die statische Ressourcenvorauswahl bis hin zur dynamischen Ressourcenbelegungsplanung. Entscheidend ist die Systematisierung aller Planungs-, Steuerungs- und Kontrollaufgaben der mechanischen Fertigung mittels eines generischen, von speziellen Anwendungen abstrahierenden Konzepts; das vorgestellte Integrationskonzept verspricht somit breiten Anwendungsschichten einen unmittelbaren Nutzen.

Die Arbeit von Ruf stellt die erste umfassende Publikation zur Featurethematik im deutschen Sprachraum dar. Mit einer großen Klarheit führt der Autor den Leser, von dem nur Elementarkenntnisse verlangt werden, da alles Weiterführende eingeführt, nochmals aufgegriffen und kritisch betrachtet wird. In wichtigen internationalen Standardisierungen, wie z.B. STEP, deutet sich an, daß Form Features einen zentralen Bestandteil künftiger Normierungen bilden werden. Nicht zuletzt aus diesem Grund ist das vorliegende Werk eine wichtige Grundlage für Informatiker und Fertigungstechniker in Studium und Beruf.

Prof. Dr. H. Wedekind

*"... Dann hat er die Teile in seiner Hand,*
*fehlt leider! nur das geistige Band ..."*
MEPHISTOPHELES ZUM SCHÜLER. FAUST I

# Vorwort

Bei der Entwicklung rechnergestützter Produktionssysteme wurden in den letzten Jahren substanzielle Fortschritte erzielt. Speziell im anlagen- und kommunikationstechnischen Bereich wurden zahlreiche neue Methoden und Verfahren entwickelt, die eine hochqualitative, kostengünstige Produktion von Bauteilen auch in kleinen und kleinsten Stückzahlen ermöglichen. Beispielhaft seien im Anlagenbereich moderne flexible Fertigungssysteme mit mehrachsigen Bearbeitungszentren und integriertem Werkstück- und Werkzeugwechsel genannt; im Kommunikationsbereich hat vor allem die Entwicklung von Kommunikationsnetzen mit unterschiedlicher Reichweite und Übertragungsgeschwingigkeit (LAN's, WAN's) die technischen Voraussetzungen für ein 'Zusammenwachsen' der Teilsysteme einer Produktionsstätte geschaffen.

Auch im Produktionsvorfeld wurden und werden mächtige rechnergestützte Verfahren und Systeme entwickelt, teilweise schon lange bevor die Produktionstechnik unter dem Schlagwort 'CIM (*C*omputer *I*ntegrated *M*anufacturing)' auch für Informatiker zu einem aktuellen Thema wurde. So liegen die Anfänge der kommerziellen Datenverarbeitung nicht nur – wie heute vielfach angenommen wird – primär im Buchungs- und Abrechnungsbereich; vielmehr zählen Produktionsplanungs- und -steuerungssysteme sowie mathematische Berechnungsprogramme für den Konstruktionsbereich zu den ersten erfolgreichen Einsatzgebieten der Informatik.

Trotz oder gerade wegen der weitgehend günstigen Voraussetzungen für den Aufbau rechnerintegrierter Produktionssysteme mutet es seltsam an, daß in diesem Bereich häufig 'das Rad jeden Tag neu erfunden wird'. Speziell auf der Planungsebene werden noch immer viele Aufgaben teilespezifisch von Hand ausgeführt, beispielsweise bei der Identifikation der zur Teileherstellung erforderlichen einzelnen Arbeitsgänge aus der geometrischen Bauteilbeschreibung. Bisher realisierte Ansätze, die auf einen erhöhten Grad an Wiederverwendbarkeit früherer Planungsschritte abzielen, sind im Einsatzspektrum oft sehr begrenzt und werden deshalb den Anforderungen der kundenindividuellen hochflexiblen Produktion mechanischer Bauteile in kleinen und kleinsten Stückzahlen nicht gerecht.

Die Schaffung eines durchgängigen integrierten Gesamtsystems zur Teilefertigung aus bestehenden Teillösungen scheint wegen des langen eigenständigen Wachstums der Komponenten oftmals schwieriger zu sein als ein völliger Neubeginn. Andererseits kann es nicht angehen, daß bewährte Verfahren und Systeme beim Aufbau neuer, umfassenderer Lösungen nicht genutzt werden. Nachdem in der vorliegenden Arbeit anlagentechnische Belange weitgehend ausgeklammert werden, kann als zentrale Themenstellung die Schaffung eines rechnerintegrierten Produktionskontrollsystems unter Einsatz bestehender Teilkomponenten der rechnergestützten Produktion angegeben werden. Spezielles Augenmerk wird dabei den Anforderungen der hochflexiblen Fertigung mechanischer Bauteile gewidmet.

Die Annäherung an das Thema erfolgt über eine Fallstudie zur rechnergestützten Teilefertigung (Hauptabschnitt A). In Hauptabschnitt B werden in einer Verallgemeinerung der Fallstudie die wesentlichen Merkmale und Aufgaben der Teilkomponenten rechnergestützter Produktionssysteme sowie spezifische Realisierungsvarianten diskutiert. Auf dieser Basis erfolgt in Hauptabschnitt C die Konzeption des rechnerintegrierten Produktionskontrollsystems FIPS, in welchem auf der Grundlage eines featureorientierten Anwendungsmodells die Aufgabe der Teileproduktion teilsystemübergreifend in Form von sogenannten abstrakten Bearbeitungsschritten beschrieben wird. In Hauptabschnitt D wird die prototypische Realisierung des FIPS-Systems mit Teilkomponenten zur Featureanalyse, statischen Ressourcenvorauswahl und dynamischen Ressourcenbelegungsplanung vorgestellt. Hauptabschnitt E faßt die Stellung der in dieser Arbeit vorgestellten featurebasierten Planungs-, Steuerungs- und Kontrollsysteme in zukünftigen rechnerintegrierten Produktionssystemen zusammen.

Die vorliegende Arbeit wurde entscheidend geprägt von den Erfahrungen, die ich in mehreren industriellen und universitären Projekten sammeln konnte. Ihre Entstehung wurde durch den Sonderforschungsbereich 182 'Multiprozessor- und Netzwerkkonfigurationen' an der Friedrich-Alexander-Universität Erlangen-Nürnberg gefördert, insbesondere im Rahmen des Querschnittsprojekts HEDAS 'Heterogene, durchgängige Anwendungssysteme' sowie im Teilprojekt B4 'Funktions- und Datenverteilung in Rechnernetzen'. Die Anregung zur Untersuchung eines Teilgebiets der rechnerintegrierten Produktion verdanke ich Herrn Prof. Dr. Hartmut Wedekind, der auch das Verfassen dieses Buches in einer konstruktiven Arbeitsatmosphäre ermöglichte. Dr.-Ing. Stefan Jablonski und Dipl.-Inf. Berthold Reinwald waren ständige Begleiter auf der Suche nach einem neuen Weg zu rechnerintegrierten Produktionssystemen. Diese beiden Mitstreiter in der 'CIM-Ecke' des Lehrstuhls für Datenbanksysteme an der Friedrich-Alexander-Universität Erlangen-Nürnberg sind mir im Lauf der Jahre zu Freunden auch im privaten Bereich geworden. Daß sie das Manuskript dieses Buches engagiert und konstruktiv redigiert haben, verdient der besonderen Erwähnung. Ebenso herzlich danke ich Herrn Priv.-Doz. Dr. habil. Sawwas Keramidis für die Begutachtung der Arbeit.

Neben den genannten Personen sei ohne Namensnennung allen Personen gedankt, die direkt oder indirekt zum Entstehen der vorliegenden Arbeit beigetragen haben. In erster Linie sind hier die Projektpartner aus Industrie und Hochschule sowie alle Studenten zu erwähnen. Letztere haben in mit außergewöhnlichem Engagement angefertigten Studien- und Diplomarbeiten entscheidend zur Realisierung des FIPS-Systems beigetragen. Ursula Martin hat die Bilder mit Geduld und Akribie angefertigt. Die Endfassung dieses Buches wurde von meinem Vater Korrektur gelesen, dem – stellvertretend für meine ganze Familie – nicht nur hierfür, sondern für die fortwährende wohlwollende und großzügige Unterstützung meiner Studien gedankt sei. Bei meiner Frau möchte ich mich für den festen moralischen Rückhalt und das entgegengebrachte Verständnis bedanken.


Erlangen, im Mai 1991                                          Thomas Ruf

# Inhaltsverzeichnis


**A  Rechnerintegrierte Produktionssysteme –
eine anwendungsorientierte Einführung** ................... 1

**1  Grundlagen** ......................................... 3

   1.1  Problemstellung und Aufbau der Arbeit ........................ 4

   1.2  Entwicklungsstufen rechnergestützter Produktionssysteme ......... 5

   1.3  Zielsetzungen der rechnerintegrierten Produktion .............. 6

      1.3.1  Externe Ziele ...................................... 7

      1.3.2  Interne Ziele ...................................... 8

      1.3.3  Beziehungen zwischen internen und externen Zielen ....... 11

   1.4  Funktionalbereiche rechnerintegrierter Produktionssysteme ........ 12

      1.4.1  Konstruktion ...................................... 12

      1.4.2  Arbeitsvorbereitung ................................. 14

      1.4.3  Produktionsplanung und -steuerung ..................... 15

      1.4.4  Produktion ........................................ 17

**2  Rechnergestützte Teilefertigung: Eine Fallstudie** ..................... 19

   2.1  Kennzeichen der Fallstudie ........................ 20

   2.2  Beschreibung des untersuchten Unternehmens ..................... 20

      2.2.1  Hardwarestruktur .................................. 20

      2.2.2  Softwarestruktur ................................... 23

         2.2.2.1  Vertrieb ................................. 24

         2.2.2.2  Produktionsplanung und -steuerung ............. 24

         2.2.2.3  Konstruktion ............................. 25

         2.2.2.4  Arbeitsvorbereitung ........................ 27

         2.2.2.5  Werkstattsteuerung ......................... 29

         2.2.2.6  DNC-Steuerung ............................ 31

   2.3  Analyse der Fallstudie ............................. 32

      2.3.1  Kontrollfluß ...................................... 32

      2.3.2  Datenfluß ........................................ 36

   2.4  Problemkreise und Aufgabenstellungen ......................... 39

**3  Abgrenzung und Überblick** ............................. 43

## B  Basiskomponenten rechnergestützter Produktionssysteme . 45


**4  CAD-Systeme** ......................................................... 47

4.1  Kennzeichen und Aufgaben ....................................... 48

4.2  Geometrisches Modellieren und geometrische Datenmodelle ....... 49

4.3  Nichteindeutige Modelle ......................................... 50

    4.3.1  Technische Zeichnung ..................................... 50

    4.3.2  Drahtmodell .............................................. 51

4.4  Eindeutige Darstellungsschemata ................................ 52

    4.4.1  Punktmengendarstellung und Octree's ..................... 52

    4.4.2  Zellzerlegung ............................................ 53

    4.4.3  Translation und Rotation von Formelementen .............. 54

    4.4.4  Begrenzungsflächendarstellung ........................... 55

    4.4.5  Darstellung durch Standardvolumenelemente ............... 57

    4.4.6  Implizite Objektdarstellung durch parametrisierte Prototypen  59

4.5  Hybride und multiple Darstellungsschemata ..................... 60

4.6  Einsatz in rechnergestützten Produktionsumgebungen ............ 63

    4.6.1  Objektmodellierung ...................................... 63

    4.6.2  Objektrepräsentation .................................... 64

**5  CAPP-Systeme** ...................................................... 67

5.1  Kennzeichen und Aufgaben ....................................... 68

5.2  Verfahren der rechnergestützten Arbeitsplanung ................ 69

    5.2.1  Arbeitsplanverwaltung ................................... 69

    5.2.2  Variantenplanung ........................................ 69

    5.2.3  Semi-generative Planung ................................. 70

    5.2.4  Generative Planung ...................................... 71

5.3  Funktionen der Arbeitsplanung .................................. 73

    5.3.1  Identifikation der Bearbeitungsaufgabe .................. 74

        5.3.1.1  Codierungs- und Klassifikationsverfahren ......... 74

        5.3.1.2  Vorgangsorientierte Verfahren .................... 76

        5.3.1.3  Geometrieorientierte Verfahren ................... 77

    5.3.2  Planung der Bearbeitungsschritte ........................ 79

        5.3.2.1  Repräsentation der physischen Herstellungsumgebung ........................... 80

        5.3.2.2  Repräsentation des Herstellungswissens ........... 83

        5.3.2.3  Festlegung der Herstellungsparameter ............. 84

    5.3.3  Repräsentation der Planungsergebnisse ................... 86

5.4  Einsatz in rechnergestützten Produktionsumgebungen ............ 88

**6    PPS-Systeme** .................................................. 91

6.1   Kennzeichen und Aufgaben ................................. 92

6.2   Funktionen der Produktionsplanung und -steuerung ............. 93

   6.2.1   Produktionsplanung ................................. 94

      6.2.1.1   Produktionsprogrammplanung .................. 94

      6.2.1.2   Mengenplanung ............................. 94

      6.2.1.3   Termin- und Kapazitätsplanung ............... 95

   6.2.2   Produktionssteuerung ............................... 96

      6.2.2.1   Auftragsveranlassung ........................ 96

      6.2.2.2   Auftragsüberwachung ........................ 97

6.3   Konzepte der Produktionsplanung und -steuerung ............... 97

   6.3.1   Sukzessivplanungskonzept .......................... 98

   6.3.2   MRP II ........................................... 100

   6.3.3   Marktorientierte Planung .......................... 102

   6.3.4   OPT .............................................. 103

6.4   Einsatz in rechnergestützten Produktionsumgebungen ........... 105


**7    CAM-Systeme** ................................................. 107

7.1   Kennzeichen und Aufgaben ................................. 108

7.2   Komponenten rechnergestützter Fertigungssysteme .............. 109

   7.2.1   Technisches System ................................ 109

   7.2.2   Steuerungs- und Kontrollsystem .................... 114

7.3   Formen der Fertigungssteuerung ............................ 116

   7.3.1   Prioritätsregelsteuerung und Leitstandsysteme ......... 117

   7.3.2   Fortschrittzahlenkonzept und Just-in-time-Steuerung ........ 118

   7.3.3   KANBAN-Steuerung .............................. 120

   7.3.4   Belastungsorientierte Auftragsfreigabe ............... 122

7.4   Einsatz in rechnergestützten Produktionsumgebungen ........... 124

**C Konzeption des flexiblen rechnerintegrierten Produktionskontrollsystems FIPS** .......................... 127

**8 Entwurfsgrundlagen** ........................................ 129

8.1 Zielsetzungen ........................................... 130

    8.1.1 Flexibilität ......................................... 130

    8.1.2 Durchgängigkeit und Redundanzfreiheit .................. 132

    8.1.3 Erweiterbarkeit ...................................... 133

    8.1.4 Automatisierung ...................................... 135

    8.1.5 Fehlertoleranz und Adaptivität ........................ 137

8.2 Anwendungsmodell ........................................ 139

8.3 Modellbewertung anhand der Zielsetzungen ................. 141

**9 Architektur des Gesamtsystems** ............................ 143

9.1 Übersicht ............................................... 144

9.2 Ableiten von Arbeitsganginformation ..................... 147

    9.2.1 Definition der Fertigteilgeometrie .................... 147

    9.2.2 Definition der Rohteilgeometrie ....................... 148

    9.2.3 Restkörperberechnung ................................. 148

    9.2.4 Restkörperzerlegung .................................. 149

        9.2.4.1 Featureerkennung ............................. 150

        9.2.4.2 Featureextraktion ............................ 152

        9.2.4.3 Featurezerlegung ............................. 153

        9.2.4.4 Featureorganisation .......................... 154

9.3 Identifikation zuordenbarer Fertigungsressourcen ........ 155

    9.3.1 Analyse des Featuregraphen ............................ 156

    9.3.2 Generierung der Ressourcenlisten ...................... 157

    9.3.3 Identifikation vollständiger Herstellumgebungen ........ 158

9.4 Auswahl einer Ausführumgebung ........................... 159

    9.4.1 Repräsentation der Planungsdaten ...................... 160

    9.4.2 Spezifikation der Auswahlkriterien .................... 161

        9.4.2.1 Featurelokale Optimierung .................... 162

        9.4.2.2 Featureübergreifende Optimierung ............. 163

**10 Verwandte Arbeiten** ...................................... 165

10.1 Ansätze im Bereich Featureanalyse ...................... 166

    10.1.1 Tabellarischer Vergleich von Featureerkennungsansätzen ... 166

    10.1.2 CSG-basierte Verfahren ............................... 168

        10.1.2.1 Prozedurale Ansätze ......................... 168

        10.1.2.2 Elementorientierte Ansätze .................. 170

        10.1.2.3 Grundsätzliche Probleme und Lösungsansätze ..... 171

10.1.3 BREP-basierte Verfahren ........................... 172

    10.1.3.1 Feature-Grammatiken ........................ 173

    10.1.3.2 Mustererkennungsverfahren ................... 174

    10.1.3.3 Produktionenregelsysteme ................... 176

    10.1.3.4 Klassifikationsverfahren ..................... 178

10.1.4 Anforderungen an die Featureerkennung im Kontext der rechnerintegrierten Produktion .......................... 179

    10.1.4.1 CAD-Datenmodell ......................... 179

    10.1.4.2 Featurerepräsentation ...................... 180

    10.1.4.3 Featuredarstellung ........................ 180

    10.1.4.4 Featurevisualisierung ...................... 181

    10.1.4.5 Featureklassifikation ...................... 182

    10.1.4.6 Featurebeziehungen ....................... 183

10.2 Ansätze im Bereich Arbeitsplanung ...................... 184

10.2.1 Tabellarischer Vergleich von Arbeitsplanungssystemen ..... 185

10.2.2 Repräsentation des Planungswissens .................... 191

10.2.3 Durchführung der Planungsschritte ..................... 191

    10.2.3.1 Technologiebezogene Planungsphase ........... 192

    10.2.3.2 Ressourcenbezogene Planungsphase ............ 194

    10.2.3.3 Operationenbezogene Planungsphase ........... 196

10.2.4 Anforderungen an die Arbeitsplanung im Kontext der rechnerintegrierten Produktion .......................... 198

    10.2.4.1 Teiledefinition ........................... 199

    10.2.4.2 Spezifikation der Herstellumgebung ............ 199

    10.2.4.3 Repräsentation des Herstellwissens ............ 200

    10.2.4.4 Bereitstellung der Planungsergebnisse ........... 200

10.3 Ansätze im Bereich Werkstattsteuerung ................... 201

10.3.1 Tabellarischer Vergleich von Werkstattsteuerungsansätzen .. 201

10.3.2 Entwicklungslinien neuerer rechnergestützter Werkstattsteuerungssysteme ........................... 203

    10.3.2.1 Dynamische Regelansätze ................... 203

    10.3.2.2 Constraint-basierte Systeme .................. 205

    10.3.2.3 Ansätze zur Scheduleoptimierung .............. 209

    10.3.2.4 Mehrstufige Ansätze ....................... 211

10.3.3 Anforderungen an die Werkstattsteuerung im Kontext der rechnerintegrierten Produktion .......................... 212

    10.3.3.1 Spezifikation der Scheduling-Strategie ........... 212

    10.3.3.2 Berücksichtigung der Planungssituation auf Werkstattebene ........................... 213

    10.3.3.3 Planungszeit und -horizont ................... 213

    10.3.3.4 Fehlerkompensation ....................... 214

**D  Realisierung des flexiblen rechnerintegrierten Produktionskontrollsystems FIPS** .......................... 215

**11  Featureanalyse** ......................................... 217

11.1 Aufgabe ............................................... 218

11.2 Geometrische Teilebeschreibung ....................... 218

11.3 Klassifikation der erkennbaren Features .............. 220

11.4 Phasen der Featureanalyse ............................ 221

    11.4.1 Einlesen der Erkennungsaufgabe .................. 221

    11.4.2 Featureerkennung ................................ 222

        11.4.2.1 Erkennungsalgorithmen für Compound-Features ... 223

        11.4.2.2 Erkennungsreihenfolge ..................... 226

    11.4.3 Featureextraktion ............................... 226

        11.4.3.1 Generierung der vollständigen Volumeninformation 226

        11.4.3.2 Berechnung des reduzierten Restkörpers ......... 227

        11.4.3.3 Verifikation der Featureextraktion ............. 228

    11.4.4 Featurezerlegung ................................ 228

        11.4.4.1 Überdeckung einer komplexen Fläche mit einfachen Flächenstücken ..................... 229

        11.4.4.2 Erzeugung alternativer Flächenzerlegungen ....... 234

        11.4.4.3 Generierung der Basisfeature-Volumina ......... 235

    11.4.5 Featureorganisation ............................. 236

        11.4.5.1 Generierung einer impliziten Featurerepräsentation . 236

        11.4.5.2 Beziehungstypen zwischen Features ............. 238

        11.4.5.3 Aufbau des Featuregraphen ................... 239

11.5 Implementierung ...................................... 240

    11.5.1 Systemumgebung .................................. 240

    11.5.2 Softwarearchitektur ............................. 241

    11.5.3 Ablauf der Featureanalyse ....................... 243

        11.5.3.1 Eingabe der Teiledaten ..................... 243

        11.5.3.2 Dynamischer Ablauf der Featurenanalyse ........ 244

        11.5.3.3 Visualisierung der Featureerkennung ........... 245

**12  Statische Ressourcenvorauswahl** ......................... 247

12.1 Aufgabe ............................................... 248

12.2 Ressourcentypen ...................................... 248

12.3 Repräsentation der Ressourceninformation ............. 250

    12.3.1 Eignungsnachweise ............................... 250

    12.3.2 Kombinierbarkeit ................................ 251

12.4 Identifikation von Ausführumgebungen ................. 252

12.5 Implementierung .......................................... 253

    12.5.1 Systemumgebung ................................... 253

    12.5.2 Programmstruktur .................................. 254

**13 Dynamische Ressourcenbelegungsplanung** ................. 255

13.1 Aufgabe ................................................ 256

13.2 Featurelokale Optimierung ............................... 256

    13.2.1 Sortier- und Ordnungszahlenmodell ................... 257

    13.2.2 Spezifikation der Zuteilungsstrategien mit der
Spezifikationssprache SORC ........................... 258

        13.2.2.1 Programmaufbau und Kontrollstrukturen ........ 258

        13.2.2.2 Anweisungen zur Reduzierung der
Auswahlalternativen ........................... 259

        13.2.2.3 Sortieranweisungen ........................... 260

        13.2.2.4 Dynamische Reduktionsanweisungen ........... 264

        13.2.2.5 Rücksetzanweisungen ........................ 265

    13.2.3 Variabler und reaktiver Programmablauf ............... 265

        13.2.3.1 Bedingte Programmverzweigungen ............. 265

        13.2.3.2 Dynamisches Rücksetzen von Sortierungen ........ 266

    13.2.4 Implementierung ................................... 268

        13.2.4.1 Systemumgebung ............................ 268

        13.2.4.2 Generierung ausführbarer SORC-Programme ...... 268

13.3 Featureübergreifende Optimierung ........................ 270

    13.3.1 Planungsmodell ................................... 271

    13.3.2 Auswahl von Arbeitsgängen .......................... 272

        13.3.2.1 Der A*-Algoritmus zur Suche 'optimaler'
Arbeitsgänge ................................. 272

        13.3.2.2 Zuteilungsstrategien .......................... 277

        13.3.2.3 Strategieüberwachung und -steuerung ........... 281

    13.3.3 Implementierung ................................... 281

        13.3.3.1 Systemumgebung ............................ 281

        13.3.3.2 Programmstruktur und Simulationsverlauf ........ 282

**E  Featurebasierte Produktionskontrollsysteme:
Zusammenfassung und Ausblick** .......................... 285

**Literaturverzeichnis** ...................................... 289

**Stichwortverzeichnis** ..................................... 311

# A  Rechnerintegrierte Produktionssysteme –
# eine anwendungsorientierte Einführung

Unter dem Begriff 'Rechnerintegrierte Produktionssysteme' werden die verschiedensten Ansätze in Richtung der automatisierten Fabrik subsumiert. Deshalb ist es zu Beginn dieser Arbeit erforderlich, den Gegenstandsbereich der weiteren Ausführungen zu charakterisieren und eine Abgrenzung vorzunehmen. Neben einer kurzen, zielorientierten Einführung in den Themenkreis steht im ersten Hauptabschnitt eine Fallstudie im Vordergrund, an der die konkrete Aufgabenstellung für die folgende Arbeit aus anwendungsorientierter Sicht aufgezeigt werden soll. Sie wird im weiteren als Referenz zur Beurteilung vorgestellter Konzepte und Ansätze herangezogen.

Das Kernanliegen im ersten Kapitel ist die Vermittlung der wichtigsten Grundlagen zum Themenkreis 'Rechnerintegrierte Produktionssysteme'. Zunächst wird eine knappe Übersicht über die behandelte Problemstellung und den grundsätzlichen Aufbau der Arbeit gegeben. Hieran schließt sich ein kurzer Überblick über die Entwicklungsgeschichte moderner Fertigungsanlagen an, um daraus die wesentlichen Zielsetzungen der rechnerintegrierten Produktion abzuleiten. Schließlich werden die für die Arbeit wesentlichen Funktionalbereiche rechnergestützter Produktionssysteme im Überblick vorgestellt, soweit dies für das Verständis der Fallstudie erforderlich ist.

Im zweiten Kapitel wird ein charakteristisches Fallbeispiel zur rechnergestützten Teilefertigung vorgestellt. Das Produktspektrum der untersuchten Firma weist die typischen Merkmale auf, die den Ansatzpunkt für die Konzeption eines flexiblen Integrationskonzepts für rechnergestützte Produktionssysteme bilden. Die Beschreibung der Fallstudie umfaßt die Hard- und Softwarestruktur des Beispielbetriebs und zeigt den Weg eines Teils durch das Unternehmen aus Kontroll- und Datenflußsicht auf. Aus dieser Darstellung lassen sich im dritten Kapitel die in der vorliegenden Arbeit untersuchten Problemkreise und Aufgabenstellungen näher charakterisieren.

# 1 Grundlagen

Der Begriff 'Rechnerintegrierte Produktionssysteme' bzw. sein Synonym 'CIM' (Computer Integrated Manufacturing) hat in den letzten Jahren vielfältige Beachtung gefunden, wie eine Vielzahl von Publikationen belegt (stellvertretend sei hier [Sche 87] genannt). Da sich auch die vorliegende Arbeit in diesem Kontext bewegt, ist es notwendig, eine kurze Einführung in die wichtigsten Grundlagen zu diesem Themenkreis an den Anfang der Ausführungen zu stellen. Dabei soll nicht versucht werden, die vielfältige und umfangreiche Literatur umfassend abzudecken; vielmehr wird im vorliegenden Kapitel nur das zur Vermittlung der sich anschließenden Fallstudie erforderliche Vorverständnis aufgebaut.

Nach einer knappen Übersicht über die behandelte Problemstellung und den Aufbau der Arbeit (Abschnitt 1.1) erfolgt in diesem einführenden Kapitel ein kurzer Abriß über die Entwicklungsstufen rechnergestützter Produktionssysteme (Abschnitt 1.2). Abschnitt 1.3 skizziert die Zielsetzungen der rechnerintegrierten Produktion und beschreibt die Wechselwirkungen zwischen markt- und betriebsbezogenen Zielfaktoren. In Abschnitt 1.4 schließlich werden die für die Fallstudie relevanten Funktionalbereiche eines rechnergeführten Produktionsbetriebs im Überblick vorgestellt.

## 1.1 Problemstellung und Aufbau der Arbeit

Das globale Ziel der vorliegenden Arbeit ist die Konzeption und prototypische Implementierung eines flexiblen Integrationsansatzes für die rechnergestützte Teileproduktion. Für den Bereich der spanenden Fertigung sollen alle relevanten Funktionalbereiche eines Produktionsbetriebs – Konstruktion, Arbeitsvorbereitung, Produktionsplanung und -steuerung sowie Fertigung – auf Planungs-, Steuerungs- und Kontrollebene zu einem integrierten Gesamtsystem verbunden werden. Der Ansatz geht hinsichtlich der Realisierung von Schlüsselkriterien bei der Integration rechnergestützter Produktionssysteme – Flexibilität, Durchgängigkeit und Redundanzfreiheit, Erweiterbarkeit, Automatisierung sowie Fehlertoleranz und Adaptivität – wesentlich über bestehende Konzepte und (Teil-)Systeme hinaus.

Die Entwicklung des in dieser Arbeit vorgeschlagenen Integrationskonzepts erfolgt in mehreren Stufen. Nach Vorstellung und Diskussion der wichtigsten Zielsetzungen und der wesentlichen Funktionalbereiche der rechnerintegrierten Teileproduktion werden anhand einer detaillierten Fallstudie die für die Konzeption des Integrationsansatzes relevanten Problemkreise und Aufgabenstellungen aus Anwendungssicht aufgezeigt und diskutiert (Hauptabschnitt A). Da das zu entwickelnde Integrationskonzept auf bestehenden Komponenten der rechnerintegrierten Teileproduktion aufsetzen soll, werden in Hauptabschnitt B Funktionalität und Realisierungsalternativen einschlägiger CIM-Teilsysteme vorgestellt. Auf dieser Grundlage erfolgt dann in Hauptabschnitt C die Entwicklung eines neuen Integrationsansatzes, der sich eng an den im ersten Hauptabschnitt erarbeiteten Zielsetzungen und Aufgabenstellungen orientiert.

Der Kerngedanke für die im Lauf der Arbeit entwickelte Gesamtkonzeption ist die Rückführung aller Bearbeitungaufgaben bei der Teileherstellung auf generische Grundoperationen, die auf dem im Bereich des geometrischen Modellierens bekannten Begriff von 'Form Features' aufbauen und diesen für die Anwendung in rechnergestützten Produktionsumgebungen erweitern und verallgemeinern. Durch die featurebasierte Sicht kann ein einheitliches, durchgängiges Konzept für alle relevanten Bereiche der Teileproduktion entwickelt werden, das in wesentlichen Punkten weit über bestehende Konzepte hinausgeht. In Hauptabschnitt D wird die Realisierbarkeit des entworfenen integrierten Gesamtkonzepts durch die Vorstellung einer prototypischen Implementierung aufgezeigt. Hauptabschnitt E faßt die Ausführungen zusammen und gibt einen Ausblick auf mögliche Folgeuntersuchungen.[*]

---

[*] Eine detailliertere Inhaltsübersicht wird auf Basis der in Kapitel 2 vorgestellten Fallstudie in Kapitel 3 gegeben.

## 1.2  Entwicklungsstufen rechnergestützter Produktionssysteme

Die Entwicklung rechnergestützter Produktionssysteme läßt sich grob in drei Stufen unterteilen, die den zunehmenden Reifegrad solcher Systeme widerspiegeln:

- Der Beginn der Entwicklung rechnergestützter Fertigungs- und Montagesysteme ist gekennzeichnet durch eine immer umfassendere *Automatisierung* der Produktionsanlagen. Diese umfaßt einerseits den Einsatz numerischer Steuerungen in den Fertigungs- und Handhabungsgeräten selbst (CNC- bzw. DNC-Betrieb), bezieht aber zunehmend auch periphere Geräte und Systeme (z.B. Transportbänder und Werkstückwechselvorrichtungen) mit ein. Erst durch die damit einhergehende vielfältige Nutzbarkeit identischer Produktionsressourcen durch einfachen Austausch der entsprechenden Steuerungsprogramme wurden die Voraussetzungen für integrierte Produktionsanlagen geschaffen.

- Den zweiten wichtigen Schritt hin zur rechnerintegrierten Fabrik stellt die zu Beginn der achtziger Jahre erkennbare *Integration* der einzelnen Fertigungs- und Montageeinrichtungen zu durchgängigen Gesamtsystemen dar. Auf anlagentechnischer Seite entstanden hierbei sogenannte autonome Bearbeitungszentren, die als Fertigungs- bzw. Montagezellen mittlerweile breiten Einsatz finden. Durch die Einführung kommunikationstechnischer Verbindungen wie z.B. *local area networks* (LAN's) auf Fabrikebene wurden wichtige Voraussetzungen für den integrierten Betrieb der vorliegenden Bausteine geschaffen. Auf dieser Grundlage wurden im Bereich der Steuerungs- und Kontrollsysteme schließlich integrierte (Teil-)Systeme entwickelt, so z.B. CAD-Systeme mit integriertem NC-Programmierteil.

- Die dritte Stufe auf dem Weg zur rechnerintegrierten Fabrik stellt die *Flexibilisierung* der integrierten Teillösungen dar. Es zeigt sich heute zunehmend, daß mit der Realisierung integrierter Verfahrensketten zwar ein entscheidender Schritt zu einem integrierten Gesamtsystem vollzogen wurde, die Potentiale rechnergeführter Produktionssysteme jedoch allein aus der starren wechselseitigen Verbindung der Teilsysteme nicht erschlossen werden können; so kann auf unvorhergesehene Ereignisse im anlagentechnischen System (z.B. Maschinenausfälle und Werkzeugbrüche) in den zugehörigen Steuerungs- und Kontrollkomponenten häufig nicht oder nur mit großem Aufwand (z.B. Neueinplanung aller voreingeplanten und laufenden Fertigungsaufträge) reagiert werden. Integrierte flexible Gesamtsysteme müssen den mit sinkenden Losgrößen verbundenen gewachsenen Anforderungen bezüglich Flexibilität und Adaptivität im Normal- und Fehlerbetrieb wesentlich stärker Rechnung tragen, als dies bisher zu erkennen ist.

Das Kernanliegen in der vorliegenden Arbeit stellt die Verwirklichung eines rechner-integrierten Produktionssystems mit Schwerpunkt auf der dritten Entwicklungsstufe dar, das aber auch die beiden ersten Stufen umfaßt. Zur Einordnung des im weiteren Verlauf der Arbeit entwickelten Konzepts ist es zunächst erforderlich, die Zielsetzungen der rechnerintegrierten Produktion genauer zu charakterisieren.

## 1.3   Zielsetzungen der rechnerintegrierten Produktion

Die Zielsetzungen beim Aufbau und Betrieb rechnerintegrierter Produktionssysteme können im allgemeinen nicht unabhängig vom avisierten Einsatzbereich des jeweiligen Systems definiert werden. Dennoch lassen sich für die verschiedenen Anwendungsgebiete übergreifende Zielsetzungen angeben (siehe z.B. [AMSD 84] oder [Weat 88]), die dann im konkreten Einzelfall weiter ausgeführt bzw. ergänzt werden können und müssen. Die folgenden Ausführungen befassen sich nur mit den anwendungsbereichsübergreifenden Aspekten bei der Konzeption und Realisierung solcher Systeme aus technischer Sicht.

Die allgemeinen Ziele der rechnerintegrierten Produktion können in zwei große Kategorien unterteilt werden. Zum einen gehen mit der Einführung eines derartigen Systems Absichten einher, die sich im weiteren Sinn auf die Stellung des Unternehmens zum Markt beziehen, also beispielsweise Lieferbereitschaft, Termintreue und Kapitalbindung. Im folgenden sollen diese Faktoren als *externe Ziele* bezeichnet werden. Andererseits sind mit rechnergestützten Produktionssystemen auch Zielsetzungen verbunden, die sich ausschließlich auf den Betrieb des Systems selbst beziehen, wie beispielsweise die Automatisierung bestimmter Produktionsabläufe oder die Integration verschiedener Teilbereiche. Diese Ziele, die mittelbar oder unmittelbar auch als Maßnahmen zur Erreichung der externen Ziele angesehen werden können, werden im weiteren unter der Bezeichnung *interne Ziele* zusammengefaßt.

Die beiden angeführten Zielklassen für rechnerintegrierte Produktionssysteme stehen in engem Zusammenhang. Vorgegeben sind zunächst die externen Ziele durch die Anforderungen des Marktes und der Kundenwünsche. Da diese Faktoren vom betreffenden Unternehmen nicht unmittelbar beeinflußbar sind, müssen sie über die Transformation in betriebsinterne Zielsetzungen realisiert werden. Insgesamt lassen sich die Entwurfskriterien für rechnerintegrierte Produktionssysteme erst aus der Diskussion beider Zielklassen und ihrer Zusammenhänge ableiten.

### 1.3.1  Externe Ziele

Die wichtigsten externen Ziele bei der Konzeption und Einführung rechnerintegrierter Produktionssysteme umfassen die folgenden Bereiche:

*Breites Produktspektrum*

Einer der Hauptbeweggründe für das Streben nach rechnerintegrierten Produktionssystemen ist der Wunsch, ein möglichst breites Produktspektrum wirtschaftlich fertigen zu können. Produktvielfalt ist zum einen aus Marktgründen (starke Produktpräsenz beim Abnehmer, "single supplier approach") und zum anderen aus strategischen Erfordernissen (geringere Abhängigkeit von wenigen Schlüsselprodukten) wünschenswert.

*Schnelle Reaktion auf Marktveränderungen*

Aufgrund der heute zu beobachtenden sehr kurzen Produktzyklen in fast allen Produktionsbereichen ([Mert 86]) ist es von großer strategischer Bedeutung, auf sich ändernde Bedürfnisse des Marktes rasch und flexibel reagieren zu können. Hierzu ist insbesondere die Verringerung der im Vorfeld der Produktion anfallenden teilebezogenen Kosten (Konstruktion, Arbeitsvorbereitung) von entscheidender Bedeutung.

*Geringe Kapitalbindung*

Kapitalbindung entsteht in einem Unternehmen im wesentlichen durch die in den Produktionsanlagen gebundenen Beschaffungskosten sowie durch das in Halbfertig- und Fertigteilen gebundene Kapital (Kosten für Lager- und Pufferhaltung). Je geringer die Kosten für diese beiden Bereiche bei vorgegebenem Produktspektrum sind, desto flexibler kann das Unternehmen am Markt agieren.

*Hohe Lieferbereitschaft und Termintreue*

Gerade in der Zulieferindustrie (z.B. für den Automobilbau) geht mit den durch neue Produktionsmethoden und -verfahren hervorgerufenen veränderten Lieferstrukturen (z.B. Just-in-Time-Anlieferung von Baugruppen) eine erhöhte Notwendigkeit nach unbedingter Lieferbereitschaft in oft sehr engen Zeitschranken einher ([Helb 87]). Dies stellt neue Anforderungen an die Produktionssteuerung und -kontrolle, insbesondere an die Flexibilität im Umgang mit Produktionsstörungen.

*Wirtschaftliche Herstellung kleiner Produktmengen*

Durch die immer häufiger anzutreffende kundenauftragsbezogene Teileproduktion steigt die Teilevielfalt in einem Unternehmen bei gleichzeitig drastisch sinkenden

Losgrößen sprunghaft an ([Mert 86]). Wettbewerbsvorteile ergeben sich für solche Unternehmen, die ihre Produkte weitgehend losgrößenunabhängig zu gleichem Preis und in gleichbleibender Qualität anbieten können.

*Hohe Produktions- und Produktqualität*

Bei der Herstellung von Teilen in kleinen Stückzahlen bis hin zur Einzelfertigung kommt der Produktions- und Produktqualität immer stärkere Bedeutung zu. Mangelnde Qualität kann die Produktionskosten sprunghaft in die Höhe treiben, indem unter Umständen alle Schritte der Teileproduktion erneut durchlaufen werden müssen. Mit den immer enger werdenden Beziehungen zwischen Lieferanten und Kunden, z.B. durch Just-in-Time-Lieferung, muß häufig durch die Einsparung der Eingangskontrolle beim Abnehmer bereits im produzierenden Unternehmen eine produktionsbegleitende Qualitätssicherung gewährleistet werden.

Die angegebenen marktbezogenen Ziele bei der Konzeption eines rechnerintegrierten Produktionssystems sind für die meisten Unternehmen relevant, wenn auch in unterschiedlicher Gewichtung. Weitergehende Zielsetzungen, wie etwa eine Kosteneinsparung durch Reduzierung des Bedienpersonals bei der Teilefertigung, betreffen dagegen nicht allein technische Maßnahmen und sollen deshalb hier nicht näher diskutiert werden.

## 1.3.2   Interne Ziele

Die im vorherigen Abschnitt aufgeführten externen Ziele der rechnerintegrierten Produktion waren alle auf die Stellung des betreffenden Unternehmens zum Markt bzw. zu den Kunden bezogen. Bei den nun folgenden internen Zielen, die ebenso wie die externen Ziele teilweise nicht orthogonal zueinander sind, steht dagegen mehr die Gestaltung der innerbetrieblichen Funktionen und Abläufe im Vordergrund. Da die Realisierung der internen Ziele in vielen Fällen zur Verwirklichung der externen maßgeblich beiträgt, wird die Beziehung zwischen internen und externen Zielen im anschließenden Abschnitt aufgezeigt. Die wesentlichen internen Zielsetzungen bei rechnerintegrierten Produktionssystemen sind:

*Flexibilität*

Flexibilität in der Produktion findet ihren Ausdruck darin, daß zur Herstellung eines Teils nicht starr festgelegte Abläufe einzuhalten sind, sondern daß je nach Systemzustand Alternativen wählbar sind. Obwohl Flexibilität somit erst bei der konkreten Herstellung eines Teils wirksam wird, umfaßt der Begriff insbesondere auch die Tätigkeiten im Vorfeld der Produktion. Beispielsweise wird bei der Festlegung des Fertigungsablaufs das während der Produktion zur Verfügung stehende

Maß an Flexibilität bereits entscheidend festgelegt. Je mehr Alternativen zur Verfügung gestellt werden, desto flexibler läßt sich ein Teil herstellen.

*Durchgängigkeit und Redundanzfreiheit*

Von der Konstruktion eines Teils bis zu seiner Herstellung im technischen Produktionssystem ist eine Vielzahl von Einzelschritten zu durchlaufen. Durchgängigkeit und Redundanzfreiheit kennzeichnen den Grad der Abstimmung an den verschiedenen Übergängen zwischen den einzelnen Teilsystemen. Grundsätzlich muß zwischen der Kontrollfluß- und der Datenebene unterschieden werden. Stellt das Ergebnis der einen Tätigkeit den Ausgangspunkt für eine Folgetätigkeit dar, so kann die hierdurch festgelegte Verfahrenskette aus Kontrollflußsicht dann als durchgängig und redundanzfrei bezeichnet werden, wenn nicht in verschiedenen Teilsystemen gleiche Funktionen ausgeführt werden. Auf Datenebene bedeuten Durchgängigkeit und Redundanzfreiheit, daß gemeinsame Datenbereiche auch bei mehrfacher lokaler Abspeicherung systemunterstützt konsistent gehalten werden, was durch einen teilsystemübergreifenden automatisierten Änderungsdienst gewährleistet werden kann ([JaRW 88], [JaRW 90a, b], [JRWZ 87a, b]). Der Grad an Durchgängigkeit und Redundanzfreiheit im Gesamtsystem wird wesentlich von der Konzeptionalisierung der gemeinsamen Gesamtaufgabe (applikationsinvariante Aufgabenbeschreibung, konzeptionelles Datenschema) bestimmt.

*Erweiterbarkeit*

Ein wichtiges internes Ziel bei der Konzeption und dem Betrieb eines rechnergestützten Produktionssystems ist die Minimierung des Änderungsaufwands. Erweiterungen können aus der Aufnahme neuer Teile ins Produktionsspektrum resultieren (strukturerhaltende Erweiterungen) oder Veränderungen am Produktionssystem selbst nach sich ziehen (strukturmodifizierende Erweiterungen). Bei strukturmodifizierenden Erweiterungen lassen sich anlagentechnische Veränderungen (z.B. Inbetriebnahme einer neuen Bearbeitungsmaschine) von Modifikationen im Steuerungs- und Kontrollsystem (z.B. Funktionalitätserweiterung durch Umstellung von einem 2D- auf ein 3D-CAD-System) unterscheiden. Als Faktoren zur Bewertung der Erweiterbarkeit eines Systems sind Art, Umfang und Auswirkungen der vorzunehmenden Änderungen heranzuziehen.

*Automatisierung*

Wie bereits im ersten Abschnitt dieses Kapitels ausgeführt wurde, wird die Entwicklung rechnerintegrierter Fertigungs- und Montagesysteme erst durch die zunehmende Automatisierung der Produktionsanlagen und -vorgänge ermöglicht. Die Automatisierung ist dabei sowohl auf die Produktionsanlagen selbst bezogen zu sehen als auch in Hinblick auf die zugehörigen Steuerungs- und Kontrollsysteme. Zentrales

Anliegen für die Automatisierung eines Produktionssystems ist die systematische Wiederverwendbarkeit der anlagen- und softwaretechnischen Bausteine bei der automatisierten Verbindung ehemals disjunkter Teilsysteme.

*Fehlerkompensation und Adaptivität*

Ein wesentliches Merkmal von produktionstechnischen Systemen ist, daß Fehler den vorgesehenen Produktionsablauf stark beeinträchtigen können ([Hofm 90]). Viele Fehler sind dabei grundsätzlich unvermeidbar (z.B. Maschinenausfälle und Werkzeugbrüche), so daß der a posteriori-Kompensation von Fehlern zentrale Bedeutung zukommt. Ein Maß für die Fehlertoleranz eines Produktionssystems ist insbesondere die Begrenzbarkeit der von einem Fehler betroffenen Bereiche; erst eine lokale Behebbarkeit von Produktionsstörungen ohne Beeinflussung nicht unmittelbar betroffener Bereiche macht ein automatisiertes Vorgehen mit vertretbarem Aufwand möglich. Adaptivität wird, wie Fehlertoleranz, wesentlich durch den Aufwand bei der kurzfristigen Umdisposition im System bestimmt, wobei hier der Anstoß zur Entscheidungsfindung unter Realzeitbedingungen nicht durch einen vorausgehenden Fehlerfall, sondern durch allgemeine strategische und operative Zielsetzungen gegeben wird.

*Ressourcenauslastung*

Die freie Programmierbarkeit moderner Fertigungs- und Montageeinrichtungen ermöglicht die Herstellung sehr unterschiedlicher Produkte ohne Veränderungen im anlagentechnischen System. Aus teilebezogener Sicht bedeutet dies, daß die Herstellung eines bestimmten Teils meist unter Verwendung unterschiedlicher Ressourcen (z.B. Maschinen und Werkzeuge) möglich ist. Die Auftragslast kann somit in bestimmten Grenzen frei auf die zur Verfügung stehenden Ressourcen verteilt werden, was zur Optimierung der Auslastung der verschiedenen Betriebsmittel genutzt werden kann. Hohe Ressourcenauslastung stellt einen wesentlichen Faktor im Rahmen des kapazitätsbezogenen Kostencontrollings dar.

*Bestandsminimierung*

Durch die Flexibilität in der Produktion und kurze Durchlaufzeiten eines Teils in rechnerintegrierten Produktionssystemen ist es möglich, die Bevorratung von Fertig- und Halbfertigteilen auf ein Minimum zu reduzieren; erst im Bedarfsfall wird ein Teil in der jeweils benötigten Stückzahl produziert. Die Minimierung des Teilebestands umfaßt dabei sowohl die Verrringerung der Pufferbestände zwischen den verschiedenen Produktionseinrichtungen (work in progress, WIP) als auch die Reduktion der Lagerbestände für Fertigteile.

### 1.3.3 Beziehungen zwischen internen und externen Zielen

Die in den beiden vorangehenden Abschnitten erläuterten externen und internen Zielsetzungen beim Aufbau rechnerintegrierter Produktionssysteme stehen in engem Zusammenhang zueinander. Die in Tabelle 1-1 gezeigten Beziehungen zwischen externen und internen Zielen zeigen auf, daß manche interne Faktoren als unabdingbar für die Realisierung der wesentlichen externen Ziele angesehen werden müssen, andere nur in einigen Bereichen positive Auswirkungen zeigen, während sie für andere Zielsetzungen teils sogar kontraproduktiv wirken. Als konstitutiv für die Realisierung eines rechnerintegrierten Produktionssystems sind die ersten fünf der genannten internen Zielkategorien anzusehen; ohne ihre Verwirklichung können dem resultierenden Gesamtsystem einige wesentliche Attribute nicht zuerkannt werden. Hohe Ressourcenauslastung und geringe Lager- und Pufferbestände sind dagegen Zielsetzungen, die vorrangig aus wirtschaftlichen Vorgaben resultieren und somit eher zur Verwirklichung zusätzlicher wünschenswerter Eigenschaften von Produktionssystemen beitragen.

| *interne Ziele* \ *externe Ziele* | Breites Produktspektrum | schnelle Reaktion auf Marktveränderungen | geringe Kapitalbindung | hohe Lieferbereitschaft und Termintreue | wirtschaftliche Herstellung kleiner Produktmengen | hohe Produktions- und Produktqualität |
|---|---|---|---|---|---|---|
| Flexibilität | +++ | +++ | ++ | +++ | ++ | o |
| Durchgängigkeit und Redundanzfreiheit | ++ | +++ | ++ | +++ | +++ | ++ |
| Erweiterbarkeit | +++ | +++ | + | o | o | o |
| Automatisierung | + | +++ | ++ | +++ | +++ | +++ |
| Fehlerkompensation und Adaptivität | o | o | ++ | +++ | +++ | +++ |
| Ressourcenauslastung | o | o | +++ | o | ++ | o |
| Bestandsminimierung | o | o | +++ | – | o | o |

Legende:
+++ Die Realisierung des internen Ziels ist sehr wichtig zur Realisierung des externen Ziels
++ Die Realisierung des internen Ziels ist wichtig zur Realisierung des externen Ziels
+ Die Realisierung des internen Ziels ist mittelbar wichtig zur Realisierung des externen Ziels
o Die Realisierung des internen Ziels ist unabhängig von der Realisierung des externen Ziels
– Die Realisierung des internen Ziels steht der Realisierung des externen Ziels entgegen

Tabelle 1-1: Beziehungen zwischen externen und internen Zielsetzungen in rechnerintegrierten Produktionssystemen

Bei der Konzeption und Realisierung eines rechnerintegrierten Produktionssystems sind lediglich die internen Ziele von unmittelbarer innerbetrieblicher Bedeutung; die externen Ziele werden durch die Erfüllung der internen implizit mitrealisiert. Deshalb werden im folgenden nur noch die konstitutiven internen Zielsetzungen betrachtet, die sich unter den Stichworten

- Flexibilität

- Durchgängigkeit und Redundanzfreiheit

- Erweiterbarkeit

- Automatisierung sowie

- Fehlertoleranz und Adaptivität

zusammenfassen lassen. Diese Faktoren bilden den Bezugsrahmen für die Konzeption und Realisierung eines flexiblen rechnerintegrierten Produktionssystems, wie es im den weiteren Ausführungen dieser Arbeit beschrieben wird.

## 1.4 Funktionalbereiche rechnerintegrierter Produktionssysteme

Im folgenden wird eine kurze Übersicht über die wesentlichen Teilkomponenten eines rechnerintegrierten Produktionssystems gegeben. Die Darstellung umfaßt dabei nur die zum Verständnis der anschließenden Fallstudie benötigten Grundkenntnisse. Eine eingehende Diskussion der Basiskomponenten rechnerintegrierter Produktionssysteme erfolgt im zweiten Hauptabschnitt (Kapitel 4 – 7).

### 1.4.1 Konstruktion

Der Begriff 'Konstruktion' wird in der Literatur in unterschiedlicher Bandbreite definiert und verwendet. In einer ersten Annäherung kann man darunter allgemein den "... Aufbau technischer Gebilde ..." verstehen ([Brock 86]). Die VDI-Richtlinie 2223 führt hierzu genauer aus: "Konstruieren ist das vorwiegend schöpferische, auf Wissen und Erfahrung gegründete und optimale Lösungen anstrebende Vorausdenken technischer Erzeugnisse, das Ermitteln ihres funktionellen und strukturellen Aufbaus und das Schaffen fertigungsreifer Unterlagen ..." In dieser Definition wird neben der funktionalen und strukturellen Spezifikation des Produkts auch die Erstellung von Fertigungsunterlagen dem Bereich Konstruktion zugerechnet. In einer engeren Begriffsbestimmung umfaßt dagegen der Bereich Konstruktion ausschließlich das Erstellen der funktionalen und strukturellen Beschreibung eines technischen Erzeugnisses, während die Ableitung fertigungsreifer Unterlagen einen eigenen Bereich 'Arbeitsvorbereitung' bildet. Der vorliegenden Arbeit wird die Unterscheidung eigenständiger Bereiche 'Konstruktion' und 'Arbeitsvorbereitung' zugrunde gelegt.

In der VDI-Richtlinie 2210 werden die Konstruktionsarten Neukonstruktion, Anpassungskonstruktion, Variantenkonstruktion und Konstruktion mit festem Prinzip unterschieden, die je nach gestellter Konstruktionsaufgabe zur Anwendung kommen. Reine Neukonstruktionen, bei denen teilweise sogar nicht einmal auf ein bekanntes Funktionsprinzip zurückgegriffen werden kann, sind im Bereich der Teilefertigung nur im Sonderbau, beispielsweise im Werkzeug- oder Formenbau, üblich. Bei der Anpassungskonstruktion wird ein bekanntes Lösungsprinzip auf eine neue Aufgabenstellung übertragen, wobei durchaus neue Lösungsverfahren eingesetzt werden können. So kann im Rahmen einer Anpassungskonstruktion bei gleichbleibendem Funktionsprinzip 'Werkstückspannen durch Haftreibung' ein bisher mechanisches Spannverfahren durch ein pneumatisches ersetzt werden. Bei der Variantenkonstruktion ist der Konstruktionsbereich, also die Vielfalt der spezifizierbaren Teile, bereits auf eine bestimmte Aufgabenklasse eingegrenzt. Bei der Konstruktion mit festem Prinzip schließlich sind die zu konstruierenden Teile bis auf wenige Aktualparameter bereits vollständig festgelegt. Die Anwendungsbereiche der verschiedenen Konstruktionsarten werden in der sich anschließenden Fallstudie (Kapitel 2) noch näher beschrieben.

Hinsichtlich des Verlaufs des Konstruktionsprozesses ist die Unterscheidung der folgenden drei Phasen üblich (nach [Sche 87]):

1. Konzipierung:   Analyse der Anforderungen, Erarbeitung der Lösungsvarianten, Bewertung der Lösungen

2. Gestaltung:   Konkretisierung des Lösungskonzepts, maßstäblicher Entwurf, Aufstellung von Modellen, Bewertung der Lösungen

3. Detaillierung:   Darstellung der Einzelteile, Bewertung der Lösungen

Die Phasen des Konstruktionsprozesses weisen je nach Konstruktionsart unterschiedlichen Detaillierungsgrad auf. Wegen des steten Wechsels von Synthese- und Analysetätigkeiten werden sie häufig zyklisch und überlappend durchlaufen.

Unabhängig von der Art des Konstruktionsprozesses können die bei einer Konstruktionsaufgabe anfallenden Tätigkeiten den Bereichen Zeichnen, Berechnen, Bewerten und Informieren zugeordnet werden. Die wichtigsten Ergebnisse des Konstruktionsprozesses im Zuge der rechnerintegrierten Teilefertigung sind ein geometrisches Teilemodell und die Produktstrukturstückliste. Insbesondere zur Teilemodellierung und zur Zeichnungserstellung werden zunehmend CAD-Systeme eingesetzt, die häufig noch weitere Konstruktionsaufgaben (z.B. Festigkeitsberechnungen nach der Finite-Elemente-Methode) übernehmen oder zumindest unterstützen. CAD-Systeme und die von ihnen bereitgestellten Funktionen für die funktionelle und strukturelle Beschreibung von Teilen werden in Kapitel 4 eingehend besprochen.

Für die sich anschließende Fallstudie bleibt festzuhalten, daß in der Konstruktion die Gestaltung eines Teils überwiegend aus funktionalen Kriterien erfolgt, wobei als Ergebnis und weitere Arbeitsgrundlage ein (meist auf dem Rechner verfügbares) geometrisches Teilemodell und die erforderlichen zusätzlichen Strukturinformationen in Form einer Konstruktionsstückliste erzeugt werden.

### 1.4.2  Arbeitsvorbereitung

Die generelle Aufgabe der Arbeitsvorbereitung kann mit der Bereitstellung der für die Produktion eines Teils erforderlichen Produktionsunterlagen beschrieben werden. Insbesondere sind die bei der Teilespezifikation in der Konstruktionsabteilung erstellten Dokumente (im wesentlichen Zeichnungen und Stücklisten) in fertigungs- bzw. montageorientierte Unterlagen zu überführen. In einer weitergehenden Begriffsfassung fallen in den Bereich der Arbeitsvorbereitung neben der Arbeitsplanung auch Aufgaben der Arbeitssteuerung, wie z.B. die Materialdisposition, die Termin- und Kapazitätsplanung sowie die Werkstattsteuerung. Bei der dieser Arbeit zugrundegelegten Unterscheidung eigener Bereiche für 'Produktionsplanung und -steuerung' sowie für 'Produktion' können diese Aufgaben jedoch diesen in den nachfolgenden Abschnitten vorgestellten Funktionalbereichen zugerechnet werden, so daß hier und im folgenden 'Arbeitsvorbereitung' mit 'Arbeitsplanung' synonym verwendet wird.

In einer ersten Annäherung umfaßt die Arbeitsplanung ".. alle einmalig auftretenden Planungsmaßnahmen, die ... zur Erfüllung einer Produktionsaufgabe nach wirtschaftlichen Kriterien dienen" ([AWF 69]). Die verschiedenen Aufgaben der Arbeitsplanung können gemäß ihrem Zeithorizont in kurzfristige, kurz-/langfristige und langfristige Planungsaufgaben unterteilt werden ([Ever 88]). Zu den *langfristigen* Planungsaufgaben der Arbeitsplanung zählen die Investitionsplanung, die Methodenplanung und die Materialplanung. Den *kurz-/langfristigen* Aufgaben der Arbeitsplanung werden die Bereiche Planungsvorbereitung, Kostenplanung und Qualitätssicherung zugerechnet. Die *kurzfristigen* Planungsaufgaben schließlich umfassen die Bereiche Stücklistenverarbeitung, Fertigungsmittelplanung, Arbeitsplanerstellung und NC-Programmierung.

Die langfristigen und kurz-/langfristigen Aufgaben der Arbeitsplanung sind eher dem Bereich der teileübergreifenden Produktionsinfrastruktur zuzuordnen, wie z.B.

die Lagersorten- und Lagerortplanung im Rahmen der Materialplanung. Aus rein teilebezogener Sicht sind dagegen nur die kurzfristigen Planungsanteile unmittelbar relevant, weshalb nur diese in den weiteren Ausführungen näher untersucht werden.

Kernaufgabe bei der Überführung der funktionsorientierten Teilebeschreibung, wie sie im Rahmen der Teilekonstruktion erzeugt wird, in eine herstellungsorientierte Sichtweise, wie sie letzlich bei der Fertigung bzw. Montage des Teils benötigt wird, ist die Arbeitsplanerstellung und die damit verbundene Erstellung der zugehörigen NC-Programme. Im folgenden soll unter 'Arbeitsplanung' lediglich die Durchführung dieser zentralen Aufgaben verstanden werden. Die Tätigkeiten bei der Arbeitsplanerstellung und NC-Programmierung werden im Zuge der Fallstudie in Kapitel 2 noch eingehend dargestellt.

Wichtigstes Ergebnis der Arbeitsvorbereitung gemäß der oben eingeführten eingeschränkten Betrachtungsweise ist ein Arbeits- bzw. Montageplan für das zu produzierende Teil; in ihm sind alle wesentlichen Vorgaben zur Teileherstellung spezifiziert. Abbildung 1 zeigt ein typisches (vereinfachtes) Beispiel eines Arbeitsplans.

| Arbeitsplan-Nummer | Auftrags-Typ | Zeichnungs-Nummer | Datum |
|---|---|---|---|
| 10-2658.765.17 | 1575 | 2658.765-2734 | 31.03.90 |

| Rohlings-Typ | Material | Beschreibung | |
|---|---|---|---|
| VR2003 | 16 MnCr 5 | Spannmittel für Fräsmaschine 4711 | |

| Position | Beschreibung | Masch.-Gr. | Dauer | NC-Programm-Nr. |
|---|---|---|---|---|
| 001 | Drehen 1. Aufsp. | 1056 | 37 | NC29764 |
| 002 | Fräsen 1. Aufsp. | 1056 | 12 | |
| 003 | Drehen 2. Aufsp. | 1736 | | |

Abbildung 1-1:  Beispiel eines Arbeitsplans

### 1.4.3  Produktionsplanung und -steuerung

Nach [Helb 87] ist die Aufgabe der Produktionsplanung und -steuerung "... die Planung der Produktionsabläufe und die Durchsetzung von Maßnahmen, deren Durchführung zum Erreichen vorgegebener Ziele erforderlich ist". Gemäß dem heute weit verbreiteten Sukzessivplanungskonzept ([Sche 87]) können die Hauptfunktionen

- Produktionsprogrammplanung,
- Mengenplanung (Materialwirtschaft),
- Termin- und Kapazitätsplanung (Zeitwirtschaft),

$\left.\right\}$ Auftragsbildung

- Auftragsveranlassung und
- Auftragsüberwachung

unterschieden werden, die bei zunehmendem Detaillierungsgrad einen abnehmenden Zeithorizont aufweisen. Faßt man die ersten drei Funktionsgruppen unter dem Begriff 'Auftragsbildung' zusammen, so ergeben sich die Hauptfunktionsgruppen *Auftragsbildung*, *Auftragsveranlassung* und *Auftragsüberwachung*. Die Auftragsbildung umfaßt dabei die Hauptfunktionen der Produktionsplanung, während die Auftragsüberwachung den Kernbereich der Produktionssteuerung ausmacht. Als Bindeglied zwischen diesen beiden Bereichen fungiert die Auftragsveranlassung, oft auch mit Auftragsfreigabe bezeichnet.

Die Teilaufgaben der *Auftragsbildung* können als die Überführung von Kundenaufträgen in Fertigungs- bzw. Montageaufträge (Produktionsaufträge) zusammengefaßt werden, wobei in der vorliegenden Arbeit auch die Erteilung eines betriebsinternen Auftrags (z.B. Lagerfertigung) unter den Begriff 'Kundenauftrag' subsumiert wird. Zur Produktionsauftragsbildung wird im Zuge der Primär- und Sekundärbedarfsermittlung eine Losgröße (Fertigungsstückzahl) festgelegt und durch die Termin- und Kapazitätsplanung ein realisierbarer Start- und Endtermin bestimmt. Die Schritte der Auftragsbildung werden in Kapitel 6 noch eingehender erläutert.

Wurde im Zuge der Auftragsbildung ein Produktionsauftrag weitgehend unabhängig von konkurrierend vorliegenden Aufträgen generiert, so gilt es bei der *Auftragsveranlassung*, Produktionsaufträge so in die Fabrik einzulasten, daß vorgegebene Schedulingstrategien eingehalten werden. Hierzu ist in einem meist mehrstufigen Konzept eine Auftragsreihenfolge zu finden, welche die sich oft widersprechenden Teiloptimierungsziele (z.B. Maximierung der Maschinenauslastung bei gleichzeitiger Minimierung der mittleren Auftragsverspätung) in einem bestmöglichen Kompromiß erfüllt. Diese Aufgabe wird in der vorliegenden Arbeit dem Bereich der Produktionsplanung und -steuerung zugerechnet; Optimierungen unterhalb der Auftragsebene fallen dagegen in den Bereich der Fertigungs- bzw. Montagesteuerung, die im folgenden Abschnitt vorgestellt wird.

Ist ein Produktionsauftrag eingelastet, so ist es Aufgabe der *Auftragsüberwachung*, die laufenden Veränderungen in den ausführenden Einheiten zu erfassen, um so eine aktuelle Datenbasis für weitere Mengen-, Termin- und Kapazitätsplanungen bereitzustellen. Die eigentliche Steuerungsfunktion bei der Auftragsdurchführung fällt der Fertigungs- bzw. Montagesteuerung zu, die im Bereich der Produktion (s.u.) angesiedelt ist. Die erforderlichen Rückmeldungen aus der Produktion erhält die Produktionsplanung und -steuerung ebenfalls mittelbar über diese Komponente.

Als zentrale Aufgabe der Produktionsplanung und -steuerung kann für die sich anschließende Fallstudie festgehalten werden, daß Kundenaufträge in Fertigungs- bzw. Montageaufträge zu überführen sind. Wichtigstes Ergebnis ist dabei die im Zuge der Auftragseinlastung ermittelte Terminvorgabe auf Auftragsebene, die bei der sich anschließenden Feinterminierung durch das Produktionssteuerungssystem zumindest als Anhaltspunkt heranzuziehen ist.


### 1.4.4    Produktion

Der Bereich der Produktion umfaßt in technischer Hinsicht alle zur Fertigung bzw. Montage eines herzustellenden Teils benötigten Komponenten (Maschinen, Werkzeuge, Betriebsmittel, Handhabungsgeräte, etc.) einschließlich der zugehörigen Steuerungs- und Kontrollsysteme. Für Betrachtungen in der sich anschließenden Fallstudie sind nur letztere von Interesse. Eine Übersicht über die wichtigsten Komponenten des technischen Systems eines Produktionsbetriebs findet sich beispielsweise in [Zörn 88].

Die Aufgabe des Fertigungs- bzw. Montagesteuerungs- und Kontrollsystems in einem Produktionsbetrieb kann mit der Durchführung und Überwachung eingelasteter Produktionsaufträge beschrieben werden. Hierzu werden die eher betriebswirtschaftlich-planerischen Vorgaben der Produktionsplanung und -steuerung mit den technischen Vorgaben aus Konstruktion und Arbeitsvorbereitung zusammengeführt. Die Summe dieser Vorgaben bildet den Bezugsrahmen der Auftragsdurchführung und -überwachung.

Zentrales Element auf Produktionsebene ist der Arbeitsplan. In ihm sind die zur Herstellung bzw. Montage eines Teils erforderlichen Arbeitsschritte einschließlich der hierfür benötigten Ressourcen spezifiziert. Gemäß der in einem Arbeitsplan enthaltenen Information untergliedern sich die Aufgaben der Auftragsdurchführung und -überwachung in die Bereiche

- Arbeitsgangeinlastung,

- Bereitstellung der Ressourcen und

- Betriebsdatenerfassung.

Bei der *Arbeitsgangeinlastung* können die im Zuge der Produktionsplanung und -steuerung noch verbliebenen planerischen Freiheitsgrade im Sinne eines optimierten Produktionsablaufs genutzt werden. Nach der Auftragsfreigabe liegen lediglich der Start- und Endtermin eines Auftrags insgesamt fest. Ist die Summe der im Arbeitsplan für die einzelnen Arbeitsgänge spezifizierten Vorgabezeiten (im wesentlichen bestimmt durch Durchführungs- und Rüstzeiten) kleiner als die vorgegebene maximale Auftragsdauer, so können die verschiedenen Arbeitsgänge unter Berücksichtigung der im Arbeitsplan festgelegten Ausführreihenfolge frei in die Produktion eingelastet werden. Die bei der Fertigungsfeinsteuerung zugrundeliegenden Dispatching-Kriterien basieren im Gegensatz zu den primär terminlichen Kriterien der Produktionsplanung üblicherweise eher auf den Erfordernissen der ausführenden Einheiten (z.B. möglichst hohe Auslastung der Ressourcen).

Ist ein Arbeitsgang in die Produktion eingelastet, so muß zu seiner Durchführung aus technischer Sicht die im Arbeitsplan spezifizierte Ausführumgebung bereitgestellt werden. Zur *Bereitstellung der Ressourcen* zählt neben der Verfügbarmachung der technischen Mittel wie Maschinen, Werkzeuge, Spannmittel und Handhabungsgeräte insbesondere auch die Versorgung der Steuerungen dieser Komponenten mit den erforderlichen Programmen, heute üblicherweise im DNC–Betrieb (*Direct Numerical Control*).

Nach der Einlastung der Arbeitsgänge und der Bereitstellung der erforderlichen Ausführungsumgebung können die erforderlichen Produktionsschritte ausgeführt werden. Zur Überwachung dieser Tätigkeiten und als Grundlage weiterer Planungen müssen dabei nach [Sche 88] im Zuge der *Betriebsdatenerfassung* auftrags-, mitarbeiter-, betriebsmittel-, material- und werkzeugbezogene Daten laufend erfaßt und aktualisiert werden. Diese Rückmeldedaten aus der Produktion dienen neben der Produktionssteuerung auch allen anderen wesentlichen Bereichen eines rechnergestützten Produktionsbetriebs als Arbeits- und Planungsgrundlage, wie z.B. der Lohnabrechnung, der Nachkalkulation, der Qualitätssicherung und der Betriebsmittelzuordnung.

Mit den in diesem Kapitel eingeführten Funktionalbereichen rechnergestützter Produktionssysteme sind die Grundbausteine beschrieben, die den Weg eines zu fertigenden Teils durch ein Unternehmen bestimmen; weitere Bereiche, wie z.B. die Qualitätssicherung, wirken sich dagegen nur mittelbar auf den Betriebsablauf aus und können als Teilfunktionen der genannten Basiskomponenten aufgefaßt werden. Eine eingehende Diskussion von Realisierungsalternativen für die verschiedenen Funktionalbereiche im Kontext der rechnerintegrierten Teileproduktion erfolgt in Hauptabschnitt B. Im folgenden Kapitel werden zunächst die Anforderungen an solche Systeme aus Anwendungssicht anhand einer detaillierten Fallstudie eruiert.

# 2 Rechnergestützte Teilefertigung: Eine Fallstudie

Das erste Kapitel dieser Arbeit stellte die den Weg eines Teils durch ein Unternehmen bestimmenden Funktionalbereiche im Überblick vor. In diesem zweiten Kapitel des ersten Hauptabschnitts wird anhand einer Fallstudie untersucht, wie sich die geschilderten Aufgabenbereiche in einer konkreten Anwendungssituation darstellen. Hierzu wird zunächst die Hardware- und die Softwarestruktur des untersuchten Unternehmens im Überblick vorgestellt. Kern der Fallstudie ist die Verfolgung des typischen Wegs eines Teils durch das Unternehmen sowohl aus Kontroll- als auch aus Datenflußsicht. Eine Konkretisierung der im Zuge der vorliegenden Arbeit zu untersuchenden Problemkreise und Aufgabenstellungen schließt das Kapitel ab.

## 2.1 Kennzeichen der Fallstudie

Die vorliegende Fallstudie (vgl. auch [Rein 89], [JaRR 91]) wurde bei einem namhaften Hersteller von spanabhebenden Werkzeugen durchgeführt. Die Produktpalette im untersuchten Unternehmen reicht von Werkzeugen mit austauschbaren Hartmetall- und Keramikschneidkörpern über Vollhartmetallwerkzeuge bis hin zu Komplettsystemen für den vollautomatischen Werkzeugwechsel. Von besonderem Interesse für die vorliegende Arbeit ist der Wunsch des Unternehmens, Sonderwerkzeuge auf Kundenwunsch auch in kleinsten Stückzahlen (bis hin zu Losgröße 1*) wirtschaftlich zu fertigen. Hieraus ergibt sich die Notwendigkeit einer flexiblen Fertigungsstruktur mit geringen Auftragsdurchlaufzeiten. Diese Zielsetzung erfordert weitreichende Maßnahmen, die sich vor allem auf das Zusammenspiel der verschiedenen Teilkomponenten des Betriebs beziehen. Die hierbei zu Tage tretenden Problembereiche und Aufgabenstellungen können als typisch für den Aufbau rechnerintegrierter Produktionssysteme angesehen werden und dienen deshalb als Ausgangspunkt für die weiteren Betrachtungen.

## 2.2 Beschreibung des untersuchten Unternehmens

In diesem Abschnitt werden die Hardware- und Softwarekomponenten des in der Fallstudie analysierten Unternehmens vorgestellt, soweit dies für die nachfolgenden Untersuchungen erforderlich ist. Dabei wird versucht, von unternehmensspezifischen Details soweit zu abstrahieren, daß sich allgemeine Aussagen zu Problemkreisen und Aufgabenstellungen in rechnerintegrierten Produktionssystemen ableiten lassen.

### 2.2.1 Hardwarestruktur

Das in der Fallstudie analysierte Unternehmen ist aus historischen und unternehmerischen Gründen nach funktionalen Kriterien über mehrere Standorte verteilt. Abbildung 2–1 zeigt einen Ausschnitt aus den Unternehmensstandorten mit der zugehörigen Rechner- und Maschinenkonfiguration.

---

* Strenggenommen setzt der Begriff der Losgröße die Zusammenfassung mehrerer zumindest ähnlicher Teile zu einer Produktionseinheit voraus ([Mert 86]). Im Zuge des Einsatzes flexibler Fertigungssysteme wird jedoch als Ziel häufig plakativ die "wirtschaftliche Fertigung bis hin zu Losgröße 1" postuliert.

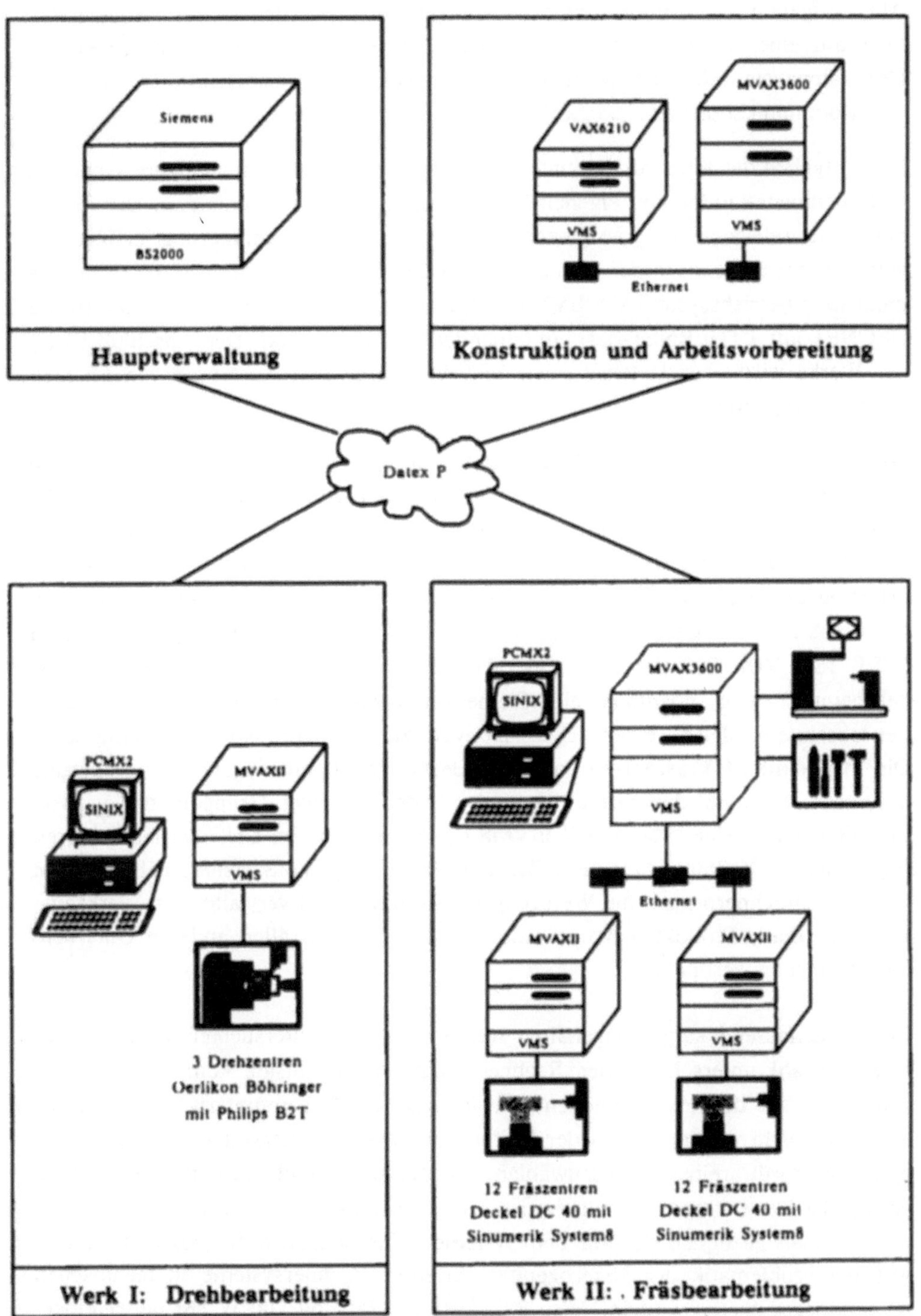



Abbildung 2-1:  Rechnerstruktur im untersuchten Unternehmen

Alle Aufgaben der kommerziellen Datenverarbeitung werden in der Hauptverwaltung mit einer Siemens-Anlage unter dem Betriebssystem BS2000 durchgeführt. Der Datenaustausch mit anderen Unternehmensbereichen erfolgt über das öffentliche Kommunikationsnetz Datex-P ([GGHS 85]).

Die Aufgaben der Konstruktion und Arbeitsvorbereitung werden an einem separaten Unternehmensstandort mit eigenen Rechnerressourcen wahrgenommen. Die für die Fallstudie relevante Programmentwicklung und NC-Programmierung erfolgt auf verschiedenen Rechnern der Firma Digital Equipment Corporation (DEC), die alle unter dem Betriebssystem VAX/VMS betrieben werden und durch die Netzsoftware DECNET auf ETHERNET-Basis miteinander verbunden sind. Der Anschluß externer Werke wird über Datex-P sowie teilweise durch den Austausch von Magnetbändern vorgenommen.

Wegen des spezifischen Produktspektrums des untersuchten Unternehmens sowie aus unternehmerischen Gesichtspunkten ist die Teileproduktion über mehrere Werke verteilt. In der vorliegenden Fallstudie sollen nur die Werke 'Drehbearbeitung' und 'Fräsbearbeitung' näher betrachtet werden. Im Werk 'Drehbearbeitung' ist neben einem Siemens-Mehrplatzsystem PC-MX2 für die Fertigungssteuerung ein Micro-VAX-Recher der Firma DEC für den DNC-Betrieb der Bearbeitungszentren (VDF 180, VDF 250 der Firma Oerlikon Böhringer) installiert. Im Werk 'Fräsbearbeitung' wird ebenfalls ein Siemens-Mehrplatzsystem PC-MX2 mit dem Betriebssystem SINIX, einem UNIX-Derivat, zur Fertigungssteuerung eingesetzt. Die insgesamt 24 Fräszentren vom Typ Deckel DC40 mit zugehöriger Steuerung Sinumerik System8 der Firma Siemens werden in zwei Gruppen zu je zwölf Einheiten von je einer MicroVAX II/VMS der Firma DEC im DNC-Betrieb versorgt. Eine MicroVAX 3600 unter dem Betriebssystem VAX/VMS steuert neben diesen beiden Zellrechnern auch die Werkzeugvoreinstellung und verwaltet den Werkzeugkreislauf. Beide Produktionswerke sind über Datex-P mit allen anderen Unternehmensbereichen verbunden.

Zusammenfassend kann festgehalten werden, daß im untersuchten Unternehmen eine Vielzahl unterschiedlicher Rechnersysteme zum Einsatz kommt. Dies liegt zum einen an der inkrementellen Entwicklung des Gesamtunternehmens, wobei immer versucht wurde, die bei der Einführung eines Rechnersystems technologisch optimale Hardwarelösung auszuwählen. Andererseits resultieren die unterschiedlichen Hardwarekomponenten teilweise auch aus funktionalen Kriterien sowie aus Restriktionen bezüglich der auf den Systemen eingesetzten Softwarekomponenten. Auf die Problematik der Heterogenität verteilter Rechnersysteme in technischen Anwendungsgebieten wird in [JaRu 87], [JRWZ 87a] und [JaRW 88] näher eingegangen. In der vorliegenden Arbeit stehen die Softwaresysteme, die auf den verschiedenen Rechensystemen installiert sind, im Mittelpunkt der Betrachtung.

## 2.2.2 Softwarestruktur

Für die Belange der Identifikation von Problembereichen und Aufgabenstellungen beim Aufbau rechnerintegrierter Produktionssysteme ist die Funktionalität und Struktur des zugrundeliegenden Softwaresystems von entscheidender Bedeutung. In Abbildung 2-2 sind die wesentlichen der im untersuchten Unternehmen zur Teileproduktion eingesetzten Softwarekomponenten aufgezeigt. In den nachfolgenden Abschnitten werden die verschiedenen Komponenten zunächst einzeln näher charakterisiert; danach erfolgt in Abschnitt 2.3 eine zusammenfassende Analyse des zugrundeliegenden Kontroll- und Datenflusses.

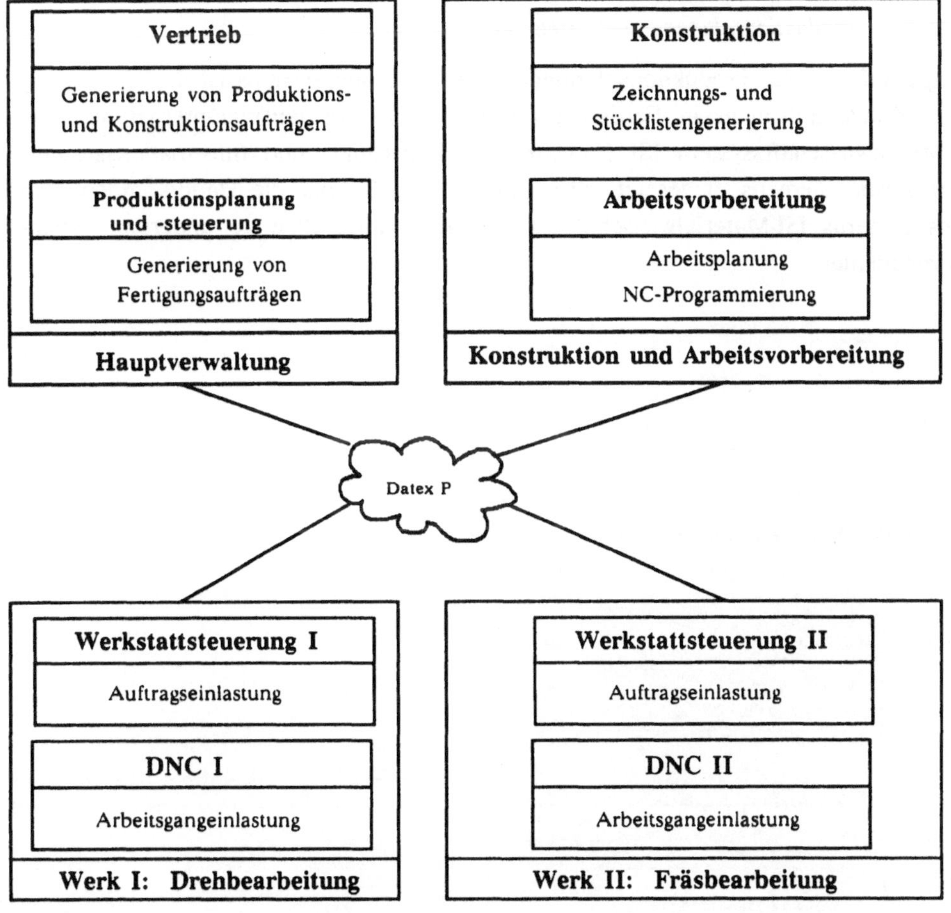


Abbildung 2-2:  Softwarestruktur im untersuchten Unternehmen

### 2.2.2.1 Vertrieb

Der in Abbildung 2-2 zu erkennende Bereich 'Vertrieb' fällt zusammen mit dem Modul 'Produktionsplanung und -steuerung' in das Aufgabengebiet der kommerziellen Datenverarbeitung. Für den Vertrieb existiert im Beispielbetrieb keine eigenständige Softwarekomponente. Hier wird lediglich entschieden, ob sich ein eingehender Kundenauftrag auf ein Teil bezieht, für das im Zuge einer früheren Teilefertigung bereits die erforderlichen Produktionsunterlagen (Zeichnungen, Stücklisten, Arbeitspläne, etc.) erstellt wurden oder ob das vom Kunden gewünschte Teil neu ins Produktionsspektrum aufgenommen werden muß. In diesem Fall muß vor Beauftragung des Produktionsplanungs- und -steuerungssystems erst ein Konstruktionsauftrag erstellt werden, der in den Bereichen Konstruktion und Arbeitsvorbereitung die Erstellung der erforderlichen Unterlagen veranlaßt.

### 2.2.2.2 Produktionsplanung und -steuerung

Hauptaufgabe des Produktionsplanungs- und Steuerungssystems ist die Umsetzung von Kundenaufträgen in Fertigungsaufträge, wozu im Beispielunternehmen das Materialwirtschaftssystem ISI (*I*ndustrielles *S*teuerungs- und *I*nformationssystem) der Firma Siemens eingesetzt wird. Abbildung 2-3 zeigt die Hauptkomponenten des Systems ISI-Materialwirtschaft und seine Schnittstellen zu anderen Systemkomponenten.

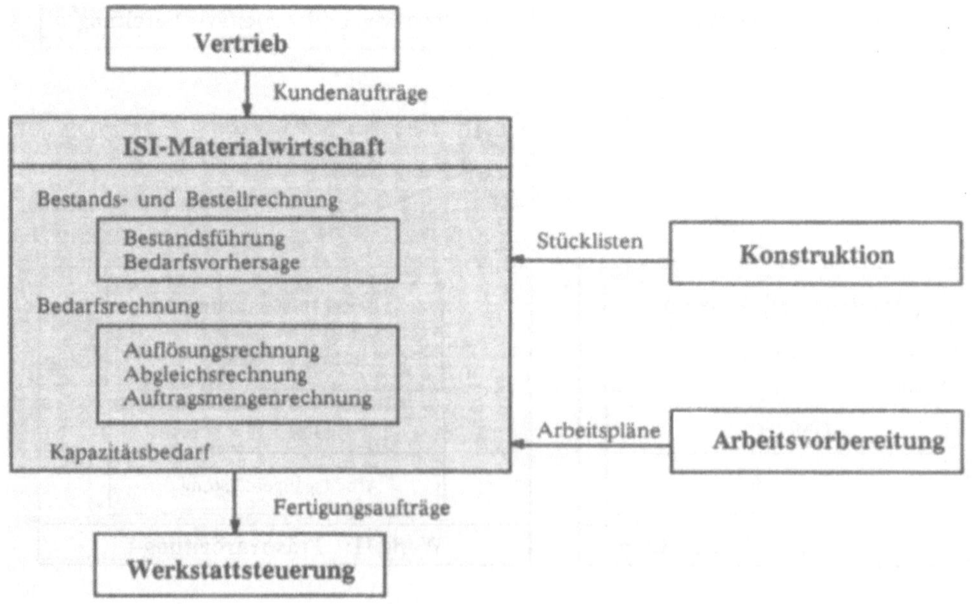


Abbildung 2–3: Komponenten und Schnittstellen von ISI-Materialwirtschaft

Für die Überführung eines Kundenauftrags in einen Fertigungsauftrag muß im untersuchten Unternehmen zwischen Standard- und Sonderartikeln unterschieden werden. Standardartikel werden dem Markt kundenneutral angeboten und deshalb auf Lager bevorratet, wohingegen Sonderartikel gemäß Kundenspezifikation bedarfsgesteuert gefertigt werden. Für Standardartikel wird im Zuge einer Bestands- und Bestellrechnung eine verbrauchsgesteuerte Disposition durchgeführt, wobei die Bedarfsvorhersage nach der Methode des exponentiellen Glättens erfolgt. Bestellzeitpunkte werden unter Berücksichtigung eines Sicherheitsbestands ermittelt, wobei die Bestellmenge nach der Andler-Methode zur Losgrößenoptimierung festgelegt wird ([MeHa 85]).

Sonderartikel werden im Beispielbetrieb bedarfsgesteuert disponiert, wozu aus der Stücklisten- und Arbeitsplanauflösungsrechnung zunächst der Sekundärbedarf je Periode ermittelt wird. Hieraus kann unter Berücksichtigung des verbrauchsgesteuerten Bedarfs und sonstiger ungeplanter Entnahmen der Bruttobedarf und unter Einbeziehung des Lagerbestands und der offenen Aufträge der Nettobedarf bestimmt werden. Schließlich wird die Losgröße in Abhängigkeit von der Dispositionsart und der Auftragsmenge errechnet.

Im Beispielbetrieb wurden verschiedene Funktionen zur Grobterminierung in das ISI-Materialwirtschaftsmodul integriert. Bei der Festlegung der geplanten Auftragsanfangs- und -endtermine wird von einer potentiell unendlichen Kapazität ausgegangen. In den Werken erfolgt eine Verfeinerung dieser Terminvorgaben mit dem Werkstattsteuerungssystem ABS-X (siehe Abschnitt 2.2.2.5)

### 2.2.2.3 Konstruktion

Im Gegensatz zu den administrativen, dispositiven und logistischen Aufgaben der kommerziellen Datenverarbeitung sind in den Bereichen Konstruktion und Arbeitsvorbereitung alle Tätigkeiten zusammengefaßt, die während des Produktzyklus im technischen Produktionsvorfeld anfallen. Üblicherweise werden diese Bereiche nur bei Neuaufnahme eines Teils in das Firmenproduktspektrum durchlaufen; wurden die für ein Teil erforderlichen Produktionsunterlagen (Zeichnung, Stückliste, Arbeitsplan, etc.) bereits im Zuge eines früheren Auftrags erstellt, so kann ein Kundenauftrag direkt in einen Produktionsauftrag umgewandelt werden.

Wesentliche Aufgabe der Bereiche 'Konstruktion' und 'Arbeitsvorbereitung' ist die Überführung eines Entwicklungs- bzw. Konstruktionsauftrags in ein Produktmodell ([Eber 84]). Dieses umfaßt im wesentlichen die Bereiche geometrisches Modell, Produktstrukturmodell, physikalisches Modell und technologisches Modell. Maßnahmen zur Erstellung des physikalischen und des technologischen Modells werden im Abschnitt 2.2.2.4 'Arbeitsvorbereitung' vorgestellt.

Die Hauptaufgaben der Konstruktionsabteilung bei der Erstellung des Produktmodells liegen in der Spezifikation des geometrischen Modells und des Produktstrukturmodells. Für die Charakterisierung der im Konstruktionsbereich anfallenden Tätigkeiten muß zunächst unterschieden werden, ob es sich beim herzustellenden Teil um ein Standardteil oder ein Sonderteil handelt. Als Standardteile gelten im untersuchten Unternehmen die meisten Werkzeuge zum Bohren oder Senken, wobei die durch das Werkzeug zu erzeugende Geometrie meist kundenspezifisch vorgegeben ist. Sonderteile umfassen alle Nicht-Standardteile, worunter insbesondere die meisten der produzierten Spannmittel fallen.

Für die Konstruktion von Standardteilen wird ein automatisiertes Konstruktionsmodul herangezogen, das aufgrund vorgegebener teilespezifischer Parameter mittels einer systemseitig verfügbaren Beschreibung von Konstruktionselementen wie Schneidkörpern, Plattensitzen und Aufnahmen ohne weitere Benutzereingriffe selbständig einen sogenannten technischen Teilestamm erzeugt. Die Angaben im technischen Teilestamm bilden den Ausgangspunkt für alle weiteren Planungsarbeiten, beispielsweise die Vorkalkulation und die Zeichnungserstellung. Zu den technischen Teilestammdaten zählen im wesentlichen folgende Angaben:

*Organisationsdaten*: Artikelnummer, Änderungsindex, Werkstoff, etc.

*Aufnahmedaten*: firmenspezifische Aufnahmenorm, Endenbearbeitung, etc.

*Kühlsystemdaten*: Durchmesser und Länge der Kühlmittelbohrung, etc.

*Konstruktionsdaten*: Längenmaße, Drehrichtung, etc.

*Arbeitsplandaten*: Rohmaterialmaße, Drehteilangaben, etc.

*Schnittkreisangaben*: Schneidkörper, Plattensitze, etc.

Nur für Kundenaufträge, die sich auf Werkzeuge für das Bohren und Senken beziehen, sind die Vorgabedaten für sich anschließende Unternehmensbereiche automatisch ermittelbar. Für Sonderartikel, wie z.B. die zur Werkzeugproduktion eingesetzten Spannmittel*, kann der technische Teilestamm wegen der hohen Teilevielfalt nicht durch das automatisierte Konstruktionsmodul erstellt werden. Hier müssen die entsprechenden Vorgaben für Folgetätigkeiten interaktiv-manuell erzeugt werden. Sonderartikel werden zunächst am Reißbrett oder unter Verwendung eines CAD-Systems gezeichnet und um die wichtigsten Angaben des technischen Teilestamms ergänzt, insbesondere die benötigte Strukturinformation in Form einer

---

* Im Beispielunternehmen werden die für die Teileproduktion benötigten Werkzeuge und Betriebsmittel weitgehend selbst produziert, wodurch ein hergestelltes Teil sowohl Endprodukt der Fertigung als später auch Hilfsmittel bei der Fertigung weiterer Teile sein kann.

Konstruktionsstückliste. Diese Informationen bilden dann, wie bei der automatisierten Teilestammerstellung, den Ausgangspunkt für die sich anschließende Arbeitsvorbereitung.

### 2.2.2.4 Arbeitsvorbereitung

Nachdem in der Konstruktionsabteilung die funktionalen Vorgaben für ein Teil in Form eines technischen Teilestamms spezifiziert wurden, gilt es im Zuge der Arbeitsvorbereitung festzulegen, wie die Teilegeometrie fertigungstechnisch erzeugt werden kann, also durch welche Arbeitsgänge ein Rohteil in das spezifizierte Fertigteil überführt werden kann. In Abbildung 2-4 sind die verschiedenen Schritte der Arbeitsplanung näher spezifiziert.

Zu Beginn der Arbeitsplanerstellung wird auf Basis der Fertigteilzeichnung und der Konstruktionsstückliste das Rohteil ausgewählt, aus dem das Teil später hergestellt werden soll. Dabei kommen vor allem geometrische Vorgaben (z.B. Fertigteilabmessungen und Aufmaße), technologische Restriktionen (z.B. Materialeigenschaften und Qualitätsansprüche) und wirtschaftliche Gesichtspunkte (z.B. materialbezogene Herstellungskosten) zum Tragen.

Bei der Festlegung der Arbeitsgangfolge gilt es, die einzelnen Schritte der Teileproduktion in einer ausführbaren Sequenz anzuordnen, wobei bei mehreren zur Verfügung stehenden alternativen Arbeitsgängen (z.B. Abdrehen oder Abfräsen von Material) die kostengünstigste Alternative auszuwählen ist. Die Wahl einer

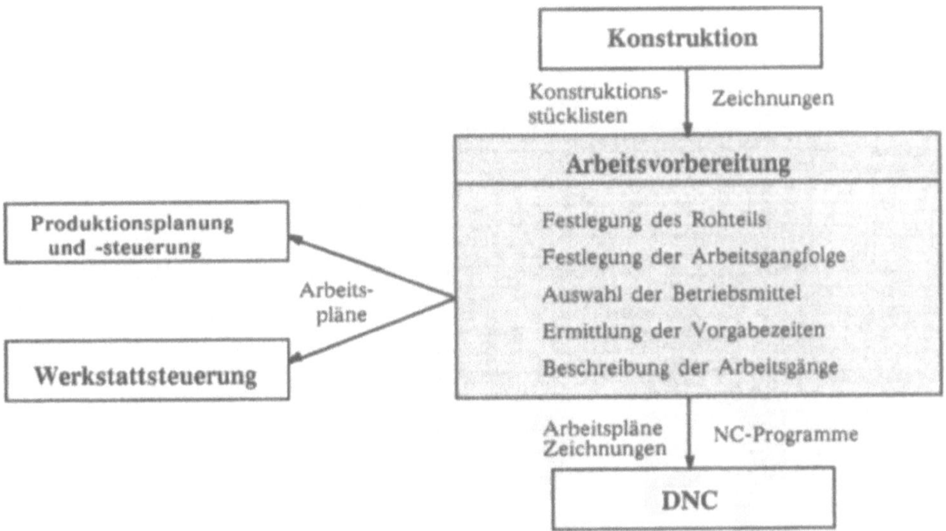


Abbildung 2-4:  Funktionen und Schnittstellen der Arbeitsplanung

Arbeitsgangsequenz sowie die Alternativenauswahl erfolgt unter Berücksichtigung der erforderlichen Aufspannungen und Umrüstvorgänge bei der späteren Teileproduktion sowie der für die Einzelbearbeitungen erforderlichen Zeiten.

Die Schritte 'Auswahl der Betriebsmittel' und 'Ermittlung der Vorgabezeiten' sind in Abbildung 2-5 für NC-Arbeitsgänge näher spezifiziert. Für jeden Arbeitsgang, der auf einer NC-Maschine abgearbeitet werden soll, wird von der Arbeitsplanung zunächst ein passender Maschinentyp ausgewählt. Dieser bildet zusammen mit einer Beschreibung des durchzuführenden Arbeitsgangs einen NC-Programmierauftrag.

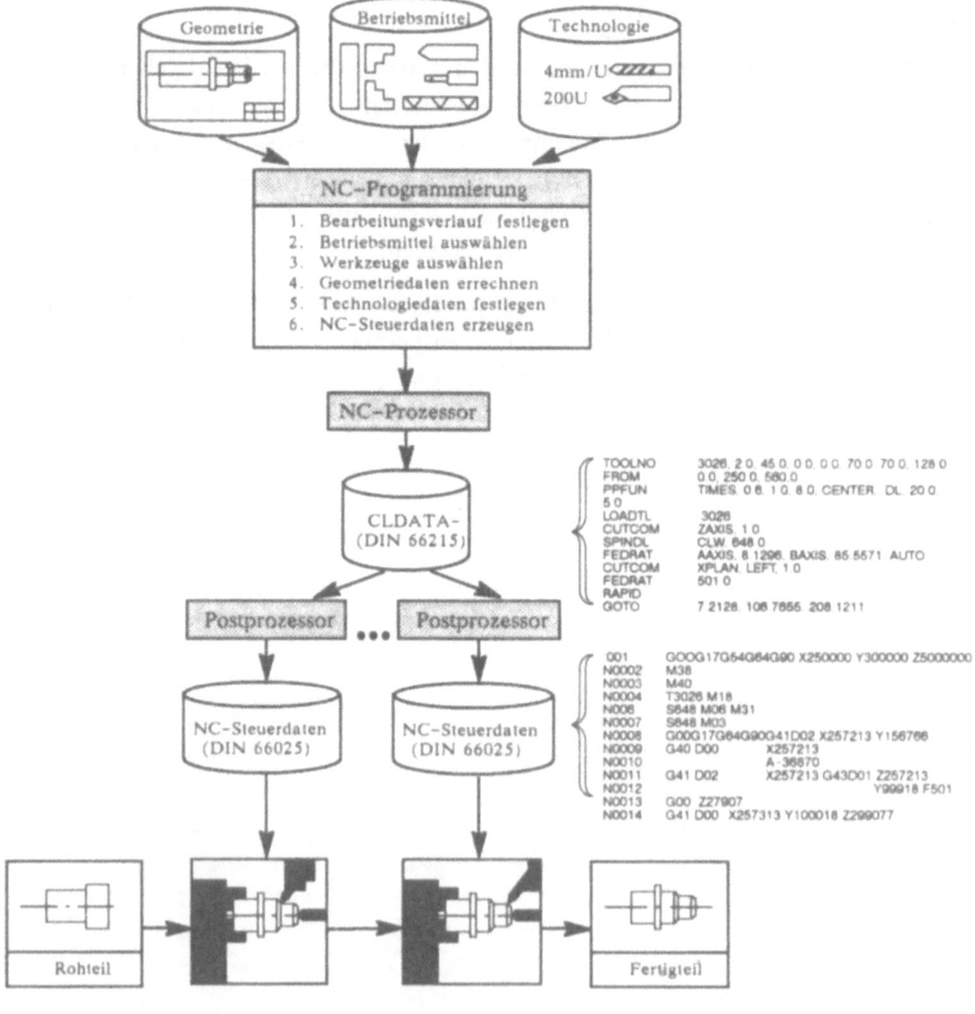


Abbildung 2-5:  Schritte der NC-Programmierung

Bei der Bestimmung des Bearbeitungsablaufs werden für jeden Programmierauftrag die einzelnen NC-Bearbeitungsschritte (z.B. Abspanen, Schruppen, Schlichten, Lochbohren, Gewindestrehlen, Nutfräsen) einschließlich der erforderlichen Aufspannungen festgelegt. Im Zuge der Betriebsmittelauswahl werden die Spannmittel und Vorrichtungen für die Bearbeitung des Werkstücks im Arbeitsraum der NC-Maschine festgelegt. Als nächstes wird nach geometrischen und technologischen Kriterien ein für die Bearbeitungsaufgabe geeignetes Werkzeug ausgewählt, wobei wichtige technologischen Kennzahlen wie Spindeldrehzahl und Vorschubgeschwindigkeit ebenfalls ermittelt werden. Aus den Abmessungen von Roh- und Fertigteil sowie der eingesetzten Betriebsmittel und Werkzeuge können sodann die Geometriedaten der Werkzeugverfahrwege abgeleitet werden, wobei auf Kollisionsfreiheit geachtet werden muß. Abschließend sind die Technologiedaten wie Vorschub, Drehzahl und Schnitttiefe festzulegen.

Nach der Ermittlung der benötigten Betriebsmittel und Vorgabeparameter für einen NC-Arbeitsgang sind die eigentlichen NC-Steuerdaten zu erzeugen, wofür im Beispielbetrieb im Bereich der Drehprogrammierung das NC-Programmiersystem H200 der Index-Werke Esslingen und für die Fräsprogrammierung das System EUKLID der Firma Fides Informatik eingesetzt wird. Im Zuge der NC-Programmgenerierung fallen beim Postprozessorlauf auch die für die Arbeitsvorbereitung wichtigen Vorgabezeiten pro Arbeitsgang an.

Als letzter Schritt der Arbeitsvorbereitung muß eine Beschreibung der Arbeitsgänge im Arbeitsplan erfolgen. Im wesentlichen sind hier alle Angaben für den Maschinenbediener bei der späteren Teilefertigung festzuhalten. Hierzu zählen u.a. die Arbeitsgangfolgenummer, der Arbeitsplatz, ein Arbeitsgangtext mit Hinweisen auf die durchzuführende Bearbeitungsaufgabe einschließlich Fertigungsvorgaben wie zulässige Toleranzen und Oberflächengüten, die benötigten Betriebsmittel sowie die Rüst- und Stückzeit je Arbeitsplatz.

### 2.2.2.5 Werkstattsteuerung

In jeder Produktionsstätte des untersuchten Unternehmens wird zur Werkstattsteuerung das dialogorientierte System ABS-X (Auftragsfreigabe mit Belastungsschranke unter dem Betriebssystem SINIX) der Firma Siemens eingesetzt. ABS-X arbeitet nach dem Prinzip der belastungsorientierten Auftragsfreigabe, das am Institut für Fabrikanlagen der Universität Hannover entwickelt wurde ([Wien 87]). Das Grundprinzip kann mit einem Trichtermodell veranschaulicht werden (Abbildung 2-6).

Im Gegensatz zum Stufenprinzip der klassischen Auftragsfreigabe, wo Aufträge gemäß der vorgeplanten Starttermine in die Produktion eingelastet werden (planungsorientierte Auftragsfreigabe), bildet bei der belastungsorientierten

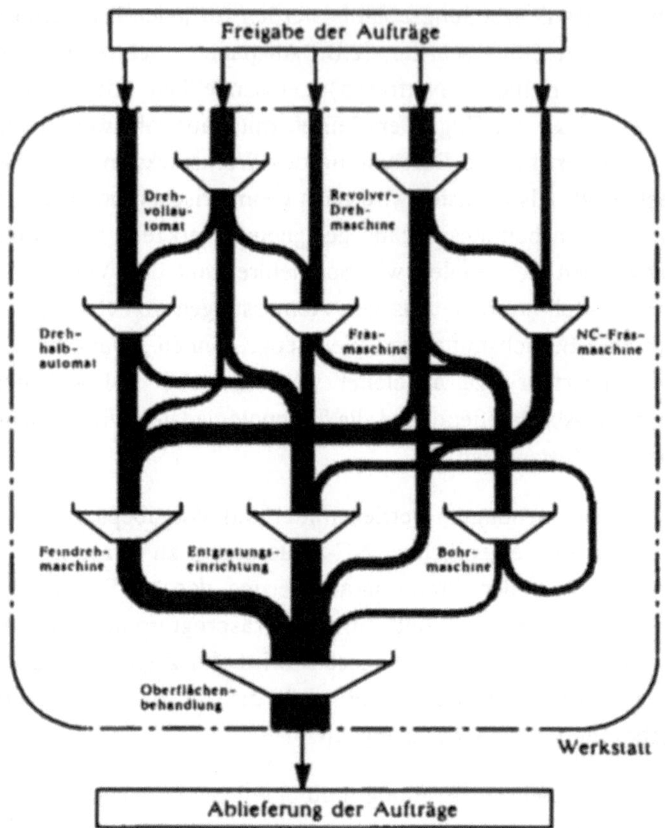


Abbildung 2-6:  Trichtermodell der belastungsorientierten Auftragsfreigabe
(nach [KeBe 81])

Auftragsfreigabe die aktuelle Kapazitätssituation in der Produktion das Kriterium
der Auftragseinlastung. Es werden immer nur soviele Aufträge pro Belastungsgruppe eingelastet, daß die vorgesehene Belastungsschranke nicht überschritten
wird. Hierdurch können insbesondere überhöhte Zwischenlagerbestände und Durchlaufzeiten vermieden werden.

Im Beispielbetrieb sind die Belastungsgruppen nach funktionalen Kriterien gebildet
(z.B. Belastungsgruppen NC-Drehen und NC-Fräsen). Die aktuellen Belastungs-
schranken weisen teilweise Werte von bis zu 300% der Sollkapazität auf, um ein
Leerlaufen von Fertigungseinrichtungen und damit eine Nichtausnutzung vorhandener Kapazitäten zu verhindern. Die Abarbeitung der Warteschlangen mit eingelasteten Aufträgen vor den Belastungsgruppen wird durch ABS-X ebenso wie die
konkrete Zuteilung eines Auftrags zu einem Arbeitsplatz innerhalb einer Belastungsgruppe offengelassen.

## 2.2.2.6 DNC-Steuerung

Der DNC-Betrieb im Beispielunternehmen ist dadurch gekennzeichnet, daß mehrere numerisch gesteuerte Produktionseinrichtungen direkt von einem DNC-Rechner mit Arbeitsvorgaben (z.B. NC-Programmen und Werkzeugkorrekturwerten) versorgt und Zustandsdaten aus der Produktion (z.B. Maschinenzustände und optimierte NC-Programme) ebenfalls direkt an diesen rückgemeldet werden. Abbildung 2-7 zeigt für den Bereich Drehbearbeitung die Funktionen des DNC-Rechners sowie seine Schnittstellen zu anderen Bereichen.

Dem DNC-Rechner fallen im Beispielbetrieb neben der eigentlichen Programmversorgung der NC-Maschinen und der Verarbeitung der Rückmeldungen aus der Produktion wichtige Aufgaben der Fertigungsfeinsteuerung zu. Zum einen müssen die vom Werkstattsteuerungssystem ABS-X noch offengehaltenen Zuteilungen von Aufträgen bzw. DNC-Arbeitsgängen zu konkreten Maschinen innerhalb einer Belastungsgruppe vorgenommen werden; zum anderen ist unter Beachtung der von der Werkstattsteuerung vorgegebenen mittleren Auftragsdurchlaufzeiten eine Feinterminierung durchzuführen.

Die angesprochenen Aufgaben der Maschinenbelegungsplanung werden im untersuchten Unternehmen nach dem Prinzip der Minimierung des Rüstaufwands pro Belastungsgruppe unter Berücksichtigung der Terminvorgaben durchgeführt. Hierzu wird ein dediziertes Softwaremodul eingesetzt, das eine vorausschauende Planung mit begrenztem Zeithorizont durchführt. Dieses Modul stellt insbesondere sicher,

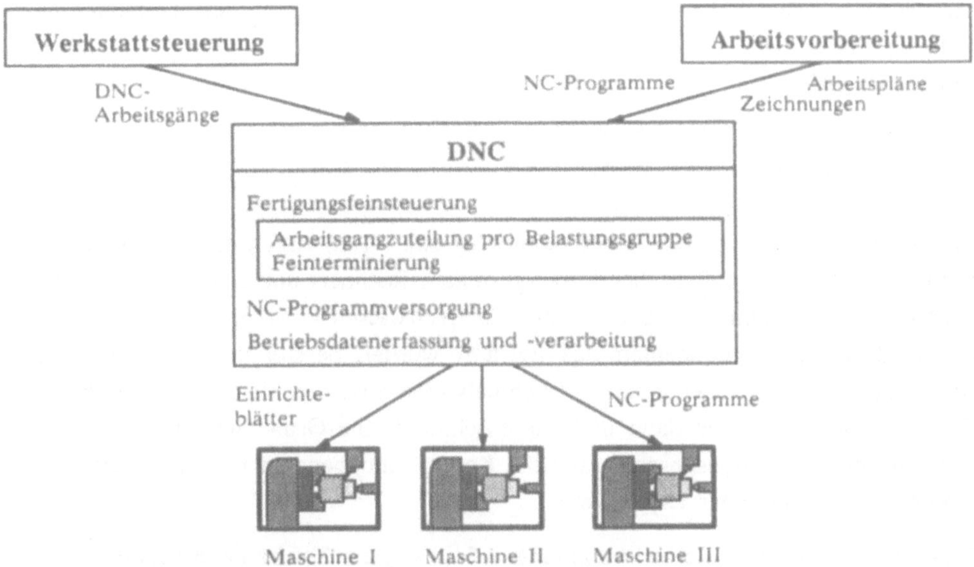


Abbildung 2-7:  Funktionen und Schnittstellen eines DNC-Rechners

daß ein Arbeitsgang nicht einer Maschine zugeteilt wird, wenn er für eine andere Maschine weniger Rüstaufwand verursachen würde. Zur Sicherstellung der Einhaltung der Terminvorgaben wird bei der Maschinenbelegungsplanung zusätzlich zum Rüstaufwand die Verweildauer eines DNC-Arbeitsgangs in der Auftragswarteschlange der Belastungsgruppe berücksichtigt. Je näher der späteste Starttermin für einen Arbeitsgang rückt, desto geringer wird der erforderliche Rüstaufwand im Zuge der Maschinenzuteilung bewertet. Der initiale Rüstaufwand errechnet sich aus der Summe der Rüstzeiten für die nicht in der Maschine befindlichen, vom auszuführenden Arbeitsgang aber benötigten Betriebsmittel.

## 2.3 Analyse der Fallstudie

Nachdem in den vorangegangenen Abschnitten die verschiedenen Stationen, die ein Teil im Beispielbetrieb durchläuft, separat vorgestellt wurden, wird nun der typische Weg eines Teils durch das Unternehmen aus Kontroll- und Datenflußsicht aufgezeigt. Diese getrennte Betrachtungsweise erlaubt die Herausstellung spezifischer Merkmale auf vorgangs- und datenorientierter Ebene, wo die wesentlichen Gesichtspunkte bei der Konzeption eines integrierten Gesamtsystems angesiedelt sind ([JaRW 89c]). Als Kriterien der Darstellung und Beurteilung werden die im ersten Kapitel der Arbeit vorgestellten internen Hauptzielsetzungen in rechnerintegrierten Produktionssystemen (Flexibilität, Durchgängigkeit und Redundanzfreiheit, Erweiterbarkeit, Automatisierung sowie Fehlertoleranz und Adaptivität) herangezogen. Die Darstellung beschränkt sich auf diejenigen Sachverhalte, die nicht bereits bei der Vorstellung der Einzelkomponenten (Abschnitt 2.2.2) angesprochen wurden.

### 2.3.1 Kontrollfluß

Die Darstellung des Kontrollflusses beim Weg eines Teils durch das Beispielunternehmen bezieht sich auf die bereits vorgestellten Rechner- und Softwarestrukturen (Abbildungen 2-1 und 2-2). Die meisten der paarweisen Übergänge zwischen den verschiedenen Teilkomponenten des Betriebs wurden bereits in Abschnitt 2.2.2 angesprochen, so daß hier lediglich nochmals eine zusammenfassende Charakterisierung erfolgen soll, die dann in Hauptabschnitt C die Grundlage für die Untersuchung von Integrationsansätzen für die Kontrollflußebene in rechnerintegrierten Produktionssystemen darstellen wird.

Grundsätzlich werden die in Abbildung 2-2 gezeigten Softwarekomponenten als sogenannte Turn-Key-Systeme betrieben, deren relative Autonomie sich nicht zuletzt auch in der räumlichen Aufteilung der Komponenten auf verschiedene Werke

(Abbildung 2-1) widerspiegelt. Die Einzelsysteme können weitgehend unabhängig voneinander betrieben werden, wobei die beteiligten Komponenten nur in einer vorab definierten Reihenfolge, sogenannten Verfahrensketten (vgl. z.B. [Gaus 87]), durchlaufen werden können.

Im untersuchten Beispielbetrieb lassen sich mehrere Verfahrensketten unterscheiden, die durch die herzustellende Teileart (Standardteil oder Sonderartikel) und durch die Auftragsart (Erstauftrag oder Folgeauftrag) gekennzeichnet sind. Erstaufträge führen bei beiden Teilearten zunächst zur Erteilung eines Konstruktionsauftrags, der für Standardteile hinsichtlich der konstruktiven Anteile (Zeichnungs- und Stücklistenerstellung) auf Grundlage der vorgegebenen Konstruktionsparameter mittels eines automatisierten Konstruktionsmoduls (siehe Abschnitt 2.2.2.3) ausgeführt wird. Auch die sich anschließende Arbeitsplanung kann für diese Teileart einschließlich der erforderlichen NC-Programmierung weitgehend automatisch erfolgen. Für Sonderartikel müsssen dagegen die benötigten Konstruktions- und Fertigungsunterlagen durch interaktive Verwendung entsprechender Hilfsmittel (CAD-System, NC-Programmiersystem) erzeugt werden. Nur so kann die für diese Teileart erforderliche Flexibilität – wenn auch auf Kosten des Automatisierungsgrades – bereitgestellt werden.

Ist für ein zu produzierendes Teil der Konstruktionsauftrag abgearbeitet, so werden einerseits der Arbeitsplan und die Stückliste zusammen mit dem urprünglichen Kundenauftrag in die Produktionsplanung und -steuerung übermittelt und andererseits die in der Produktion benötigten Fertigungsunterlagen in die entsprechenden Werke übertragen. Für Folgeaufträge liegen die Fertigungsunterlagen bereits vor, so daß hier direkt der Kundenauftrag ins Produktionsplanungs- und -steuerungssystem durchgereicht werden kann.

Das Produktionsplanungs- und -steuerungssystem ermittelt nach Eingang eines Kundenauftrags die für die Erteilung von Fertigungsaufträgen benötigten Vorgabezeiten, wobei als produktionsbezogene Kriterien lediglich Schätz- und Richtwerte wie die mittleren Durchlaufzeiten herangezogen werden. Die hierbei ermittelten Zeiträume für Start- und Endtermine werden anschließend in der Werkstattsteuerung der einzelnen Produktionsstätten feinterminiert, wozu auch die aktuelle Belastung der Maschinen herangezogen wird. Die momentane Belastungssituation auf Werkstattebene wird aufgrund früherer Einlastungen laufend mitgeführt, wobei jedoch der tatsächliche Wert z.B. durch Maschinenausfälle vom Sollwert mehr oder minder stark abweichen kann. Die Aktualisierung der Belastungssollwerte muß manuell durch den Werkstattmeister erfolgen, was sowohl hinsichtlich Automatisierungsgrad als auch bezüglich der Adaptivität des Gesamtsystems unbefriedigend ist.

Hochgradig automatisiert ist der Übergang von der Werkstattsteuerung zu den Produktionsmaschinen. Sowohl die Versorgung der Maschinen mit Programmen als auch eventuell erforderliche Werkzeugwechsel werden ohne Benutzereingriffe durchgeführt. Die Abarbeitung der Programme erfolgt autonom gemäß dem Gedanken der zellstrukturierten Produktion ([Fisc 90]). Rückmeldungen aus der Produktion in vorgelagerte Planungsbereiche müssen dagegen auf Fertigungsleitstandebene weitgehend interaktiv erfaßt werden.

In Abbildung 2-8 sind die verschiedenen Kontrollflußbeziehungen im untersuchten Unternehmen graphisch aufgezeigt. Hinsichtlich der in Kapitel 1 aufgestellten Zielkategorien lassen sie sich folgendermaßen charakterisieren:

*Flexibilität:*

Die Flexibilität der Teileproduktion ist maßgeblich gekennzeichnet durch die in den Basissystemen zur Verfügung gestellten Alternativen. Das Zusammenwirken der Teilbereiche ist in relativ starren Ablauffolgen (Verfahrensketten) organisiert, die meist nur in einer bestimmten Sequenz durchlaufen werden können. Insbesondere im auftragsorientierten Planungsbereich (Produktionsplanung und -steuerung, Werkstattsteuerung, DNC-Betrieb) bauen die Teilsysteme im Sinne des Sukzessivplanungskonzepts schrittweise aufeinander auf. Planungsflexibilität ist in produktionsnahen Bereichen nur noch so weit vorhanden, wie dies in früheren Schritten durch Bereitstellen von Alternativen ermöglicht wurde (z.B. keine direkte Maschinenzuordnung im Bereich der Produktionsplanung und -steuerung).

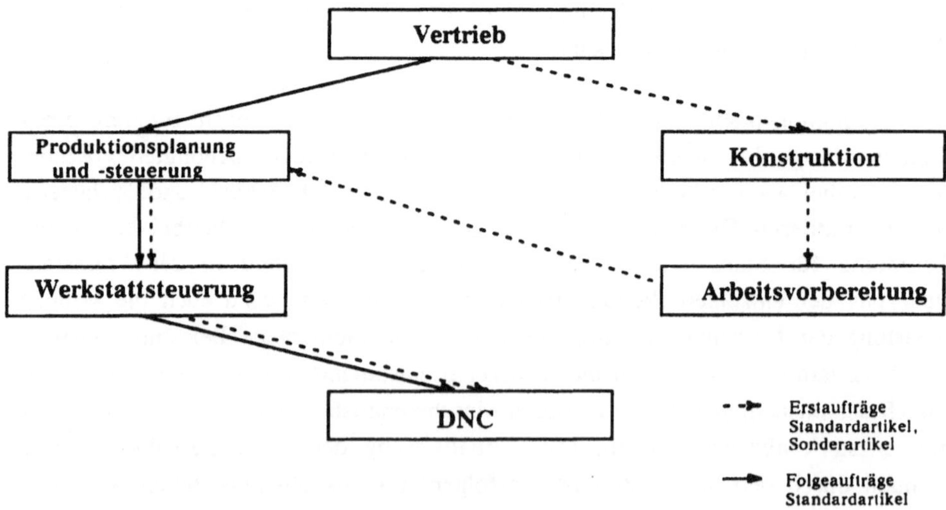


Abbildung 2-8: Kontrollflußbeziehungen im untersuchten Unternehmen

*Durchgängigkeit und Redundanzfreiheit:*

Die Durchgängigkeit der Verbindung verschiedener Teilkomponenten zu einem Gesamtsystem beschränkt sich beim realisierten Konzept der Verfahrensketten auf die paarweise Verbindung von benachbarten Gliedern. Während im auftragsbezogenen Planungsbereich eine gute Abstimmung vorzufinden ist (Sukzessivplanungskonzept), ist im technischen Vorfeld (Konstruktion und Arbeitsvorbereitung) Redundanz z.B. durch die erforderliche Re-Interpretation der Konstruktionszeichnungen im Arbeitsplanungssystem vorzufinden. Diese resultiert aus der teilsystemspezifischen Betrachtung der durchzuführenden Aufgabe (funktionale Teilegestaltung in der Konstruktion, fertigungsorientierte Arbeitsplanspezifikation in der Arbeitsvorbereitung) ohne den Rückgriff auf eine gemeinsame konzeptionelle Basis.

*Erweiterbarkeit:*

Die Erweiterbarkeit des im Beispielbetrieb produzierten Teilespektrums hängt stark von der Teileart ab. Für Standardartikel ist der skizzierte Produktionsweg nur um solche Teile erweiterbar, die starke Ähnlichkeit zu den Charakteristika der zugrundeliegenden Teilefamilie aufweisen. Auf diesem Weg lassen sich nur bestimmte Dreh- und Senkwerkzeuge automatisiert behandeln. Alle anderen Teile müssen als Sonderartikel betrachtet werden, für die insbesondere im technischen Produktionsfeld nur eine interaktive Systemunterstützung bereitgestellt werden kann.

*Automatisierung:*

Der Grad der Automatisierung der eigentlichen Teileproduktion ist im untersuchten Unternehmen für beide Teilearten (Standard- und Sonderartikel) hoch, was aus dem Einsatz moderner zellstrukturierter Fertigungseinrichtungen resultiert. Im Produktionsvorfeld müssen dagegen für Sonderartikel in Konstruktion und Arbeitsvorbereitung noch zahlreiche Tätigkeiten manuell-interaktiv durchgeführt werden, wobei den eingesetzten Systemen (z.B. CAD-System) lediglich eine unterstützende Funktion zukommt.

*Fehlertoleranz und Adaptivität:*

Die automatisierte Tolerierung von unvorhergesehenen Ereignissen (z.B. Maschinenausfällen) ist im Beispielbetrieb im wesentlichen auf zellinterne Maßnahmen beschränkt; ansonsten ist ein hohes Maß an interaktiven Eingriffen durch die Bediener erforderlich. Im auftragsbezogenen Planungsbereich ist die Adaptivität an veränderte Produktionsbedingungen insbesondere in frühen Planungsphasen des Sukzessivplanungsansatzes stark eingeschränkt, da hier aktuelle Produktionsbedingungen weitgehend unberücksichtigt bleiben.

## 2.3.2 Datenfluß

Die verschiedenen Datenklassen, die auf dem Weg eines Teils durch das Unternehmen benötigt werden, wurden bereits bei der Vorstellung der Teilsysteme (Abschnitt 2.2.2) eingeführt. Die Übersicht in Abbildung 2-9 stellt die bei der Herstellung eines Produkts zu durchlaufenden Teilsysteme und die Übergänge zwischen ihnen aus datenverwaltungstechnischer Sicht dar.

Bei der Neuproduktion eines Teils wird von der Vertriebsabteilung zunächst ein Konstruktionsauftrag an die Bereiche Konstruktion und Arbeitsvorbereitung übermit-

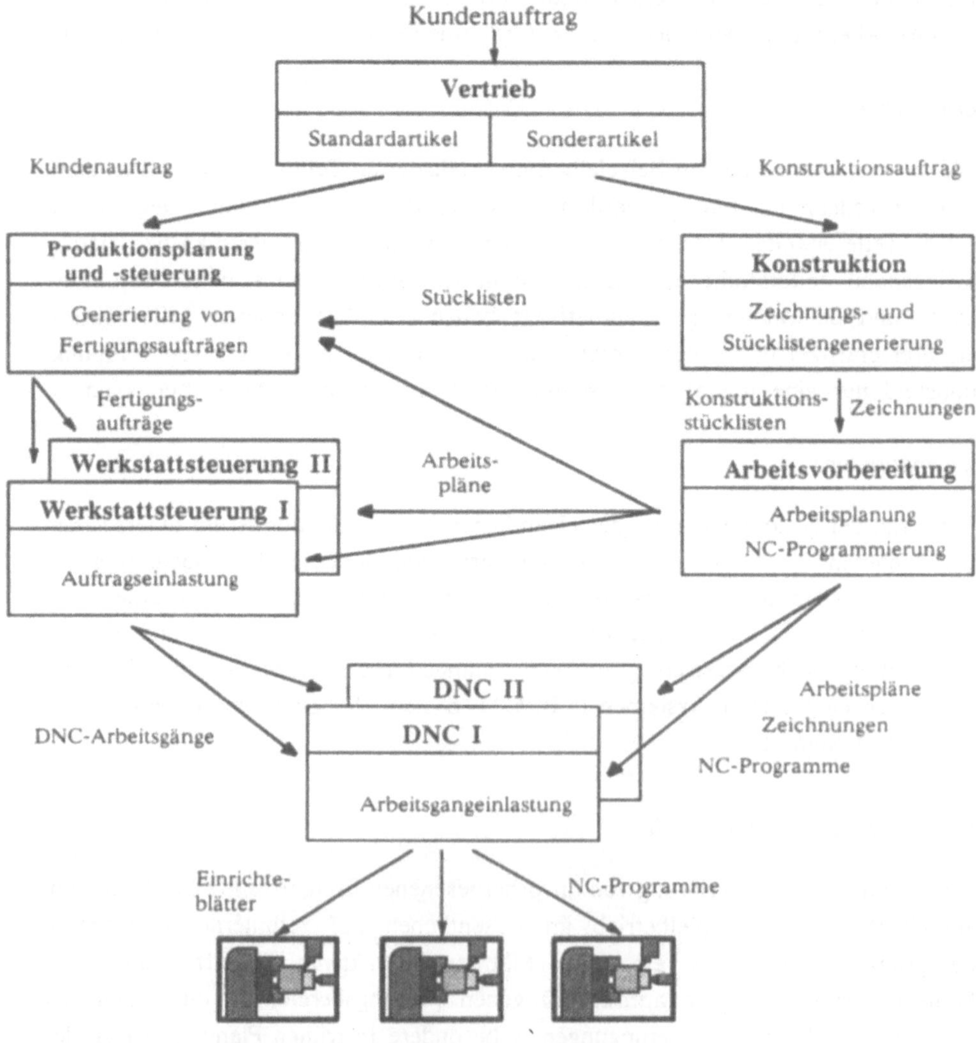


Abbildung 2-9:  Datenflußbeziehungen im untersuchten Unternehmen

telt. Für Standardartikel enthält dieser z.B. für Senkwerkzeuge eine Spezifikation der zu erzeugenden Lochgeometrie, während für Sonderartikel meist eine um funktionale Vorgaben ergänzte Skizze übermittelt wird. Die für Standardteile übermittelten Parameter können auch von einem konstruktionsfremden Sachbearbeiter unmittelbar in das automatisierte Konstruktionsmodul eingegeben werden. Für Sonderartikel muß dagegen eine Umsetzung der skizzierten Vorgaben in eine Konstruktionszeichnung vorgenommen werden, was im allgemeinen erhebliche Konstruktionserfahrung voraussetzt. Die solchermaßen frei konstruierten Teile müssen auch in der sich anschließenden Arbeitsplanung und NC-Programmierung manuell-interaktiv behandelt werden, während für Standardartikel eine automatisierte Übernahme und Weiterverarbeitung der Geometriedaten möglich ist.

Die in der Arbeitsvorbereitung erzeugten teilespezifischen Fertigungsunterlagen (im wesentlichen Zeichnungen, Stücklisten, Arbeitspläne sowie NC-Programme einschließlich der zugehörigen Programminformationen) werden in unterschiedlicher Weise an nachfolgende Bereiche übermittelt und dort weiterverarbeitet. Arbeitspläne und Stücklisten bilden die Planungsgrundlage für die verschiedenen auftragsbezogenen Planungsbereiche (Produktionsplanung und -steuerung, Werkstattsteuerung) und werden im jeweiligen Erzeugungsformat über Rechnerkopplung direkt als Dateien übertragen. Die Zeichnungen werden in Papierform an die Werke übersandt, NC-Programme und -Programminformationen werden auf Magnetband per Post den Werken zugestellt und dort am Fertigungsleitrechner eingelesen.

Zur Ausführung eines Fertigungsauftrags werden die benötigten NC-Programme vom DNC-Rechner direkt in die betreffenden Maschinensteuerungen geladen; die Zeichnungen liegen dem Maschineneinrichter ausgedruckt vor. Am Fertigungsleitstand erfolgt eine begrenzte automatische Betriebsdatenerfassung hinsichtlich der Fertigungsmittel (Maschinenzustände, Werkzeugbestückungen, etc.), während die meisten auftragsbezogenen Betriebsdaten vom Maschinenbediener interaktiv eingegeben werden. Die Betriebsdaten werden ausschließlich in den Werken selbst als Planungsgrundlage verwendet (Werkstattsteuerung und DNC-Betrieb); die Produktionsplanung und -steuerung arbeitet lediglich mit Schätz- und Richtwerten sowie den aufgezeichneten früheren Planungsvorgaben.

Wie auch bei der Analyse des Kontrollflusses werden nachfolgend die in Kapitel 1 aufgestellten Zielkategorien für rechnerintegrierte Produktionssysteme zur Beurteilung der im Beispielbetrieb vorzufindenden Lösung herangezogen:

*Flexibilität:*

Wie schon der Kontrollfluß, orientiert sich der Datenfluß im untersuchten Unternehmen eng an den realisierten Verfahrensketten. In einer Kette kooperieren benachbarte Systeme auf Datenebene, indem die früher ausgeführte Teilfunktion als Ergebnis die Eingabedaten für das Folgesystem erzeugt. Der Datenfluß ist gemäß einer Erzeuger-/Verbraucher-Relation organisiert und dadurch streng gerichtet. Dadurch steht am Ende der Verfahrenskette nur soviel Flexibilität zur Verfügung, wie Alternativen durch die Kette gereicht werden. Deshalb wird im untersuchten Unternehmen beispielsweise nicht schon in der Arbeitsplanung die Ausführung eines Arbeitsgangs auf einer bestimmten Maschine gefordert, um so den nachgeordneten auftragsbezogenen Planungsbereichen noch Auswahlalternativen für eine kapazitätsbezogene Maschinenbelegungsplanung bereitzustellen. Werden diese Alternativen nicht im Arbeitsplan vorgesehen, können sie später wegen des streng gerichteten Datenflusses auch nicht mehr identifiziert werden.

*Durchgängigkeit und Redundanzfreiheit:*

Durchgängigkeit bei der datentechnischen Verbindung der verschiedenen Teilsysteme wird im Beispielunternehmen im wesentlichen dadurch erzielt, daß die benachbarten Komponenten einer Verfahrenskette eng aufeinander abgestimmt sind, indem das Vorgängersystem direkt die Eingabedaten für das Nachfolgesystem erzeugt. Aus Sicht der Datenkommunikation und -verwaltung sind noch erhebliche Defizite anzutreffen; so erfolgt der Datenaustausch zwischen den Abteilungen Konstruktion und Arbeitsvorbereitung mit den Produktionswerken in Form von ausgedruckten Zeichnungen und Magnetbändern, was einerseits die Dauer der Kommunikation erhöht und wodurch zum anderen die Daten im Zielsystem teilweise nicht mehr am Rechner verfügbar sind. Datenredundanz ist im Beispielbetrieb durch die autarke Datenmodellierung in den verschieden Teilsystemen häufig vorzufinden. So werden etwa Daten über die zur Teileherstellung einsetzbaren Betriebsmittel (Maschinen, Werkzeuge, Spannmittel, etc.) in fast allen Teilsystemen benötigt und je nach Verwendungsart unterschiedlich repräsentiert. Teilweise sind die erforderlichen Daten im lokal verfügbaren Datenverwaltungssystem abgespeichert, andererseits wird - insbesondere bei nur gelegentlichem Bedarf - auch auf Kataloge und Tabellen in Papierform zugegriffen. Ein systematischer Abgleich zwischen diesen verschiedenen Versionen von Daten zum gleichen Betriebsmittel findet ebensowenig wie eine automatisierte Datenaktualisierung statt.

*Erweiterbarkeit:*

Aus datentechnischer Sicht kann Erweiterbarkeit zum einen als die Möglichkeit der Aufnahme neuer Teilsysteme in eine Verfahrenskette und zum anderen als die Ergänzung der Datenstrukturen innerhalb eines bereits eingebundenen Teilsystems interpretiert werden. Die Neuaufnahme von Teilsystemen erfordert im Beispielbetrieb im allgemeinen zumindest das Bereitstellen von Datenkonvertierungsroutinen, um die Datenformate der vorhandenen Nachbarsysteme an das neue System anzupassen; häufig sind darüber hinaus mehr oder minder umfangreiche Änderungen und Erweiterungen in den Nachbarsystemen erforderlich, um den Datenbedarf des neuen Systems zu decken.

*Automatisierung:*

Bezüglich des Datenflusses bedeutet das Stichwort Automatisierung, daß die Datenkommunikation zwischen verschiedenen Teilsystemen zumindest im Regelfall systemseitig ohne direkte Eingriffe des Benutzers erfolgen sollte. Dies setzt insbesondere die Existenz elektronischer Kommunikationsverbindungen voraus, was im Beispielbetrieb zwar prinzipiell gegeben ist, jedoch nur teilweise zur Datenkommunikation genutzt wird. So werden trotz der elektronischen Verbindung der verschiedenen Unternehmensstandorte weiterhin ausgedruckte Zeichnungen und Magnetbänder mit NC-Programmen auf dem Postweg verschickt. Dies liegt zum einen am erforderlichen Datenübertragungsvolumen, insbesondere bei NC-Programmen, zum anderen aber auch an fehlenden Endgeräten in den empfangenden Einheiten (Grafikbildschirme und Plotter in den Produktionswerken).

*Fehlertoleranz und Adaptivität:*

Das Konzept der Integration über Verfahrensketten hat unmittelbare Auswirkungen auf die mögliche Tolerierung von Störungen und unvorhergesehenen Ereignissen. Da der Datenfluß streng als Erzeuger-Verbraucher-Beziehung realisiert ist, kann nur auf solche Ersatzmaßnahmen ausgewichen werden, die in der Verfahrenskette bis zum betroffenen Teilsystem hin verfügbar gehalten wurden. Beispielsweise setzt das Ausweichen auf eine Ersatzmaschine bei einem etwaigen Maschinenausfall die Spezifikation dieser Alternative im Arbeitsplan voraus. Nur wenn diese Alternativmaschinen explizit über die Schnittstelle zwischen Arbeitsplanungssystem und Fertigungsleitstand weitergereicht werden, kann auf Werkstattebene autonom umdisponiert werden.

## 2.4 Problemkreise und Aufgabenstellungen

Zum Abschluß der in diesem Kapitel beschriebenen Fallstudie zur rechnergestützten Teilefertigung sollen die wichtigsten der angesprochenen Problemkreise und die sich daraus ergebenden Aufgabenstellungen beim Aufbau rechnerintegrierter Produktionssysteme dargestellt werden. Die Ausführungen beziehen sich zwar auf die Fallstudie im Sinne eines verdeutlichenden Beispiels, gelten aber allgemein für die im Rest der vorliegenden Arbeit vorgenommenen Untersuchungen.

Auf die speziellen Probleme im Aufbau und Betrieb des als Fallstudie herangezogenen Produktionssystems wurde im vorherigen Abschnitt aus Kontroll- und Datenflußsicht bereits eingegangen. Unabhängig von den konkreten Gegebenheiten im Beispielbetrieb lassen sich folgende allgemeine Problemkreise konstatieren:

- Der Aufbau eines rechnerintegrierten Produktionssystems kann im allgemeinen nicht von Grund auf neu erfolgen, sondern muß bereits bestehende Systemkomponenten (Hardware und Software) mit einbeziehen. Oft weisen die bereits vorhandenen Teilsysteme recht heterogenen Charakter auf und sind wenig oder gar nicht aufeinander abgestimmt. Dadurch entsteht zusätzlich zur eigentlich durchzuführenden anwendungsbezogenen Integration die Notwendigkeit der technischen Integration bestehender Systeme. Diese kann beispielsweise durch den Aufbau von Kommunikationsverbindungen zwischen Rechnern verschiedener Fabrikate oder durch die Konvertierung lokaler Datenformate in ein neutrales Datenaustauschformat erfolgen.

- Die in den zu integrierenden Teilsystemen getroffenen Annahmen bezüglich der gemeinsam zu bearbeitenden Gesamtaufgabe sowie Abstraktionsgrad und Aktualität der zugrundeliegenden Modellierung der Umgebung weichen oft deutlich voneinander ab. So wird beispielsweise in der Arbeitsplanung und der Produktionsplanung und -steuerung implizit von einer unbegrenzten Kapazität und Verfügbarkeit der Fertigungsressourcen ausgegangen, während auf Fertigungsleitstandebene gerade diese Kriterien entscheidenden Restriktionen unterliegen. Ohne eine gemeinsame Sicht der 'Welt' und insbesondere ohne eine gemeinsame Datenbasis wird der Aufbau eines integrierten Gesamtsystems wesentlich erschwert.

- Die Probleme der technischen Integration bestehender Basiskomponenten induzieren oft die Realisierung eines Gesamtsystems in Form von Verfahrensketten, bei denen die Teilsysteme in einer Sequenz paarweise aneinander angeglichen werden. Insbesondere bezüglich Flexibilität der erreichten Gesamtlösung und Adaptivität im Falle unvorhergesehener Ereignisse weist dieses Integrationskonzept schwerwiegende Nachteile auf, wie bereits im Zuge der Kontroll- und Datenflußanalyse deutlich wurde.

- Der Grad der Automatisierung der Gesamtaufgabe geht nicht wesentlich über den Automatisierungsgrad in den jeweiligen Teilsystemen hinaus; das Synergiepotential bei der Verbindung der Basisysteme wird somit nur teilweise genutzt. Beispielsweise erfolgt beim Übergang von der Konstruktion zur Arbeitsvorbereitung zwar ein systemseitiges Weiterreichen der Konstruktionsdaten; diese müssen aber im Arbeitsplanungssystem interaktiv reinterpretiert werden, um die funktionsorientierte Teilespezifikation der Konstruktion in eine werkstattorientierte fertigungsgerechte Repräsentation zu überführen. Das Ziel der Wiederverwendbarkeit von Standardbausteinen ([RuWe 89]), und somit die Reduzierung des teilespezifischen interaktiven

Bedienungsaufwands, wird durch die rein datentechnische Verknüpfung der Basissysteme nicht oder nur unzureichend unterstützt.

Die obigen Problemkreise beim Aufbau rechnerintegrierter Produktionssysteme ziehen unmittelbar die nachfolgend genannten Aufgabenstellungen nach sich, die sich wiederum eng an einige der in Kapitel 1 formulierten internen Zielsetzungen anlehnen:

- Technisches Grundanliegen beim Aufbau eines rechnerintegrierten Produktionssystems ist die möglichst weitgehende Automatisierung aller Teilvorgänge der Teileproduktion. Dabei sollte zum einen ein integrierter, automatisierter Kontroll- und Datenfluß zwischen den Einzelkomponenten geschaffen und andererseits im Zuge der Integration auch die Automatisierung manuell-interaktiver Tätigkeiten innerhalb eines Teilsystems ermöglicht werden.

- Eng an die Aufgabenstellung der Automatisierung angelehnt ist die Forderung nach Durchgängigkeit und Redundanzfreiheit in der erzielten Gesamtlösung. Zur Integration aller im Zuge der Teileproduktion relevanten Basiskomponenten – sowohl Hardware- als auch Softwaresysteme – zu einem durchgängigen Gesamtsystem muß neben dem Schaffen einer entsprechenden Infrastruktur (Kommunikationsverbindungen, Datenmodelle, etc.) insbesondere auch eine gemeinsame abstrakte Sicht der durchzuführenden Gesamtaufgabe etabliert und in den Basissystemen umgesetzt werden.

- Ein rechnerintegriertes Produktionssystem ist kein statisches, nur auf ein Ziel hin ausgerichtetes Gebilde, sondern muß an wechselnde Bedingungen – neue Teile, erweiterte Funktionalität von Basissystemen, etc. – flexibel anpaßbar sein. Die Erweiterbarkeit des Systems muß deshalb in der realisierten integrierten Lösung bereits strukturell verankert sein. Dies impliziert insbesondere die Forderung nach offenen Schnittstellen zwischen den Einzelkomponenten.

- Ein rechnerintegriertes Produktionssystem sollte nicht nur die vorhandenen Teilkomponenten zu einem Gesamtsystem zusammenführen, sondern auch die Flexibilität der Teileproduktion insgesamt entscheidend verbessern helfen. Auch hier ist wieder die Etablierung einer gemeinsamen abstrakten Sicht der durchzuführenden Gesamtaufgabe von entscheidender Bedeutung. Gerade in dieser Hinsicht lassen die meisten bisher realisierten Integrationskonzepte noch große Lücken erkennen.

Die in diesem Abschnitt angesprochenen Problemkreise und Aufgabenstellungen beim Aufbau rechnerintegrierter Produktionssysteme sind in derzeit implementierten Ansätzen bestenfalls rudimentär reflektiert bzw. gelöst. Sie bilden deshalb den Ausgangspunkt für die weiteren Ausführungen in dieser Arbeit und werden in den restlichen Kapiteln schrittweise verfeinert und detailliert untersucht.

# 3  Abgrenzung und Überblick

Die vorliegende Arbeit stellt für einen abgegrenzten Teilbereich rechnerintegrierter Produktionssyteme einen Beitrag zur Erreichung der in Kapitel 1 genannten Zielkategorien dar. Auf Grundlage der durchgeführten Fallstudie beziehen sich die Ausführungen sowohl auf die wesentlichen Komponenten der Teilefertigung im einzelnen als auch insbesondere auf die erforderlichen Maßnahmen ihrer Integration zu einem durchgängigen, flexiblen Gesamtsystem. Hierzu ist eine Beschränkung sowohl in der betrachteten Teileart als auch in den untersuchten Funktionalbereichen unerläßlich. Der dem Rest der vorliegenden Arbeit zugrundeliegende Gegenstandsbereich läßt sich folgendermaßen charakterisieren:

- Der Untersuchungsbereich erstreckt sich auf einzeln identifizierbare Teile bzw. Werkstücke; Chargier- und Fließprozesse werden nicht betrachtet.

- Das untersuchte Produktspektrum umfaßt Halbfertig- und Fertigteile, die in Einzelfertigung oder Kleinserien hochflexibel erzeugt werden.

- Als Herstellungsverfahren werden nur die verschiedenen Verfahren der spanenden Fertigung betrachtet (Drehen, Bohren, Fräsen, etc.); Montagearbeiten von Halbfertigteilen stehen ebenso außerhalb der Betrachtung wie Handhabungs- und Transportvorgänge bei der Teilefertigung.

- Die anlagentechnische und herstellungstechnologische Seite der Produktion wird nur so weit wie nötig besprochen; die Ausführungen konzentrieren sich im wesentlichen auf das mit der Teileproduktion befaßte Planungs-, Steuerungs- und Kontrollsystem.

- Die Darstellung beschränkt sich im Kern auf die Funktionalbereiche Konstruktion (CAD), Arbeitsvorbereitung (CAPP), Produktionsplanung und -steuerung (PPS bzw. MRPII) sowie Fertigung (CAM); angrenzende oder übergreifende Bereiche wie die Qualitätssicherung (CAQ) oder der Vertrieb (CAS) werden nur vereinzelt und unter den spezifischen Aspekten der Teilefertigung berücksichtigt.

Mit der vorgenommenen Abgrenzung ergibt sich für die vorliegende Arbeit der nachfolgend beschriebene Aufbau. Im Hauptabschnitt B, *Basiskomponenten rechnergestützter Produktionssysteme*, werden die wesentlichen Funktionalbereiche der Teilefertigung vorgestellt und charakterisiert. CAD-, CAPP-, PPS- und CAM-Systeme werden in den Kapiteln 4 bis 7 jeweils hinsichtlich Aufgaben und Charakteristika, Realisierungsalternativen und potentiellem Einsatz im Zuge der rechnerintegrierten Teileproduktion besprochen.

Der dritte Hauptabschnitt beschreibt die *Konzeption des flexiblen rechnerintegrierten Produktionskontrollsystems FIPS*. In Kapitel 8 werden zunächst die für die Konzeption wesentlichen Entwurfsgrundlagen vorgestellt, bevor in Kapitel 9 schrittweise und unter Berücksichtigung der in Hauptabschnitt A aufgestellten Ziele und Anforderungen die Architektur des Gesamtsystems beschrieben wird. In Kapitel 10 werden hierzu verwandte Arbeiten überblicksartig vorgestellt und mit dem vorgeschlagenen eigenen Integrationskonzept in Beziehung gesetzt.

Im Hauptabschnitt D der vorliegenden Arbeit wird aufbauend auf den ersten drei Hauptabschnitten die prototypische *Realisierung des flexiblen rechnerintegrierten Produktionskontrollsystems FIPS* vorgestellt. Kapitel 11 befaßt sich mit der Featureanalyse in einer dreidimensionalen geometrischen Teilebeschreibung. In Kapitel 12 wird die Implementierung der statischen Ressourcenvorauswahl für die Arbeitsgänge eines Teils beschrieben. Kapitel 13 stellt zwei verschiedene Realisierungen der dynamischen Ressourcenzuweisung vor, die nach der Erteilung eines Produktionsauftrags für ein Teil aktiviert wird. Die Arbeit wird beschlossen durch Hauptabschnitt E *Featurebasierte Produktionskontrollsysteme: Zusammenfassung und Ausblick*.

# B Basiskomponenten rechnergestützter Produktionssysteme

Für das in dieser Arbeit entwickelte Konzept eines flexiblen, rechnerintegrierten Produktionskontrollsystems ist ein vertieftes, situationsunabhängiges Verständnis der zu integrierenden Teilkomponenten und der jeweils zur Verfügung stehenden Realisierungsalternativen unabdingbar. Die Darstellung muß sich dabei auf diejenigen Aspekte und Komponenten der Teilsysteme beschränken, die unmittelbare Bedeutung für die weiteren Ausführungen haben.

In den nachfolgenden vier Kapiteln werden für die im Rahmen der vorliegenden Arbeit betrachteten Funktionalbereiche rechnergestützter Produktionssysteme (Konstruktion; Arbeitsvorbereitung; Produktionsplanung und -steuerung; Fertigung) und die zugehörigen rechnerbasierten Teilsysteme (CAD-Systeme; CAPP-Systeme; PPS-Systeme; CAM-Systeme) die wesentlichen Aufgaben und Charakteristika angegeben, soweit dies nicht bereits im ersten Kapitel erfolgt ist. Im Mittelpunkt der Ausführungen stehen die für den Einsatz der jeweiligen Systeme im Zuge der rechnerintegrierten Produktion unmittelbar relevanten Sachverhalte. Besonderes Augenmerk wird auf die Darstellung von alternativen Ansätzen bei der Realisierung der jeweiligen Teilsysteme gelegt, da diese bei der Konzeption des integrierten Gesamtsystems die Grundlage für die Festlegung einer geeigneten Systemarchitektur bilden.

# 4  CAD-Systeme

Den Ausgangspunkt im auftragsneutralen Teil der Teileproduktion bildet die geometrische Beschreibung der herzustellenden Produkte nach funktionalen Kriterien. Alle nachfolgenden Planungs- und Produktionsschritte sind durch die Festlegung der Teilegeometrie bereits wesentlich bestimmt. Im Zuge einer automatisierten Teilefertigung kommt der rechnergestützten Spezifikation und Repräsentation der geometrischen Teileinformation besondere Bedeutung zu.

Im vorliegenden Kapitel werden CAD-Systeme als rechnergestütztes Hilfsmittel zur Definition und Darstellung der Gestalt eines herzustellenden Teils vorgestellt. Nach einer Übersicht über Aufgaben und Charakteristika rechnergestützter Konstruktionssysteme (Abschnitt 4.1) werden aus Sicht des geometrischen Modellierens und der rechnerinternen Teiledarstellung Kriterien für die Beurteilung verschiedener Ansätze zur Objektmodellierung und -repräsentation in CAD-Systemen angegeben (Abschnitt 4.2). Die Kriterien stellen in den folgenden Abschnitten über nichteindeutige (Abschnitt 4.3), eindeutige (Abschnitt 4.4) sowie hybride und multiple CAD-Modelle (Abschnitt 4.5) die Leitlinie bei der Vorstellung und Bewertung der wichtigsten Basisformen von CAD-Systemen dar. Das Kapitel wird abgeschlossen mit einer Diskussion der Einsetzbarkeit der vorgestellten Verfahren in rechnergestützten Produktionsumgebungen unter den Aspekten der Objektmodellierung und der Objektrepräsentation (Abschnitt 4.6).

## 4.1 Kennzeichen und Aufgaben

Der Begriff CAD (*Computer Aided Design*) wird in der Literatur unterschiedlich weit gefaßt. Nach [Koll 89] versteht man unter CAD " ... die Bemühungen, Konstruktions-, Zeichen- und Darstellungsprozesse sowie das Ordnen, Wiederfinden und die Weiterverarbeitung von Konstruktionsergebnissen mit Hilfe elektronischer Datenverarbeitungsanlagen zu automatisieren". Hier wird bereits das Ziel der Automatisierung zum Bestandteil der Begriffsdefinition erhoben. In einer heute mehr gebräuchlichen Annäherung "... spricht man von CAD immer dann, wenn ein Konstrukteur bei seiner Tätigkeit von einem Rechner im Dialog unterstützt wird" ([EHHK 84]). Nach dem Grad der Rechnerunterstützung können CAD-Systeme verschiedenen Leistungsklassen zugeordnet werden (nach [EHHK 84]):

- CAD-Systeme zur Unterstützung der Zeichentätigkeit (Computer Aided Drafting);

- CAD-Systeme zur Unterstützung der Konstruktion (Computer Aided Design);

- Systeme zur Unterstützung von Konstruktion und Fertigungsplanung.

Der vorliegenden Arbeit liegt die zweite Sicht von CAD-Systemen zugrunde, da die Fertigungsplanung unter dem Synonym 'Arbeitsvorbereitung' einen eigenen Bereich ausmacht (Kapitel 5).

Wesentliche Aufgabe von CAD-Systemen aus Sicht der Teilefertigung ist die Beschreibung eines herzustellenden Teils in konstruktiver Hinsicht (Topologie und Geometrie), wobei die Ausführung unterstützender Funktionen (z.B. Festigkeitsberechnungen nach der Finite-Elemente-Methode) im weiteren Sinn mit zum Konstruktionsvorgang zu rechnen ist. Den Kern eines CAD-Systems im Sinne der vorliegenden Arbeit bildet somit ein graphisch-interaktives System zur Festlegung der Konstruktionsdaten (geometrischer Modellierer) und das zugrundeliegende rechnerinterne Modell zur Aufnahme dieser Konstruktionsdaten (CAD-Datenmodell). Wegen der engen Beziehung zwischen Modellierer und zugehörigem Datenmodell werden diese Bestandteile in den nachfolgenden Abschnitten im Zusammenhang vorgestellt; andere Aspekte von CAD-Systemen, etwa der typische Hardware- und Softwareaufbau, können der einschlägigen Literatur (z.B. [SpKr 84] oder [EHHK 84]) entnommen werden.

## 4.2 Geometrisches Modellieren und geometrische Datenmodelle

Unter dem Begriff 'geometrische Modelle' werden in der vorliegenden Arbeit sowohl Aspekte der graphisch-interaktiven Objektmodellierung (geometrisches Modellieren) als auch der Abbildung auf rechnerinterne Darstellungsschemata (geometrische Datenmodelle) diskutiert. Dies erlaubt bei der Vorstellung der verschiedenen grundlegenden Ansätze eine wesentlich straffere Darstellung als eine getrennte Betrachtung. Spezifische Aspekte der Produktmodellierung und der systemseitigen Repräsentation der CAD-Daten werden zum Ende des Kapitels aus Sicht des Einsatzes in der rechnerintegrierten Fertigung dargestellt. Der vorliegende Abschnitt charakterisiert geometrische Modelle zunächst aus allgemeiner, anwendungsneutraler Sicht.

Nach [SpKr 84] bezeichnet man " ... den gesamten mehrstufigen Vorgang, ausgehend von der aus einer Aufgabenstellung resultierenden gedanklichen Vorstellung, dem Entwurf, bis hin zur Abbildung des vollständig gestalteten Produkts in einer rechnerinternen Darstellung" als geometrisches Modellieren. In diesem Abschnitt wird insbesondere der Aspekt der Abbildung eines Produktentwurfs auf ein rechnergestütztes Modell untersucht; die kreativen Anteile der Konstruktion, etwa das Finden einer funktionsadäquaten Gestalt, sind Bestandteil der klassischen Konstruktionslehre (siehe z.B. [PaBe 77] oder [Koll 87]) und werden nachfolgend nicht berücksichtigt. Die Ausführungen beziehen sich vornehmlich auf die Konstruktionsarten Neu- und Anpassungskonstruktion mit ihrem hohen Anteil an graphisch-interaktiver Konstruktionstätigkeit mittels eines geometrischen Modellierungssystems.

Im geometrischen Modelliersystem werden die Benutzereingaben zur Objektdefinition in ein rechnerinternes geometrisches Datenmodell umgesetzt ([ReVo 82]). Neben Art und Anzahl der Operatoren zum geometrischen Modellieren ist die Mächtigkeit des rechnerinternen Darstellungsschemas für zu definierende Objekte eines der entscheidenden Kriterien an der Schnittstelle zwischen CAD-System und Benutzer. Grundsätzlich ist von einem geometrischen Datenmodell, das nicht nur für bestimmte Aufgabenklassen (z.B. rotationssymmetrische Objekte) eingesetzt werden soll, ein uneingeschränkter Definitionsbereich zu fordern, das heißt, daß alle lebensweltlichen Objekte im Datenmodell darstellbar sein müssen. Daneben spielen Kriterien wie die Angemessenheit und Handhabbarkeit bei den erforderlichen Benutzereingaben eine wichtige Rolle.

Sollen die mit einem CAD-System erfaßten Konstruktionsdaten in nachgelagerten Funktionalbereichen der Teilefertigung automatisiert weiterverarbeitet werden, so sind an die rechnerinterne Objektdarstellung einige wichtige Anforderungen zu stellen. Aus formaler Hinsicht sind die Forderungen nach

- Zulässigkeit,

- Eindeutigkeit und

- Vollständigkeit

der rechnerinternen Objektdarstellung wünschenswert bzw. unabdingbar ([Requ 80]). Unter Zulässigkeit versteht man, daß jedes in einem Datenmodell repräsentierte Objekt in der Lebenswelt nachbildbar ist. Eindeutigkeit besagt, daß ein und dasselbe Objekt in einem Datenmodell nicht in zwei verschiedenen Darstellungen repräsentiert werden kann. Vollständigkeit bedeutet schließlich, daß zwei verschiedene reale Objekte im Datenmodell nicht auf dieselbe Darstellung abgebildet werden können.

Die obigen Kriterien stellen zusammen mit der Forderung nach universellem Anwendungsbereich die gemeinsamen Beurteilungskriterien bei der Vorstellung der verschiedenen geometrischen Modelle dar. Nachfolgend werden für die grundlegenden Klassen von CAD-Modellen (nichteindeutige, eindeutige sowie hybride und multiple Modelle) die wichtigsten Vertreter beschrieben.

## 4.3 Nichteindeutige Modelle

In diesem Abschnitt werden geometrische Modelle vorgestellt, für welche die Eindeutigkeit der Objektdarstellung im allgemeinen nicht gewährleistet ist, d.h. die rechnerinterne Teilebeschreibung kann für verschiedene lebensweltliche Objekte identisch sein. Modelle, bei denen diese Unschärfe nur aus einer approximativen Objektdarstellung herrührt, die aber innerhalb des modellspezifisch vorgegebenen Toleranzbereichs ansonsten strukturell eindeutig sind, werden in Abschnitt 4.4 bei der Vorstellung eindeutiger Modelle aufgeführt. Als nichteindeutig werden somit nur die technische Zeichnung als Form der indirekten 3D-Gestaltsdefinition ([Koll 89]) und die Objektdefinition im Drahtmodell aufgeführt.

### 4.3.1 Technische Zeichnung

Das Prinzip der klassischen technischen Zeichnung beruht darauf, ein Objekt durch eine 'genügende' Anzahl von Ansichten, Projektionen und Schnitten zu beschreiben. Erfolgt die Eingabe rechnergestützt mit einem CAD-System, so können die einzuhaltenden Integritätsbeziehungen zwischen den verschiedenen Teilansichten systemseitig gewährleistet werden, beispielsweise durch automatisiertes Aktualisieren aller Ansichten bei Änderungen in einer Sicht. Die Objektmodellierung nach dem Prinzip der technischen Zeichnung stellt den wichtigsten Vertreter der indirekten Definition der Teilegeometrie dar ([Koll 89]).

Der Konstruktionsprozeß selbst ist bei der indirekten 3D-Eingabe stark an den klassischen zweidimensionalen Entwurf am Zeichenbrett angelehnt. Bei dieser Art der Gestaltsdefinition verfügt das CAD-System meist über Algorithmen, um die verschiedenen 2D-Ansichten und Schnitte zu einer rechnerinternen dreidimensionalen Darstellung zu synthetisieren; die technische Zeichnung selbst wird meist nur als sekundäre Repräsentationsform mitgeführt. Die Zulässigkeit, Widerspruchsfreiheit und Vollständigkeit der erstellten Teilemodelle kann nicht vom Darstellungsschema selbst gewährleistet werden, sondern hängt von den im vorgeschalteten geometrischen Modelliersystem getroffenen Maßnahmen ab. Somit bilden Teiledarstellungen auf der Grundlage von technischen Zeichnungen nur eine unzureichende Basis für die automatisierte Weiterverarbeitung von Konstruktionsdaten.

### 4.3.2  Drahtmodell

Im Drahtmodell (auch bezeichnet als Gitter- oder Kantenmodell) wird ein Teil durch Angabe der im Teil vorhandenen Kanten und Eckpunkte beschrieben. In Abbildung 4-1a) ist ein einfacher Polyeder im Drahtmodell abgebildet. Mit dem Drahtmodell lassen sich beliebige Objekte eindeutig beschreiben; die Forderung nach Zulässigkeit der Objektdefinition kann teilweise durch entsprechende Maßnahmen im geometrischen Modelliersystem erfüllt werden, indem dieses bei jeder Operation die Beachtung der sogenannten Euler-Formeln ([Wils 85]) gewährleistet. Der Forderung nach Vollständigkeit der Objektrepräsentation kann dagegen im Drahtmodell nicht immer nachgekommen werden, wie Abbildung 4-1b) – d) zeigt. Durch die fehlende Information darüber, wo sich im dargestellten Körper Material befinden soll und wo nicht, lassen sich aus der in Abbildung 4-1a) gezeigten rechnerinternen Darstellung sämtliche der in Abbildung 4-1b) – d) gezeigten Körper ableiten. Dieser Mangel erschwert für alle ausschließlich auf dem Drahtmodell basierenden CAD-Systeme den Einsatz in der rechnerintegrierten Teileproduktion, weil hier zur unzweifelhaften Teiledarstellung außerhalb des CAD-Systems zusätzliche Informationen abgespeichert werden müssen. Das Drahtmodell wird deshalb, wie auch die Objektrepräsentation auf Basis von technischen Zeichnungen, im folgenden nicht weiter betrachtet.

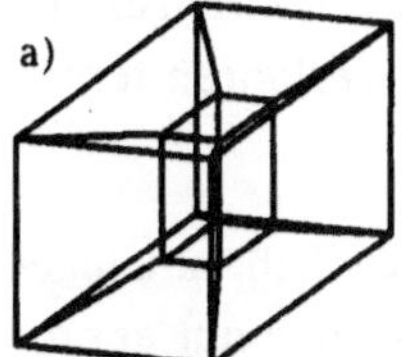 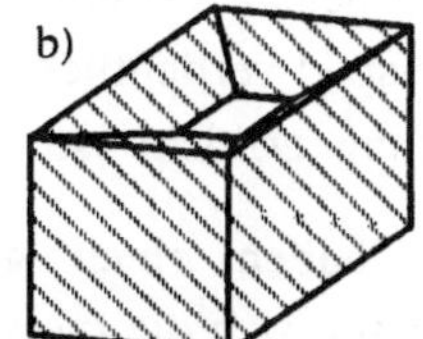 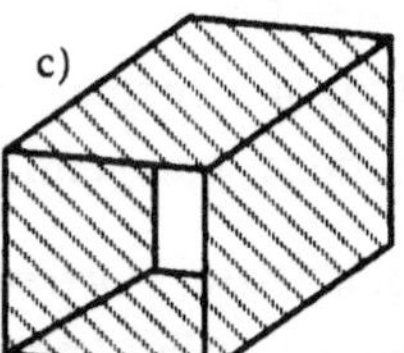 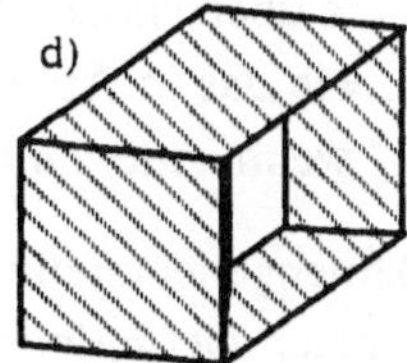

Abbildung 4-1:  Objektrepräsentationen im Drahtmodell (nach [Eber 84])

## 4.4  Eindeutige Darstellungsschemata

Eindeutige dreidimensionale Darstellungsschemata zeichnen sich dadurch aus, daß zu jedem in einem solchen Schema repräsentierten Objekt in eindeutiger Weise ein korrespondierender lebensweltlicher Körper angegeben werden kann, sofern er überhaupt existiert (Zulässigkeit). Die in diesem Abschnitt vorgestellten Objektrepräsentationsformen genügen streng genommen nicht alle der Eindeutigkeitseigenschaft, weil neben analytischen Verfahren auch approximative und interpolierende Verfahren berücksichtigt sind. Bei diesen ist die Objektgestalt nur innerhalb eines vorgegebenen Toleranzbereichs festgelegt; bis auf die Unschärfe in diesem Bereich sind diese Modelle aber eindeutig. Approximative und interpolierende Verfahren werden zur Modellierung nicht analytisch beschreibbarer Objekte (Stichwort: Freiformflächen) und für spezielle Berechnungsverfahren eingesetzt.

### 4.4.1  Punktmengendarstellung und Octree's

Bei der Punktmengendarstellung werden zur Definition eines dreidimensionalen Objekts die Raumpunkte angegeben, die von diesem Objekt ausgefüllt werden. Dies setzt eine Diskretisierung des dreidimensionalen euklidischen Raums voraus. Mit dem mathematischen Modell der sogenannten r-Mengen ([Requ 77]) läßt sich eine Rasterung des Raums in kleine Würfel fester Größe und Lage durchführen. Durch die feste Grundform der Punktmengen als Würfel lassen sich auch bei sehr kleiner Rastergröße viele Objekte nur approximativ darstellen, was streng genommen der Forderung nach Eindeutigkeit widerspricht.

In ihrer Grundform sind Punktmengendarstellungen zur rechnergestützten Repräsentation dreidimensionaler Objekte ungeeignet, da sich die Forderungen nach kleinstmöglichem Punktmengengranulat und kompakter rechnerinterner Speicherung gegenseitig widersprechen. Einen Ausweg bietet die Hierarchisierung der Punktmengendarstellung durch sogenannte Octree's: Der gesamte Raum wird in acht gleich große Teilbereiche (Zellen) zerlegt und diese Zerlegung rekursiv auf die entstehenden Zellen angewendet. Ein Teil wird nun so modelliert, daß für Raumzellen, deren Volumen sich nur teilweise mit dem Volumen des zu definierenden Körpers überschneidet, eine Betrachtung auf der nächstfeineren Ebene durchgeführt wird, wie das in Abbildung 4-2 gezeigte Beispiel verdeutlicht. Das Verfahren terminiert, wenn eine hinreichend gute Auflösung erreicht ist.

Punktmengendarstellungen bzw. Octree's haben einen grundsätzlich uneingeschränkten Definitionsbereich. Allerdings lassen sich die meisten Objekte nur approximativ modellieren. Geometrische und topologische Informationen bezüglich des modellierten Objekts sind nur implizit vorhanden und können wegen der approxima-

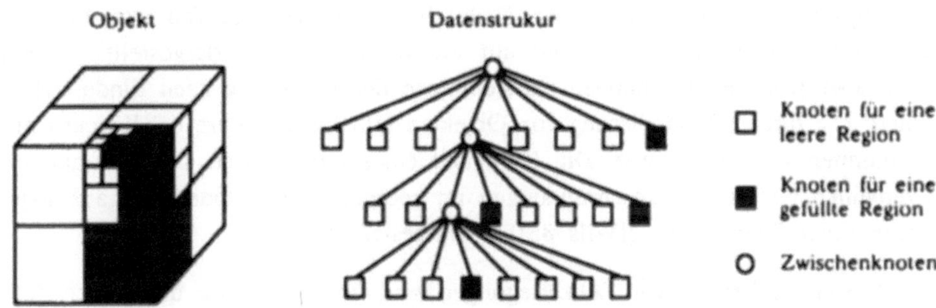



Abbildung 4-2: Objektrepräsentation durch Punktmengendarstellung (nach [Requ 80])

tiven Darstellung auch nicht vollständig und eindeutig bestimmt werden. Deshalb wird diese Darstellungsform in produktionsorientierten Anwendungsgebieten üblicherweise auch nur als Alternativform für spezielle Aufgabenbereiche (z.B. schnelle Volumenbestimmung eines Teils) eingesetzt.

## 4.4.2 Zellzerlegung

Bei der Zellzerlegung erfolgt die Modellierung eines Körpers durch eine Zerlegung in verschiedene Grundelemente (z.B. Quader, Zylinder, Kegel), die sich nur an gemeinsamen Flächen, Kanten und Punkten berühren und somit auch nicht schneiden dürfen; außerdem weisen die Grundelemente keine Löcher auf. Das Modell des Körpers entsteht durch ein gedachtes 'Zusammenkleben' der ihn konstituierenden Grundelemente. Abbildung 4-3 zeigt ein Beispiel eines Körpers in Zellzerlegungsdarstellung.

Zellzerlegungen stellen eine Verallgemeinerung der Punktmengendarstellung dar, da hier auch nicht-würfelförmige Grundelemente zugelassen sind und diese nicht

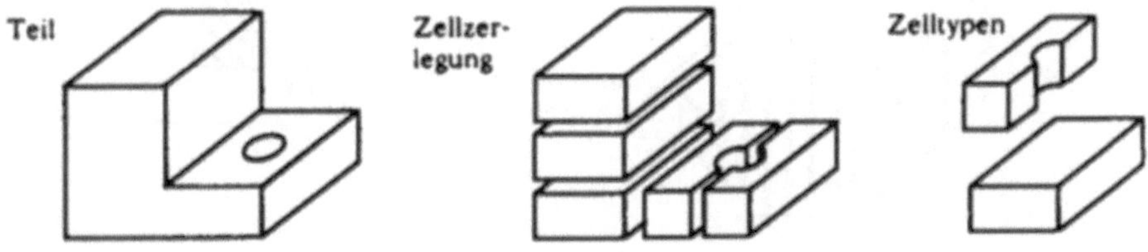



Abbildung 4-3: Objektrepräsentation durch Zellzerlegungsdarstellung

in einem festen Raster liegen müssen. Dadurch kann oft dasselbe Teil unter Verwendung verschiedener Grundelemente auf alternativen Wegen dargestellt werden, wobei aber jede der alternativen Darstellungen der Forderung nach Eindeutigkeit genügt. Die direkte Modellierung von Objekten fällt insbesondere bei Körpern mit gekrümmten Flächen schwer. Die Gültigkeit eines modellierten Objekts kann im allgemeinen nur durch Einschränkungen im geometrischen Modellierer auf sogenannte Euler-Operationen ([Wils 85]) sichergestellt werden.

Der Darstellungsbereich von Zellzerlegungen wird direkt durch die definierten Zelltypen festgelegt. Wie auch bei Punktmengendarstellungen ist der Einsatzbereich wegen der Schwierigkeiten bei der direkten Modellierung mit diesem Darstellungsschema auf Spezialgebiete begrenzt. Vor allem zur Bestimmung topologischer Eigenschaften, wie z.B. der Verbundenheit von Körpern, weist die Darstellung Vorteile auf. Geometrische Informationen über Punkte, Kanten und Flächen sind auch hier nicht explizit repräsentiert, so daß die automatisierte Weiterverarbeitung der Geometriedaten in der Teileproduktion erschwert wird.

### 4.4.3 Translation und Rotation von Formelementen

Die Modellierung von Körpern durch Translation und Rotation von Formelementen ('Sweeping') stellt auf Modellierungsseite eigentlich eine sogenannte 2-1/2-D-Form dar, da hier aus zumeist zweidimensionalen Flächenelementen durch Translation und/oder Rotation an einer Achse (einfacher Sweep) ein dreidimensionaler Körper aufgebaut wird. Das bei der gedachten 'Bewegung' der Fläche im Raum überstrichene Volumen definiert das Volumen des Körpers. Abbildung 4-4 zeigt zwei einfache Beispiele für Sweeping-Operationen.

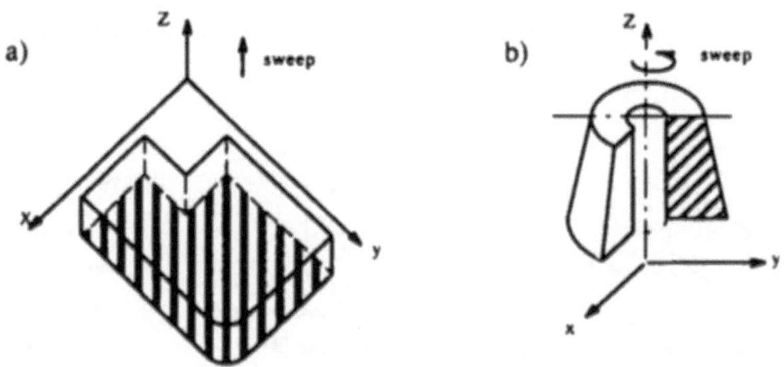


Abbildung 4-4: Beispiele für translatorische (a) und rotatorische (b) Sweeping-Operationen (nach [Requ 80])

Der Definitionsbereich des Sweeping-Darstellungsschemas in der oben beschriebenen Grundform ist auf translations-/rotationssymmetrische Objekte beschränkt; Körper mit Bohrungen sind somit beispielsweise ohne Modellerweiterungen im allgemeinen nicht darstellbar. Hierzu werden meist hybride Modelliersysteme (siehe Abschnitt 4.5) eingesetzt. Beim Einsatz verallgemeinerter Sweeping-Modelle (z.B. Bewegung eines 3D-Körpers entlang einer beliebige Kurve) bereitet die Bestimmung der benötigten Geometrie- und Topologieinformation mathematische Schwierigkeiten.

Die Objektrepräsentation im Sweeping-Modell ist nicht vollständig, weil ein Körper auf mehrere Arten erzeugt werden kann, wie Abbildung 4-5 verdeutlicht. Zur Eingabe der Gestaltinformation eines Körpers stellt die Sweeping-Methode in eingegrenzten Anwendungsbereichen (z.B. Drehteile) eine komfortable Möglichkeit dar, die in vielen CAD-Systemen allein oder in Kombination mit anderen Verfahren bereitgestellt wird. Die Objektrepräsentation ist im allgemeinen durch ihren prozeduralen Charakter kompakt; topologische Eigenschaften des Körpers wie z.B. die Nachbarschaft von Geometrieelementen werden nicht explizit repräsentiert, weshalb häufig eine hybride Darstellung in anderen Schemata eingesetzt wird.

Abbildung 4-5: Mehrdeutigkeiten im Sweeping-Modell

### 4.4.4 Begrenzungsflächendarstellung

Bei der Begrenzungsflächen- oder Oberflächendarstellung (*Boundary Representation*, BREP) wird ein Körper durch direkte Eingabe der ihn begrenzenden Flächen definiert. Die Flächen sind wiederum durch die sie umgebenden Kanten und diese durch die begrenzenden Punkte spezifiziert. Das 3D-Objekt wird somit sukzessive auf 2D-, 1D- und 0D-Elemente (Flächen, Kanten und Punkte) abgebildet. Abbildung 4-6 zeigt ein Beispiel einer Objektdarstellung im Begrenzungsflächenmodell.

Wie in Abbildung 4-6 zu erkennen ist, wird bei der Begrenzungsflächendarstellung strikt zwischen kombinatorischer Information (Topologie) und metrischer Infor-

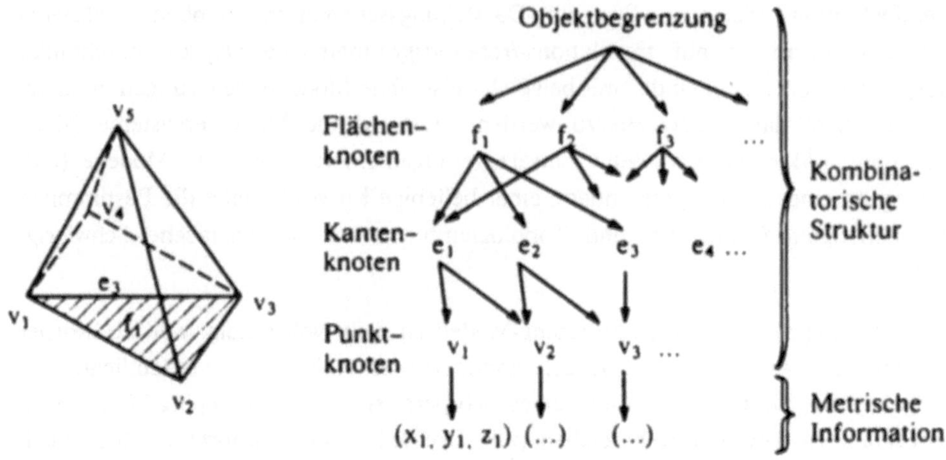

Abbildung 4-6:   Objektrepräsentation durch Begrenzungsflächendarstellung
(nach [Requ 80])

mation (Geometrie) unterschieden. Die Topologie eines Körpers ist bestimmt durch die Anzahl und die Nachbarschaftsbeziehungen der zu seiner Beschreibung verwendeten Elemente. Auf topologischer Beschreibungsebene kann von den konkreten geometrischen Dimensionen eines Körpers abstrahiert werden, was eine wesentlich kompaktere und leichter zu verarbeitende Beschreibung zur Folge hat. Allerdings gehen mit der vorzunehmenden Abstraktion auch Informationsverluste einher, die zu einem Verlust der Vollständigkeit bei rein topologischer Beschreibung eines Körpers führen würden; Abbildung 4-7 zeigt ein Beispiel. Da die Figuren a) und b) in Abbildung 4-7 aus topologischer Sicht äquivalent sind, muß zur vollständigen und eindeutigen Beschreibung auch die konkrete Geometrie der eingesetzten Elemente mitgeführt werden

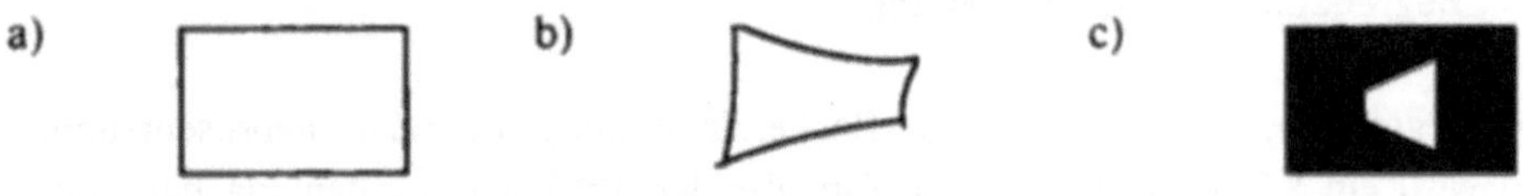

Abbildung 4-7:   Topologisch äquivalente (a, b) und verschiedene
(a, c), (b, c) Objekte (nach [Wils 85])

---

<sup></sup> In Abbildung 4-6 wurde die geometrische Information nur für Punkte angegeben, weil das zugrundeliegende vereinfachte Begrenzungsflächenmodell auf ebenen Tetraederflächen mit geraden Begrenzungskanten basiert.

Die Gültigkeit eines konstruierten Körpers kann im Begrenzungsflächenmodell zu einem großen Teil bereits aus der topologischen Struktur anhand der sogenannten Euler-Formeln abgeleitet werden; eine ausführliche Darstellung gibt [Wils 85]. In diesem Aufsatz wird auch eine verallgemeinerte Datenstruktur für Begrenzungs-flächendarstellungen (vgl. auch Abschnitt 4.6.2) sowie eine Definition der verwen-deten topologischen und geometrischen Begriffe eingeführt. Mit der einen Körper exakt beschreibenden Geometrieinformation kann auch die Vollständigkeit und Eindeutigkeit der Objektdefinition überprüft werden, wobei die Eindeutigkeit im wesentlichen von der eindeutigen Definition der verwendeten Elemente abhängt.

Mit dem BREP-Modell können beliebige Objekte repräsentiert werden. Die Objekt-darstellung im Rechner ist durch die explizite Abspeicherung sämtlicher topolo-gischer und geometrischer Informationen zu einem Teil relativ umfangreich, bietet aber eine sehr gute Ausgangsbasis sowohl für die Darstellung der definierten Objekte als auch für die Weiterverarbeitung in produktionsorientierten Anwendungs-bereichen (z.B. leichte Identifikation von Konturzügen für NC-Fräsoperationen). Die Teilemodellierung direkt und ausschließlich im BREP-Modell ist wegen der erforderlichen umfangreichen Dateneingaben und wegen der zahlreichen zu über-prüfenden Konsistenzbedingungen sehr aufwendig. Die Vorteile der expliziten Repräsentation der Geometrieinformation im BREP-Modell können mit der einfache-ren Gestaltsdefinition in anderen Modellen kombimiert werden, wenn die Eingaben rechnerintern in das BREP-Modell umgesetzt werden (siehe Abschnitt 4.5).


### 4.4.5 Darstellung durch Standardvolumenelemente

Bei der Darstellung eines Objekts durch Standardvolumenelemente (*Constructive Solid Geometry*, CSG) geht man von der Vorstellung aus, daß ein Körper sukzessive durch Hinzufügen und Wegnehmen von Material aufgebaut wird. Hierzu werden mittels regularisierter Mengenoperationen, meist Vereinigung, Schnitt und Differenz (zur Definition siehe [Requ 77]), komplexe Körper aus vordefinierten primitiven Basisobjekten (Standardvolumenelementen) erzeugt; das Verfahren stellt somit eine Verallgemeinerung der Zellzerlegungsdarstellung dar (siehe Abschnitt 4.4.2). Als Standardvolumenelemente kommen üblicherweise einfache geometrische Figuren wie Quader und Zylinder zum Einsatz. Mathematisch werden diese Basiselemente im allgemeinen durch den Schnitt von Halbräumen beschrieben, können aber auch als einfache Sweeping-Körper definiert sein (siehe Abschnitt 4.4.3).

Die Darstellung eines Körpers durch Standardvolumenelemente ergibt einen binären Baum, in dem die terminalen Knoten die verwendeten Basiselemente und die nicht-terminalen Knoten die regularisierten Erzeugungsoperatoren aufnehmen. Je zwei Instanzen werden durch eine Mengenoperation zu einer Objektkombination zusammengefaßt. Instanzen können aus Basiselementen oder Objektkombinationen durch Angabe einer Transformationsmatrix gebildet werden, welche die Lage der Instanz im dreidimensionalen Raum beschreibt; bei einer Instanziierung eines Basiselements ist darüber hinaus die Dimensionierung anzugeben. In verallgemeinerten CSG-Modellen können Instanzen auch direkt aus Halbräumen oder Objekten in Begrenzungsflächendarstellung gebildet werden. Diese letzte Möglichkeit ist dann vonnöten, wenn Objekte mit Freiformflächen modelliert werden sollen, die sich nicht auf analytisch exakt beschreibbare Standardvolumenelemente abbilden lassen. In diesem Fall stellt das CAD-System die Möglichkeit der Eigendefinition von CSG-Primitiven bereit, wofür üblicherweise das BREP-Modell wegen seines universellen Charakters eingesetzt wird. Die benutzerdefinierten Standardelemente werden dann im CSG-Baum wie gewöhnliche Volumenprimitive behandelt.

In Abbildung 4-8 ist ein Beispiel eines einfachen Körpers in Standardvolumenelement-Darstellung angegeben. CSG-Darstellungen sind durch die Regularisierung der eingesetzten Mengenoperationen implizit zulässig ([Requ 80]); durch die Vollständigkeit der verwendeten Basiselemente ist auch die Gesamtdarstellung vollständig. Der Definitionsbereich des CSG-Modells hängt von der Mächtigkeit der einsetzbaren Primitive ab; mit der Möglichkeit der Eigendefinition von CSG-Primitiven kann ein universeller Anwendungsbereich geschaffen werden.

Objektdarstellungen mit Standardvolumenelementen sind wegen ihres prozeduralen Charakters kompakt. CSG-Darstellungen sind nicht eindeutig, da ein Körper auf mehrere Arten aufgebaut werden kann, wie Abbildung 4-9 zeigt. Ein weiteres Problem stellt die nur implizit modellierte topologische und geometrische Objektinformation dar, was sowohl die graphische Darstellung als auch die direkte Weiterverarbeitung der CSG-Daten in Produktionsumgebungen erschwert. Die oft konstatierte unmittelbare Umsetzbarkeit einer CSG-Darstellung in einen Arbeitsplan wäre für den Bereich der spanenden Fertigung nur bei einer Beschränkung der einsetzbaren Mengenoperationen auf den Differenzoperator gegeben, was die konstruktive Freiheit stark beschränken würde. Auf den Einsatzbereich des CSG-Modells im Rahmen der rechnerintegrierten Teilefertigung wird im weiteren Verlauf der Arbeit noch genauer eingegangen.

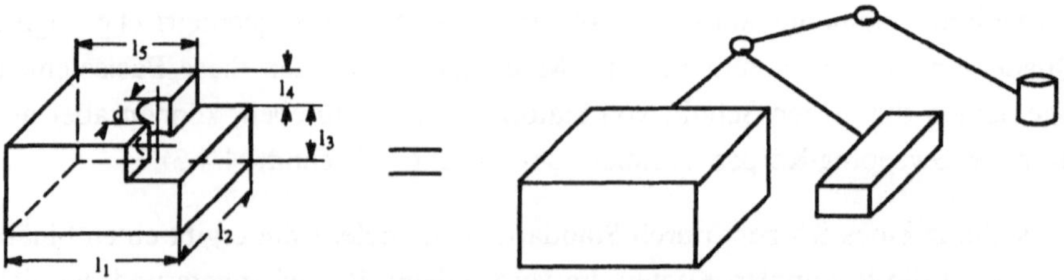


Abbildung 4-8:  Darstellung eines Teils im CSG-Modell

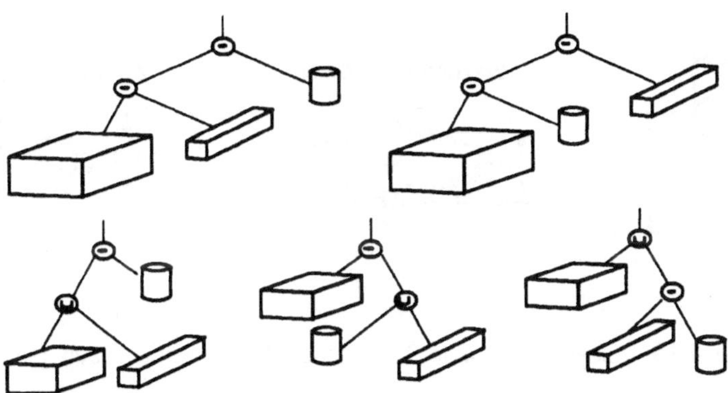

Abbildung 4-9:  Alternative Darstellungen eines Körpers im CSG-Modell

### 4.4.6   Implizite Objektdarstellung durch parametrisierte Prototypen

Die bisher in diesem Abschnitt vorgestellten volumenorientierten Datenmodelle nahmen alle eine explizite Objektrepräsentation vor. Explizit heißt in diesem Zusammenhang, daß zur Gestaltdefinition ausschließlich anwendungsneutrale Basiselemente (Punkte, Kanten, Flächen, Punktmengen, Standardvolumenelemente) herangezogen werden. Ein gänzlich anderer Ansatz wird bei der Objektrepräsentation durch parametrisierte Prototypen verfolgt. Hier nutzt man Ähnlichkeiten von Objekten aus, um die Gestalt eines Körpers lediglich implizit zu definieren. Bis auf wenige Formalparameter sind die ein Objekt charakterisierenden Informationen implizit durch die Zugehörigkeit zu einer Teilefamilie festgelegt. Der Aspekt der Teilemodellierung steht bei diesem Modell im Vordergrund, da für die Definition der Geometrie des Prototypen kein eigenes Repräsentationsverfahren angeboten wird und diese somit in einem der vorgestellten anderen Verfahren erfolgen muß.

In Abbildung 4-10 ist ein Beispiel für verschiedene gestaltähnliche Teile (im vorliegenden Fall Zahnräder) angegeben, die in einer Teilefamilie zusammengefaßt sind. Zur Beschreibung eines Teils sind als Aktualparameter lediglich die Anzahl der Zähne und der Durchmesser des Zahnrads anzugeben; andere gestaltsdefinierende Eigenschaften wie etwa Durchmesser und Länge des Stiftes sind implizit durch die Teilefamilie festgelegt.

Die Verwendung parametrisierter Prototypen stellt lediglich ein Hilfsmittel zur einfachen Definition eines Körpers dar; die rechnerinterne Darstellung der Gestaltsinformation ist hierdurch nicht festgelegt, sondern implizit an die Darstellung der Teilefamilie geknüpft. Diese Modellierungsform eignet sich besonders gut zur Variantenkonstruktion, da die ein Teil charakterisierenden Aktualparameter ledig-

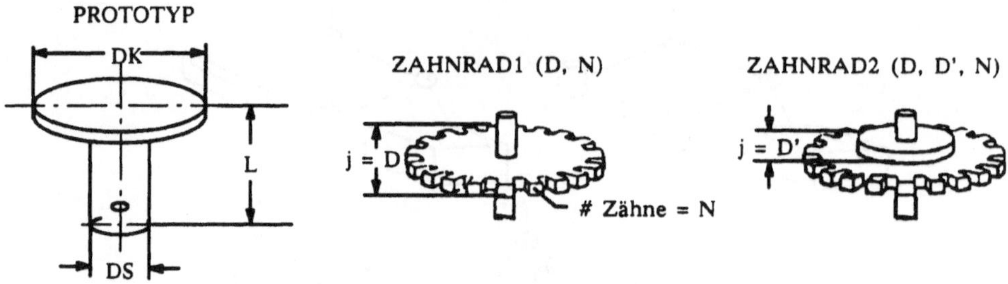



Abbildung 4-10:  Gestaltsähnliche Teile einer Teilefamilie (nach [Requ 80])

lich zur Instanziierung der entsprechenden geometrischen und topologischen Information einer Teilefamilie herangezogen werden. Hierdurch wird insbesondere auch die Standardisierung von Bauteilen bis hin zum Aufbau von Normteilkatalogen gefördert. Die Vollständigkeit und Gültigkeit eines Teilemodells muß im allgemeinen nur bei der Definition der Teilefamilie überprüft werden, was zusammen mit der erforderlichen geringen Dateneingabe zu einer wesentliche Beschleunigung des Konstruktionsprozesses beiträgt.

Durch die fehlende Möglichkeit der direkten Darstellung und Modellierung geometrischer Objekte stellt die Verwendung parametrisierter Prototypen keinen eigenständigen Modellierungsansatz dar. Der Einsatzbereich ist somit stark eingeschränkt; eine kreative Konstruktion neu zu entwerfender Objekte ist mit diesem Ansatz nicht möglich. Das entscheidende Hemmnis bei der Nutzung des Wiederverwendungsgedankens im Sinne parametrisierter Prototypen stellt das zu grobe Klassifikationsgranulat (Klassifikation ganzer Teile) dar. Auf Möglichkeiten der feingranularen Wiederverwendung von standardisierten Elementarschritten im Konstruktions- und Arbeitsplanungsbereich wird in Hauptabschnitt C noch näher eingegangen.

## 4.5  Hybride und multiple Darstellungsschemata

Im letzten Abschnitt wurde bei der Vorstellung der wichtigsten volumenorientierten Datenmodelle bereits mehrfach die Möglichkeit der Kombination verschiedener Ansätze angedeutet. Ziel ist dabei, die in einem Modell bestehenden Defizite durch ein anderes Modell auszugleichen. Weiterhin werden verschiedene Anwendungsbereiche durch bestimmte Datenmodelle unterschiedlich gut unterstützt, so daß zur Effizienzsteigerung die hybride Repräsentation in mehreren Modellen durchaus Vorzüge aufweisen kann. Allerdings ist diesem Effizienzgewinn der Aufwand zur Konsistenzerhaltung zwischen den verschiedenen Datenmodelle gegenüberzustellen.

Die grundsätzliche Architektur eines geometrischen Modelliersystems mit mehreren internen Objektdarstellungen zeigt Abbildung 4-11. Bezüglich der eingangs dieses

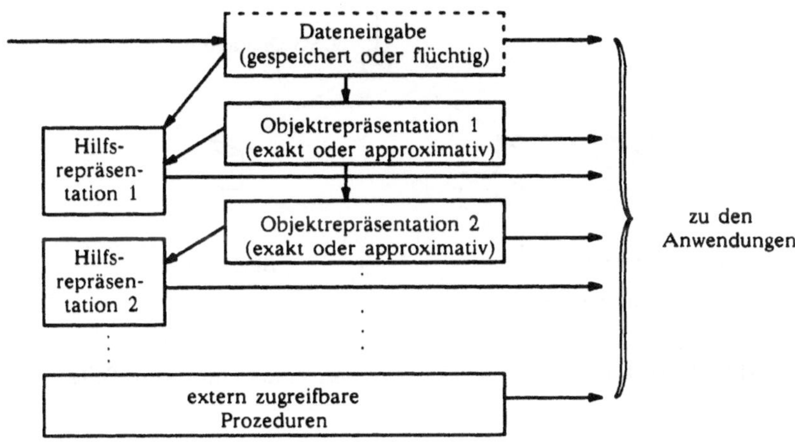



Abbildung 4-11:  Architektur eines geometrischen Modelliersystems mit mehreren rechnerinternen Objektdarstellungen (nach [ReVo 83])

Kapitels aufgestellten Bewertungskriterien für Darstellungsmodelle (universeller Definitionsbereich, Gültigkeit, Eindeutigkeit, Vollständigkeit) ist zwischen hybriden und multiplen rechnerinternen Darstellungsformen zu unterscheiden:

- Hybriddarstellungen sind dadurch gekennzeichnet, daß keine der verschiedenen Objektdarstellungen für sich allein alle Anforderungen erfüllt.

- Multiple Darstellungen zeichen sich dadurch aus, daß mehrere alternative rechnerinterne Darstellungen existieren, die jede für sich den gestellten Anforderungen genügen.

Neben der rechnerinternen Objektdarstellung auf mehreren Wegen kommt in CAD-Systemen der alternativen Modellierung auf Benutzerebene große Bedeutung zu. Die meisten heute gebräuchlichen CAD-Systeme bieten verschiedene Formen der Objektdefinition an, die in den meisten Systemen nicht nur alternativ, sondern auch vermischt eingesetzt werden können (z.B. Erzeugung von Standardvolumenelementen für CSG-Bäume durch Sweeping- oder BREP-Verfahren). Abbildung 4-12 zeigt beispielhaft die hybride Konstruktion eines einfachen Teils unter Verwendung verschiedener geometrischer Modellierverfahren.

Es wurde bereits erwähnt, daß bei der Verwendung hybrider und multipler Darstellungsschemata der systemseitigen Konsistenzerhaltung der verschiedenen rechnerinternen Modelle zentrale Bedeutung zukommt. Erst durch eine automatisierte Aktualisierung alternativer Repräsentationen bei Änderung in einer Darstellungsform kommen die Vorteile der Verwendung mehrerer Darstellungsschemata zu tragen.

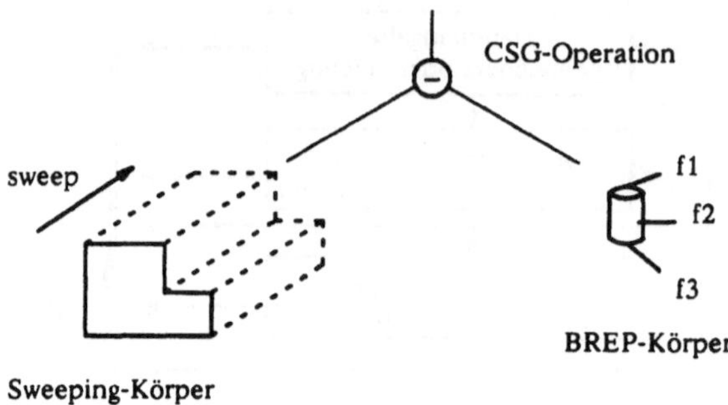


Abbildung 4-12:   Hybride Konstruktion eines einfachen Teils

In Abbildung 4-13 sind die Möglichkeiten der automatisierten Abbildung der wichtigsten geometrischen Datenmodelle aufeinander angegeben.

Wie Abbildung 4-13 zeigt, sind nicht alle Abbildungen zwischen geometrischen Datenmodellen möglich oder bekannt. Dies ergibt sich teilweise unmittelbar aus dem Definitionsbereich der Modelle; beispielsweise läßt sich keines der angegebenen Modelle vollständig auf die ausschließlich translations- bzw. rotationssymmetrischen Objekte des einfachen Sweeping-Modells abbilden. Die Abbildung zeigt ferner, daß sich alle Modelle auf approximative Darstellungen abbilden lassen, welche sich aber zur Weiterverarbeitung der Geometriedaten beispielsweise im Zuge der rechnergestützten Arbeitsplanung nur bedingt eignen. Ferner lassen sich alle exakten Darstellungen in eine exakte Begrenzungsflächendarstellung überführen, was die besondere Stellung dieser Repräsentationsform unterstreicht.

| | nach | EXAKT | | | | APPROXIMATIV | |
|---|---|---|---|---|---|---|---|
| von | | einfacher Sweep | Zell-zerlegung | CSG | BREP | BREP | Punktmengen-darstellung |
| EXAKT | einfacher Sweep | | + | + | + | + | + |
| | Zell-zerlegung | – | | R1 | + | + | + |
| | CSG | – | e | | + | + | + |
| | BREP | – | e | R2 | | + | + |
| APPROX. | BREP | – | – | – | – | | + |
| | Punktmengen-darstellung | – | – | – | – | + | |

e: experimentell    R1: Verschmelz-Algorithmen    R2: bekannt (+) in 2D; Vorschläge für 3D

Abbildung 4-13:   Wechselseitige Abbildbarkeit verschiedener geometrischer Datenmodelle (nach [ReVo 83])

## 4.6 Einsatz in rechnergestützten Produktionsumgebungen

In diesem Abschnitt wird die Eignung der verschiedenen Modellierungs- und Darstellungsschemata in CAD-Systemen für die automatisierte Weiterverarbeitung der Konstruktionsdaten in nachgelagerten Funktionalbereichen der Teilefertigung untersucht. Bisher wurden Fragen des geometrischen Modellierens und der rechnerinternen Datendarstellung gemeinsam und anwendungsneutral diskutiert; nachfolgend wird hinsichtlich des vorgesehenen Einsatzes der Modelle im Zuge der rechnerintegrierten Teilefertigung unterschieden zwischen den Erfordernissen der Objektmodellierung und der Objektrepräsentation.

### 4.6.1 Objektmodellierung

Bezüglich der erforderlichen Aufwands an Benutzereingaben zur Festlegung der Gestalt eines Teils können zwei Klassen von interaktiven Modellierungsverfahren unterschieden werden:

- prozedurale Verfahren (Zellzerlegung, Sweeping, Darstellung durch Standardvolumenelemente (CSG), parametrisierte Prototypen) und

- elementorientierte Verfahren (technische Zeichnung, Drahtmodell, Punktmengendarstellung, Begrenzungsflächendarstellung (BREP)).

Grundsätzlich erfordern prozedurale Modellierungsansätze einen wesentlich geringeren Eingabeaufwand als elementorientierte Verfahren. Allerdings lassen sich nur analytisch exakt beschreibbare Körper auf einfache Weise prozedural beschreiben; Freiformflächen müssen dagegen im allgemeinen elementorientiert, d.h. durch Angabe der Flächenparameter, modelliert werden.

Bereits im letzten Abschnitt wurde angedeutet, daß sich verschiedene geometrische Datenmodelle automatisch ineinander überführen lassen. Somit bietet es sich an, zum geometrischen Modellieren verschiedene Verfahren hybrid einzusetzen und rechnerintern in ein gemeinsames Modell zu konvertieren. Auch können rechnerintern verschiedene Modelle mitgeführt werden, wenn das System automatisch für die Konsistenzerhaltung zwischen den verschiedenen Darstellungen sorgt.

Hinsichtlich der rechnergestützten Gestaltsdefinition waren die vorgestellten CAD-Modelle, mit Ausnahme des Konstruierens durch parametrisierte Prototypen, an der Schnittstelle von CAD-System und Benutzer (Konstrukteur) alle gekennzeichnet durch den direkten Umgang mit anwendungneutralen geometrischen Basiselementen. Neben diesen elementaren Modellierformen sind natürlich anwendungsbezogene höhere Modellierebenen vorstellbar, bei denen dem Benutzer die systeminterne Objektrepräsentation durch die Bereitstellung problemorientierter Modellierungselemente und -verfahren verborgen wird (siehe z.B. [KrVY 87]). Da in diesem Kapitel die rein geometrieorientierten Aspekte der Objektmodellierung im Vordergrund stehen, wird auf die Merkmale der Objektkonstruktion mit anwendungsdefinierten höheren Geometrieelementen erst im nächsten Kapitel eingegangen.

Zusammenfassend ist festzuhalten, daß komfortable volumenorientierte geometrische Modellierer mit hybriden Eingabeformen und -funktionen ausgestattet sein sollten, um dem Konstrukteur ein größtmögliches Maß an kreativer Freiheit einzuräumen. Die Konstruktion sollte sich nicht an den Gegebenheiten des geometrischen Modellierungssystems, sondern ausschließlich an der funktionalen Gestaltung des zu konstruierenden Objekts orientieren. Die Möglichkeit der automatischen Konvertierung verschiedener geometrischer Datenmodelle ermöglicht die simultane Verwendung unterschiedlicher Modellierverfahren auf Benutzerebene auch aus systembezogener Sicht.

## 4.6.2 Objektrepräsentation

Zur Beurteilung der Eignung der verschiedenen vorgestellten geometrischen Datenmodelle für den Einsatz in rechnergestützten Produktionsanwendungen wird nochmals Abbildung 4-13 herangezogen. Da für die zu konstruierenden Teile Unterlagen zur Fertigung erstellt werden sollen und nicht nur z.B. Kollisionsuntersuchungen durchgeführt werden müssen, für die eine approximative Beschreibung oft ausreichend wäre, ist eine exakte Objektbeschreibung unabdingbar. Bei den exakten Darstellungen scheidet das einfache Sweeping-Verfahren in all jenen Anwendungsgebieten von vornherein aus, in denen nicht nur translations- bzw. rotationssymmetrische Teile zu konstruieren sind. Bei Körpern mit komplexer Gestalt ist die Methode der Zellzerlegung sehr speicheraufwendig. Außerdem ist die Gültigkeit der konstruierten Objekte nur schwer überprüfbar, und schließlich sind die für die Fertigung benötigten Geometrieinformationen nur mit hohem Rechenaufwand ableitbar; somit ist auch diese Darstellung allein untauglich für den vorgesehenen Einsatzbereich.

Da die Kostruktion mittels parametrisierter Prototypen keinen eigenständigen Ansatz zur rechnerinternen Objektmodellierung darstellt, verbleiben als Möglichkeiten zur Objektrepräsentation in Einsatzgebieten wie der rechnergestützten Teileproduktion nur die Begrenzungsflächendarstellung und die Darstellung durch Standardvolumenelemente. Bei der Überführung eines Konstruktionsmodell in eine herstellungsorientierte Sicht sind im Zuge der Arbeitsvorbereitung die Bearbeitungsoperationen zu identifizieren, welche einen Rohling sukzessive in das herzustellende Fertigteil transformieren. Grundsätzlich könnte das CSG-Modell eines Teils bereits diese Struktur aufweisen, wobei dann als ausschließliche Mengenoperation im CSG-Baum die Differenzbildung eingesetzt werden dürfte. Diese herstellungsorientierte Konstruktionsweise (auch bezeichnet als 'Konstruktion im Negativen', englisch Destructive Solid Geometry (DSG)) ist jedoch sehr restriktiv und wird dem Konstruktionsprozeß als kreativem Vorgang mit Versuch-und-Irrtum-Charakter nicht gerecht. Außerdem erfordert diese Konstruktionsart, daß der Systembenutzer nicht nur mit konstruktiven, sondern auch mit fertigungsorientierten Sachverhalten vertraut ist. Dies umfaßt auch die Kenntnis der Bearbeitungsmöglichkeiten auf Werkstattebene im jeweiligen Betrieb, damit nicht Teile konstruiert werden, die später nicht gefertigt werden können.

Durch Anforderungen, die bei fertigungsorientierter Konstruktionsweise an die zu erstellenden CSG-Bäume gestellt werden müssen, ist eine DSG-Konstruktion nur in Ausnahmefällen durchführbar. Im allgemeinen enthält ein CSG-Baum verschiedene Mengenoperationen (Vereinigung, Durchschnitt, Differenz); diese Bäume müssen dann in der Arbeitsvorbereitung erst in eine herstellorientierte Sichtweise überführt werden. Eine automatisierte Transformation eines CSG-Baums in eine äquivalente DSG-Darstellung stellt eine äußerst komplexe Aufgabe dar, auf die im weiteren Verlauf der Arbeit noch eingegangen werden wird. Es kann an dieser Stelle schon vorweggenommen werden, daß diese Transformation nur unter bestimmten Bedingungen automatisch durchgeführt werden kann.

Die Schwierigkeit der Erzeugung von DSG-Darstellungen aus CSG-Bäumen verlangt als Ausweg, die Datenübergabe von der Konstruktion in die Arbeitsvorbereitung nicht prozedural, sondern elementorientiert durchzuführen, wie dies auch in klassischen Arbeitsplanungssystemen der Fall ist. Hier werden aufgrund der übergebenen Geometrie- und Topologieinformationen die benötigten Bearbeitungsschritte bestimmt und die zugehörigen Parameter (z.B. Oberflächen, Konturzüge, Eckpunkte) ermittelt. Im Begrenzungsflächenmodell liegen die meisten dieser Informationen bereits als konstitutiver Bestandteil des Datenmodells vor; beim CSG-Modell muß die nur implizit modellierte Geometrieinformation erst aus dem CSG-Baum abgeleitet werden.

Zieht man zusätzlich zu den bereits angesprochenen Problemen noch in Betracht, daß sich alle exakten Objektdarstellungen problemlos in eine BREP-Darstellung überführen lassen, während bei der Konvertierung in das CSG-Modell noch Einschränkungen vorzunehmen sind, so bleibt als Fazit festzustellen, daß im Kontext der rechnergestützten Teileproduktion das Begrenzungsflächenmodell die adäquate rechnerinterne Darstellungsform bildet. Abbildung 4-14 zeigt ein integriertes konzeptionelles Schema für den CAD-Bereich, auf das sich alle genannten exakten Darstellungsformen abbilden lassen. Der untere Teil entspricht dabei der

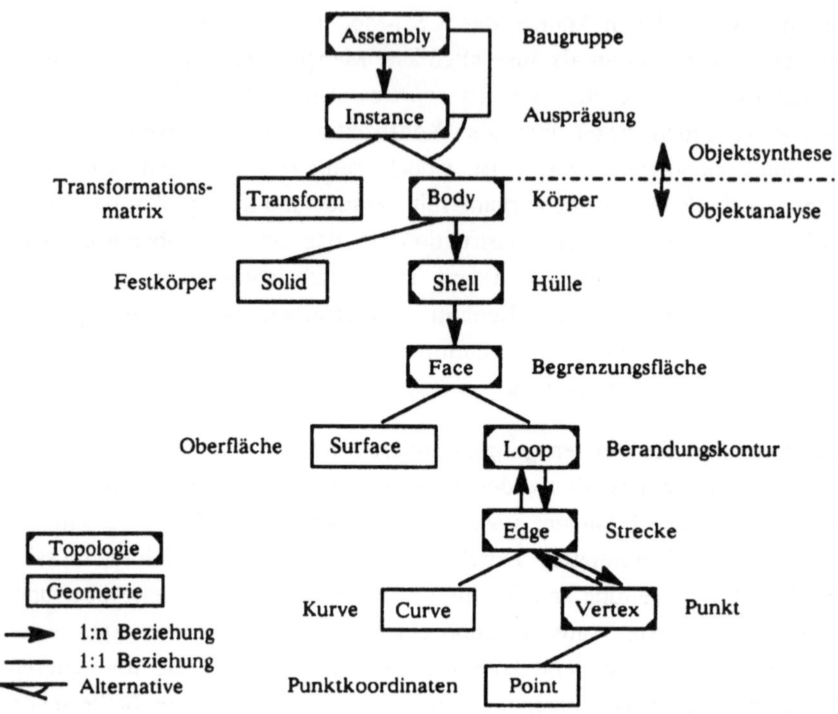



Abbildung 4-14: Integriertes konzeptionelles Schema für den CAD-Bereich
(nach [Wils 85])

verallgemeinerten Datenstruktur zur Begrenzungsflächendarstellung; der obere Teil
rundet das Schema über Körperdarstellungen bis hin zu Montageteilen ab, die
aber nicht mehr dem Bereich der Figurenanalyse zugerechnet wird.

Zusammenfassend kann festgehalten werden, daß ein ideales CAD-System für das
Anwendungsgebiet der rechnergestützten Teilefertigung möglichst reichhaltige
Formen der hybriden Objektmodellierung auf Benutzerebene bereitstellen sollte
(z.B. kombinierte Sweeping-, BREP- und CSG-Verfahren mit Erweiterungen um
parametrisierte Prototypen), die rechnerintern in eine gemeinsame Begrenzungsflächendarstellung konvertiert werden können. Für spezielle Anwendungen, wie
z.B. Kollisionsuntersuchungen, können zusätzlich weitere multiple Repräsentationsformen bereitgestellt werden; die Weiterverarbeitung der Geometriedaten im Zuge
der rechnerintegrierten Teileproduktion erfolgt aber sinnvollerweise im wesentlichen
auf Grundlage der BREP-Darstellung.

# 5 CAPP-Systeme

Bei der Konstruktion eines Teils mit einem CAD-System wird nach funktionalen Kriterien festgelegt, welche Gestalt das fertige Produkt haben soll. Zur eigentlichen Teileherstellung ist die funktionale Beschreibung eines zu produzierenden Teils in eine herstellungsorientierte Sicht zu überführen. Im Zuge der in diesem Kapitel vorgestellten rechnergestützten Arbeitsplanung sind die auftragsneutralen Vorgabedaten der Teileproduktion zu ermitteln, die klassischerweise im sogenannten Arbeitsplan dokumentiert werden.

In Abschnitt 5.1 werden zunächst die wesentlichen Kennzeichen und Aufgaben von CAPP-Systemen im Überblick vorgestellt. Hieran schließt sich eine knappe Darstellung der grundsätzlichen Verfahren der rechnergestützten Arbeitsplanung an (Abschnitt 5.2). In Abschnitt 5.3 werden die aus Sicht der automatisierten Teileproduktion relevanten Funktionen der rechnergestützten Arbeitsplanung vorgestellt, wobei ein enger Bezug auf die vorher vorgestellten alternativen Verfahren der Arbeitsplanung genommen wird. Eine Bewertung der Einsetzbarkeit der verschiedenen Alternativen in rechnergestützten Produktionssystemen schließt das Kapitel ab (Abschnitt 5.4).

## 5.1 Kennzeichen und Aufgaben

Ein Arbeitsplanungssystem legt fest, wie die Herstellungskapazitäten einer Fabrik genutzt werden, um ein im Zuge der Teilekonstruktion beschriebenes Produkt zu fertigen ([Kemp 89]). Die Arbeitsplanung stellt somit aus teilebezogener Sicht das entscheidende Bindeglied zwischen Konstruktion und Fertigung dar. Von rechnergestützter Arbeitsplanung (*Computer Aided Process Planning*, CAPP) spricht man dann, wenn (Teil-)Funktionen der Arbeitsplanung von elektronischen Datenverarbeitungsanlagen unterstützt werden.

Allgemeines Ziel der Arbeitplanung ist es, "bei der Fertigung von Erzeugnissen ein Optimum aus Aufwand und Arbeitsergebnis zu erzielen" ([SpKr 84]). Um diesem Optimum auch bei kleinen und kleinsten Losgrößen mit wirtschaftlichem Aufwand nahe kommen zu können, müssen die vielfältigen produktspezifischen Teilfunktionen der Arbeitsplanung durch Rechnerunterstützung reduziert oder aber gänzlich automatisiert werden.

Die rechnergestützten Tätigkeiten der Arbeitsplanung lassen sich in die Bereiche

- Identifikation der Bearbeitungsaufgabe,

- Planung der Bearbeitungsschritte und

- Repräsentation der Planungsergebnisse

aufgliedern. Bei der *Identifikation der Bearbeitungsaufgabe* werden die in der Konstruktion erzeugten Produktdaten (geometrische und technologische Teiledefinition) in eine Form überführt, die sich an der späteren Herstellung des Teils in der Werkstatt orientiert (Umsetzung der funktionsorientierten Teilebeschreibung aus der Konstruktion in eine fertigungsorientierte Darstellung). Im Zuge der *Planung der Bearbeitungsschritte* sind zu den einzelnen Schritten der Teileherstellung mögliche Ausführumgebungen (Fertigungsressourcen, Zeitvorgaben, etc.) zu identifizieren und gegebenenfalls bereitzustellen. Bei der *Repräsentation der Planungsergebnisse* wird schließlich festgelegt, wie die Ergebnisse der Arbeitsplanung in nachfolgenden Funktionalbereichen der Produktion nach Inhalt und Form verfügbar gemacht werden. Hierdurch werden einige wesentliche Eigenschaften rechnerintegrierter Produktionssysteme, etwa die Flexibilität und Adaptivität der Teileproduktion, entscheidend geprägt.

## 5.2 Verfahren der rechnergestützten Arbeitsplanung

In der Arbeitplanung wird festgelegt, welche Produkte ('was') auf welche Art und Weise ('wie') unter Verwendung welcher Herstellungsressourcen ('womit') gefertigt werden sollen. Entsprechend dem Umfang der einzelnen Planungsschritte und dem Grad der Rechnerunterstützung bei der Durchführung dieser Aufgaben können verschiedene Klassen von CAPP-Systemen unterschieden werden, die in den nachfolgenden Unterabschnitten kurz vorgestellt werden. Über eine Diskussion der Realisierungsalternativen einzelner Arbeitsplanungsfunktionen (Abschnitt 5.3) können schließlich die Auswirkungen für den Einsatz in rechnergestützten Produktionsumgebungen ableitet werden (Abschnitt 5.4).

### 5.2.1 Arbeitsplanverwaltung

Die einfachste Form rechnerunterstützter Arbeitsplanungssysteme sind die reinen Unterstützungssysteme zur Arbeitsplanverwaltung. Bei der Neuplanung eines Teils findet hier weder eine Unterstützung des eigentlichen teilebezogenen Planungsvorgangs noch ein systematischer Rückgriff auf bereits durchgeführte Planungsarbeiten statt. Lediglich die in Form eines Arbeitsplans dokumentierten teilespezifischen Ergebnisse der Arbeitsplanung werden durch den Rechner verwaltet, wozu häufig eine Klassifizierung und Kodierung der verwalteten Arbeitspläne vorgenommen wird. Die Inhalte der Arbeitspläne werden über die zugeordnete Kodierung und Klassifikation hinaus nicht erschlossen und stehen somit einer rechnergestützten Wiederverwendung (Retrieval) nicht zur Verfügung. Auf frühere Planungsergebnisse kann nur insofern rekurriert werden, als über den Kodierungsschlüssel ganze Pläne zur interaktiven Modifikation am Bildschirm angezeigt werden können. Diese rudimentäre Vorgehensweise bei der rechnergestützten Arbeitsplanung eignet sich wegen des fehlenden Automatisierungsgrades grundsätzlich nicht für den Einsatz in einem rechnerintegrierten Produktionsbetrieb und wird deshalb im weiteren nicht mehr betrachtet.

### 5.2.2 Variantenplanung

Ausgangspunkt der rechnerunterstützten Arbeitsplanung nach dem Variantenprinzip ist die Aufteilung des Produktspektrums eines Produktionsbetriebs in sogenannte Teilefamilien. Die Bildung der Teilefamilien folgt dabei gestaltsbezogenen, funktionalen und herstellungsorientierten Gesichtspunkten; alle Teile, die gemeinsame Gestaltsmerkmale aufweisen, ähnliche Funktion erfüllen können und sich im Rahmen vorgegebener Parameterbereiche auf demselben Weg herstellen lassen, werden zu einer Teilefamilie zusammengefaßt. Die Kodierung und Klassifikation von Teilen zu Teilefamilien wird in Abschnitt 5.3.1.1 vorgestellt.

Das Teilefamilienkonzept wird bei der rechnergestützten Variantenarbeitsplanung dahingehend ausgenutzt, daß lediglich für jede Teilefamilie ein auftrags- und teileneutraler Standardarbeitsplan bereitgestellt wird. In diesem ist der grundsätzliche Produktionsablauf für alle Teile der zugehörigen Teilefamilie parametrisiert festgelegt. Durch die Angabe der teilespezifischen Parameter wird dieser Standardarbeitsplan in einen ausführbaren teilespezifischen Arbeitsplan transformiert. Der teilespezifische Planungsbedarf beschränkt sich somit auf das Auffinden einer Teilefamilie und die Festlegung der entsprechenden Arbeitsplanparameter.

Das Grundprinzip der Variantenarbeitsplanung – Rückführen einer neuen Planungsaufgabe auf einen vorab bereits definierten Standardarbeitsplan – erlaubt einerseits eine rasche und kostengünstige Durchführung der teilebezogenen Arbeitsvorbereitung, stellt aber andererseits auch den Grund für zwei entscheidende Einschränkungen bei der Anwendbarkeit dieses Verfahrens dar. Zum einen ist der Einsatz auf solche Teile begrenzt, die sich unter die oft engen Grenzen einer Teilefamilie subsumieren lassen, und zum anderen stellt der Ansatz keinerlei Hilfsmittel zur Ersterstellung der Standardarbeitspläne bereit. Auf die Auswirkungen dieser und weiterer Charakteristika hinsichtlich der Einsetzbarkeit der Variantenarbeitsplanung im Zuge der rechnerintegrierten Teileproduktion wird in Abschnitt 5.4 eingegangen.


### 5.2.3  Semi-generative Planung

Bei der im vorangegangenen Abschnitt beschriebenen Art der Variantenarbeitsplanung ist das potentielle Teilespektrum durch die ausschließliche Variation von Parametern des Standardarbeitsplans ohne strukturelle Veränderungen, etwa durch Hinzufügen weiterer Arbeitsgänge, recht eng begrenzt. Einen Ansatz, die Vorteile der schnellen und einfachen Planung nach dem Variantenprinzip auch bei erweitertem Teilespektrum nutzbar zu machen, stellt die sogenannte semi-generative Arbeitsplanung (in [SpKr 84] als Anpassungsplanung bezeichnet) dar. Die Grundidee besteht hierbei darin, neue Teile auf Grundlage bereits existierender Arbeitspläne durch inkrementelles Verändern einzelner Arbeitsgänge zu planen.

Im Gegensatz zur reinen Variantenarbeitsplanung sind bei der semi-generativen Planung auch strukturelle Veränderungen des Ausgangsplans möglich, etwa durch Löschen oder Hinzufügen einzelner Arbeitsgänge. Wie bei Variantensystemen wird bei Neuplanung eines Teils die Suche nach einem bestehenden Arbeitsplan meist durch ein Klassifizierungssystem (siehe Abschnitt 5.3.1.1) unterstützt. Für neu in den ausgewählten Arbeitsplan einzufügende Arbeitsgänge werden rechnergestützte Planungshilfen, beispielsweise zur Maschinen- und Werkzeugauswahl, in Form von Entscheidungstabellen oder ähnlichen Hilfsmitteln zur Verfügung gestellt. Mit dieser rechnergestützten Repräsentation von Herstellungswissen verfügen semi-generative Arbeitsplanungssysteme zumindest über rudimentäre generative Fähigkeiten, was sich durch die Möglichkeit der Planung auch solcher Teile, die nicht sehr starke Ähnlichkeit mit bereits geplanten Teilen aufweisen, manifestiert.

Die Arbeitsweise mit semi-generativen Arbeitsplanungssystemen läßt sich nach dem Maß an Generativität im Planungsprozeß in verschiedene Stufen einteilen ([HaLu 89]). Einfache Systeme variieren nur komplett vorliegende Pläne, während umfassendere Systeme auf Basis unvollständiger Pläne arbeiten können. Schließlich erlauben einige semi-generative Arbeitsplanungsysteme auch das Zusammensetzen neuer Pläne aus Teilstücken (Planmakros) ohne Rückgriff auf einen bereits vorliegenden Arbeitsplan.

Wie auch reine Variantenarbeitsplanungssysteme greifen semi-generative Arbeitsplanungssysteme systematisch auf vordefinierte (Teil-)Ergebnisse früherer Planungsvorgänge zu. Die Nachteile reiner Variantenarbeitsplanungssysteme werden durch die Erweiterung um generative Fähigkeiten teilweise kompensiert, doch hängt auch hier der Planungsaufwand stark von vorher bereits durchgeführten Planungen ab. Semi-generative Arbeitsplanungssysteme decken in der Regel nicht alle beliebigen Teilearten ab und erfordern meist eine Interaktion mit dem menschlichen Arbeitsplaner, da die generativen Fähigkeiten oft nicht alle Teilschritte der Arbeitsplanung (siehe Abschnitt 5.3) abdecken. Historisch gesehen stellen sie einen Vorläufer generativer Arbeitsplanungssysteme dar.

### 5.2.4 Generative Planung

Im Gegensatz zu den bisher in diesem Kapitel vorgestellten Arbeitsplanungsverfahren erfolgt bei der generativen Planung die Erstellung eines Arbeitsplans für ein neu ins Produktspektrum aufzunehmende Teil nicht auf der Grundlage früherer Planungsergebnisse, sondern durch direkte Repräsentation des erforderlichen Planungswissens. Da ein neues Teil unabhängig von bereits geplanten Teilen behandelt wird, muß im System genügend Planungswissen vorhanden sein, um Arbeitspläne für beliebige (Klassen von) Teile(n) zu synthetisieren. Das Planungssystem imitiert auf Grundlage des eingegebenen Prozeßwissens den menschlichen Entscheidungsprozeß bei der Arbeitsplanung ([ChWy 85]).

Generative Arbeitsplanungssysteme gehen anders als die bisher vorgestellten Verfahren, bei denen die erforderliche Arbeitsgangfolge zur Herstellung eines Teils auf der Grundlage der Zugehörigkeit zu einer Teilefamilie implizit festgelegt wird, im Planungsprozeß schrittweise vor. Drei Verfahren der sukzessiven Identifikation der zur Teileherstellung erforderlichen Einzelschritte lassen· sich unterscheiden*:

- Bei der *Vorwärtsplanung* werden ausgehend vom Rohteil schrittweise die Bearbeitungsvorgänge bestimmt, die in ihrer Gesamtheit die gewünschten Transformationen in das herzustellende Fertigteil vollziehen. Der Planungsprozeß vollzieht sich direkt analog zur späteren Herstellung des Teils. Die Anwendbarkeit einer bestimmten Operation hängt vom Zwischenzustand der vorhergehenden Bearbeitung ab, da mit jedem Teilschritt neue Bedingungen erzeugt werden, beispielsweise hinsichtlich der Zugänglichkeit zu einer bestimmten Bearbeitungsstelle. Mit jedem durchgeführten Planungsschritt wird die Geometrie des Werkstücks komplexer, da durch die Bearbeitungsschritte sukzessive neue Geometrieelemete erzeugt werden. Hierdurch werden immer aufwendigere Überprüfungen der Anwendbarkeit potentieller nächster Bearbeitungsschritte erforderlich. Dieser Aufwand kann nur durch eine vorausschauende Planung für mehrere Schritte teilweise begrenzt werden.

- Bei der *Rückwärtsplanung* eines Teils wird das zu fertigende Teil unmittelbar als Ausgangspunkt herangezogen. Im Lauf der Planung wird das bezüglich des Rohlings fehlende Volumen schrittweise ergänzt, wobei die Füllvolumina so bestimmt werden, daß sie in einem Schritt bearbeitet werden können; beispielsweise entspricht bei der späteren Teileherstellung die Ausführung einer Bohroperation dem Auffüllen eines Zylinders in der Planungsphase. Durch die mit jedem Planungsschritt einhergehenden Vereinfachungen der Teilegeometrie lassen sich die Anwendbarkeitsbedingungen der inversen Fertigungsoperationen (= Fülloperationen) zunehmend leichter erfüllen. Dies ermöglicht einen wesentlich geringeren Vorausschauhorizont als bei der Vorwärtsplanung, allerdings auf Kosten der fehlenden unmittelbaren Analogie des Planungs- und des Herstellungsprozesses wie bei Vorwärtsplanungssystemen.

- Bei der *inversen Vorwärtsplanung* werden die Vorzüge der Vorwärts- und der Rückwärtsplanung durch einen einfachen Kunstgriff miteinander kombiniert: den Ausgangspunkt der Planung stellen nicht Roh- oder Endteil selbst, sondern der sogenannte Restkörper dar, der sich als geometrische Differenz von Roh- und Endteil ergibt (siehe Abbildung 5-1). Der Restkörper wird im Sinne der Vorwärtsplanung schrittweise durch elementare Fertigungsoperationen über-

---

* Zur Vereinfachung der Darstellung wird ausschließlich die für die vorliegende Arbeit maßgebliche spanende Teilefertigung berücksichtigt (siehe Kapitel 3).

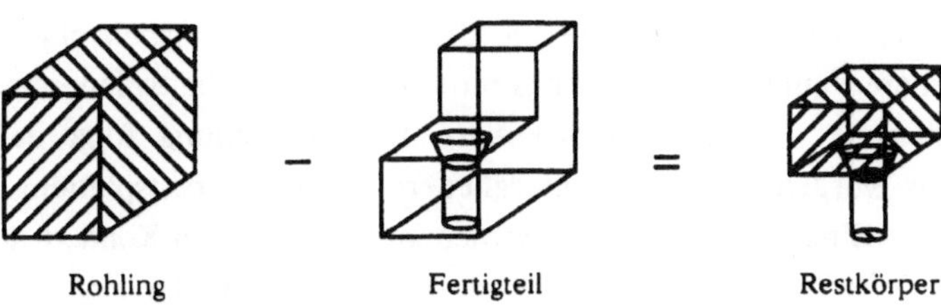



Abbildung 5-1:   Beispiel zur Restkörperbildung

deckt, bis das Ausgangsvolumen vollständig überdeckt ist. Da der Endzustand der Planung bei diesem Ansatz keinerlei Bedingungen mehr stellt ('leerer' Restkörper), schwächen sich die Anwendbarkeitsbedingungen der einzelnen Operationen im Zuge des Planungsprozesses wie bei der Rückwärtsplanung immer mehr ab, was ebenfalls einen geringeren Vorausplanungshorizont als bei der direkten Vorwärtsplanung ermöglicht.

Der teilespezifische Planungsaufwand ist in generativen Arbeitsplanungssystemen im allgenmeinen wesentlich höher als bei anderen Planungsansätzen, da jede Planung ab ovo durchgeführt wird und keine Wiederverwendung bereits früher erarbeiteter (Teil-)Planungsergebnisse erfolgt. Allerdings lassen sich die im einzelnen durchzuführenden Planungsschritte (siehe nächster Abschnitt) weitgehend automatisieren, so daß durch Verwendung effizienter rechnerbasierter Verfahren eine akzeptable Planungszeit erzielt werden kann. Der Anwendungsbereich generativer Arbeitsplanungssysteme ist grundsätzlich nicht auf bestimmte Teilefamilien begrenzt, wobei durch die prozedurale Form der Darstellung des Planungswissens auch systematisch und inkrementell Erweiterungen und Verbesserungen der Planungsgrundlage vorgenommen werden können. Der Aufwand zur Erstellung eines generativen Arbeitsplanungssystems ist im allgemeinen wegen der erforderlichen umfassenden Repräsentation des Herstellungswissens wesentlich höher als bei ähnlichkeitsbasierten Verfahren, die bestenfalls rudimentäres direktes Planungswissen beinhalten.

## 5.3   Funktionen der Arbeitsplanung

Für die Einbindung des CAPP-Bereichs in das im Lauf der vorliegenden Arbeit zu entwickelnde Gesamtkonzept eines automatisierten flexiblen Fertigungsplanungs- und kontrollsystems ist ein vertieftes Verständnis der Teilfunktionen der rechnergestützten Arbeitsplanung, insbesondere in Hinblick auf die unterschiedlichen Realisierungsalternativen, unabdingbar. Im folgenden werden die bereits in Abschnitt

1.4.2 eingeführten wesentlichen Bereiche der kurzfristigen Arbeitsplanung für die spanende Teilefertigung – Fertigungsmittelplanung, Arbeitsplanerstellung und NC-Programmierung – eingehend diskutiert. Die Darstellung folgt der eingangs dieses Kapitels vorgenommenen Untergliederung des Arbeitsplanungsprozesses. Hinweise auf die Einsetzbarkeit der verschiedenen Ansätze im Kontext der rechnerintegrierten Teilefertigung werden direkt bei der Vorstellung der einzelnen Realisierungsalternativen angegeben; eine vergleichende Zusammenfassung erfolgt in Abschnitt 5.4.

## 5.3.1 Identifikation der Bearbeitungsaufgabe

Die Identifikation der Bearbeitungsaufgabe ist einerseits wesentlich geprägt durch Art und Umfang der von der Konstruktionsabteilung bereitgestellten Daten, stellt aber auch ihrerseits Anforderungen an die Teilebeschreibung in der Konstruktion. Abhängig von den durch die Konstruktionsabteilung bereitgestellten Eingabewerten lassen sich in CAPP-Systemen verschiedene Verfahren der Informationsgewinnung für die nachfolgende Planung der einzelnen Bearbeitungsschritte unterscheiden, die nachfolgend vorgestellt werden.

### 5.3.1.1 *Codierungs- und Klassifikationsverfahren*

Das einfachste Verfahren zur Identifikation der zur Herstellung eines Teils auszuführenden Teilschritte stellt die Rückführung auf eine bereits durchgeführte Planungsaufgabe dar. Bezüglich der Teilebeschreibung bedeutet dies, daß die von der Konstruktionsabteilung bereitgestellten geometrischen und technologischen Teiledaten hinsichtlich fertigungsrelevanter Merkmale gefiltert werden und die identifizierenden Merkmale in einem vordefinierten Code festgehalten werden. Ein Klassifizierungssystem zur Teilefamiliendefinition ist beispielsweise in [Opit 66] beschrieben.

Für den sinnvollen Einsatz eines Codes stellen die Forderungen nach Eindeutigkeit, Vollständigkeit und Kompaktheit wichtige Voraussetzungen dar ([ChWy 85]). Die Eindeutigkeits- und die Vollständigkeitseigenschaft wurden bereits bei der Diskussion verschiedener geometrischer Datenmodelle eingeführt (Abschnitt 4.2). Für die Kompaktheit eines Codes ist die zugrundeliegende Codeart von entscheidender Bedeutung. In einem Monocode erhält jede Codeziffer ihre Bedeutung von der vorhergehenden, was eine Beschreibung vieler Teileattribute bei geringer Stelligkeit erlaubt, allerdings einen hohen Aufwand und genaue Anwendungskenntnisse bei der Erstellung des Codierungsschemas erfordert. Dagegen sind Polycodes, in denen die einzelnen Codeziffern wechselseitig voneinander unabhängig sind, wesentlich leichter zu erstellen, führen aber zu längeren Codierungen. Die Vorteile beider

Verfahren versucht die hybride Codierung, wie sie beispielsweise in APPAS ([WyBM 80]) eingesetzt wird, zu kombinieren.

Bei Verwendung eines Codierungsverfahrens für die Umsetzung der Teilebeschreibung in eine fertigungsorientierte Sichtweise erfolgt die Arbeitsplanung auf Grundlage der codierten Teilemerkmale, was eine analoge Klassifikation des Teilespektrums in Teilefamilien und die Zuordnung eines oder mehrerer Codes zu einer oder mehreren Teilefamilien nahelegt. Die Planung der Bearbeitungsschritte kann durch Bereitstellung eines Standardarbeitsplans für jede Teilefamilie wesentlich vereinfacht werden. Auch in generativen Arbeitsplanungssystemen wird das Prinzip der Teilecodierung zur Eingabebeschreibung der Planungsaufgabe eingesetzt, z.B. in AUTOPLAN ([VoAd 81]) und in COBAPP ([ElPh 80]). Zur Wahrung des generativen Charakters werden hier aber nicht die Teile, sondern die möglichen Bearbeitungsverfahren analog zur Teilecodierung klassifiziert und den Herstellungsschritten automatisiert zugewiesen.

Teilecodierungsverfahren für die Arbeitsplanung orientieren sich meist an den Produktionscharakteristika der in einer Teilefamilie zusammengefaßten Teile. Neue Teile werden auf solche Teilefamilien abgebildet, die – bis auf geringe Abweichungen – gleiche Bearbeitungsschritte erfordern. Problematisch an dieser Festlegung des Teilefamilienbegriffs ist, daß das Codierungs- und Klassifikationsschema von den Herstellungsbedingungen und -möglichkeiten des jeweiligen Produktionsbetriebs abhängt. Dies erschwert zum einen die Verwendung einheitlicher Arbeitsplanungsmethoden in verschiedenen Produktionsstätten und kann andererseits innerhalb eines Betriebs bei Änderung der Produktionsbedingungen (z.B. durch Anschaffung neuer Fertigungseinrichtungen) die Neu- oder Umdefinition des Teilefamilienkonzepts bedeuten; hiervon sind dann auch alle bisher geplanten Teile betroffen.

Ein weiteres Problem bei Codierungs- und Klassifikationsverfahren ist, daß das potentielle Teilespektrum bereits bei der Definition des Codes und der Teilefamilien antizipiert werden muß. Sollen Teile behandelt werden, die sich im bestehenden Code nicht repräsentieren lassen oder die zu einer Verletzung der Eindeutigkeit des Codes führen würden, so müssen die Code- und Teilefamiliendefinition entsprechend modifiziert werden. Dies wiederum betrifft alle bereits geplanten Teile, wenn weiterhin ein einheitliches Klassifizierungsschema angewandt werden soll, da sich die Codierung dieser Teile unter Umständen verändern kann. Sinnvoll anwendbar sind Codierungs- und Klassifikationsverfahren somit nur dann, wenn sie in gleichbleibenden Produktionsumgebungen mit abgrenzbarem Teilespektrum eingesetzt werden. Für den in dieser Arbeit avisierten Bereich der Einzel- und Kleinserienfertigung komplexer Einzelteile, etwa im Werkzeug- und Vorrichtungsbau, ist dieser Ansatz deshalb nur bedingt geeignet.

### 5.3.1.2 Vorgangsorientierte Verfahren

Grundlage der vorgangsorientierten Identifikation der Bearbeitungsaufgabe in einem CAPP-System ist eine prozedurale Beschreibung des herzustellenden Produkts. Prozedural bedeutet in diesem Zusammenhang, daß das Teil nicht durch Angabe der es konstituierenden elementaren geometrischen Gestaltelemente (Punkte, Linien, Flächen, etc.), sondern durch einen 'Zusammenbau-Plan' mit vordefinierten anwendungsbezogenen Grundelementen beschrieben ist. Die rechnerinterne Teilebeschreibung erfolgt somit nicht durch explizite Repräsentation der enthaltenen geometrischen Grundelemete, sondern durch Abspeicherung der Modellierungshistorie, aus der die Geometrieinformation durch geeignete Berechnungsverfahren abgeleitet werden kann.

Die bei der vorgangsorientierten Produktbeschreibung zur Objektmodellierung eingesetzten Grundelemente stellen entweder aus konstruktiver oder aus fertigungstechnischer Sicht anwendungsrelevante Basiskörper dar. Der wichtigste Vertreter der Teilekonstruktion mit aus geometrischer Sicht einfachen Grundelementen ist das in Kapitel 4 vorgestellte CSG-Verfahren. Aus Sicht der Arbeitsplanung erfordert eine Objektmodellierung mit Standardvolumenelementen eine zweifache 'Übersetzung' des CSG-Baums: zum einen sind die in den Knoten des Baums repräsentierten geometrischen Elemente auf solche Volumenelemente abzubilden, die auch aus fertigungstechnischer Sicht eine elementare Einheit bilden. Weiterhin erfordert die freie Verwendung eines CSG-Modellierers die Rückführung aller Erzeugungsoperationen (Vereinigung, Durchschnitt, Differenz, etc.) auf die aus herstellungsorientierter Sicht einzig relevante Form, die Differenzbildung zwischen Ausgangsteil (Rohling bzw. Werkstück) und fertigungsrelevantem Basisvolumen. Die automatische Übersetzung eines CSG-Baums in eine Abfolge von Arbeitsgängen ist bisher nur in stark eingeschränkten Fällen bekannt (für rotationssymmetrische Teile ist beispielsweise in [LeJe 87] ein Verfahren angegeben), weshalb die prozedurale geometrische Teilebeschreibung im CSG-Baum meist in eine Begrenzungsflächendarstellung konvertiert wird, auf der dann ein geometrieorientiertes Verfahren zur Arbeitsgangidentifikation (siehe Abschnitt 5.3.1.3) zum Einsatz kommt.

Bei der Verwendung sogenannter Formelemente ([KrVY 87]) im Zuge der vorgangsorientierten Teiledefinition wird ein Teil durch eine Simulation des späteren Herstellungsvorgangs geometrisch definiert. Diese auch als 'Design by Feature (DbF)' ([Jare 84], [LuDS 86a]) bezeichnete Vorgehensweise erübrigt weitgehend eine nachfolgende Identifikation der Bearbeitungsschritte, da diese aus der Konstruktionshistorie abgelesen werden können. Zwei grundlegende Ansätze der Konstruktion mit Formelementen können unterschieden werden: Werden die zu modellierenden Teile direkt aus Formelementen zusammengesetzt (Vorwärtskonstruktion), so repräsentieren diese das Ergebnis der Ausführung einer Fertigungsoperation auf ein Basisgeometrieelement. Die bei dieser Konstruktionsart implizit verwendeten einzelnen Fertigungsoperationen sind im Zuge der Arbeitsplanung noch auf mögliche Interferenzen zu prüfen und in eine ausführbare Reihenfolge zu bringen. Bei einer Teilekonstruktion, in der vom Rohling ausgehend schrittweise die erforderlichen Bearbeitungsschritte am Bildschirm simuliert werden (Rückwärtskonstruktion), entfallen im CAPP-System alle vorbereitenden Tätigkeiten der Arbeitsplanung (Rohlingsauswahl, Arbeitsgangidentifikation), so daß hier das Ergebnis der Konstruktionstätigkeit unmittelbar die Definition der Bearbeitungsaufgabe darstellt.

Mit vorgangsorientierten Verfahren zur Identifikation der Bearbeitungsschritte können die vorbereitenden Tätigkeiten der Arbeitsplanung auf ein Minimum reduziert oder gänzlich antizipiert werden. Auch können hierdurch besonders leicht Kriterien der wirtschaftlichen Fertigung bereits bei der Teilekonstruktion berücksichtigt werden (siehe z.B. [Chis 87]). Problematisch ist die hohe Belastung des Konstrukteurs mit Details, die nur aus herstellungstechnischer Sicht unmittelbare Relevanz aufweisen. Beim fertigungsorientierten Konstruieren reduziert sich das geometrische Modellieren auf eine direkte Simulation des Herstellungsvorgangs, was aus mehreren Gründen in vielen Anwendungsbereichen problematisch sein kann. Grundsätzlich erfordert diese Konstruktionsart eine genaue Vorstellung vom zu modellierenden Produkt, um aus der Teilebeschreibung direkt die späteren Herstellungsschritte ableiten zu können; inkrementeller Entwurf in 'trial-and-error'-Manier wird nicht unterstützt. Auch hängt bei einer solchen Vorgehensweise die Teilemodellierung zumindest mittelbar von den in der Produktion zur Verfügung stehenden Fertigungsressourcen ab. Neben der damit einhergehenden allgemeinen Einschränkung der konstruktiven Freiheit, schlägt sich dies insbesondere auch darin nieder, daß sich aus der Veränderung der Produktionsanlagen andere Modellierungsmöglichkeiten bei der Teilekonstruktion ergeben können. Eine systematisierte und automatische Berücksichtigung neuer Produktionsmöglichkeiten findet für bereits konstruierte und somit implizit geplante Teile nicht statt. Schließlich werden durch die direkte Analogie zwischen Konstruktions- und Produktionsprozeß potentielle Alternativen der Teileherstellung nicht systematisch eruiert, was die Flexibilität bei der Teileherstellung wesentlich beeinträchtigen kann. Die Einsetzbarkeit vorgangsorientierter Verfahren im Zuge der rechnerintegrierten Produktion wird in Abschnitt 5.4 noch näher erläutert.

### 5.3.1.3 Geometrieorientierte Verfahren

Den allgemeinsten Ansatzpunkt bei der Ermittlung der von einem CAPP-System durchzuführenden Planungsaufgabe stellt die direkte Interpretation eines frei konstruierten geometrischen Modells des zu erzeugenden Teils dar. Bei der geometrieorientierten Teilebeschreibung wird die eingegebene geometrische Information direkt und explizit zur rechnerinternen Darstellung herangezogen. Die

Objektdarstellung spiegelt somit das Ergebnis der Modellierung wider, nicht aber den Entstehungsvorgang.

Das Grundproblem der geometrieorientierten Identifikation der Bearbeitungsaufgabe in einem CAPP-System besteht darin, aus der vom CAD-System erzeugten elementaren Information bezüglich eines Teils (Punkte, Linien, Flächen) die für die Produktion benötigte 'höhere' Information (Löcher, Nuten, Phasen, etc.) zu synthetisieren. Zur automatisierten Identifikation der Arbeitsgänge aus einer BREP-Teildarstellung sind spezielle Kenntnisse über die einen Bearbeitungsschritt konstituierenden Merkmale vonnöten, die sich auf dem Wissen eines erfahrenen Arbeitsplanungsexperten gründen. Analog zur Vorgehensweise des menschlichen Experten sind die Kriterien festzulegen, nach denen gewisse geometrische Basiselemente zu sogenannten Features kombiniert werden können.

Die Identifikation der Bearbeitungsschritte aus einer expliziten Darstellung der geometrischen Grundelemente wird in der Literatur als Form-Feature-Analyse oder kurz Feature-Analyse bezeichnet. Der Begriff des Features wird im Kontext der rechnerintegrierten Teileproduktion oftmals verschieden weit gefaßt; eine Übersicht über verschiedene Ansätze und Formen der Featuredefinition und -erkennung gibt z.B. [Prat 90]. In der vorliegenden Arbeit soll ein Feature in Anlehnung an [SpGL 89] als eine Menge von Flächen eines Teils angesehen werden, die durch das Zusammenwirken von Attributen eine fertigungstechnische Bedeutung erhalten. Featureorientierte Teilebeschreibungen realisieren entweder eine informationsverdichtende oder eine vereinfachende Sicht eines Teils. Entsprechend können strukturersetzende (z.B. Gewinde, Aussparungen und Auskehlungen) und strukturzusammenfassende Features (z.B. Nuten, Taschen und Löcher) unterschieden werden.

Bei der featurebasierten Überführung einer geometrischen in eine herstellungsorientierte Teilebeschreibung findet ein Wechsel in der Beschreibungsebene eines Teils statt, wie in Abbildung 5-2 für das Beispiel eines zylindrischen Lochs gezeigt ist. Die elementare Geometrieinformation über Punkte, Kanten und Flächen wird in Attribute wie Mittelachse, Radius und Tiefe überführt, die das Feature aus Herstellungssicht eindeutig charakterisieren und mittelbare oder unmittelbare Korrespondenz zu den entsprechenden Herstellungsoperationen aufweisen; so würde bei der Herstellung des in Abbildung 5-2 gezeigten Lochs mit einer Bohrmaschine die Bohrlage der Mittelachse des Features, der Bohrerradius dem Featureradius und die Bohrtiefe der Featuretiefe entsprechen. Auf den Zusammenhang zwischen geometrie- und herstellungsbezogener Sicht eines Features wird in den Hauptabschnitten C und D noch näher eingegangen.

Die geometrieorientierte Featureanalyse stellt das aufwendigste, aber auch allgemeinste Verfahren zur Identifikation der Bearbeitungsaufgabe in einem CAPP-

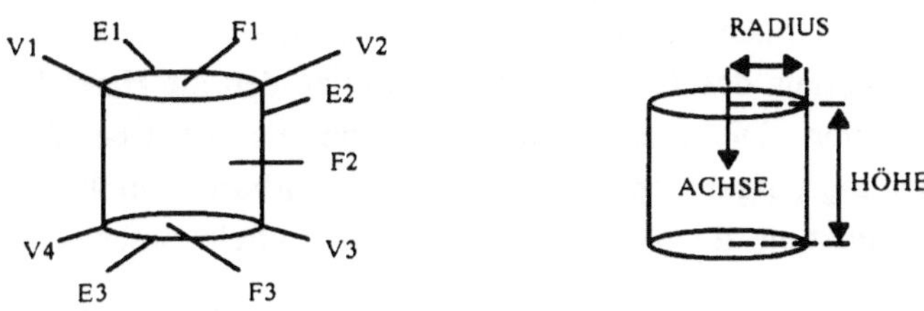


Abbilbung 5-2:  Geometrische und fertigungstechnische Sicht eines Lochs

System dar. Jedes neue Teil wird unabhängig von den bereits geplanten Vorgängern auf die enthaltenen Features hin analysiert. Die funktionale Gestaltung des zu produzierenden Teils in der Konstruktion ist, anders als bei den vorgangsorientierten Arbeitsplanungsverfahren (Abschnitt 5.3.1.2), völlig entkoppelt von den Erfordernissen bei der Teileherstellung. Durch die Konvertierbarkeit verschiedener geometrischer Datenmodelle kann im Konstruktionsprozeß beliebige Modellierungsfreiheit gewährt werden, insbesondere auch in Hinblick auf den oftmals erforderlichen inkrementellen, zyklischen Entwurf komplexer technischer Objekte ([Tiel 90]).

Der a-posteriori-Bestimmung der Features kommt eine explizite Repräsentation der geometrischen Teileinformation wie im BREP-Modell besonders zugute, da sich die Definition eines Features meist direkt in geometrischen und topologischen Termini ausdrückt. Informell ist das in Abbildung 5-2 gezeigte Sackloch beispielsweise dadurch gekennzeichnet, daß eine kreisförmige, ebene, offene Eintrittsfläche adjazent zu einer zylindrischen Seitenfläche und diese wiederum adjazent zu einer kreisförmigen, ebenen, geschlossenen Bodenfläche liegt. Auch graphenbasierte Verfahren kommen im Zuge der Featureerkennung zum Einsatz. Verschiedene Verfahren der Featureanalyse in dreidimensionalen CAD-Modellen und der jeweils erforderliche Wissensrepräsentations- und Analyseaufwand werden in Kapitel 10 vorgestellt.

### 5.3.2   Planung der Bearbeitungsschritte

Ergebnis der Informationsgewinnung in einem CAPP-System ist eine Liste von Bearbeitungsschritten einschließlich der bereits in der Konstruktion implizit festgelegten Vorgabeparameter wie Lage und Ausdehnung des zugehörigen Zerspanvolumens[*]. Im nächsten Schritt ist für jeden einzelnen Bearbeitungsschritt festzulegen, wie er unter den konkreten Gegebenheiten der einzusetzenden Produk-

---

[*] Auf verschiedene Formen der Darstellung der Bearbeitungsschritte und der bei der Abarbeitung einzuhaltenden Reihenfolge wird in Abschnitt 5.3.3 eingegangen.

tionsumgebung wirtschaftlich ausgeführt werden kann; der Fokus verlagert sich somit von der Betrachtung des Teils als Ganzem hin zu den die Herstellung konstituierenden Teilschritten. Die Planungsaufgabe kann als die Überführung einer abstrakten Bearbeitungsaufgabe in eine konkret ausführbare Handlungsanweisung mit den in der Produktion zur Verfügung stehenden Mitteln beschrieben werden.

Kernstück bei der Planung der einzelnen Bearbeitungsschritte für ein neu zu produzierendes Teil ist die Identifikation geeigneter Herstellungsressourcen, die zusammen in der Lage sind, gemäß den Vorgabeparametern die Bearbeitungsaufgabe durchzuführen. Für den Bereich der spanenden Fertigung sind im wesentlichen die Fertigungsmittel und -hilfsmittel im engeren (z.B. Maschinen, Werkzeuge, Spannmittel) und weiteren Sinn (z.B. Herstellungstechnologien, NC-Programme, Zeit- und Kostenvorgaben) zu ermitteln. Die für die Planung maßgeblichen Vorgaben lassen sich den Bereichen

- physische Herstellungsumgebung,

- Herstellungswissen und

- Herstellungsparameter

zuordnen, die nachfolgend hinsichtlich der möglichen Alternativen in Repräsentation und Verarbeitung charakterisiert werden. Der eigentliche Planungsvorgang beschränkt sich bei geeigneter Repräsentation der Vorgaben auf einen einfachen Selektionsprozeß und wird deshalb nur am Rande diskutiert.

### 5.3.2.1 *Repräsentation der physischen Herstellungsumgebung*

Wichtige Voraussetzung bei der Planung eines Bearbeitungsschritts in einem CAPP-System ist eine genaue Kenntnis der in der Produktion zur Verfügung stehenden physischen Fertigungseinrichtungen. Für den Bereich der spanenden Fertigung sind als Fertigungsressourcen die Maschinen und Werkzeuge in der Werkstatt von zentraler Bedeutung. Daneben sind noch Fertigungshilfsmittel wie Spannmittel, Handhabungsgeräte und Transporteinrichtungen zu berücksichtigen, die für die eigentliche spanende Bearbeitung des Werkstücks jedoch nur vorbereitende oder unterstützenden Bedeutung haben und häufig separat von den Primärressourcen geplant werden. Die nachfolgenden Ausführungen konzentrieren sich auf die Repräsentation und Zuordnung von Maschinen und Werkzeugen als zentrale Ausführungsmittel für einen Bearbeitungsschritt.

Für die Identifikation der zur Ausführung eines Bearbeitungsschritts geeigneten Fertigungsmittel sind die Merkmale der Ressourcen mit den Erfordernissen der abstrakten Bearbeitungsaufgabe abzustimmen. Wie bei der Beschreibung der Werkstücke lassen sich auch bei der Beschreibung der Fertigungsressourcen drei grundsätzliche Vorgehensweisen unterscheiden:

- Klassifikation,

- vorgangsorientierte und

- elementorientierte Beschreibungsverfahren.

Bei der *Klassifikation* der Merkmale werden die Ressourcen analog zur Klassifikation der Werkstücke (vgl. Abschnitt 5.3.1.1) kategorisiert. Die Identifikation geeigneter Fertigungsmittel läßt sich dann unmittelbar aus der (partiellen) Übereinstimmung von Codeziffern zwischen Werkstück und Ressource ableiten. Die Auswahl geeigneter Ressourcen kann durch Klassifikation effizient durchgeführt werden, allerdings nur unter Inkaufnahme des mit jeder Codierung einhergehenden Informationsverlusts. Im vorliegenden Fall kann dies zur Zuordnung überdimensionierter oder ineffizienter Ressourcen führen (vgl. [SpKr 84]). Problematisch an dieser Vorgehensweise ist weiterhin die erforderliche analoge Klassifikation von Werkstücken und Ressourcen, da die Klassifikationskriterien für beide Bereiche nicht zwangsläufig ähnlichen Charakter aufweisen müssen. Die Fertigungsressourcen werden zudem nur im Hinblick auf den durch den Code abgedeckten Anwendungsbereich beschrieben und nicht in ihren allgemeinen Bearbeitungsmöglichkeiten, was, wie bei der Werkstückklassifikation, zu Problemen bei der Erweiterung des Produktionsspektrums führen kann. Auf die Problematik der Teilekassifikation für Anwendungen im Bereich der hochflexiblen Einzel- oder Kleinserienfertigung wurde in Abschnitt 5.3.1.1 bereits hingewiesen.

Bei der *vorgangsorientierten Beschreibung* der Fertigungsressourcen wird eine enge Zuordnung zwischen den abstrakten Bearbeitungsaufgaben einerseits und den Fähigkeiten der Fertigungsmittel andererseits angestrebt. Anders als bei der oben beschriebenen Klassifikation der Merkmale bildet nicht der anwendungsspezifische Klassifikationscode, sondern die Menge der abstrakten Bearbeitungsaufgaben den Bezugspunkt für die Ressourcenidentifikation. Die Repräsentation der Fertigungsmittel erfolgt bei dieser Vorgehensweise durch eine funktionale Spezifikation der potentiellen Herstellungsoperationen, die mit einer bestimmten Ressource ausgeführt werden können. Durch den Rückgriff auf die vergleichsweise wenigen Typen von abstrakten Bearbeitungsschritten wie Löcher, Nuten und Taschen können die Ressourcen leicht dadurch charakterisiert werden, daß für jeden Typ die Anwendbarkeit einer Ressource unter Angabe der entsprechenden Parameterbereiche festgelegt wird. Beispielsweise kann für ein Bohrwerkzeug spezifiziert werden, daß es zur Herstellung von Sacklöchern mit einem Durchmesser von 100 mm und einer Tiefe von 10 bis 200 mm eingesetzt werden kann. Zur Auswahl bestimmter Fertigungsmittel können die vorgangsorientierten Ressourcenbeschreibungen nach verschiedenen anwendungsbezogenen Kriterien ausgewertet werden, wodurch sich unternehmensspezifische Zuteilungsstrategien realisieren lassen.

Eine völlige Entkopplung zwischen der Spezifikation der Bearbeitungsaufgabe einerseits und der Repräsentation der Fertigungsressourcen andererseits wird durch die *elementorientierte Beschreibung* der Herstellungsumgebung ermöglicht. Jede Ressource wird unabhängig von der potentiellen Verwendung durch eine Reihe charakteristischer Merkmale beschrieben. Für eine Drehmaschine kommen beispielsweise die Ausdehnung des Bearbeitungsraums, die maximale Spindeldrehzahl und die maximale Vorschubrate als Beschreibungskriterien in Betracht. Die Beschreibung der Ressourcen ist bei diesem Ansatz besonders einfach, da die meisten Angaben direkt von den Herstellern der Fertigungsmittel übernommen werden können; oft werden mit den physischen Fertigungsmitteln auch direkt maschinenverarbeitbare Beschreibungskataloge ausgeliefert. Die Identifikation geeigneter Herstellungsressourcen für ein neu zu planendes Teil erfordert bei einer elementorientierten Repräsentation der Herstellungsumgebung eine aufwendige Interpretation der Ressourcendaten, da die für die Zuteilung wesentlichen funktionalen Ressourcencharakteristika in den Stammdaten teilweise nur implizit enthalten sind. Beispielsweise kann aus der Länge eines Bohrwerkzeugs nicht direkt auf die realisierbare maximale Bohrtiefe geschlossen werden, da sich Einschränkungen sowohl durch die Aufnahme des Werkzeugs in der Maschine als auch durch die Spanform ergeben können. Bei der vorgangsorientierten Ressourcenbeschreibung liegen dagegen diese Informationen bereits in evaluierter Form vor und müssen nicht bei jedem Planungsvorgang von neuem errechnet werden.

Zusammenfassend kann für den Bereich der Repräsentation der physischen Herstellungsumgebung festgehalten werden, daß bei der Klassifikation der Fertigungsressourcen der Anwendungsbereich zu eng und zu statisch ist. Bei der elementorientierten Spezifikation erhöht der erforderliche Analyseaufwand der Beschreibungsdaten zu den Ressourcen den teilespezifischen Planungsaufwand erheblich; allerdings können dadurch auch besonders effiziente Herstellungsressourcen identifiziert werden. Der hohe Planungsaufwand ist somit besonders für Anwendungsbereiche gerechtfertigt, in denen der Herstellungs- den Planungsaufwand deutlich übertrifft, wie dies bei der Massenfertigung der Fall ist. Für den Anwendungsbereich der Einzel- und Kleinserienfertigung stellt die vorgangsorientierte Beschreibung einen brauchbaren Kompromiß dar; einerseits ist der Anwendungsbereich wegen des Rückgriffs auf generische Bearbeitungsvorgänge hinreichend groß, andererseits können die zur Durchführung einer abstrakten Bearbeitungsaufgabe in Frage kommenden Ressourcen direkt aus der funktionalen Charakterisierung identifiziert werden. Zu berücksichtigen ist hierbei allerdings, daß diese Vorgehensweise eine verwendungsorientierte Beschreibung der Fertigungsmittel voraussetzt, die bei der Konfiguration des CAPP-Systems aus den Stammdaten der Ressourcen abgeleitet werden müssen.

### 5.3.2.2 Repräsentation des Herstellungswissens

Kernaufgabe der Informationsverarbeitung in einem CAPP-System ist es, aus der Spezifikation der Bearbeitungsaufgabe und der Beschreibung der potentiell geeigneten Fertigungsmittel die für ein konkretes Teil einzusetzenden Produktionsmittel zu bestimmen. Die Kriterien, nach denen eine Zuordnung von Ressourcen zu Bearbeitungsschritten erfolgt, sind von der Beschreibung der Bearbeitungsaufgabe und der Fertigungsmittel abhängig und sollen hier nicht in allen Kombinationen einzeln diskutiert werden. Für diese Arbeit sind die nachfolgend vorgestellten möglichen Alternativen bei der Festlegung der Auswahlkriterien für die Ressourcenauswahl von besonderem Interesse.

Auf die implizite Repräsentation des Herstellungswissens durch Verwendung von Standardarbeitsplänen wurde bereits in Abschnitt 5.2.2 verwiesen. Als wichtigste Formen der expliziten Repräsentation des Herstellungswissens in generativen Arbeitsplanungssystemen sind zu nennen:

- Prozeßentscheidungsmodelle,

- Entscheidungsbäume,

- Entscheidungstabellen,

- Produktionsregeln und

- Frames.

Die ersten drei Vertreter stellen die klassischen Formen der Repräsentation von Herstellungswissen in CAPP-Systemen dar. Gemeinsam ist ihnen, daß die Anwendbarkeit bestimmter Verfahren und Ressourcen durch sogenannte 'if-then'-Bedingungen spezifiziert wird. Auch Produktionsregelsysteme sind nach diesem Grundmuster aufgebaut; für sie wird wegen der Trennung von prozeduralem und deklarativem Wissen zusätzlich eine vereinfachte Wartbarkeit und Erweiterbarkeit reklamiert. Framebasierte Ansätze zur Repräsentation des Herstellungswissens werden meist in Systemen eingesetzt, in denen die Spezifikation der Bearbeitungsaufgabe und/ oder die Repräsentation der physischen Herstellungsumgebung ebenfalls frameorientiert vorgenommen wurde.

Eine weitergehende Beschreibung der verschiedenen Wissensrepräsentationsformen im Kontext der rechnergestützten Arbeitsplanung wird in Abschnitt 10.2 bei der Gegenüberstellung verschiedener Arbeitsplanungssysteme vorgenommen. Wie bereits erwähnt wurde, hängen Art und Umfang der Repräsentation des Herstellungswissens in einem CAPP-System stark von der Spezifikation der Bearbeitungsaufgabe und der physischen Herstellungsumgebung ab. Auch die Übergabe und

Weiterverarbeitung der CAPP-Daten in nachfolgenden Produktionsbereichen üben wesentlichen Einfluß auf die Wissensrepräsentation im CAPP-System aus. Eine Beurteilung der Einsetzbarkeit der verschiedenen Repräsentationsformen kann daher erst erfolgen, wenn diese nachfolgenden Bereiche der Teileproduktion vorgestellt sind.

### 5.3.2.3 Festlegung der Herstellungsparameter

Sind die möglichen Ressourcen zur Ausführung einer abstrakten Bearbeitungsaufgabe identifiziert, so gilt es im abschließenden Schritt der Informationsverarbeitung in einem CAPP-System festzulegen, nach welchen teile- bzw. arbeitsgangspezifischen Kriterien diese Fertigungsmittel einzusetzen sind. Hierzu sind insbesondere die für die Steuerung der Werkzeugmaschinen erforderlichen NC-Programme zu erstellen. Außerdem müssen für die Weiterverarbeitung der Arbeitsplanungsdaten wichtige Parameter wie Vorgabezeiten und -kosten bestimmt werden.

Bei der Festlegung der Herstellungsparameter für die einzelnen Schritte der Teileproduktion in Form von NC-Programmen können zwei grundsätzliche Verfahren unterschieden werden:

- teilespezifische und

- teileneutrale NC-Programmierung.

Bei der *teilespezifischen NC-Programmierung* werden die jeweils einen Arbeitsgang umfassenden NC-Programme direkt anhand der entsprechenden Teilegeometrie generiert. Hierbei lassen sich vier grundsätzliche Vorgehensweisen unterscheiden, die in Abbildung 5-3 graphisch veranschaulicht sind. Allen Modellen ist gemeinsam, daß das arbeitsgangspezifische NC-Programm zunächst ressourcenunabhängig im sogenannten CLDATA-Format nach DIN 66125 ([DIN 84]) erzeugt wird. Anschließend wird durch einen Postprozessorlauf das endgültige, maschinengebundene NC-Programm nach DIN 66025 erzeugt, in dem alle Parameter zur Maschinensteuerung einschließlich der benötigten Werkzeuge in maschinell verarbeitbarer Form festgelegt sind. Die für die Fertigungsplanung und -steuerung wichtigen Zeit- und Kostenvorgaben werden beim Postprozessorlauf automatisch generiert.

Die in Abbildung 5-3 gezeigten Möglichkeiten der direkten Generierung teilespezifischer NC-Programme aus den Konstruktionsdaten weisen von links nach rechts einen zunehmenden Grad an Unabhängigkeit zwischen CAD-System und NC-Programmiersystem auf. Gemeinsam ist den Ansätzen, daß die erzeugten NC-Programme direkt auf die teilespezifische Bearbeitungsaufgabe hin konzipiert sind. Eine Wiederverwendung bereits früher erzeugter NC-Programme für neu ins

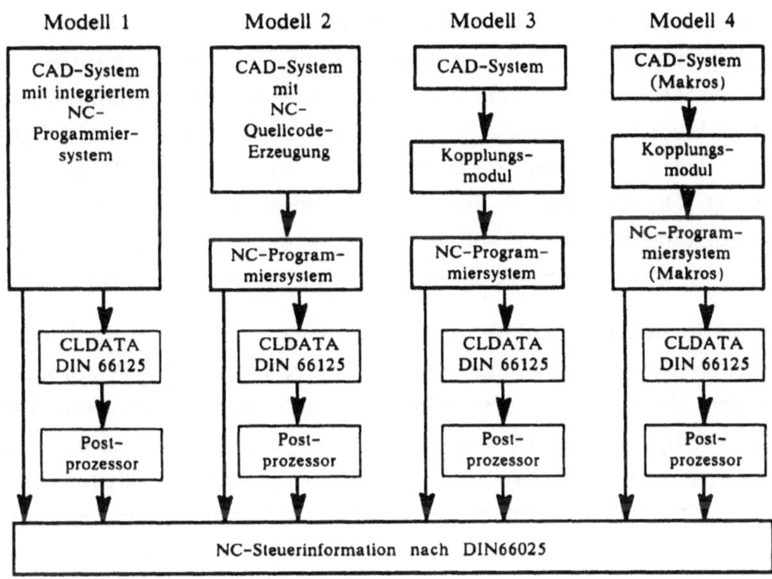

Abbildung 5-3:  Verfahren der teilebezogenen NC-Programmierung (nach [Helb 87])

Produktspektrum aufzunehmende Teile wird nicht systematisch unterstützt; lediglich der Interpretationsaufwand im NC-Programmiersystem wird durch die Verwendung gemeinsamer Makros in Konstruktion und NC-Programmierung nach dem vierten Modell verringert.

Den Aufwand der ständigen Neugenerierung von NC-Programmen für jedes neue Teil versucht man beim Ansatz der *teileneutralen NC-Programmierung* dadurch zu vermeiden, daß die durchzuführenden Bearbeitungsaufgaben auf einige wenige generische Grundmuster zurückgeführt werden. Für diese Muster werden parametrisierte, teileneutrale NC-Rumpfprogramme bereitgestellt; der Unterschied zu der in Abbildung 5-3, Modell 4 gezeigten Verwendung von NC-Makros liegt im wesentlich höheren Parametrisierungsgrad der NC-Rumpfprogramme. Dieser Ansatz korrespondiert unmittelbar mit der bereits vorgestellten Idee der Featureanalyse bei der Informationsgewinnung in einem CAPP-System (siehe Abschnitt 5.3.1.3) und ist im Bereich der NC-Programmierung auch unter dem Schlagworten 'NC-Mehrmaschinenbearbeitung' ([SpKr 84]) bzw. 'Formelementorientierte CAD/ NC-Kopplung' ([Gaus 87]) bekannt. Beispielsweise kann in einem teileneutralen NC-Rumpfprogramm für eine NC-Bohrmaschine die Lage und Tiefe der Bohrung im Werkstück parametrisiert sein; der Bohrdurchmesser ergibt sich aus der Verwendung eines entsprechenden Werkzeugs.

Steht bei der Herstellung eines Teils die Ausführung einer NC-Operation an, so kann das entsprechende NC-Makro mit den zugehörigen Aktualparametern an die betreffende Maschine geschickt und dort abgearbeitet werden. Moderne Maschinensteuerungen erlauben die direkte Verarbeitung parametrisierter NC-Programme, ohne daß für jeden Satz von Aktualparametern ein separater Postprozessorlauf erforderlich ist. Die NC-Makros können teilweise auch speicherresident in den Maschinensteuerungen gehalten werden, wodurch zur Ausführung der Operation lediglich die teilespezifischen Aktualparameter in die Maschine einzulesen sind.

Die Zeit- und Kostenvorgaben für einen Arbeitsgang können beim Konzept der teileneutralen NC-Programmierung nicht unmittelbar im NC-Postprozessorlauf erzeugt werden, da diese von den teilespezifischen Aktualparametern abhängen. Üblicherweise behilft man sich bei der Verwendung von NC-Makros mit empirisch gewonnenen Schätz- bzw. Richtwerten, die durch die häufige Wiederverwendung der Makros laufend aktualisiert und verbessert werden. Auch die NC-Makros selbst können im laufenden Betrieb optimiert werden, so daß der denkbare Nachteil des Makro-Konzepts in Form von nicht teilespezifisch optimierten Makros durch eine Globaloptimierung des generischen NC-Programms teilweise kompensiert werden kann. Grundsätzlich ist dem mit dem Makro-Konzept einhergehenden möglicherweise höheren Zeitbedarf bei der Teilefertigung eine wesentliche Reduzierung des arbeitsgangspezifischen Planungsaufwands gegenüberzustellen. Besonders für den Bereich der Einzel- und Kleinserienfertigung läßt dies einen Einsatz der Makro-Technik gerechtfertigt erscheinen.

### 5.3.3   Repräsentation der Planungsergebnisse

Nach [SpKT 83] ist ein Arbeitsplan "... ein auftragsunabhängiger Datenträger, der beschreibt, was woraus gefertigt werden soll, wie, wo (in welcher Reihenfolge), mit welchen Mitteln und in welcher Zeit." Im Arbeitsplan werden die mit einem CAPP-System erarbeiteten Planungsergebnisse dokumentiert und in nachfolgende Bereiche der Teileproduktion übermittelt. Ein Beispiel eines Arbeitsplans wurde bereits im ersten Kapitel (Abbildung 1-1) gezeigt.

Der klassische Arbeitsplan in ausgedruckter Form stellt üblicherweise die Beschreibung genau einer Herstellungsweise für ein Teil mit fest spezifizierten Herstellungsmitteln einschließlich aller benötigten Vorgaben (NC-Programme, Zeiten, Kosten, etc.) dar. Mit dem Einsatz rechnerbasierter Verfahren und Systeme in allen Phasen der Teileproduktion gehen auch hinsichtlich Art, Umfang und Darstellung der Arbeitsplanungsschritte und -ergebnisse neue Anforderungen und Möglichkeiten einher. Insbesondere sollten die Möglichkeiten der flexiblen Lösungsfindung durch die auf Werkstattebene angesiedelten Entscheidungsträger nicht durch zu weitreichende und starre Festschreibungen in den Arbeitsplänen eingeschränkt werden.

Die Maßnahmen zur Steigerung der Flexibilität der von einem Arbeitsplanungs-system erzeugten Vorgaben können im wesentlichen auf zwei Ebenen angesiedelt sein:

- Spezifikation der Arbeitsgangreihenfolge und

- Spezifikation der Herstellungsumgebung pro Arbeitsgang.

Bei der *Spezifikation der Arbeitsgangreihenfolge* kann das klassische Konzept der strengen Operationssequenz zugunsten einer weniger restriktiven Festlegung mögli-cher alternativer und paralleler Abarbeitungsmöglichkeiten der Herstellungsschritte modifiziert werden. Die Minimalanforderung an die spezifizierte Arbeitsgangreihen-folge im Arbeitsplan stellt die Repräsentation aller konstitutiven Abhängigkeiten zwischen den einzelnen Bearbeitungsschritten dar, die sich z.B. aus der geometri-schen und fertigungstechnischen Zugänglichkeit zur jeweiligen Bearbeitungsstelle ergeben. Als Möglichkeiten zur Repräsentation nichtlinearer Arbeitspläne werden u.a. Petrinetze (z.B. in FLEXPLAN, [TöBA 89]), Graphenverschmelzungsverfahren (z.B. in Machinist, [HaWr 86]) und die Darstellung als Pfad in einem Suchbaum (z.B. als Folge von Frames, [KiAF 87]) eingesetzt.

Die zweite Ebene der flexiblen Repräsentation der Arbeitsplanungsergebnisse betrifft den Bereich der *Spezifikation der Herstellungsumgebung pro Arbeitsgang*. Das Ziel ist hierbei eine freie dynamische Zuteilung der zur Ausführung eines Arbeits-gangs in der Werkstatt geeigneten Ressourcen. Ermöglicht wird diese Zuteilungs-flexibilität dadurch, daß im Arbeitsplan die Herstellungsressourcen nicht fest spezi-fiziert werden, sondern nur die Bedingungen für die Einsetzbarkeit einer Ressource angegeben sind. Hierdurch kann im Auftragsfall auf Fertigungsleitstandsebene eine Selektion unter den geeigneten Ressourcenkandidaten unter Berücksichtigung der aktuellen Verfügbarkeit der Fertigungsmittel erfolgen. Diese Vorgehensweise setzt jedoch eine entsprechende Repräsentation der physischen Herstellungsumgebung und des Herstellungswissens voraus, wie auch bereits im vorangehenden Abschnitt verdeutlicht wurde.

Zusammenfassend kann für den Bereich der Repräsentation der Arbeitsplanungs-ergebnisse festgehalten werden, daß die Flexibilität der Teileproduktion auf Werk-stattebene maßgeblich vom Grad der Reihenfolge- und Ressourcenfestlegungen im Arbeitsplan abhängt. Je weniger statische Festlegungen getroffen wurden, desto flexibler kann die Teileproduktion auf die aktuellen Gegebenheiten adaptiert werden, allerdings auf Kosten eines erhöhten Scheduling- und Dispatchingaufwands nach der Auftragserteilung. In Hauptabschnitt C werden bei der Konzeption eines flexiblen rechnerintegrierten Produktionssystems die Möglichkeiten der effizienten Nutzung hochflexibler Arbeitspläne noch eingehend vorgestellt und diskutiert.

## 5.4 Einsatz in rechnergestützten Produktionsumgebungen

Zum Abschluß des Kapitels über CAPP-Systeme sollen die in Abschnitt 5.2 vorgestellten verschiedenen Verfahren der rechnergestützten Arbeitsplanung nochmals im Hinblick auf ihre Eignung für den Einsatz in rechnergestützten Produktionsumgebungen gegenübergestellt werden. Der Grad der Unterstützung eines bestimmten Verfahrens durch eine der verschiedenen Realisierungsalternativen in den Teilfunktionen der Arbeitsplanung wurde bereits in Abschnitt 5.3 angesprochen, so daß hier lediglich nochmals eine zusammenfassende Übersicht gegeben wird.

Eine Gegenüberstellung der Einsatzbereiche der verschiedenen Verfahren der Arbeitsplanung in Abhängigkeit von der Anzahl der Produktgruppen (Teilefamilien) und der Zahl der Komponenten pro Gruppe (durchschnittliche Anzahl der Teile innerhalb der verschiedenen Teilefamilien) ist in Abbildung 5-4 angegeben. Die Darstellung orientiert sich an der Wirtschaftlichkeit der Verwendung bestimmter Arbeitsplanungsverfahren in bestimmten Einsatzbereichen. Die reine Arbeitsplanverwaltung wurde dabei dem Bereich der manuellen Arbeitsplanung zugerechnet, da hier keine Unterstützung des eigentlichen Planungsvorgangs erfolgt.

Der in der vorliegenden Arbeit untersuchte Bereich der flexiblen Einzel- und Kleinserienfertigung von Teilen ist gekennzeichnet durch eine hohe Zahl von Teilefamilien mit nur wenigen ähnlichen Komponenten innerhalb einer Familie. Somit liegt er im rechten unteren Bereich der in Abbildung 5-4 gezeigten Graphik. In diesem Bereich finden sich nur die manuellen und die generativen Ansätze zur Arbeitsplanung. Da eines der wichtigsten Ziele der vorliegenden Arbeit die durchgängige Automatisierung aller Schritte der Teileproduktion darstellt (vgl. Kapitel 1), kommt für das im nächsten Hauptabschnitt zu entwickelnde Gesamtkonzept nur ein genera-

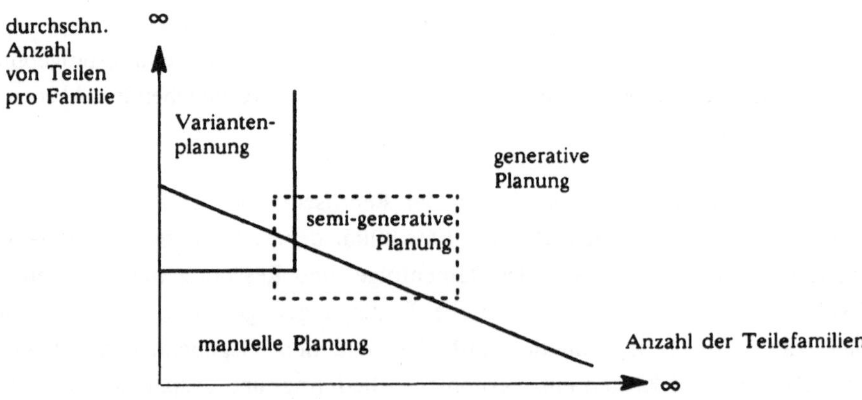


Abbildung 5-4:   Einsatzbereiche verschiedener Verfahren der Arbeitsplanung
(nach [ChWy 85])

tiver Arbeitsplanungsansatz in Frage. Für diesen Bereich haben sich die geometrie-orientierte Identifikation der Bearbeitungsaufgabe durch Featureanalyse und die vorgangsorientierte Repräsentation der Herstellungsumgebung und des Fertigungs-wissens besonders empfohlen (vgl. Abschnitte 5.3.1.3 und 5.3.2). Hinsichtlich der weiteren Nutzung der Arbeitsplanungsdaten in der Teileproduktion wurden als Maßnahmen zur Flexibilitätssteigerung die Spezifikation nichtlinearer Arbeitsgang-folgen und die Trennung von Bearbeitungsaufgabe und Herstellungsumgebung in den Arbeitsplänen bereits angesprochen (Abschnitt 5.3.3), die sich mit dem Konzept der featureorientierten generativen Arbeitsplanung besonders effizient verbinden lassen.

# 6  PPS-Systeme

In den Bereichen Konstruktion und Arbeitsvorbereitung werden die zu einem zu produzierenden Teil erforderlichen technischen Spezifikationen nach funktionalen (CAD-Systeme, vgl. Kap. 4) und fertigungstechnischen (CAPP-Systeme, vgl. Kap. 5) Gesichtspunkten festgelegt. Nach der Durchführung dieser unter dem Schlagwort 'Computer Aided Engineering (CAE)' zusammengefaßten Tätigkeiten stehen alle zur Produktion benötigten teilebezogenen Vorgabewerte zur Verfügung. Zur Teilefertigung sind diese Daten noch um auftragsbezogene Merkmale wie Termine und Mengenangaben zu ergänzen. Hierzu werden Produktionsplanungs- und -steuerungssysteme (PPS-Systeme) eingesetzt, die in diesem Kapitel unter besonderer Berücksichtigung der Spezifika kundenorientierter Auftragsfertigung vorgestellt werden.

Der erste Abschnitt des vorliegenden Kapitels beschreibt die Aufgaben und Charakteristika von Produktionsplanungs- und -steuerungssystemen im Überblick. In Abschnitt 6.2 werden die aus Sicht der Teilefertigung relevanten Funktionen der Produktionsplanung und -steuerung vorgestellt. Abschnitt 6.3 nimmt eine Gegenüberstellung verschiedener Konzepte und Ansätze zur Produktionsplanung und -steuerung vor. In Abschnitt 6.4 erfolgt schließlich eine Bewertung der beschriebenen Ansätze im Hinblick auf den Einsatz in rechnergestützten Produktionssystemen.

## 6.1  Kennzeichen und Aufgaben

Allgemein kann die Aufgabe eines Produktionsplanungs- und -steuerungssystems mit der Durchführung verschiedener administrativer, dispositiver und logistischer Aufgaben charakterisiert werden, die zusammen zur Bildung und Erteilung eines Produktionsauftrags führen. Bei der auftragsorientierten Produktion, wie sie im Rahmen der kundenorientierten Einzel- und Kleinserienfertigung typisch ist, werden die einzelnen Planungs- und Steuerungsaufgaben durch das Eintreffen eines Kundenauftrags im System initiiert. Die Aufgabe eines Produktionsplanungs- und -steuerungssystems konkretisiert sich hier also in der Überführung eines Kundenauftrags in einem Produktions- bzw. Fertigungsauftrag.

Nach Hackstein stellt ein Produktionsplanungs- und -steuerungssystem (PPS-System) ein ".. rechnerunterstütztes System zur mengen-, termin- und kapazitätsgerechten Planung, Veranlassung und Überwachung von Produktionsabläufen ..." dar ([Hack 84]). PPS-Systeme sind im Zuge der rechnergestützten Produktion die am weitesten verbreiteten rechnerbasierten Systemkomponenten. Die anfangs überwiegenden Funktionen der (mengenorientierten) Materialbedarfsplanung (Stücklistenauflösung, Primärbedarfsermittlung) wurden im Lauf der Zeit schrittweise um Funktionen der Beschaffung, der Zeitwirtschaft und der Fertigungssteuerung einschließlich Kapazitätswirtschaft ergänzt ([Veni 90]).

Mit der Produktionsplanung und -steuerung geht die Verfolgung und Durchsetzung wichtiger unternehmerischer Ziele wie die Senkung von Beständen und die Erhöhung der Termintreue einher ([FöHM 86]). Die strategischen Realisierungsspielräume sind bei PPS-Systemen weitaus größer als bei den technisch mehr restringierten Bereichen der Konstruktion und Arbeitsvorbereitung. Die nachfolgenden Ausführungen konzentrieren sich auf die Darstellung der wichtigsten Funktionen und Realisierungsansätze von PPS-Systemen, wie sie heute im Zuge der rechnergestützten Teileproduktion eingesetzt werden.

## 6.2  Funktionen der Produktionsplanung und -steuerung

Wie bereits im ersten Kapitel dieser Arbeit dargestellt wurde, lassen sich die Hauptfunktionen eines Produktionsplanungs- und -steuerungssystems den Bereichen

- Produktionsprogrammplanung,

- Mengenplanung (Materialwirtschaft),

- Termin- und Kapazitätsplanung (Zeitwirtschaft),

- Auftragsveranlassung und

- Auftragsüberwachung

zuordnen. In Abbildung 6-1 sind diese Funktionsbereiche in mehreren Abstraktionsstufen dargestellt. Nachfolgend werden die wesentlichen Teilfunktionen der Produktionsplanung (Produktionsprogrammplanung, Mengenplanung, Termin- und Kapazitätsplanung) unter besonderer Berücksichtigung der Anforderungen in der

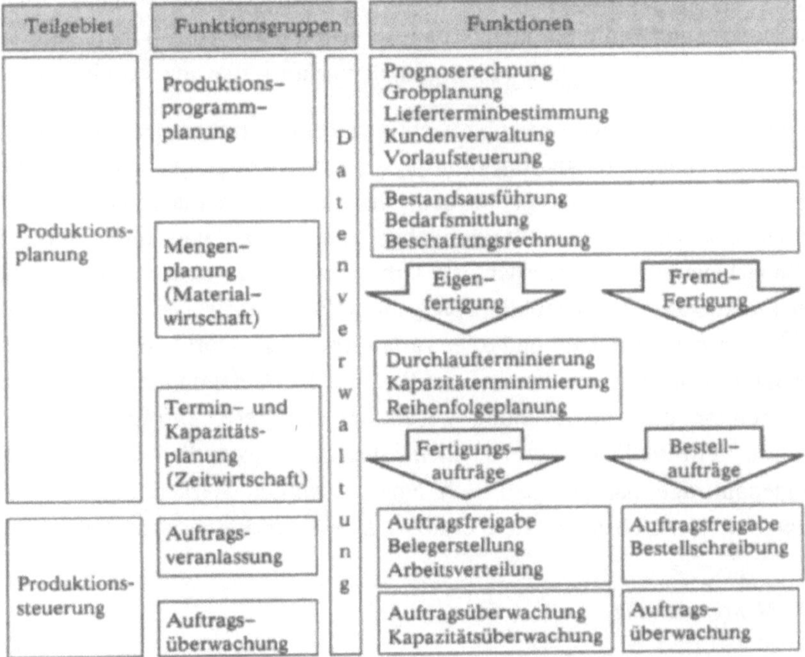


Abbildung 6-1:  Funktionen der Produktionsplanung und -steuerung
(nach [Hack 84])

kundenorientierten Auftragsfertigung vorgestellt. Die in Abbildung 6-1 ebenfalls angegebenen Funktionen der Produktionssteuerung (Auftragsveranlassung, Auftragsüberwachung) werden dagegen zum Gebiet der Fertigungssteuerung gerechnet und in Kapitel 7 (CAM-Systeme) eingehender besprochen. Allgemeine systemtechnische Funktionen wie etwa die in Abbbildung 6-1 gezeigte Datenverwaltung werden wie auch bei den anderen Basiskomponenten rechnergestützter Produktionssysteme nicht gesondert ausgeführt.

## 6.2.1  Produktionsplanung

Die Produktionsplanung umfaßt alle Tätigkeiten, die sich im weitesten Sinn mit der Fertigungsauftragsbildung in einem Unternehmen befassen. Neben der Produktionsprogrammfestlegung und der Mengenplanung stehen in diesem Bereich insbesondere die Termin- und die Kapazitätsplanung im Vordergrund.

### 6.2.1.1  *Produktionsprogrammplanung*

In der Produktionsprogrammplanung werden im wesentlichen die Primärbedarfe an Endprodukten und Ersatzteilen nach Art, Menge und Termin ermittelt. Im einzelnen sind hierzu die Teilfunktionen Prognoserechnung, Grobplanung, Lieferterminbestimmung, Kundenauftragsverwaltung und Vorlaufsteuerung durchzuführen.

Die für die klassische Lagerfertigung wichtigen Teilfunktionen der *Prognoserechnung* und der *Grobplanung der Kapazitätsbedarfe* können im Zuge der kundenorientierten Auftragsfertigung vernachlässigt werden, da hier die Primärbedarfe direkt und unmittelbar aus den Kundenaufträgen abgeleitet werden und somit keine strategische Bedarfsplanung erforderlich ist. Um so wichtiger sind in diesem Fall die weiteren Funktionen der Produktionsprogrammplanung, die *Lieferterminbestimmung*, die *Kundenauftragsverwaltung* und die *Vorlaufsteuerung*. Durch die gegenüber der Lagerfertigung drastisch verkürzten Termin- und Vorlaufspannen entstehen bezüglich des Zeithorizonts der Planung wesentlich schärfere Anforderungen. Häufig stellen diese Teilfunktionen bereits einen integralen Bestandteil bei der Erfassung der Kundenaufträge dar, so daß sich eine wesentlich stärkere Verzahnung von Planungs- und Vertriebsaktivitäten ergibt als bei der klassischen Lagerfertigung.

### 6.2.1.2  *Mengenplanung*

Die Teilfunktionen der Mengenplanung werden vielfach auch unter dem Begriff 'Materialwirtschaft' zusammengefaßt. Unter Berücksichtigung vorhandener Bestände gilt es, die Bedarfe an Fertig- und Zukaufteilen zur Herstellung der in den Kundenaufträgen angegebenen Teile zu ermitteln.

Wichtigstes Instrument der Mengenplanung ist die Auflösung der in der Konstruktion erstellten und in der Arbeitsvorbereitung unter Umständen ergänzten Teilestücklisten. Über die Erzeugnisstrukturdaten werden durch Rückwärtstraversieren der Stückliste die einzelnen Artikelstammdaten der in einem Erzeugnis bzw. einer Baugruppe enthaltenen Teile identifiziert. Die hierbei ermittelten Bruttobedarfe an Einzelteilen stellen die Grundlage für die Mengenplanung dar.

Kernstück der Mengenplanung ist die *Bedarfsermittlung*. Anhand von Daten der *Bestandsführung* kann der tatsächliche Nettobedarf an Einzelteilen disponiert werden, wobei für die avisierte Auftragsart der kundenorientierten Einzel- und Kleinserienfertigung Lagerbestände an Halbfertig- oder Fertigteilen grundsätzlich zu vermeiden sind. Entsprechend stellt der bei der Stücklistenauflösung ermittelte Bruttobedarf direkt den zu disponierenden Nettobedarf dar. Für die kundenorientierte Auftragsfertigung kommt zur Bedarfsermittlung in erster Linie die deterministische bedarfsgesteuerte Disposition, nicht aber die stochastische, auf Verbrauchs- bzw. Erwartungswerten basierende Verfahrensweise in Betracht. Anhand sogenannter Vorlaufzeiten bei der Stücklistenauflösung können in der Mengenplanung auch Beschaffungs- und Montagezeiten stufenweise durch Rückwärtsterminierung berücksichtigt werden. Die Losbildung im Zuge der *Beschaffungsrechnung* entfällt bei der hochflexiblen kundenorientierten Auftragsfertigung weitgehend, da Teile meist nur einzeln oder in Kleinserien hergestellt werden.

### 6.2.1.3  Termin- und Kapazitätsplanung

Waren die bisher beschriebenen Funktionen der Produktionsplanung unabhängig von der Termin- und Kapazitätssituation auf Werkstattebene durchführbar, so gilt es in der Termin- und Kapazitätsplanung, die bei der Mengenplanung ermittelten Bedarfe an Eigenfertigungsteilen in Fertigungsaufträge umzuwandeln. Die meisten PPS-Systeme gehen dabei in den Stufen Durchlaufterminierung, Kapazitätsterminierung und Reihenfolgeplanung vor ([FöHM 86]). Zusammenfassend werden diese Teilfunktionen auch als Zeitwirtschaft bezeichnet.

Aufgabe der *Durchlaufterminierung* ist die Festlegung der Beginn- und Endtermine der einzelnen Fertigungsaufträge. Auf Basis der im Arbeitsplan vorgegebenen Durchlauf- und Rüstzeiten und der Übergangszeiten zwischen den Fertigungseinrichtungen kann durch Vorwärtsterminierung der früheste Endtermin und durch Rückwärtsterminierung der späteste Starttermin für einen Auftrag ermittelt werden. Zur besonderen Berücksichtigung von Werkstattspezifika kann auch eine Kombination beider Verfahren, beispielsweise ausgehend von einer Terminierung der Bearbeitung auf Engpaßmaschinen, durchgeführt werden. In jedem Fall erfolgt die Terminierung auf der Basis von Planwerten, in denen die aktuelle Kapazitätssituation auf Werkstattebene nicht berücksichtigt ist. Auch eine eventuelle Reduktion der Planbearbeitungszeit durch Überlappen von aufeinanderfolgenden Arbeitsgängen oder Splitten von Losen wird ohne direkten Bezug auf die aktuelle Belegungssituation auf Werkstattebene vorgenommen.

Eine Berücksichtigung der Kapazitäten der einzelnen Fertigungsressourcen findet erst in der Phase der *Kapazitätsterminierung* statt. Die bei der Durchlaufterminierung angenommenen Ressourcenzuordnungen werden in einem Simulationslauf probeweise eingelastet, um so die geplante Belastungssituation an den verschiedenen Ressourcen zu ermitteln. Treten Ungleichgewichte in der Belastungssituation auf, so kann durch zeitliche Verlagerung, Einbezug von Ausweicharbeitsplätzen oder kapazitätserweiternde Maßnahmen – etwa Sonderschichten – versucht werden, zu einer gleichmäßigen Belastungssituation zu gelangen. Beim Einsatz hochflexibler Fertigungssysteme, bei denen ein Arbeitsgang auf einer ganzen Reihe von Fertigungsressourcen ausgeführt werden kann, entfällt zunehmend der Kapazitätsabgleich im PPS-System zugunsten einer höheren dispositiven Flexibilität auf Werkstattebene (siehe auch Kapitel 7). Auch die Festlegung der Bearbeitungsreihenfolge an den Arbeitsplätzen im Zuge der *Reihenfolgeplanung* wird zunehmend direkt auf Werkstattebene vorgenommen.

## 6.2.2 Produktionssteuerung

Ergebnis der Auftragsbildung in der Produktionsplanung (Abschnitt 6.2.1) sind im wesentlichen terminierte Fertigungsaufträge und Kapazitätsbedarfslisten. Der Produktionssteuerung obliegt es, diese Vorgaben in die Werkstatt einzulasten und die korrekte Abarbeitung der Aufträge zu überwachen.

### 6.2.2.1 Auftragsveranlassung

Aufgabe der *Auftragsfreigabe* im Rahmen der Auftragsveranlassung ist es, die Terminvorgaben der in der Produktionsplanung gebildeten Fertigungsaufträge zu überwachen und für eine rechtzeitige Einlastung in die Werkstatt zu sorgen. Zunächst wird für die anstehehenden Aufträge eine *Verfügbarkeitsprüfung* hinsichtlich der zur Produktion erforderlichen Unterlagen, Materialien und Hilfsmittel vorgenommen; auf Flexibilitätsaspekte bei der Auftragsveranlassung wird in Kapitel 7 eingegangen. Die *Arbeitsverteilung* erzeugt anschließend anhand der Ergebnisse der Termin- und Kapazitätsplanung Vorgaben oder zumindest Vorschläge für die Zuweisung von Aufträgen zu Arbeitsplätzen bzw. Kapazitätsgruppen. Für eingelastete Aufträge werden durch die *Belegerstellung* die benötigten produktionsbegleitenden Unterlagen (Laufkarten, Materialscheine, etc.) erzeugt bzw. verfügbar gemacht; für Bestellaufträge erfolgt nach der Auftragsfreigabe lediglich eine *Bestellschreibung*.

### 6.2.2.2 Auftragsüberwachung

Zur laufenden Kontrolle der Auftragsdurchführung sowie zur Bereitstellung aktueller Planungsdaten muß im Zuge der Auftragsüberwachung eine laufende Erfassung der Ist-Daten auf Werkstattebene erfolgen. Hier sind im wesentlichen wieder Termin- und Kapazitätskennzahlen von Interesse, die durch Geräte und Methoden der *Betriebsdatenerfassung* (BDE) produktionsbegleitend erhoben werden. Bei kundenauftragsorientierter Fertigung sind die Ist-Daten auch produktionsfernen Bereichen wie etwa der Kundenbetreuung zugänglich zu machen, wofür die *Kundenauftragsüberwachung* meist das Bindeglied zwischen Produktion und Außenwelt darstellt.

Bis auf die rein terminbezogene Auftragsfreigabe werden bei der kundenorientierten Auftragsfertigung die meisten Produktionssteuerungsmaßnahmen direkt auf Werkstattebene durchgeführt. Nachdem dieser Anwendungsbereich für die vorliegende Arbeit maßgeblich ist und ein eigenständiger Bereich CAM-Systeme vorgesehen ist, werden diese Steuerungsfunktionen nicht mehr dem Kern eines PPS-Systems zugerechnet. Eine eingehende Diskussion der Steuerungsfunktionen auf Werkstattebene erfolgt in Kapitel 7.


## 6.3  Konzepte der Produktionsplanung und -steuerung

Es wurde bereits angedeutet, daß für den in dieser Arbeit betrachteten Fall der kundenorientierten Auftragsfertigung lediglich die Funktionen der Produktionsplanung dem engeren PPS-Bereich zuzuordenen sind, während die Funktionen der Produktionssteuerung unter dem Stichwort 'Fertigungssteuerung' überwiegend direkt auf Werkstattebene wahrgenommen werden. Diese Aufteilung spiegelt sich auch in der üblichen räumlichen und organisatorischen Trennung beider Bereiche wider, wie dies bereits bei der in Kapitel 2 vorgestellten Fallstudie zu erkennen war. In die nachfolgende Übersicht über Ansätze und Konzepte zur Produktionsplanung und -steuerung wurden deshalb nur solche Verfahren aufgenommen, deren Schwerpunkt bei der Realisierung der Planungsaufgaben in den der Produktion vorgelagerten Bereichen liegt; Alternativen bei der Konzeption und Realisierung von Steuerungsfunktionen auf Werkstattebene werden dagegen erst im anschließenden Kapitel über CAM-Systeme diskutiert.

Ein PPS-System steht vor der Aufgabe, eine Vielzahl von Optimierungszielen wie

- Minimierung der Bestände,
- Minimierung des gebundenen Kapitals,

- Minimierung der Durchlaufzeit und

- Maximierung der Kapazitätsauslastung

simultan zu erreichen ([ZäMi 88]), wobei sich manche Ziele gegenseitig behindern bzw. widersprechen. Aus der Vielzahl von Einzelkriterien bei gleichzeitiger hoher Störanfälligkeit des Gesamtsystems ergibt sich der Zwang, die Planungskomplexität wirksam zu reduzieren, um insbesondere den gestellten Zeiterfordernissen hinsichtlich der Ermittlung der Planungsergebnisse unter Realzeit-Bedingungen gerecht werden zu können.*

Als Möglichkeiten zur Reduktion der Planungskomplexität kommen in PPS-Systemen im wesentlichen drei Ansätze im Betracht:

- Reduktion der Planungsdetaillierung mit wachsendem Planungshorizont;

- Aufweichung des Simultanplanungskonzepts zugunsten lokaler (Sub-)Optimierungen;

- Begrenzung der Auswirkungen und lokale Behebung von Planabweichungen.

Im nachfolgenden Unterabschnitt wird zunächst das sogenannte Sukzessivplanungskonzept als grundlegendes Verfahren der 'klassischen' Produktionsplanung und -steuerung vorgestellt. Hieran schließt sich eine Diskussion neuerer Ansätze zur Produktionsplanung an, die alle darauf abzielen, gewisse Mängel und Einschränkungen des Sukzessivplanungskonzepts aufzuheben. Als typische Vertreter solcher Ansätze werden MRP II, marktorientierte Verfahren und die OPT-Methode diskutiert.

### 6.3.1 Sukzessivplanungskonzept

Grundprinzip des Sukzessivplanungskonzepts ist eine rollende Planung mit zunehmendem Detaillierungsgrad bei abnehmendem Planungshorizont ([Schi 80]). Die Planungslogik orientiert sich eng an den in Abbildung 6-1 bereits vorgestellten Hauptfunktionen der Produktionsplanung und -steuerung, die im Sukzessivplanungskonzept schrittweise und weitgehend unabhängig voneinander durchlaufen werden (Abbildung 6-2).

Die wichtigsten Zielsetzungen bei der Verfolgung eines Sukzessivplanungskonzepts sind (nach [Helb 87]):

---

* Realzeit-Bedingungen ziehen nicht zwangsläufig die Forderung nach kurzen Antwortzeiten nach sich, sondern sind lediglich durch die Erfordernis einer Ergebnisgenerierung bis zu einem *garantierten* Zeitpunkt gekennzeichnet.

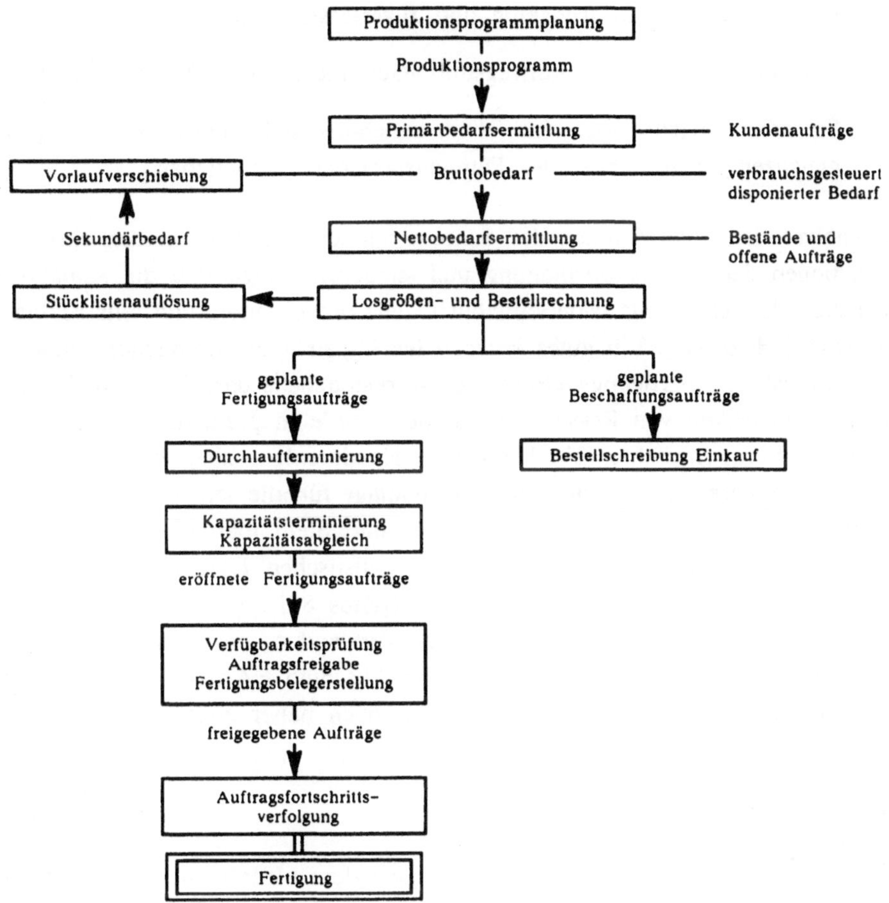


Abbildung 6-2: Planungsablauf im Sukzessivplanungskonzept (nach [Helb 87])

- weitestgehende Nutzung von Serieneffekten;

- arbeitsteilige Trennung von Planungs-, Ausführungs- und Kontrolltätigkeiten;

- strikte Einhaltung der Planungsvorgaben in den ausführenden Bereichen;

- hohe Auslastung der knapp zu bemessenden Kapazitäten;

- große Anzahl simultaner Aufträge im System.

Bei den Maßnahmen zur Erreichung dieser Zielvorstellungen geht das Sukzessivplanungskonzept von einer Reihe von Annahmen aus, die sich nach [Helb 87] in folgenden Prämissen manifestieren:

- Bedarfe lassen sich frühzeitig und zuverlässig ermitteln.

- Örtlicher und zeitlicher Auftragsdurchlauf sind deterministisch bestimmbar.

- Stückfertigungsprozesse sind durch zunehmende Planungsdetaillierung bei gleichzeitiger Abnahme des Planungshorizonts verstetigbar.

Eine Analyse der Auswirkungen des Sukzessivplanungskonzepts in den einzelnen Teilfunktionen der Produktionsplanung und -steuerung zeigt, daß die Annahmen in manchen Bereichen teils widersprüchlich, teils unvollständig und teils realitätsfremd sind ([Helb 87]). Ein gutes Beispiel hierfür stellt die (implizite) Annahme eines störungsfreien Fertigungsbetriebs auf Werkstattebene dar. Die Nichteinbeziehung der Möglichkeit von Ressourcenausfällen würde in praxi dazu führen, daß nach jedem Fertigungsfehler ein kompletter Neudurchlauf aller Planungsschritte durchzuführen wäre, da sich die Planungsgrundlage für alle schon geplanten, aber noch nicht abgearbeiteten Aufträge verändert hat. Stellt man in Rechnung, daß der Zeitbedarf für einen Planungslauf bei realistischen Datenvolumina in der Größenordnung von mehreren Stunden liegt ([Pabs 85]), so scheidet allein aus diesem Grund eine strikte und ausschließliche Verwendung des Sukzessivplanungskonzepts zur Produktionsfeinsteuerung aus. In Abschnitt 6.4 werden verschiedene Schwachstellen des Sukzessivplanungskonzepts noch näher angesprochen.

## 6.3.2  MRP II

Der Grundgedanke der Produktionsplanung nach dem MRP II-Ansatz (*Manufacturing Resource Planning*; der Zusatz *II* steht zur Abgrenzung von der computergestützten Materialwirtschaft MRP, *Material Requirement Planning* [Mert 90]) ist die Unterteilung des gesamten Planungsraums in geschlossene Regelkreise, die eine umfassende Logistikkette abbilden ([Veni 90]). Das in Abbildung 6-3 dargestellte Prinzip der MRP II-Planung zeigt eine Trennung der Vertriebs- und Produktionsplanung von der Kundenauftragsbearbeitung einerseits und den auftragsausführenden Fertigungs- und Montageeinheiten andererseits. Für jeden Bereich gelten unterschiedliche Annahmen; der Zusammenhang wird über ein Netzwerk von Aufträgen hergestellt.

Im Bereich der Vertriebs- und Produktionsplanung geht der MRP II-Ansatz im Gegensatz zum Sukzessivplanungskonzept nicht von einer produktionsorientierten Bedarfsauflösung, sondern von einer vertriebsorientierten Produktsegmentierung aus. Nach regionen-, branchen- und kundenorientierten Kriterien werden Produktfamilien, Varianten, Baugruppen und Komponenten gebildet, die den Bezugspunkt für eine kundenauftragsneutrale Verkaufsplanung bilden. Für die im Zuge dieser vertriebsorientierten Produktionsprogrammplanung gebildeten Pläne kann frühzeitig

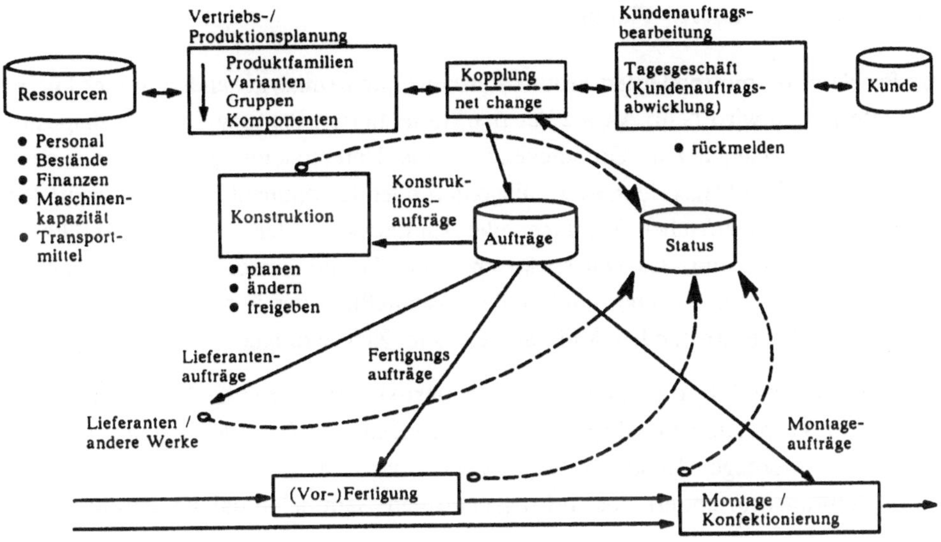



Abbildung 6-3:  Regelkreise im MRP II-Konzept (nach [Merk 86])

eine kapazitätsorientierte Realisierbarkeitsüberprüfung durchgeführt werden. Durch schrittweisen Kapazitätsabgleich für die einzelnen Produktfamilien nach Varianten, Gruppen und Komponenten können daraus verschiedene Aufträge (Konstruktionsaufträge, Bestellaufträge, Lieferaufträge, Fertigungsaufträge, Montageaufträge) erstellt werden, die den vom Vertrieb prognostizierten Bedarf als Planungskonzept abdecken.

Wird im Zuge der Kundenauftragsabwicklung ein konkreter Fertigungs- oder Montageauftrag erteilt, können die bereits vorab ermittelten und eingeplanten Aufträge freigegeben, geändert oder gelöscht werden. Der Ausführungsstatus der freigegebenen Aufträge wird laufend erfaßt, wodurch Störungen und Änderungen im System sofort durch Modifikationen im Auftragsnetz berücksichtigt werden können. Auch Marktveränderungen müssen sich bei diesem Konzept der globalen Vorausplanung frühzeitig im Auftragsnetz niederschlagen, um das Prinzip der Ersetzung von Beständen durch Warten auf mehr Information ("postponement", [Veni 90]) wirksam umsetzen zu können.

Der Anwendungsbereich des MRP II-Ansatzes zur Produktionsplanung und -steuerung erstreckt sich vornehmlich auf die lagerorientierte Massenfertigung mehrteiliger Erzeugnisse mit komplexer Struktur. Das zugrundeliegende Teilefamilienkonzept setzt ein weitgehend standardisiertes Erzeugnisspektrum ohne allzu viele Varianten voraus. In diesem Einsatzbereich kann die programmbezogene Disposition der Erzeugnisse zu deutlichen Verbesserungen gegenüber dem Sukzessivplanungskonzept führen.

### 6.3.3 Marktorientierte Planung

Das Problem der mit modernen Produktionskonzepten einhergehenden immer kürzeren Lieferfristen wird beim Ansatz der marktorientierten Planung von der dispositiven Seite her angegangen. Grundlegend ist die Unterscheidung von verbrauchs-, programm- und auftragsorientiert zu disponierenden Komponenten bzw. Einzelteilen vor der kundenspezifischen Montage oder Endfertigung der Produkte. Abbildung 6-4 zeigt die Aufteilung des Teilespektrums eines Produktionsbetriebs in Standard-/ Normteile, Variantenteile und Sonderteile einschließlich der je nach Dispositionsart unterschiedlich zu treffenden Maßnahmen und Zielsetzungen.

Wie in Abbildung 6-4 zu erkennen ist, orientiert sich der Grundgedanke der marktorientierten Produktionsplanung stark am Materialbedarf in der kundenauftragsspezifischen Montage. *Standard- und Normteile* werden in der Montage in Handlagern verbrauchsorientiert zur auftragsneutralen Sammelentnahme bereitgestellt.

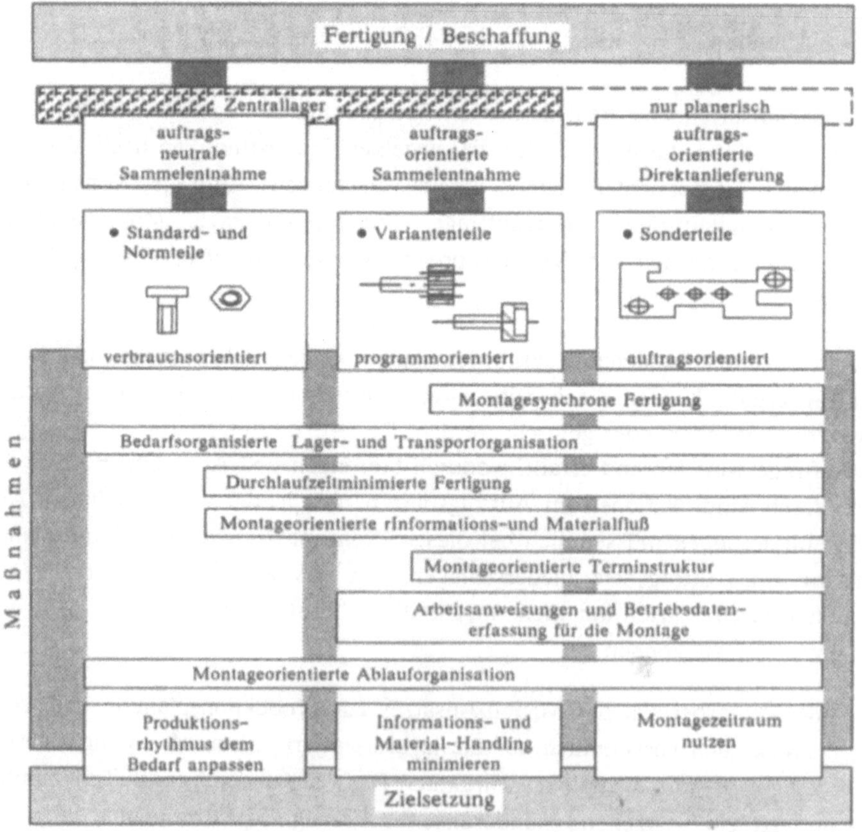


Abbildung 6-4: Grundprinzip der marktorientierten Produktionsplanung (nach [EvSS 88] und [AGMP 84])

Eigengefertigte Verbrauchsteile werden im Fließfertigungsmodus ohne produktions-begleitende Planung hergestellt. Für *Variantenteile* wird ähnlich dem MRP II-Ansatz eine programmorientierte, auftragsneutrale Disposition nach dem Teilefamilien-konzept vorgenommen; die auftragsunabhängig produzierten Grundkörper werden zur auftragsorientierten Sammelentnahme in Montagepuffern bereitgestellt und auftragsspezifisch weiterverarbeitet. *Sonderteile* werden als terminbestimmende Engpaßteile auftragsorientiert ohne Zwischenlagerung in die Montage eingeschleust und mit den benötigten Standard- und Variantenteilen zu den Endprodukten verar-beitet.

Das abgestufte Konzept der marktorientierten Produktionsplanung versucht, bei weitgehender Vermeidung von Beständen an Halbfertig- und Fertigteilen und ohne exzessives Einschleusen von Eilaufträgen eine Reduktion der Durchlaufzeiten für kundenspezifisch disponierte, komplexe Produkte bei bestellorientierter Einzel-auftragsproduktion vorzunehmen. Dazu werden Teileähnlichkeiten zur Vorfertigung von Baugruppen herangezogen und ebenso wie Verbrauchsteile im Montagevorfeld bevorratet. Letztlich resultiert hieraus eine Kombination der Einzel-, Kleinserien- und Serienfertigung für die verschiedenen Bestandteile eines komplexen End-produkts. Da dem Kunden nur die auftragsorientiert produzierten Endteile sichtbar werden, ist die Fertigung von außen besehen werkstattorientiert im Sinne einer kundenspezifischen Einzelfertigung.

### 6.3.4  OPT

Ausgangspunkt des unter dem Akronym OPT (*Optimized Production Technology*) bekannt gewordenen Produktionsplanungsansatzes ist eine (quasi-)simultane Zeit- und Materialwirtschaft nach dem Engpaßprinzip ([GoCo 84], [COI 85]). Grund-legende Beobachtung ist hierbei, daß der Durchsatz und die Termintreue auf Werkstattebene ausschließlich durch knappe Ressourcen bestimmt werden. Deshalb versucht der OPT-Ansatz, die Engpaßressourcen bereits auf Planungsebene zu iden-tifizieren und für eine wirksame Entlastung zu sorgen.

Das Grundprinzip des OPT-Verfahrens ist in Abbildung 6-5 aufgezeigt. Zunächst wird aus diversen produkt- und produktionsbezogenen Vorgabedaten ein Produkt-netzplan erstellt (Modul BUILD NET), der eine bedarfsgerechte Feinbeschreibung des Produktionsablaufs für alle in einem gewissen Zeitraum zu produzierenden Teile widerspiegelt. Dieser Netzplan wird einer Belastungsanalyse unterzogen, wodurch die kritischen Kapazitäten, also solche Ressourcen, bei denen die erforder-liche Kapazität besonders hoch ist, identifiziert werden können. Entscheidend für den OPT-Ansatz ist, daß die Arbeitsgänge, die solchen Engpaßkapazitäten zugewie-sen sind, in einem separaten "kritischen Netz" zusammengefaßt und bevorzugt

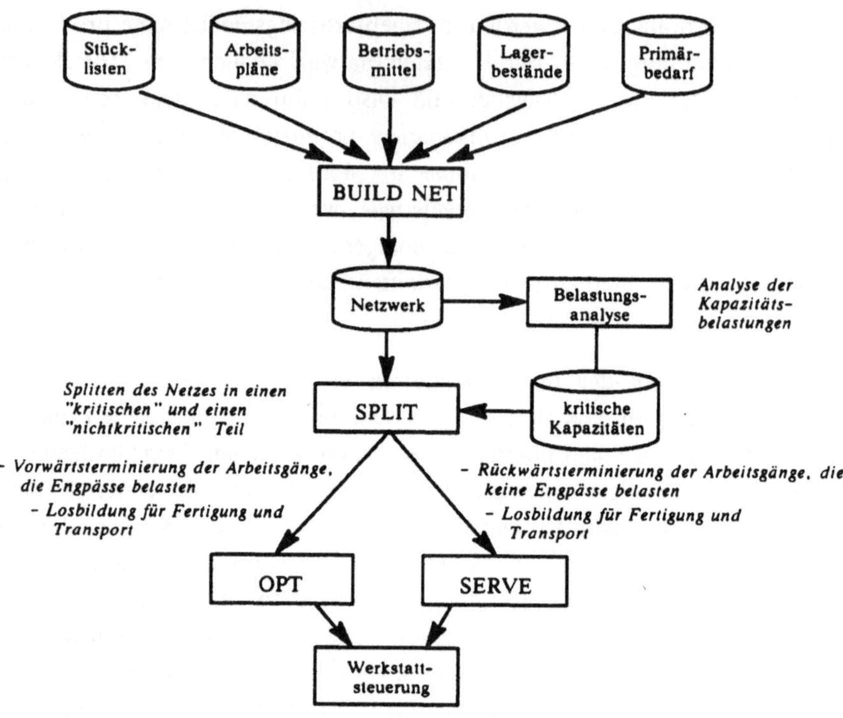



Abbildung 6-5:  Das OPT/SERVE-System (nach [Sche 87])

eingeplant werden (Modul SPLIT). Das Modul OPT führt hierzu eine Vorwärtsterminierung der Engpaßarbeitsgänge durch, wobei zur Entlastung der kritischen Ressourcen auch Lossplittung, Verlagerung auf Alternativressourcen und Vergabe von Fremdfertigungsaufträgen herangezogen werden können. Für die Engpaßmaschinen wird eine Minimierung der Umrüstzeiten durch Losbildung auf Arbeitsgangbasis vorgenommen; durch Aufbau von Pufferlägern vor den kritischen Ressourcen wird eine möglichst hohe Auslastung sichergestellt. Nichtkritische Arbeitsgänge werden anschließend vom Modul SERVE durch Rückwärtsterminierung eingeplant, um sie zeitlich nahe zu den kritischen Arbeitsgängen zu terminieren.

Das alles entscheidende Ziel der Produktionsplanung nach dem OPT-Ansatz stellt die Entlastung der Engpaßressourcen dar. Hierfür können auch aufwendige und kostspielige Verfahren eingesetzt werden, da sich die geschaffenen zusätzlichen Kapazitäten für Engpaßarbeitsgänge unmittelbar auf den Gesamtdurchsatz des Systems auswirken. Die Auslastung nicht-kritischer Ressourcen liefert dagegen keinen Beitrag zur Durchsatzerhöhung und damit zu einer verbesserten globalen Termintreue. Maßgeblich für den Durchsatz ist somit ausschließlich die Auslastung der Engpaßkapazitäten, die durch Maßnahmen wie variable Losgrößenbildung und teileübergreifende Rüstkostenminimierung erhöht werden kann.

Die Identifizierung der Engpaßressourcen erfolgt im OPT-Ansatz zunächst auf Grundlage der Kapazitätsanforderungen der einzelnen Arbeitsgänge im Produktnetzplan. Durch die anschließenden Umterminierungen und Losbildungen im Modul OPT kann sich die Kapazitätssituation verändern, so daß ein mehrfach iteriertes Durchlaufen des gesamten Planungsalgorithmus erforderlich werden kann. Dies führt zu einem vergleichsweise hohen Planungsaufwand, der durch Optimierungsmaßnahmen für die einzelnen Planungsschritte teilweise kompensiert werden kann.

Das Einsatzspektrum des OPT-Ansatzes ähnelt dem der marktorientierten Produktionsplanung, wobei bei letzterer der Schwerpunkt mehr auf der Montage- als auf der Fertigungsseite liegt. Der hohe Planungsaufwand des OPT-Ansatzes läßt sich besonders bei großer Fertigungstiefe und hohem Materialumfang rechtfertigen und verspricht hier substanzielle Verbesserungen gegenüber dem Sukzessivplanungskonzept.

## 6.4  Einsatz in rechnergestützten Produktionsumgebungen

Die im letzten Abschnitt beschriebenen Konzepte der Produktionsplanung und -steuerung hatten ihren Schwerpunkt alle im planerischen Bereich. Ausgehend vom klassischen Sukzessivplanungskonzept wurde in den vorgestellten neueren Verfahren versucht, spezifische Schwachstellen der herkömmlichen Produktionsplanung zu verbessern. Der Schwerpunkt liegt beim MRP-II-Ansatz und beim Konzept der marktorientierten Planung bei der Einbeziehung vertriebsorientierter Produktionsparameter auf Gesamtauftragsebene, während im OPT-Ansatz eine Optimierung des Gesamtdurchsatzes einer Produktionsstätte durch Maßnahmen auf Arbeitsgangebene versucht wird.

Bereits bei der Vorstellung der verschiedenen von einem PPS-System zu erbringenden Funktionen wurde angedeutet, daß sich mit der Nutzung hochflexibler Fertigungsressourcen auf Werkstattebene eine Verschiebung der Gewichtung der einzelnen PPS-Funktionen ergibt. Die Aufgaben der Produktionsplanung und -steuerung im Kontext rechnergestützter Produktionssysteme verlagern sich zum einen auf die langfristigen, vertriebs- und marktbezogenen Planungsfunktionen (Vertriebsplanung, Grobplanung) und zum anderen in die prozeßnahen Steuerungsbereiche, wie Abbildung 6-6 verdeutlicht.

Die Polarisierung der Planungsaufgaben im Produktionsbereich in langfristige gesamtauftragsbezogene Planungsfunktionen einerseits und kurzfristige arbeitsgangbezogene Steuerungsfunktionen andererseits legt eine Neufestlegung der Kernaufgaben eines PPS-Systems zur rechnergestützten Teileproduktion nahe. In den Aufgabenbereich des PPS-Systems fällt im wesentlichen die Bildung von Fertigungs-

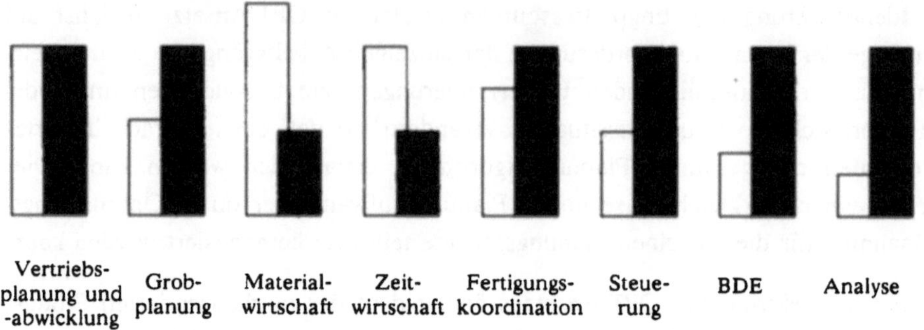



Abbildung 6-6:   Gegenwärtige (□) und künftige (■) Gewichtung der
Planungsstufen eines PPS-Systems (nach [Sche 88])

aufträgen aus Kundenaufträgen und ihre vertriebsbezogene Grobterminierung. Die prozeßnahen Steuerungsaufgaben können dagegen weitgehend direkt auf Werkstattebene durchgeführt werden, was eine wesentlich stärkere Berücksichtigung der aktuellen Gegebenheiten (Belegungszustände, Ressourcenausfälle, etc.) ermöglicht. Grundsätzlich zeigt sich ein starker Trend, die Feinterminierung der einzelnen Arbeitsschritte weitgehend ohne statische Vorausplanung durchzuführen, da sich die Komplexität einer hochflexiblen Produktionsstätte kaum mit einem umfassenden optimierenden Planungsansatz bewältigen läßt. Außerdem werden durch die Dynamik des Fertigungsgeschehens in der kundenspezifischen Einzel- und Kleinserienfertigung viele Planungsvorgaben ungültig, noch ehe die zugehörigen Arbeitsschritte ausgeführt wurden. Typisch für die angesprochene Entwicklung ist der Einsatz von Leitstandsystemen auf Werkstattsteuerungsebene, bei denen die prozeßnahen Aufgaben der Fertigungssteuerung mittels graphisch-interaktiver Hilfsmittel wahrgenommen werden ([Kurb 89]).

Der angedeuteten Aufteilung der verschiedenen Planungsschritte in der hochflexiblen rechnergestützten Teileproduktion wird in modernen Produktionssystemen durch eine Dezentralisierung der prozeßnahen Steuerungsfunktionen Rechnung getragen. In [Helb 87] wird ein dezentrales Produktionsplanungs- und -steuerungssystem mit zellstrukturierten Produktionseinheiten vorgeschlagen. Die Aufgaben der Feinplanung, Ablaufsteuerung, Überwachung und Prozeßsteuerung werden in diesen Einheiten autonom wahrgenommen werden; das PPS-System deckt die zellübergreifenden Planungs-, Verwaltungs- und Koordinationsaufgaben ab. Die zellinternen Planungs- und Steuerungsfunktionen werden im nachfolgenden Kapitel (CAM-Systeme) vorgestellt und diskutiert.

# 7  CAM-Systeme

Die bisher vorgestellten Basiskomponenten rechnerintegrierter Produktionssysteme,
CAD-Systeme (Kapitel 4), CAPP-Systeme (Kapitel 5) und PPS-Systeme (Kapitel 6),
waren alle im Produktionsvorfeld angesiedelt und befaßten sich mit der Bereitstellung der für die eigentliche Teileproduktion benötigten teile- und auftragsbezogenen
Vorgabewerte. Im vorliegenden letzten Kapitel von Hauptabschnitt B werden die
auf Werkstattebene angesiedelten Komponenten und Verfahren zur Teileproduktion
im Überblick vorgestellt und auf ihre Wechselwirkungen mit anderen Komponenten
hin untersucht.

Im ersten Abschnitt dieses Kapitels werden die wesentlichen Aufgaben und Charakteristika rechnergestützter Produktionseinrichtungen angegeben. Daran schließt sich
eine Darstellung der beiden grundlegenden Komponenten rechnergestützter Fertigungssysteme, des technischen Systems sowie des Steuerungs- und Kontrollsystems,
an (Abschnitt 7.2). Da der Schwerpunkt dieser Arbeit nicht im technischen Anlagenbereich, sondern auf der Steuerungs- und Kontrollseite liegt, werden in Abschnitt
7.3 verschiedene Grundformen der Fertigungssteuerung nur überblicksartig vorgestellt. Wie auch bei der Darstellung der Systemkomponenten beschränken sich
die Ausführungen auf diejenigen Aspekte, die unmittelbare Relevanz für den avisierten Einsatz von CAM-Systemen in der rechnerintegrierten Teileproduktion aufweisen. Abschnitt 7.4 faßt die wesentlichen Aspekte hierzu im Überblick zusammen.

## 7.1  Kennzeichen und Aufgaben

Nach [IFAO 88] bezeichnet CAM (*Computer Aided Manufacturing*) "... die direkte
Steuerung von Arbeitsmaschinen, verfahrenstechnischen Anlagen, Handhabungsgeräten sowie Transport- und Lagersystemen". Der Begriff CAM kann grob in
die Bereiche *Fertigung* und *Montage* untergliedert werden. Wesentlich für ein CAM-
System ist die "... Steuerung und Überwachung von Fertigungs- und Montagemitteln
im Herstellungsprozeß" ([IFAO 88]). Im weiteren wird gemäß der Aufgabenstellung
in dieser Arbeit nur noch der Bereich der Fertigung näher ausgeführt. Mitthof
führt als Kennzeichen eines CAM-Systems im Fertigungsbereich "... eine über
Computer geführte, variabel verkettete Fertigung" an ([Mitt 73]). CAM-Systeme
weisen neben dem Aspekt der Rechnerunterstützung zur Steuerung und Überwachung der Produktionseinrichtungen somit auch spezifisch organisatorische Merkmale in den zugehörigen technischen Anlagen auf.

Die Aufgabe eines CAM-Systems im Kontext der Teilefertigung kann mit der Durchführung von Fertigungsaufträgen unter Zuhilfenahme computergesteuerter technischer Produktionseinrichtungen charakterisiert werden. Wesentliches Ziel hierbei
ist die Bereitstellung und Nutzung von Flexibilität in den Produktionsanlagen und
-prozessen. Je nach Organisation der Produktionseinrichtungen weisen verschiedene
CAM-Systeme einen unterschiedlichen Grad an Produktionsflexibilität auf, welche
sich in die Bereiche

- technologische Flexibilität (Vielseitigkeit, Umrüstbarkeit),

- strukturelle Flexibilität (Durchlauffreizügigkeit) und

- kapazitive Flexibilität (Erweiterungs- und Speicherfähigkeit, Redundanz)

weiter untergliedern läßt ([Helb 87]). Produktionsflexibilität steht mit dem in
Kapitel 1 genannten Ziel der Erweiterbarkeit rechnergestützter Produktionssysteme
in engem Zusammenhang. Erst durch ein hohes Maß an Produktionsflexibilität
kann die heute zunehmend erforderliche Produktflexibilität erzielt werden, die weitgehend in Bereichen der Teileproduktion geprägt wird, die der Produktion vorgelagert sind. In diesem Sinne kann ein CAM-System durch den Grad an Produktionsflexibilität charakterisiert werden, welchen es zur rechnergeführten Teileproduktion
bereitstellt. Eine eingehende Diskussion der verschiedenen Formen von Flexibilität
und der mit ihrer Nutzung verbundenen Aspekte findet sich beispielsweise in
[Helb 87] und [JaRW 89a, b].

## 7.2 Komponenten rechnergestützter Fertigungssysteme

Für die Vorstellung und Diskussion der für die flexible Teileproduktion wesentlichen Komponenten rechnergestützter Fertigungssysteme ist eine Untergliederung gemäß Abbildung 7-1 in ein *technisches System* und ein *Steuerungs- und Kontrollsystem* hilfreich. Die Unterteilung des Gesamtsystems erfolgt in der Weise, daß alle unmittelbar mit physischen Werkstücken befaßten Materialfluß- und Bearbeitungseinrichtungen des Systems von den diese Komponenten steuernden und überwachenden Einheiten separiert werden. Die Interaktion zwischen beiden Bereichen erfolgt mittels Signalen (Aktorsignale, Sensorsignale) über definierte Schnittstellen. Nachfolgend werden die wichtigsten Teilkomponenten und Organisationsformen in beiden Bereichen vorgestellt, soweit unmittelbar für die rechnergestützte Teileproduktion relevante Sachverhalte betroffen sind. Die Ausführungen beziehen sich ausschließlich auf die mechanische Fertigung in Stückprozessen; Aspekte der Montage werden ebensowenig berücksichtigt wie die Merkmale von Chargier- und Fließprozessen.

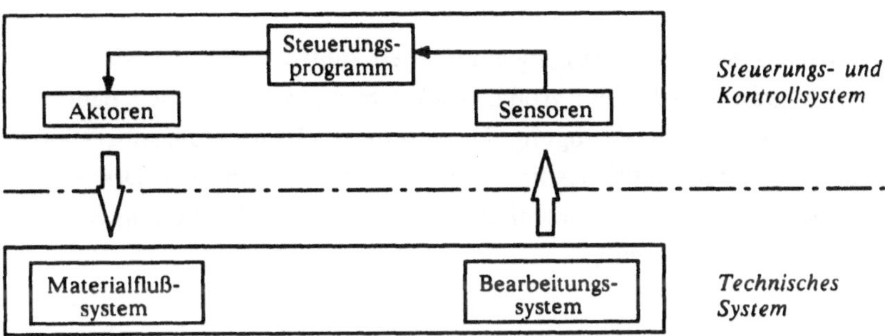


Abbildung 7-1:  Gliederung eines Fertigungssystems (nach [Zörn 88])

### 7.2.1 Technisches System

Ein modernes Fertigungssystem besteht auf anlagentechnischer Seite aus einer Vielzahl verschiedener Teilkomponenten (NC-Maschinen, Handhabungsgeräte bzw. Roboter, Fördermittel, etc.). Auf die einzelnen Komponenten des technischen Systems soll hier nicht näher eingegangen werden; es wird auf die einschlägige Literatur (z.B. [Zörn 88], [FMSH 84]) verwiesen. Für die nachfolgenden Ausführungen ist lediglich festzustellen, daß im Bereich der Werkzeugmaschinen ein Übergang von einfacher NC-Steuertechnik mittels Lochstreifen über den CNC-Betrieb (*Computerized Numerical Control*) hin zum DNC-Betrieb (*Direct Numerical Control*) stattgefunden hat, bei dem die Maschinen durch einen in das Rechnernetz der Fabrik eingebundenen Steuerungsrechner direkt mit den erforderlichen NC-Programmen versorgt werden (zu den verschiedenen Steuerungsarten siehe beispielsweise [Kief 88]). Das Bearbeitungsspektrum der Maschinen hat gleichzeitig eine starke Ausweitung erfahren; so sind z.B seit längerem sechs- und mehrachsige Dreh-/Fräszentren mit integriertem Werkstück- und Werkzeugwechsel in Gebrauch, die eine Abarbeitung einer Vielzahl unterschiedlicher Arbeitsgänge auf derselben Maschine ermöglichen.

Neben den Charakteristika der Einzelkomponenten bei der Teileproduktion prägt insbesondere die Organisation des Zusammenwirkens verschiedener Komponenten den anlagentechnischen Bereich eines CAM-Systems entscheidend. Nachfolgend werden die wichtigsten Organisationsformen von Produktionseinrichtungen für den Bereich der flexiblen Teilefertigung im Überblick angegeben und gegenübergestellt. Für den Bereich der mechanischen Fertigung lassen sich folgende Organisations-formen flexibler Produktionsanlagen mit zunehmendem Komplexitätsgrad unter-scheiden (siehe auch [Veni 90], [Sche 87]):

- *NC-Maschinen:*
  Numerisch gesteuerte Fertigungsmaschinen stellen durch die Möglichkeit der freien Programmierung ein großes Spektrum an verschiedenen Bearbeitungen zur Teilefertigung zur Verfügung. Die offerierten Bearbeitungsoperationen sind herstelltechnologisch auf bestimmte Klassen beschränkt (z.B. Drehmaschinen, Fräsmaschinen). Auf die verschiedenen Arten der NC-Steuerung (CNC, DNC) wurde bereits verwiesen.

- *Bearbeitungszentren:*
  Ein Bearbeitungszentrum ist dadurch gekennzeichnet, daß in ihm mehrere Herstellverfahren zur Verfügung gestellt werden und ein automatisierter Werk-zeugwechsel zur Hintereinanderausführung verschiedener Arbeitsgänge ohne Umrüsten durchgeführt werden kann. Ein Beispiel stellt ein integriertes Dreh-/ Fräszentrum dar, bei dem die Möglichkeiten der Drehbearbeitung (Werkstück-rotation mit stehendem Schneidwerkzeug) um Möglichkeiten der Fräsbearbei-tung (Werkzeugrotation mit stehendem Werkstück) ergänzt werden. Durch die Bereitstellung zusätzlicher Positionierachsen kann eine Mehrseitenbearbeitung ohne Umrüsten des Werkstücks erreicht werden.

- *Flexible Fertigungszellen:*
  Kennzeichnend für flexible Fertigungszellen ist der Gedanke der Zellautonomie ([WeZö 87]). Ein oder mehrere Bearbeitungszentren werden durch einen gemeinsamen Werkstück- und Werkzeugpuffer mit gemeinsamem Zelltransport-

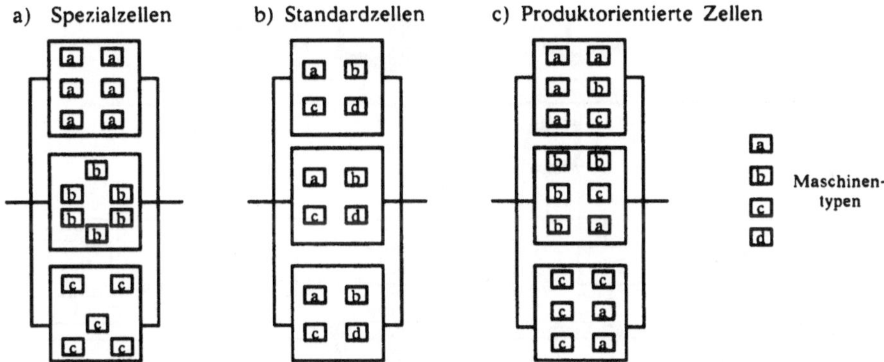



Abbildung 7-2:   Organisationsformen von flexiblen Fertigungszellen
(nach [WeZö 87])

system verbunden. In einer typischen Konfiguration bedient ein Handhabungs-
gerät mehrere zugeordnete Bearbeitungszentren aus einer gemeinsamen
Palettierungs- und Pufferstation. Ziel bei der Konfiguration einer flexiblen Ferti-
gungszelle ist es, Werkstücke über einen längeren Zeitraum ohne den Rückgriff
auf zellexterne Ressourcen bearbeiten zu können. Eventuell auftretende Produk-
tionsfehler sollen so weit wie möglich innerhalb der Zelle behoben werden; ein
Fehler in einer Zelle soll sich auf den Betrieb anderer Zellen nicht auswirken
([JaWZ 88]). Je nachdem, ob die in einer Zelle integrierten Bearbeitungszentren
von gleichem oder unterschiedlichem Typ sind, unterscheidet man Spezialzellen,
Standardzellen und produktorientierte Zellen (siehe Abbildung 7-2). Standardzellen werden häufig auch als Fertigungsinseln bezeichnet, was dann als eigene
Organisationsform im technischen System angesehen wird (siehe z.B.
[Sche 87], [Veni 90]). Neuere Konzepte sehen auch die Möglichkeit der
produktorientierten dynamischen Zellkonfiguration vor.

- *Flexible Fertigungssysteme:*
  Ein flexibles Fertigungssystem (FFS) besteht aus mehreren flexiblen Fertigungszellen, die durch ein automatisiertes Materialfluß- (Werkstücke, Werkzeuge)
  und Informationsflußsystem zu einer Einheit verbunden sind. Durch den Einsatz
  standardisierter Transportpaletten wird ein bedienerloser Betrieb über einen
  längeren Zeitraum ("unmanned third shift") ermöglicht. In Systemen mit einer
  Vielzahl von Zellen wird auf Informations- und Steuerungsebene häufig eine
  Zusammenfassung mehrerer Zellen zu Fertigungsgruppen und eine entsprechende Hierarchisierung der Steuerungskomponente vorgenommen (vgl.
  Abschnitt 7.2.2). In Abbildung 7-3 ist ein Beispiel eines Zwei-Zellen-FFS mit
  integriertem Werkzeuglager und zentraler Werkzeugvermessung angegeben.

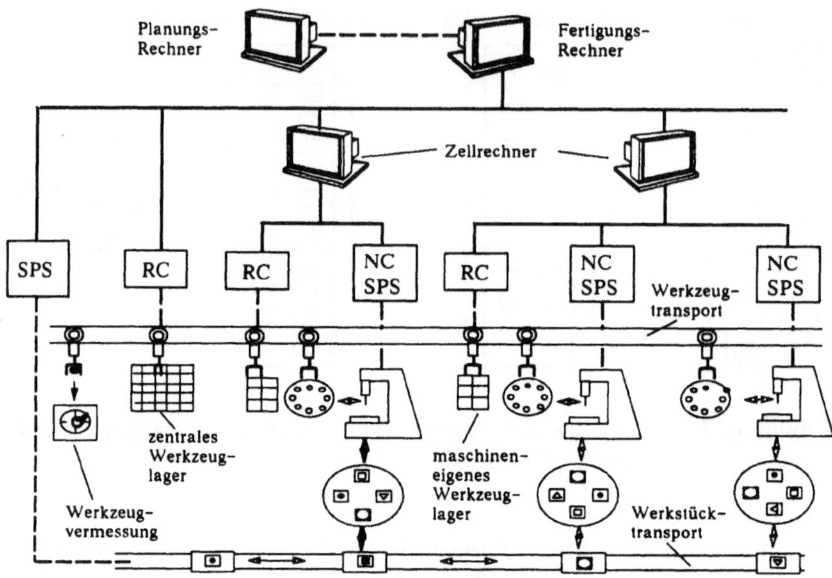


Abbildung 7-3:  Schematische Darstellung eines flexiblen Fertigungssystems (nach [WeZö 87])

- *Flexible Transferstraßen:*

  Eine Erweiterung klassischer Transferstraßen zur Massenfertigung identischer Bauteile stellt das Konzept der flexiblen Transferstraßen dar. Meist mehrachsige NC-Maschinen mit integrierten Werkzeugmagazinen werden durch Innenverkettung zur mehrstufigen Bearbeitung von ähnlichen Werkstücken in eine mehr oder minder starre Abfolge gebracht. Der Betrieb der Transferstraßen erfolgt meist getaktet. Durch die Möglichkeit der Pufferung von Werkstücken im Transportsystem kann eine gewisse Unabhängigkeit der einzelnen Bearbeitungsstationen voneinander erzielt werden. Ein typisches Einsatzgebiet flexibler Transferstraßen stellt der Automobilbau dar; durch die Bearbeitungsflexibilität in den einzelnen Stationen und die Reihenfolgeflexibilität im Transportsystem können verschiedene Typen ohne mechanisches Umrüsten in beliebiger Abfolge produziert werden. Die logistische Komplexität der taktgenauen Bereitstellung der Einzelteile kann durch die Bereitstellung von produktionsinternen Zwischenpuffern reduziert werden.

---

* Dies führt in der Praxis jedoch oft dazu, daß das Ziel reduzierter Bestände von Halbfertig- und Fertigteilen im Lager nur auf Kosten erhöhter Produktionsbestände erreicht werden kann, was in gewissem Sinne einer Verlagerung der Endläger in den Produktionsbereich entspricht.

Die vorgestellten Organisationsformen für flexible Fertigungseinrichtungen weisen hinsichtlich *Produktivität* (wirtschaftlich bearbeitbares Teilespektrum, gemessen in durchschnittlicher Stückzahl pro Fertigungsvariante bzw. Fertigungslos) und *Flexibilität* (gemessen in der Anzahl der unterschiedlichen fertigbaren Varianten an Werkstücken) starke Unterschiede auf, durch die der typische Einsatzbereich entscheidend geprägt wird. In Abbildung 7-4 ist der Zusammenhang zwischen Produktivität und Flexibilität für die oben eingeführten Organisationsformen aufgetragen.

Die Gegenüberstellung von Produktivität und Flexibilität der verschiedenen Organisationsformen flexibler Fertigungseinrichtungen zeigt, daß für den in der vorliegenden Arbeit avisierten Anwendungsbereich der Einzel- und Kleinserienfertigung mechanischer Bauteile aus Gründen der Flexibilität NC-Maschinen und Bearbeitungszentren das günstigste Konzept darstellen, aus Gründen der Wirtschaftlichkeit (Produktivität, Automatisierung) jedoch höher integrierte technische Systeme, in erster Linie flexible Fertigungszellen und -systeme, wünschenswert wären. Flexible Transferstraßen scheiden wegen ihrer starken Ausrichtung auf die Massenfertigung im vorgegebenen Kontext weitgehend aus und werden nachfolgend nicht mehr berücksichtigt. Die Einsetzbarkeit der verschiedenen Organisationsformen im technischen System eines Produktionsbetriebs für die flexible Teilefertigung hängt wesentlich von der Struktur und Organisationsform des zugehörigen Steuerungs- und Kontrollsystems sowie von der gewählten Form der Fertigungssteuerung ab, die in den folgenden Abschnitten besprochen werden. Eine abschließende

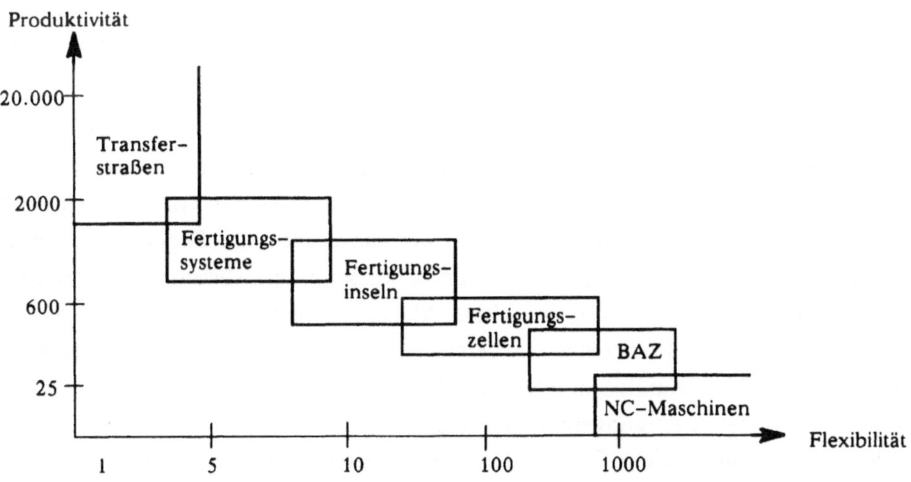



Abbildung 7-4:  Gegenüberstellung verschiedener Organisationsformen für flexible Fertigungseinrichtungen (nach [Veni 90])

Beurteilung der Eignung verschiedener Konzepte für den Einsatz in rechnergestützten Produktionssystemen kann deshalb erst in Abschnitt 7.4 vorgenommen werden.

### 7.2.2  Steuerungs- und Kontrollsystem

Eingangs des vorliegenden Kapitels wurde bereits die grundlegende Aufteilung eines CAM-Systems in das technische System sowie das Steuerungs- und Kontrollsystem angesprochen (vgl. Abbildung 7-1). Bei dem in Abbildung 7-3 gezeigten Beispiel eines flexiblen Fertigungssystems ist im oberen Bereich eine Hierarchie von Steuerungs- und Kontrollrechnern – Maschinen- und Robotersteuerungen (NC, RC, SPS), Zellrechner, Fertigungsleitrechner, Planungsrechner – zu erkennen, die der angesprochenen Hierarchisierung der Planungs-, Steuerungs- und Kontrollaufgaben in komplexen Fertigungssystemen Rechnung trägt. In diesem Abschnitt wird ein abstraktes Modell für ein Steuerungs- und Kontrollsystem zur rechnergestützten Teilefertigung vorgestellt, das eine gewisse Analogie zu den immer komplexer werdenden Organisationsformen im technischen System aufweist.

Für die Beschreibung des Zusammenwirkens der verschiedenen Steuerungs- und Kontrollkomponenten in einem flexiblen Fertigungssystem wird ein Schichten-Architektur-Modell herangezogen, das in Abbildung 7-5 gezeigt wird (vgl. [Zörn 88], [Biem 89]). Ausgehend von der Hardware-Ebene $M_0$, mit der über einfache Signale kommuniziert wird, werden schrittweise höhere Operatoren aufgebaut, die aus den Operatoren der jeweils unmittelbar darunterliegenden Schicht aufgebaut sind. Jede Schicht realisiert somit eine abstrakte Maschine $M_i$, für deren Beschreibung neben den Operatoren auch die zugehörigen, zu manipulierenden Datenobjekte angegeben sind. Eine ausführliche Beschreibung der einzelnen Ebenen der FFS-Abstraktionshierarchie befindet sich in [Zörn 88].

Wichtig für die weiteren Ausführungen ist, daß in der Darstellung der Abstraktionshierarchie eines flexiblen Fertigungssystems die Ebenen $M_0$ bis $M_3$ noch keine zellstrukturierte Organisation des zugrundeliegenden technischen Systems zwingend voraussetzen, während die höheren Ebenen auf diese spezielle Organisationsform der Produktionsanlagen rekurrieren. Als zentrale Ebene der Abstraktionshierarchie kann für den CAM-Bereich die Maschine $M_3$ angesehen werden ([Wede 88a]), in der aus abstrakt beschriebenen Arbeitsgängen des Arbeitsplans (z.B. Bohren eines Lochs mit den Aktualparametern für Lage, Radius und Tiefe) durch Zuordnung von konkreten Fertigungsressourcen auf Werkstattebene ausführbare Fertigungsaktionen werden. Diese Fertigungsaktionen werden dann von den die Schichten $M_0$ bis $M_2$ realisierenden Interpretern sukzessive auf Folgen von Signalen heruntergebrochen, die von den Maschinen- und Robotersteuerungen unmittelbar verarbeitet werden können.

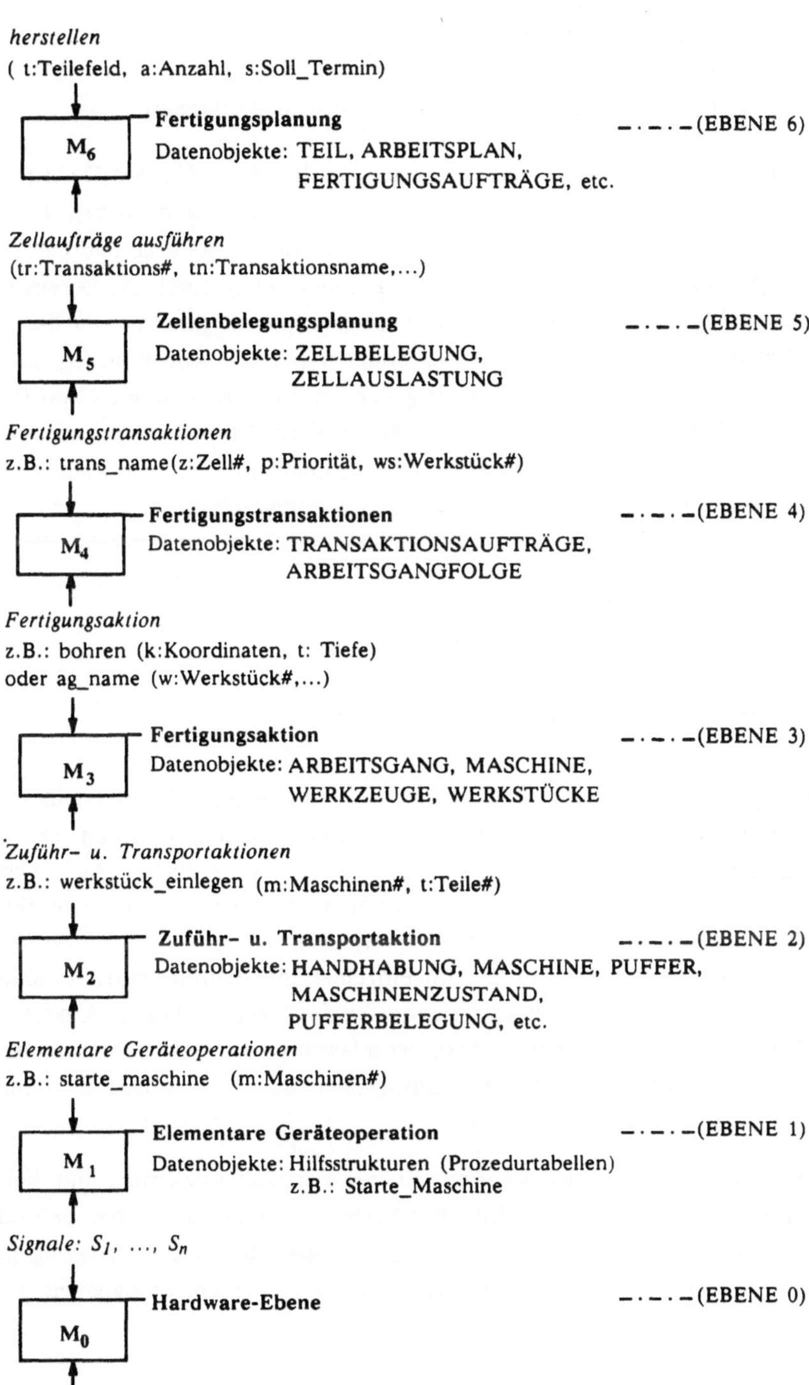


Abbildung 7-5: Abstraktionshierarchie eines Steuerungs- und Kontrollsystems für flexible Fertigungssysteme (nach [Zörn 88])

Mit der Bereitstellung von abstrakten Operatoren der Form

ARBEITSGANG(AG-Nummer, NC-Programm-Nummer, Maschinentyp, ...)[*]

durch die Maschine $M_3$ können alle anlagentechnischen Spezifika des CAM-Systems vor den höheren Schichten der Abstraktionshierarchie verborgen werden. Insbesondere werden alle Zuführ- und Transportoperationen für Werkstücke und Fertigungshilfsmittel (Werkzeuge, Spannmittel, NC-Programme, etc.) durch die Bereitstellung der Maschine $M_2$ auf Ebene der Arbeitsgänge transparent gehalten, da die Ebene $M_2$ nur für den Programmierer der Maschine $M_3$, nicht jedoch deren Benutzer sichtbar ist. Im weiteren soll davon ausgegangen werden, daß im CAM-Bereich eine abstrakte Maschine $M_3$ in der beschriebenen Form bereitsteht, um die Ausführungen, die Bezug auf den Produktionsbereich nehmen, frei von technischen Details des Fertigungssystems zu halten. Das kleinste betrachtete Granulat im CAM-Bereich bildet somit ein auf einer Maschine in einer ununterbrochenen Folge abarbeitbarer Arbeitsgang, der alle erforderlichen Zuführ- und Transportoperationen implizit beinhaltet.

## 7.3 Formen der Fertigungssteuerung

Im vorangegangenen Kapitel wurde bereits die grundlegende Unterscheidung von Planungs- und Steuerungsaufgaben im Produktionsvorfeld angesprochen. Der dabei zugrundegelegten Unterscheidung folgend wurden die wesentlichen Aufgaben der Produktionssteuerung, die Auftragsveranlassung und -überwachung, dem Bereich der Fertigungssteuerung zugewiesen, welcher wiederum einen integralen Bestandteil des CAM-Bereichs darstellt. Auf die im einzelnen durchzuführenden Funktionen der Produktionssteuerung – Auftragsfreigabe, Verfügbarkeitsprüfung, Arbeitsverteilung und Belegerstellung bei der Auftragsveranlassung, Betriebsdatenerfassung und Kundenauftragsüberwachung bei der Auftragsüberwachung – wurde in Abschnitt 6.2.2 bereits verwiesen.

Nachfolgend werden verschiedene Ansätze zur Fertigungssteuerung mit Schwerpunkt auf der Auftragsveranlassung im Überblick vorgestellt, wobei besonderes Augenmerk auf die Funktionen zur Auftragsfreigabe und Arbeitsverteilung gelegt wird. Die Aussagen gelten im wesentlichen für die verschiedenen möglichen Organi-

---

[*] Die Darstellung erfolgt wie auch in Abbildung 7-5 aus Gründen der Übersichtlichkeit in relationaler Notation, ohne damit für eine Implementierung ein bestimmtes Datenmodell bindend vorzuschreiben.

sationsformen eines Fertigungssteuerungs- und -kontrollsystems – zentral / bereichs-weise dezentral / dezentral ([ZäMi 88]) – gleichermaßen, wobei in den einzelnen Ansätzen unterschiedliche Schwerpunkte hinsichtlich der verschiedenen Aufgaben-bereiche der Fertigungssteuerung und -kontrolle – strategisch / dispositiv / operativ ([Mert 84]) – gesetzt sind. Der Zusammenhang zwischen den bereits vorgestellten Ansätzen zur Produktionsplanung (Abschnitt 6.3) und den nachfolgend beschriebe-nen Ansätzen im Bereich der Fertigungssteuerung wird in Abschnitt 7.4 diskutiert.

### 7.3.1  Prioritätsregelsteuerung und Leitstandsysteme

Dem Prioritätsregelsteuerungsansatz zur Fertigungssteuerung liegt ein Modell des technischen Systems in Form von Bedienstationen mit vorgeschalteten Auftrags-warteschlangen zugrunde. Neben den Bearbeitungsstationen werden auch die Trans-port- und Handhabungsressourcen als eigenständige Bedienstationen beschrieben. Die Auftragsfreigabe umfaßt in diesem Modell die Festlegung des Einschleußzeit-punkts in die Fertigung, während die Arbeitsverteilung für die Zuweisung eines Auftrags zu einer Warteschlange vor einer Bedienstation und für die Abarbeitungs-reihenfolge der verschiedenen Stationen verantwortlich ist. Die gesamte Fertigungs-steuerung wird in diesem Ansatz als mathematisches Modell beschrieben und kann unter Einsatz geeigneter rechnerbasierter Verfahren auch simuliert werden.

Bei der Festlegung der Prioritätsregeln zur Abarbeitung der Auftragswarteschlangen können verschiedene Schwerpunkte gemäß dem zu fertigenden Produktspektrum, dem zu bedienenden Kundenkreis oder allgemeiner unternehmerischer Zielsetzun-gen spezifiziert werden. Klassische Fertigungssteuerungsverfahren versuchen beispielsweise, eine hohe Kapazitätsauslastung, eine große Terminsicherheit oder auch eine Minimierung der Umrüstkosten zu erzielen. Hierzu werden Aufträge nach Strategien wie "Auswahl des Auftrags mit der größten verbleibenden Restbear-beitungszeit" oder "Auswahl des Auftrags mit den geringsten Umrüstkosten" den zugehörigen Bedienstationen zugeführt. Auch einfache Regeln wie "Auswahl des ältesten Auftrags in der Warteschlange (*First Come First Served*, FCFS)" können zum Warteschlangenscheduling herangezogen werden. Bei in der Praxis eingesetzten Fertigungssteuerungssystemen nach dem Prioritätsregelprinzip kommen meist mehrere Strategien kombiniert zum Einsatz, wobei durch zusätzliche Parametrie-rungen die Adaptierbarkeit an verschiedene Produktionssituationen erhöht werden kann ([Mert 86]).

Vorteilhaft an der Prioritätsregelsteuerung ist die unmittelbare Anschaulichkeit des zugrundeliegenden Anwendungsmodells und die freie Gestaltbarkeit der Prioritäts-regeln. Hierin liegt aber gleichzeitig auch einer der Hauptnachteile dieses Ansatzes.

Die Formulierung und Auswahl geeigneter Regeln ist wie die Einstellung und Pflege der verschiedenen Parameter oft schwierig. Wirkungszusammenhänge zwischen Regeln und Parametern sind oft undurchsichtig und nur schwer abschätzbar (nach [Pabs 85] muß beispielsweise zwischen Auftragspriorität und Wartezeit kein signifikanter Zusammenhang bestehen).

Den genannten Problemen der Prioritätsregelsteuerung versucht das Konzept der Fertigungssteuerung mit Leitstandsystemen Rechnung zu tragen. Hier wird versucht, abgegrenzte Bereiche der Produktionseinrichtungen durch autonome dezentrale Kontrolleinheiten überschaubar und effizient zu steuern, wobei als zentrales Hilfsmittel eine graphische Plantafel dient. Kennzeichnend für die Leitstandsidee ist, daß Planungsvorgaben zur Auftragsfreigabe und Arbeitsverteilung in graphischer Form visualisiert und interaktiv revidiert werden können ([Kurb 89]). Vereinfachend kann ein Leitstandsystem somit als ein einfaches Prioritätenregel-Steuerungssystem aufgefaßt werden, in dem die getroffenen Planungsentscheidungen durch den Benutzer interaktiv veränderbar sind, beispielsweise durch die Möglichkeit der nachträglichen engpaßbezogenen Auftragsverlagerung. Mögliche Defizite der systemermittelten Planungsergebnisse können somit noch vor dem eigentlichen Produktionsbeginn kompensiert werden, wenn auch auf Kosten der Automatisierung von Aufgaben der Fertigungssteuerung.

Gemeinsames Kennzeichen der Prioritätenregelsteuerung und der Leitstandsysteme ist, daß vom System lediglich Werkzeuge zur Umsetzung der Planungsvorgaben durch den menschlichen Benutzer bereitgestellt werden, systemseitig aber keine Planungsmethodik vorgegeben wird. Somit stellen diese Ansätze streng genommen kein eigenständiges Konzept zur Fertigungssteuerung dar, sondern können als 'Shell' zur Entwicklung benutzerdefinierter Steuerungssysteme angesehen werden. Prioritätenregel-Steuerungssysteme zielen auf eine möglichst vollständige Automatisierung des gesamten Planungsprozesses ab, während in Leitstandsystemen durch die Möglichkeit der interaktiven Beeinflußung der Planungsergebnisse keine rein systemseitige dynamische Fertigungsplanung angestrebt wird.

### 7.3.2   Fortschrittzahlenkonzept und Just-in-time-Steuerung

Dem Fortschrittszahlenkonzept liegt eine bedarfsorientierte Sicht des Produktionsablaufs zugrunde. Entwickelt in der Automobilindustrie, liegt der Einsatzschwerpunkt primär in der Montageplanung für linien- und fließfertigungsorientierte Mittel- bis Großserienfertiger. Wegen der grundsätzlichen Bedeutung des Ansatzes und der weiten Verbreitung, gefördert nicht zuletzt durch die Bereitstellung entsprechender Standardsoftware (z.B. FORS der Firma ACTIS und RM-PPS/2 von SAP), soll das Konzept hier im Überblick vorgestellt werden.

Ansatzpunkt des Fortschrittszahlenkonzepts ist eine Akkumulation der Information über den Bedarfsverlauf in der Produktion in wenigen sogenannten Fortschrittszahlen (meist Abruf-, Plan- und Ist-Fortschrittszahl), aus denen der benötigte Materialbedarf leicht durch Differenzbildung abgeleitet werden kann (vgl. Abbildung 7-6). Die Fortschrittszahlen werden von einem Stichtag an durch Kumulation der Stückzahlen eines bestimmten Teils gebildet; die Versorgung der Montage mit den benötigten Komponenten erfolgt auf Abruf ([BaMe 82]). Durch das Fortschrittszahlenkonzept wird eine Reduzierung der Lagerbestände durch montagegenaue Materialanlieferung ermöglicht, sei es von eigenen Produktionsbereichen oder durch Zulieferer.

Das Fortschrittszahlenkonzept stellt für sich genommen keinen eigenständigen Ansatz zur Fertigungs- oder Montagesteuerung dar, sondern nur ein Hilfsmittel zur Realisierung einer bedarfsgesteuerten Produktionssteuerung. Haupteinsatzgebiet des Fortschrittszahlenkonzepts stellt die nachfolgend beschriebene Just-in-time-Steuerung der Teileproduktion unter stark arbeitsteiligen Produktionsbedingungen mit Schwerpunkt auf der Montagesteuerung dar.

Für einen erfolgreichen Einsatz des Fortschrittszahlenkonzepts zur Just-in-time-Steuerung in Anwendungen wie dem Automobilbau ist eine enge Beziehung von Zulieferern und Abnehmern in Form von Rahmenlieferverträgen unabdingbar. In ihnen verpfichtet sich der Abnehmer – meist auf Jahresbasis – zur Abnahme einer bestimmten Stückzahl von Produkten, wobei die einzelnen Lieferungen, nach Menge und Termin in gewissen Grenzen vom Abnehmer variiert, geliefert werden dürfen; der Zulieferer verpflichtet sich unter Zugestehen von Regressansprüchen zur bedarfsgerechten Lieferung. Der Trend in der Automobilindustrie geht hin zur stundengenauen Zulieferung direkt an die Montagebänder, wobei der Zulieferer für eine Bereitstellung der Einzelteile in montagegerechter Reihenfolge zu sorgen hat.

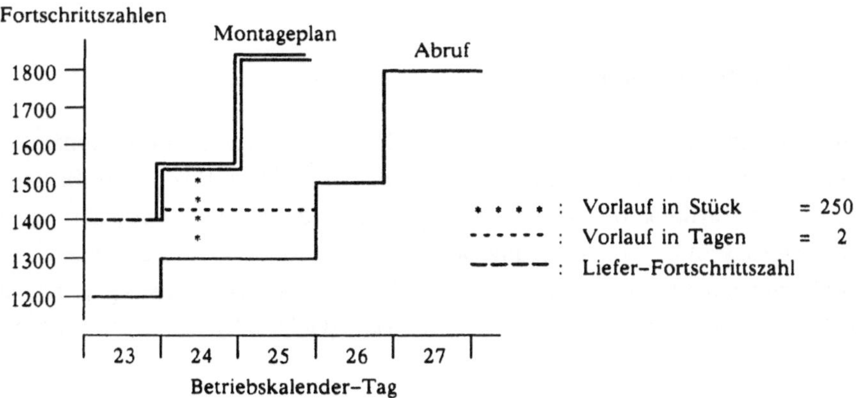


Abbildung 7-6:   Beispielszenario zum Fortschrittszahlenkonzept (nach [Helb 87])

Wegen der engen Terminspannen und der hohen Lieferfrequenz erfolgt bei den Abnehmern oft keine eigene Eingangskontrolle, sondern die Qualitätskontrolle wird nach Maßgaben des Abnehmers in den Zulieferbetrieben durchgeführt. Die Übermittlung der Fortschritts- und Qualitätskennzahlen erfolgt meist durch Datenfernübertragung (DFÜ), wobei die Fortschrittszahlen des Abnehmers oft direkt in das PPS- und Fertigungssteuerungssystem des Zulieferers eingespielt werden.

Die oft reklamierten Vorteile der Just-in-Time-Steuerung bzw. des diesem Ansatz zugrundeliegenden Fortschrittszahlenkonzepts – Reduzierung der Lagerbestände, symbiotische Verbindung von Zulieferern und Abnehmern, Reduzierung von Mehrfacharbeit (z.B. in der Qualitätskontrolle) – sollen an dieser Stelle kurz kritisch gewürdigt werden. Bezüglich der Reduzierung der Lagerbestände ist anzumerken, daß wegen der hohen Lieferfrequenz die Stückzahlen in den Einzellieferungen des Zulieferers relativ gering sind. Deshalb muß der Warentransport mit flexiblen kleinvolumigen Transportmitteln erfolgen, was den Einsatz von Massenverkehrsmitteln erschwert.* Weiterhin bedeutet die flexible Teilelieferung oft, daß im Zulieferbetrieb hohe Bestände an Halbfertigteilen zwischengelagert werden müssen, um die Lieferverpflichtungen mit nur wenigen Stunden Vorlauf erfüllen zu können. Die Reduzierung der Lagerbestände erfolgt somit im wesentlichen nur bei den Abnehmern, was das oft beschworene wechselseitige, symbiotische Abhängigkeitsverhälnis zwischen Zulieferer und Abnehmer stark zugunsten des Abnehmers beeinflußt. Verschärft wird dieses Ungleichgewicht noch durch die starke Einflußnahme des Abnehmers auf den Produktionsablauf im Zulieferbetrieb. Nicht nur dessen PPS- und Fertigungssteuerungssystem können direkt beeinflußt werden, sondern es kann auch eine direkte Vorgabe und Überwachung der Qualitätskontrolle im Zulieferbetrieb durch den Abnehmer erfolgen. Das erhöhte Risiko des Lieferboykotts durch die Zulieferer, beispielsweise im Zuge von Arbeitskampfmaßnahmen, versucht man auf Abnehmerseite mit politischen Mitteln (z.B. Verbot von Schwerpunktstreiks) zu minimieren.

### 7.3.3   KANBAN-Steuerung

Wie auch bei der Just-in-time-Steuerung nach dem Fortschrittszahlenkonzept ist das Hauptziel der Produktionssteuerung nach dem KANBAN-Prizip eine Bestandssenkung in der Produktion, hier allerdings mehr durch eine Reduzierung der Zwischenlagerbestände in fertigungsorientierten Produktionsumgebungen. Ein KANBAN (sinngemäß Karte oder Schild) stellt einen Informationsträger dar, der die Auslösung von Fertigungsaktivitäten bewirkt ([Helb 87]). Im Gegensatz zum

---

* Wegen des häufigen Warentransports mit Lastkraftwagen spricht man im Zusammenhang mit der Just-in-time-Steuerung bereits von einer Verlagerung der Läger auf die Autobahnen.

Bringprinzip der klassischen Produktionssssteuerung wird die gesamte Fertigung in ein Netz autonomer Produktionseinheiten untergliedert, die im Sinne des Supermarktprinzips (Auffüllen entstehender Bestandslücken durch das Personal bei autonomer Warenentnahme durch die Kunden) als selbststeuernde Regelkreise gemäß dem Holprinzip von hinten nach vorne angestoßen werden (vgl. Abbildung 7-7).

Zentral für den KANBAN-Ansatz ist die erzeugnisorientierte Strukturierung der gesamten Teilefertigung in Quellen und Senken. Zwischen diesen Produktionseinheiten werden zur Realisierung des Materialflusses Pufferlager vorgesehen. Ein KANBAN wandert zwischen einer Senke und der zugehörigen Quelle über den zwischengelagerten Puffer hin und her. Wird dem Pufferlager durch die Senke ein Los zur Bearbeitung entnommen, so wird der Quelle durch den Verbleib des zugehörigen KANBANs im Puffer die Entnahme angezeigt. Die Quelle entnimmt dem Puffer den KANBAN und generiert einen Produktionsauftrag in der entsprechenden Stückzahl, um das Zwischenlager wieder aufzufüllen. Die gesamte Fertigungssteuerung erfolgt somit dezentral und autark durch die einzelnen Produktionseinheiten.

Das KANBAN-Prinzip zur Fertigungssteuerung geht von einer fließorientierten Fertigung mit relativ konstanten Bedarfen aus, wie dies etwa im Automobilbau, wo das Verfahren entwickelt wurde, der Fall ist. Kennzeichnend ist die entgegengesetzte Richtung von Informations- und Materialfluß. Der Einsatzbereich wird durch eine Reihe von Randbedingungen – hoher Auftragswiederholgrad, erzeugnisorientierte Arbeitsplatzanordnung, abgestimmte Kapazitäten, wenige Varianten, geringe Bedarfsschwankungen, niedrige Rüstzeiten, kleine Losgrößen – im wesentlichen auf die Serienfertigung mit hoher Wiederholhäufigkeit begrenzt ([Helb 87]). Werden einige dieser Voraussetzungen nicht erfüllt, so muß durch sehr aufwendige Gegenmaßnahmen einer Unterbrechung der Regelkreise entgegengewirkt werden, beispielsweise durch Einlage von Sonderschichten in bestimmten Produktionsbereichen. Insgesamt ist festzustellen, daß sich das KANBAN-Prinzip bei den im

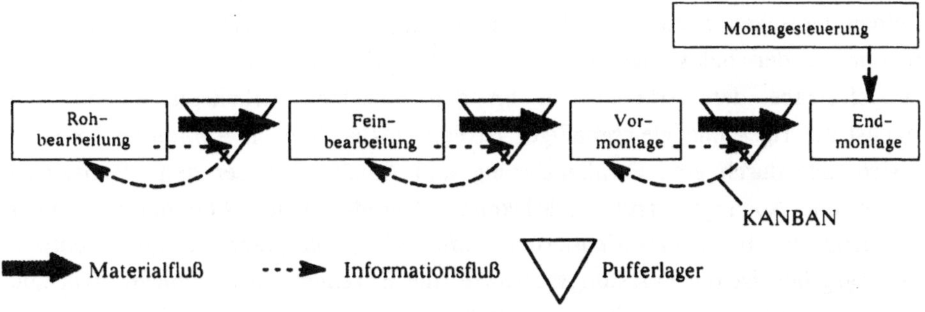


Abbildung 7-7:    Fertigungssteuerung nach dem KANBAN-Prinzip (nach [Helb 87])

europäischen Raum vorherrschenden Fertigungsstrukturen nur auf vergleichsweise wenige 'KANBAN-geeignete Teile' übertragen läßt ([Veni 90]). Ein simultaner Betrieb einer Produktionsstätte mit KANBAN- und Nicht-KANBAN-Teilen führt zu großen Abstimmungsproblemen in den Engpaßkapazitäten.


### 7.3.4 Belastungsorientierte Auftragsfreigabe

Anders als die bisher vorgestellten Verfahren zur Produktionssteuerung, die alle eher an der Schnittstelle vom PPS- zum CAM-System angesiedelt waren und die Feinsteuerung der Aufträge auf Werkstattebene teilweise noch offenließen, geht die belastungsorientierte Auftragsfreigabe von einer bereits durchgeführten Durchlaufterminierung und Verfügbarkeitsprüfung aus und konzentriert sich somit ausschließlich auf die Fertigungssteuerung auf Werkstattebene. Den zentralen Ansatzpunkt der Steuerung stellt nicht, wie bei den bisher vorgestellten Verfahren, eine Bestandssenkung in der Produktion, sondern eine Reduzierung der Auftragsdurchlaufzeiten dar.

Ausgangspunkt der belastungsorientierten Auftragsfreigabe ist die Beobachtung, daß in vielen Unternehmen die Auftragsdurchlaufzeiten durch unkontrollierte Auftragsfreigaben stark variieren. Führt dies nun dazu, daß Aufträge 'sicherheitshalber' tendenziell eher zu früh als so spät wie möglich in die Produktion eingelastet werden, so verschärft sich die Konkurrenzsituation auf Werkstattebene durch den daraus resultierenden erhöhten Werkstattauftragsbestand beträchtlich. Dies führt wiederum häufig dazu, daß versucht wird, die Fertigstelltermine der Aufträge durch Deklaration von 'Eilaufträgen' sicherzustellen, was aber bei den übrigen Aufträgen die Liegezeit in der Produktion entsprechend erhöht. Schließlich tritt eine erhebliche Differenz zwischen kürzester und längster Durchlaufzeit ein, welche die Planbarkeit des Fertigungsablaufs durch Bedarfs- und Terminänderungen für die langliegenden Aufträge zusätzlich einschränkt.

Der allgemeine Zusammenhang zwischen Belastung, Leistung und Durchlaufzeit für einen typischen Fertigungsablauf ist in Abbildung 7-8 graphisch dargestellt. Kernanliegen der belastungsorientierten Auftragsfreigabe ist es, durch gezielte Auftragsfreigabe den Arbeitsvorrat an den einzelnen Arbeitsplätzen auf ein möglichst niedriges und gleichmäßiges Niveau einzustellen. In Abbildung 7-8 spiegelt sich dies durch eine Parallelisierung und Annäherung der den idealisierten Zugangs- und Abgangsverlauf ausdrückenden Geraden wider. Abbildung 7-9 zeigt das Prinzip der belastungsorientierten Auftragsfreigabe graphisch auf. Zentrale Steuerungsgröße ist die Belastungsschranke, die in realen Anwendungen etwa 200 bis 300% der Nennkapazität beträgt, um kleinere Störungen im Produktionsablauf durch ein begrenztes Auftragspolster abfangen zu können. Das Steuerungssystem

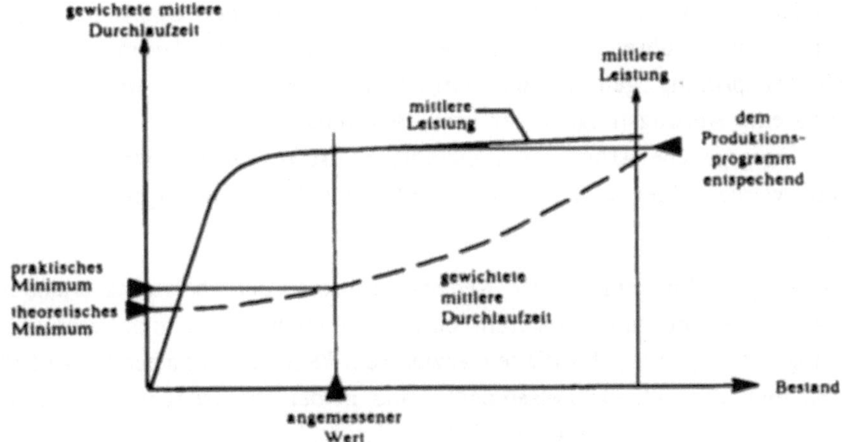

Abbildung 7-8:  Beziehung zwischen Belastung, Leistung und Durchlaufzeit
(nach [Wien 87])

hat dafür Sorge zu tragen, daß nur solche Aufträge in die Produktion eingelastet
werden, die in der vorliegenden Planungsperiode unter Berücksichtigung bereits

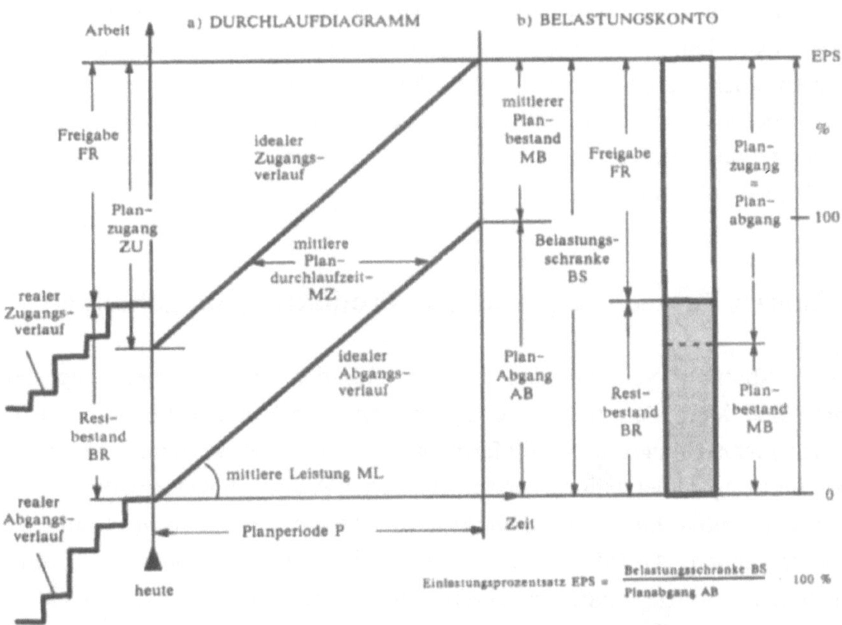

Abbildung 7-9:  Prinzip der belastungsorientierten Auftragsfreigabe
(nach [Wien 87])

vorliegender Belastungen an keiner Arbeitsstation zu einer Überschreitung der Belastungsschranke führen. Zur Auftragseinlastung werden die Aufträge nach einer Verfügbarkeitsprüfung gemäß ihrer terminlichen Dringlichkeit angeordnet und sukzessive eine Auftragsfreigabe versucht. Belastungen in anderen Arbeitsplätzen, die durch vorgegebene Arbeitsgangreihenfolgen erst zu einem späteren Zeitpunkt auftreten, werden über einen Wahrscheinlichkeitsfaktor in abgewerteter Form berücksichtigt.

Voraussetzungen für einen erfolgreichen Einsatz der belastungsorientierten Auftragsfreigabe sind unter anderem eine vorgeschaltete Durchlaufterminierung und Verfügbarkeitsprüfung für die tendenziell sehr kleinen einzulastenden Aufträge. Weiterhin muß der aktuelle Belastungszustand in der Werkstatt genau abfragbar sein, was in der Regel eine Online-Betriebsdatenerfassung erfordert. Schließlich bereiten aufgrund des statistischen Charakters des Verfahrens und der angestrebten FIFO-Abarbeitung der Aufträge Bedarfs- und Terminänderungen sowie die Durchschleußung von Eilaufträgen Probleme, weshalb für den Einsatz der belastungsorientierten Auftragsfreigabe eine möglichst gleichmäßige Produktion angestrebt wird.

Einer der entscheidenden Vorteile der belastungsorientierten Auftragsfreigabe gegenüber anderen Verfahren zur Fertigungssteuerung liegt in der Einfachheit des Steuerungsansatzes, der lediglich zwei Steuerungsparameter (Termin- und Belastungsschranke) benötigt. Neben der Verringerung der Einzelauftragsdurchlaufzeiten wird auch deren Streuung stark herabgesetzt, was sich in einer hohen Planungssicherheit ohne wesentliche Auslastungseinbußen niederschlägt. Eine Gegenüberstellung mit anderen Verfahren zur Fertigungssteuerung erfolgt im anschließenden Abschnitt.


## 7.4  Einsatz in rechnergestützten Produktionsumgebungen

In diesem Abschnitt soll eine kurze Bewertung der verschiedenen vorgestellten Verfahren und Methoden zur Fertigungssteuerung im Hinblick auf den avisierten Einsatz zur rechnerintegrierten Teilefertigung vorgenommen werden. Eine Charakterisierung und Gegenüberstellung der verschiedenen Ausprägungsformen von Organisationsmöglichkeiten im technischen System erfolgte bereits in Abschnitt 7.2.1. Die nachfolgenden Ausführungen beziehen sich deshalb vorwiegend auf die verschiedenen Ansätze und Verfahren zur Fertigungssteuerung; Aspekte des Einsatzes unterschiedlicher Organisationsformen im technischen System werden nur im unmittelbaren Zusammenhang mit den zugehörigen Steuerungs- und Kontrollansätzen besprochen. Eine weitergehende direkte Gegenüberstellung der verschiedenen Verfahren findet sich beispielsweise in [MeHe 84].

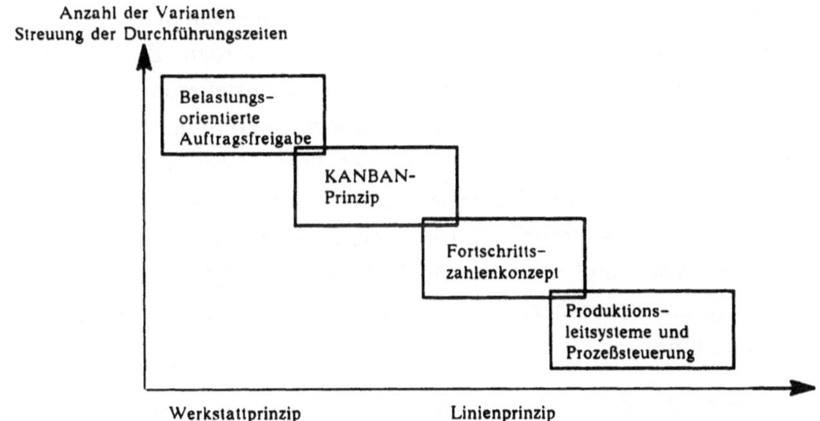



Abbildung 7-10: Einsatzgebiete der verschiedenen Verfahren zur Fertigungssteuerung (nach [Wien 87])

Eine Übersicht über die Einsatzbereiche verschiedener Verfahren der Fertigungssteuerung wird in Abbildung 7-10 gegeben. Die Einordnung der Verfahren erfolgt einerseits nach dem in der Fertigung vorherrschenden Organisationsprinzip (Werkstatt- oder Linien- bzw. Fließfertigung), andererseits nach der Anzahl von Produktvarianten, die mit dem entsprechenden Fertigungssystem herstellbar sind, und damit implizit auch nach der Streuung der Auftragsdurchlaufzeiten.

Die Eignung der in Abbildung 7-10 gezeigten Verfahren der Fertigungssteuerung für den Einsatz in der flexiblen Teilefertigung nimmt von links nach rechts sukzessive ab. In Produktionsleitsystemen und Prozeßsteuerungen werden die Maßnahmen der Produktionssteuerung und -kontrolle direkt in den Programmen der zugehörigen Prozeßsteuerungen realisiert; eine eigentliche Fertigungssteuerung findet nicht statt. Die Steuerung nach dem Fortschrittszahlenkonzept mit ihrem herausragenden Vertreter der Just-in-time-Steuerung findet ebenfalls fast ausschließlich im Bereich der Serien- und Massenfertigung nach dem Prinzip der erzeugnisgebundenen ablauforientierten Linienfertigung Verwendung. Diese beiden Steuerungsansätze scheiden somit für den Bereich der flexiblen Teilefertigung in kleinen und kleinsten Stückzahlen weitgehend aus.

Zur Fertigungssteuerung für die Einzel- und Kleinserienfertigung nach dem Werkstattprinzip kommen gemäß Abbildung 7-10 grundsätzlich das KANBAN-Verfahren und die belastungsorientierte Auftragsfreigabe in Frage. Der Einsatz des KANBAN-Verfahrens erfordert eine Reihe produkt- und produktionsspezifischer Voraussetzungen (vgl. Abschnitt 7.3.3), die überwiegend im Bereich der Serienfertigung anzutreffen sind. Auch bei zunehmender Produktflexibilität in Anwendungsbereichen wie dem Automobilbau baut dieses Verfahren auf weitgehend konstanten Produktionsbedingungen auf*, welche im technischen System meist durch nach dem Linienprinzip organisierte Produktionseinrichtungen realisiert werden. Es verbleibt somit die belastungsorientierte Auftragsfreigabe, die aber Feinsteuerungsmaßnahmen in den ausführenden Fertigungsressourcen erfordert, wenn die einfache FIFO-Abarbeitung der Auftragswarteschlangen vor den Produktionseinrichtungen zugunsten optimierender Dispatching-Strategien ersetzt werden soll. Die belastungsorientierte Auftragsfreigabe berücksichtigt neben der Leitstandsteuerung als einziges Verfahren zumindest implizit die Möglichkeit der dynamischen, reaktiven Umplanung aufgrund unvorhergesehener Ereignisse, etwa des Ausfalls einer Bearbeitungsmaschine.

Ein Vergleich von Abbildung 7-10 mit der Gegenüberstellung verschiedener Organisationsformen im technischen System (Abbildung 7-4) zeigt weitgehend übereinstimmende Klassifikationsmerkmale auf. Entsprechend finden je nach Integrationsgrad der verschiedenen Produktionseinrichtungen auf Werkstattebene auch bestimmte Fertigungssteuerungsverfahren vorzugsweise Verwendung, beispielsweise Prozeßsteuerungen oder fortschrittszahlenbasierte Systeme wie die Just-in-time-Steuerung in hochintegrierten Fertigungssystemen und Transferstraßen. Die geforderte Flexibilität bei der Einzel- und Kleinserienfertigung läßt sich am ehesten mit produkt- und ablaufneutral verketteten Produktionseinrichtungen erzielen (vgl. auch Abschnitt 7.2.1). Somit kann für den CAM-Bereich zusammenfassend festgehalten werden, daß eine hochflexible rechnerintegrierte Teileproduktion am ehesten mit autonom betreibbaren Bearbeitungszentren oder Fertigungszellen und einem offenen, reaktiven Fertigungssteuerungskonzept realisierbar erscheint.

---

* Die Position des KANBAN-Ansatzes gegenüber anderen Ansätzen zur Fertigungssteuerung ist übrigens keineswegs einheitlich. So kennzeichnet [Wien 87] das KANBAN-Verfahren als eine bestandsgeregelte Fertigungssteuerung mit speziellen Randbedingungen; andererseits wird es wegen der Möglichkeit der Steuerung von Montagebereichen und Zulieferanten auch als Bestandteil des Just-in-time-Konzepts angesehen ([Wild 84]).

# C Konzeption des flexiblen rechnerintegrierten Produktionskontrollsystems FIPS

In diesem Hauptabschnitt wird auf Basis der in Hauptabschnitt A identifizierten Zielkategorien und der verschiedenen Realisierungsalternativen, wie sie in Hauptabschnitt B vorgestellt wurden, ein integriertes Gesamtkonzept der rechnerintegrierten Teilefertigung entwickelt und diskutiert werden. Die Umsetzung dieser Konzeption in das flexible rechnerintegrierte Produktionskontrollsystem FIPS (*F*lexible *I*ntegration von *P*roduktionssystemen) wird im sich anschließenden Hauptabschnitt D in mehreren Implementierungsvarianten vorgestellt.

Das achte Kapitel stellt die wesentlichen Entwurfsgrundsätze bei der Konzeption des FIPS-Systems zur flexiblen rechnerintegrierten Teilefertigung vor. Anhand einer Diskussion der verfolgten Zielsetzungen wird ein teilsystemübergreifendes Anwendungsmodell entwickelt, das die Grundlage für die Realisierung der vorab definierten Zielkategorien darstellt. Kapitel 9 setzt sich mit der Verbindung der in Hauptabschnitt B vorgestellten Basiskomponenten im Sinne des in Kapitel 8 entwickelten Anwendungsmodells auseinander. Es wird eine Rahmenarchitektur für das integrierte Produktionskontrollsystem FIPS entwickelt, deren Konzeption hinsichtlich der aufgestellten Zielkategorien für rechnerintegrierte Produktionssysteme wesentlich über bestehende Ansätze hinausgeht. In Kapitel 10 werden zu dem in diesem Hauptabschnitt beschriebenen Ansatz verwandte Arbeiten dargestellt und analysiert.

# 8  Entwurfsgrundlagen

Das vorliegende Kapitel stellt die konstitutiven Entwurfsgrundsätze für die schrittweise Entwicklung eines integrierten Gesamtkonzepts zur rechnerintegrierten Teilefertigung vor. Zunächst werden die in Hauptabschnitt A identifizierten Zielsetzungen im Lichte der Realisierungsalternativen für die zu integrierenden Bausteine betrachtet (Abschnitt 8.1). Hieran schließt sich eine Darstellung des dem Integrationskonzept zugrundeliegenden konzeptionellen Anwendungsmodells an, welches von einer teilsystemübergreifenden, abstrakten Sicht der von den Basissystemen gemeinsam zu erfüllenden Aufgabe geprägt ist (Abschnitt 8.2). Durch die Rückführung aller Teilaufgaben auf den gemeisamen Bezugspunkt 'Bearbeitungsschritt' wird eine applikationsübergreifende Konzeptionalisierung für alle wesentlichen Teilkomponenten rechnerintegrierter Produktionssysteme geschaffen. Erst hierdurch wird es möglich, bestehende Teilsysteme zur flexiblen Teileproduktion ohne einschneidende Veränderungen einzusetzen. Das Kapitel wird abgeschlossen durch eine Bewertung des gewählten Anwendungsmodells anhand der eingangs des Kapitels aufgestellten Zielkategorien.

# 8.1 Zielsetzungen

Bereits bei der anwendungsorientierten Einführung in den Themenkomplex 'Rechnerintegrierte Produktionssysteme' in Kapitel 1 wurden die wesentlichen Zielsetzungen der rechnerintegrierten Produktion herausgearbeitet. Dabei wurde festgestellt, daß sich marktbezogene außerbetriebliche Zielsetzungen (*externe Ziele*) von innerbetrieblich wirksamen Zielsetzungen (*interne Ziele*) unterscheiden lassen, wobei erstere durch die Verwirklichung der wesentlichen internen Ziele implizit mitverwirklicht werden (vgl. auch Tabelle 1-1). Mit Rückgriff auf die Kenntnis der wesentlichen Realisierungsalternativen in den Teilsystemen (Hauptabschnitt B) sollen nun zur Entwicklung eines umfassenden Integrationskonzepts die internen Ziele gemäß Kapitel 1 nochmals aufgegriffen und in Beziehung gesetzt werden zu den Realisierungsalternativen für ausgewählte Basiskomponenten.

Als konstitutiv für die Realisierung eines integrierten Planungs-, Steuerungs- und Kontrollsystems für die flexible Teilefertigung wurden im ersten Kapitel die internen Zielkategorien

- Flexibilität.

- Durchgängigkeit und Redundanzfreiheit,

- Erweiterbarkeit,

- Automatisierung sowie

- Fehlertoleranz und Adaptivität

identifiziert. Diese Zielkategorien sollten in einem integrierten Gesamtkonzept sowohl in den verschiedenen Teilkomponenten selbst als auch an den Schnittstellen zwischen ihnen wirksam werden. Zum besseren Verständnis des im weiteren Verlauf der Arbeit beschriebenen Integrationsansatzes werden nachfolgend diese beiden Aspekte in den verschiedenen Zielkategorien untersucht. Dabei wird auf die Eignungsbereiche der verschiedenen Realisierungsalternativen rekurriert (vgl. Hauptabschnitt B); die folgenden Ausführungen stellen somit eine zusammenfassende Übersicht über die verschiedenen Teilziele der Konzeption eines umfassenden Gesamtansatzes dar.

## 8.1.1 Flexibilität

Flexibilität manifestiert sich bei der Konzeption eines rechnerintegrierten Produktionssystems überwiegend in den einzelnen am Produktlebenszyklus beteiligten Teilsystemen, weshalb die Darstellung nachfolgend getrennt für die verschiedenen Basiskomponenten solcher Systeme erfolgt. Eine weiterführende Diskussion des

Flexibilitätsbegriffs aus modallogischer Sicht und dessen Umsetzung in den Bereich flexibler Fertigungssysteme ist in [JaRW 89a], [JaRW 89b] und [JaRW 89c] zu finden.

Im Konstruktionsbereich bedeutet Flexibilität in erster Linie, daß der Prozeß der kreativen Produktgestaltung am CAD-Arbeitsplatz nicht durch einschneidende Restriktionen beim geometrischen Modellieren beeinträchtigt wird. Dies umfaßt insbesondere auch die Forderung nach freier Wahl des dem CAD-System zugrunde-liegenden geometrischen Datenmodells. Höchste Flexibilität wird im Konstruktions-bereich dann erreicht, wenn während der Produktgestaltung ausschließlich funktio-nale und geometriebezogene Kriterien zu berücksichtigen sind und die Umsetzung des Entwurfs in eine Spezifikation des Herstellprozesses erst in den der Konstruk-tion nachgelagerten Bereichen erfolgt.

In der Arbeitsvorbereitung drückt sich Flexibilität sowohl in der Mächtigkeit des bearbeitbaren Teilespektrums als auch im Planungsergebnis selbst aus. Hochflexible Arbeitsplanungssysteme sind nicht von vornherein auf bestimmte Teilefamilien beschränkt, sondern können in einem weiten Kontext (z.B. mechanische Fertigung oder Montage) auf nahezu beliebige Produktspezifikationen angewendet werden. Wie in Kapitel 5 gezeigt wurde, steigt der Aufwand der Arbeitsplanung mit dem Grad der bereitgestellten Flexibilität deutlich an, was hohe Anforderungen an die Automatisierung der Planungsvorgänge nach sich zieht (vgl. Abschnitt 8.1.4). Ein zweiter wesentlicher Aspekt betrifft die Flexibilität des Planungsergebnisses; einfa-chere CAPP-Systeme schreiben die Sequenz der Arbeitsgänge und die Ressourcen zur Teilefertigung im Arbeitsplan fest, während andere Systeme alternative Bearbei-tungsfolgen und Fertigungsmittel im Arbeitsplan spezifizieren. Je nach Flexibilität im Arbeitsplan gestalten sich die nachfolgenden Schritte der Teileproduktion unter-schiedlich flexibel und aufwendig.

Flexibilität in der Produktionsplanung und -steuerung wirkt sich einerseits bei der Neueinplanung eines Auftrags in die Produktion und andererseits bei der Umplanung bereits eingeplanter Aufträge aus. In der vorliegenden Arbeit wird lediglich die Festlegung der gesamtauftragsbezogenen Planungsvorgaben der Produktionsplanung und -steuerung zugerechnet; die Aufgaben der arbeitsgang-genauen Kapazitätsvergabe machen einen eigenen Bereich 'Fertigungssteuerung' aus. Wegen der engen kundenorientierten Terminvorgaben liegt bei der Neuein-planung von Aufträgen für den avisierten Einsatzbereich der kundenorientierten Einzel- und Kleinserienfertigung kein oder lediglich ein geringer Planungs- und somit Flexibilitätsspielraum vor. Das Flexibilitätspotential in PPS-Systemen ist somit im wesentlichen auf der Ebene der Umplanung bereits eingelasteter Aufträge ange-siedelt. Hier spielt der Grad der Vorausplanung und der Festschreibung von Planungsvorgaben durch das PPS-System eine zentrale Rolle. Ein Offenhalten vieler

Planungsparameter erleichtert zwar die Umplanung von Aufträgen, zieht aber höhere Anforderungen an die Fertigungssteuerung auf Werkstattebene nach sich.

In der Fertigungssteuerung drückt sich Flexibilität vor allem bei der arbeitsgangbezogenen Kapazitätsvergabe, also der Zuteilung von Fertigungsressourcen zu einzelnen Arbeitsgängen, aus. Der Grad der Offenheit für flexible Ressourcenzuweisungen in einem CAM-System ist einerseits durch die flexible Verwendbarkeit der Ressourcen selbst und andererseits durch die Offenheit der durch vorgelagerte Planungsbereiche ermittelten Planungsvorgaben entscheidend geprägt.[*] Beispielsweise kann je nach Festschreibung in den Fertigungsunterlagen auf Werkstattebene nur eine flexible Zuteilung innerhalb einer Gruppe identischer Maschinen oder aber sogar eine flexible Festlegung der Arbeitsgangreihenfolge realisiert werden. In engem Zusammenhang hiermit stehen auch die Möglichkeiten der Fehlertoleranz und Adaptivität, die in Abschnitt 8.1.5 noch gesondert behandelt werden.

### 8.1.2   Durchgängigkeit und Redundanzfreiheit

Im Gegensatz zur Flexibilität wird das Ziel der Durchgängigkeit und Redundanzfreiheit in einem rechnerintegrierten Produktionssystem überwiegend an den Schnittstellen zwischen den verschiedenen Teilkomponenten wirksam. Durchgängigkeits- und Redundanzbetrachtungen können sowohl auf Kontrollfluß- als auch auf Datenverwaltungsebene angestellt werden ([JaRR 90a] und [JaRW 89c]). Nachdem im vorliegenden Anwendungsfeld der Durchlauf durch die verschiedenen Teilapplikationen weitgehend determiniert ist (die Teilekonstruktion hat der Generierung der Fertigungsunterlagen vorauszugehen, diese wiederum der Auftragseinlastung, die eigentliche Teilefertigung schließt die Kette), konzentrieren sich die nachfolgenden Betrachtungen auf die Durchgängigkeit und Redundanzfreiheit in den teilapplikationsübergreifenden Datenbereichen.

Durchgängigkeit an der Schnittstelle zwischen Konstruktion und Arbeitsvorbereitung wird dann erreicht, wenn die im CAD-System generierten Geometriedaten vom CAPP-System automatisch weiterverarbeitet werden können. Dies bedeutet nicht notwendigerweise, daß in beiden Systemen identische Datenformate verwendet werden müssen; wichtig ist lediglich, daß notwendige Konvertierungen vom System ohne weitere Eingriffe des Benutzers durchgeführt werden. Hierzu ist vorauszusetzen, daß vom CAD-System vollständige Teilebeschreibungen übergeben werden, wobei die Weiterverwendung der Geometriedaten bei Eindeutigkeit des CAD-Datenmodells (vgl. Kapitel 4) zusätzlich erleichtert wird. In diesem Fall können auch

---

[*] Flexibilitätsbetrachtungen für das anlagentechnische System werden in der vorliegenden Arbeit nicht angestellt.

gegebenenfalls erforderliche Ergänzungen und Aufbereitungen der CAD-Daten für die Zwecke der Arbeitsvorbereitung besonders einfach und effizient durchgeführt werden.

Redundanzfreiheit kann an der Schnittstelle zwischen CAD- und CAPP-System nur in einem engeren Sinn erreicht werden. Zwar können die in der Arbeitsplanung benötigten Geometriedaten auch ohne lokale Abspeicherung direkt vom CAD-System übernommen werden, so daß eine Mehrfachspeicherung identischer Daten vermieden wird. Da die erzeugten Arbeitsgangdaten aber lediglich eine andere Sicht auf bestimmte Teilbereiche der Teilegestalt darstellen und aus den Geometriedaten erzeugt werden können, liegt hier Redundanz im weiteren Sinn vor. Durch Assoziativität in den entsprechenden Datenstrukturen kann ihr zumindest soweit begegnet werden, als nach Datenmodifikationen in einer Repräsentationsform entsprechende Bereiche in der abgeleiteten Darstellung systemseitig identifiziert und aktualisiert oder zumindest als nicht mehr gültig markiert werden.

Sowohl für den teile- als auch für den auftragsbezogenen Anteil an Planungsvorgaben für die Produktion gilt, daß die Planwerte auf Werkstattebene nicht zu restriktiv sein dürfen. Insbesondere dürfen sie den im Zuge der Fertigungssteuerung zu treffenden Entscheidungen nicht entgegenstehen, wie dies bei einfacheren PPS-Systemen häufig der Fall ist. Wenn beispielsweise im Bereich der Produktionsplanung eine Minimierung der Auftragsdurchlaufzeiten das Optimierungskriterium der Auftragseinlastung bildet, auf Werkstattebene aber eine kapazitätsbezogene Feinterminierung eingelasteter Aufträge ohne Zeitbetrachtungen durchgeführt wird, kann von den Planungsvorgaben des PPS-Systems im tatsächlichen Produktionsfall mehr oder minder stark abgewichen werden. Es ist deshalb anzustreben, daß im Planungsbereich nur solche Festlegungen treffen, die nachfolgenden Produktionsbereichen Platz für notwendige dispositive Entscheidungen offenlassen. Durchgängigkeit und Redundanzfreiheit stellen sich hier als gegenseitige Abstimmung bei der sukzessiven Ermittlung der Aktualparameter für die Produktion dar, wobei vorgelagerte Planungsbereiche später zu treffende Entscheidungen wirksam vorbereiten und unterstützen können und sollten.


### 8.1.3  Erweiterbarkeit

Das Ziel der leichten Erweiterbarkeit eines rechnerintegrierten Produktionssystems reflektiert die Tatsache, daß moderne Produktionseinrichtungen mit dem schnellen technologischen Fortschritt sowohl im anlagen- als auch im steuerungstechnischen Bereich zunehmend dynamischen Charakter aufweisen. Erweiterbarkeit stellt stets eine relative Größe dar; ohne jegliche Anpassungen können tiefergreifende Veränderungen und Erweiterungen eines bestehenden Systems sicherlich nicht vorgenommen werden. In diesem Sinne bezeichnet Erweiterbarkeit den Aufwand, der zur dynamischen Rekonfiguratioin eines bestehenden Systems in Kauf genommen werden muß. Für die Erweiterbarkeit eines Systems stellen Eigenschaften wie Modularität, formale Schnittstellendefinition und klare konzeptionelle Grundlagen wesentliche Kriterien dar. Wegen der weitgehend festgelegten Beziehungen zwischen den verschiedenen Teilkomponenten rechnerintegrierter Produktionssysteme bezieht sich Erweiterbarkeit im vorliegenden Kontext überwiegend auf Merkmale innerhalb der jeweiligen Teilsysteme.

Im Bereich der Konstruktion drückt sich leichte Erweiterbarkeit in erster Linie in der Möglichkeit der Verwendung und Hinzunahme beliebiger geometrischer Modelliersysteme aus. Wie in Kapitel 4 gezeigt wurde, lassen sich die zugrundeliegenden geometrischen Datenmodelle in gewissem Rahmen systematisch ineinander überführen, so daß der Verwendung hybrider und alternativer Modellierer systemseitig wenig Beschränkungen auferliegen. Wegen der üblichen umfassenden Möglichkeiten der Objektmodellierung mit käuflichen CAD-Systemen entfällt in modernen Systemen häufig die Notwendigkeit applikationsspezifischer Systemerweiterungen.

In Arbeitsplanungssystemen stellt Erweiterbarkeit oft eine kritische Größe dar. Auch wenn das bearbeitbare Teilespektrum nicht, wie in Variantensystemen, von vornherein auf bestimmte anwendungsdefinierte Teilefamilien beschränkt ist, wird durch bestimmte Charakteristika in den Planungsverfahren häufig der Anwendungsbereich auf bestimmte Klassen von Teilen begrenzt. So erlauben beispielsweise viele generative CAPP-Systeme eine vollautomatisierte Planung lediglich für prismatische Teile. Der Erweiterbarkeit auf andere Teileklassen stehen hier grundsätzliche Hindernisse entgegen, die häufig eine Abänderung der gesamten Planungslogik erfordern würden. Von leichter Erweiterbarkeit kann aber sicherlich nur dann gesprochen werden, wenn die bestehende Planungslogik für den neuen Anwendungsbereich parametriert werden kann, die neuen Planungsaufgaben also lediglich deklarativ beschrieben werden.

In Produktionsplanungs- und -steuerungssystemen bezieht sich Erweiterbarkeit in erster Linie auf die Möglichkeit der Eigendefinition bzw. der anwendungsbezogenen Modifikation vorgegebener Planungsstrategien. Auch hier kann von leichter Erweiterbarkeit nur gesprochen werden, wenn solche applikationsdefinierten Ergänzungen von vornherein im Planungsansatz vorgesehen sind und systemseitig wirksam unterstützt werden. Besonderes Augenmerk ist dabei auf den Automatisierungsgrad der Planung zu legen (siehe auch Abschnitt 8.1.4); so lassen Leitstandsysteme eine beliebige Beeinflussung der systemseitig ermittelten Planungsvorgaben zu, allerdings meist nur im interaktiven Betrieb und ohne die Möglichkeit der Veränderung der initialen systemseitigen Planungslogik.

In CAM-Systemen muß Erweiterbarkeit nach den Bereichen technisches System sowie Steuerungs- und Kontrollsystem getrennt betrachtet werden. Anlagentechnische Erweiterungen auf Werkstattebene, etwa durch den Zukauf neuer Bearbeitungsmaschinen, stehen in der vorliegenden Arbeit außerhalb der Betrachtung. Wichtig für den Bereich des Steuerungs- und Kontrollsystems ist bei Änderungen im technischen System, daß sich die neuen Systemkomponenten in das bisherige Fertigungssteuerungssystem integrieren lassen. Dies setzt im Steuerungssystem eine Abstraktion von konkreten anlagentechnischen Spezifika im technischen System voraus, die durch eine hochgradige Parametrisierung der Steuerungssysteme in Verbindung mit entsprechenden Gerätetreibern erzielt werden kann.

### 8.1.4  Automatisierung

Ein zentrales Anliegen beim Aufbau und Betrieb rechnerintegrierter Produktionssysteme ist eine weitgehende Automatisierung der Planungs- und Produktionsvorgänge, nicht nur aus Gründen der Rationalisierung, sondern beispielsweise auch wegen der verbesserten Qualitätskontrolle. Automatisierung hängt in starkem Maß vom Grad der systematischen Wiederverwendbarkeit bereits früher durchgeführter Arbeitsschritte ab ([RuWe 89]). In bezug auf rechnergeführte Produktionssysteme stellt Automatisierung innerhalb der zu integrierenden Teilkomponenten einen bedeutenden Faktor dar; Aspekte der Automatisierung an den Schnittstellen zwischen diesen Komponenten wurden bereits unter dem Stichwort 'Durchgängigkeit und Redundanzfreiheit' (Abschnitt 8.1.2) angesprochen.

Im Bereich der Produktgestaltung kann zumindest bei der hochflexiblen Einzel- und Kleinserienfertigung der eigentliche Konstruktionsvorgang bestenfalls systemseitig unterstützt, keinesfalls aber vollständig automatisiert werden. Lassen sich die zu produzierenden Teile nicht a priori relativ wenigen Teilefamilien zuordnen, für die dann auf Basis einer Standardkonfiguration im Sinne der Variantenkonstruktion lediglich Anpassungen an die konkreten Ausprägungen vorzunehmen sind, so erfordert die Produktgestaltung als kreativer Prozeß die interaktive Entscheidungsfindung durch den Benutzer. Ein CAD-System stellt eine Reihe technischer Hilfsmittel bereit, z.B. automatisches Zeichnen in mehreren Ansichten oder automatische Bemaßungen, die dem Konstrukteur Routinetätigkeiten abnehmen und eine Konzentration auf den eigentlichen Entwurfsprozeß erlauben; die Gestaltfindung nach funktionalen, wirtschaftlichen und technologischen Kriterien obliegt jedoch weiterhin dem menschlichen Systembediener.

In Arbeitsplanungssystemen hängt der Grad an Automatisierung stark vom zugrundeliegenden Planungsverfahren ab. Teilefamilienorientierte Verfahren können viele oder gar alle erforderlichen Planungsschritte automatisch durchführen, sind aber im Anwendungsbereich mehr oder minder stark eingeschränkt (vgl. Kapitel 5). Generative Verfahren erfordern teilweise umfangreiche Aufbereitungen der in der Konstruktion ermittelten Geometriedaten, die oft nur zum Teil automatisch durchgeführt werden können. Für Teilbereiche der Arbeitsvorbereitung, wie etwa die verschiedenen Schritte der NC-Programmierung, existieren umfassende rechnergestützte Hilfsmittel, die eine menschliche Interaktion nur in Spezial- und Problemfällen erfordern. Anzumerken ist, daß die Automatisierung in Arbeitsplanungssystemen häufig auf Kosten der Flexibilität der Planungsergebnisse erzielt wird; das System generiert einen 'optimalen' Arbeitsplan, ohne für nachfolgende Schritte der Teileproduktion mögliche Alternativen systematisch zu eruieren und bereitzustellen.

Produktionsplanungs- und -steuerungssysteme gehören zu den ersten erfolgreichen Einsatzgebieten rechnergestützter Methoden und Verfahren; entsprechend hoch ist in modernen PPS-Systemen der Entwicklungsstand bei der Ausführung der einzelnen Planungsschritte. Durch das lange historische Wachstum vieler heute eingesetzter PPS-Systeme sind die entsprechenden Programmpakete oft nur noch schwer verständlich und kaum mehr wartbar; so kommen heute bereits Expertensysteme zum Einsatz, die sich ausschließlich mit der Konfiguration komplexer Standardsoftwaresysteme befassen ([Mert 88]). Wie auch bei den Arbeitsplanungssystemen schränken PPS-Systeme die Flexibilität bei der eigentlichen Teileproduktion oft unnötig ein, was aber wegen des monolithischen Charakters der hochautomatisierten Planungssysteme kaum zu beheben ist. Für den Einsatz eines PPS-Systems in einem integrierten Gesamtkonzept der rechnergestützten Produktion ist auf eine enge Abstimmung zwischen der Automatisierung der Planungsschritte einerseits und dem Offenhalten möglicher Alternativen andererseits zu achten.

Die Automatisierung eines CAM-Systems bereitet auf anlagentechnischer Seite zunehmend weniger Schwierigkeiten. Moderne Produktionsanlagen stellen nicht nur für die eigentlichen Bearbeitungsschritte der Teilefertigung, sondern auch für die zugehörigen Handhabungs- und Transportvorgänge umfassende rechnergestützte Hilfsmittel bereit. Auf Steuerungsseite ist in vielen CAM-Systemen ein manuelles Eingreifen vorgesehen oder sogar nötig, um die Feineinlastung von Arbeitsgängen manuell zu korrigieren bzw. überhaupt erst durchzuführen. Häufiger Grund für die fehlende Automatisierung in diesem Bereich ist die mangelnde Abstimmung der Planungsvorgaben aus dem CAPP- und PPS-Bereich mit den aktuellen Erfordernissen auf Werkstattebene. Wie unter dem Stichwort 'Durchgängigkeit und Redundanzfreiheit' (Abschnitt 8.1.2) bereits angesprochen wurde, müssen zur Realisierung eines integrierten Gesamtkonzepts die Teilkomponenten eines rechnergestützten Produktionsbetriebs im Planungs- und Steuerungsbereich wesentlich enger aufeinander abgestimmt werden, als dies bisher der Fall ist.

## 8.1.5  Fehlertoleranz und Adaptivität

Moderne Produktionseinrichtungen stellen hochkomplexe heterogene Systeme sowohl auf Hardware- wie auch auf Softwareseite dar ([JaRu 87]). Der zunehmende Integrationsgrad in rechnergeführten Fertigungsunternehmen läßt sich nur dann in wirtschaftliche Vorteile umsetzen, wenn Eigenschaften wie Automatisierung und Flexibilität nicht durch eine erhöhte Störanfälligkeit im technischen System und auf Steuerungsseite zunichte gemacht werden. Der Behandlung unvorhergesehener Ereignisse kommt bei der Teileproduktion deshalb zunehmend eine Schlüsselrolle zu ([Hofm 90]). Mit dem Rechnereinsatz in der Teileproduktion stehen auch Hilfsmittel zur Anpassung des Produktionsablaufs an die auf Werkstattebene tatsächlich vorhandenen Bedingungen bereit. Abweichungen vom vorgeplanten Produktionsablauf können systematisch ermittelt und in die Fertigungssteuerung eingebracht werden. Darüber hinaus können statische, in produktionsvorgelagerten Systemen ermittelte Planungsvorgaben durch prozeßnahe dynamische Entscheidungen ersetzt werden. Wenn auch die Gründe für eine gewünschte Adaptivität in rechnerintegrierten Produktionssystemen unterschiedlich sind, so lassen sich die erforderlichen Maßnahmen sowohl für den Normalbetrieb als auch für den Fehlerfall unter einem gemeinsamen Dach subsumieren, da die erforderlichen Maßnahmen weitgehend identisch sind.

Im Konstruktionsbereich kann der Fehlerbegriff nur relativ vage umrissen werden, da für ein neu entworfenes Teil systemseitig im allgemeinen nicht entscheidbar ist, ob eine bestimmte Konstruktion funktionale Mängel aufweist. Auf rein geometrischer Ebene sind lediglich einige grundlegende Eigenschaften konstruierter Objekte nachprüfbar, die in den sogenannten Euler-Formeln Ausdruck finden ([Wils 85]) und von modernen geometrischen Modellierern ohne Zutun des Benutzers während des Konstruktionsprozesses evaluiert werden. Weitergehende Überprüfungsverfahren, beispielsweise nach der Finite-Elemente-Methode, stellen meist eigenständige Systembausteine dar und werden nur unter expliziter Benutzerkontrolle eingesetzt. Adaptivität muß im Konstruktionsbereich als die Möglichkeit der inkrementellen Veränderung bereits vorliegender Produktentwürfe verstanden werden. Eine weiterführende, durchgängige Adaptivität von der Konstruktion bis in prozeßnahe Produktionsbereiche, etwa durch automatisches Ändern der Konstruktionsdaten bei entsprechenden Veränderungen der NC-Programme in einer Steuerung, kann im allgemeinen – z.B. aus Autorisierungsgründen – nicht realisiert werden.

Fehlerkompensationsmaßnahmen spielen in Arbeitsplanungssystemen wegen der relativen Prozeßferne nur eine untergeordnete Rolle. Dagegen kommt der Adaptierbarkeit des Planungsprozesses an die individuellen Bedürfnisse des Systembenutzers hohe Bedeutung zu. Gerade durch die unterschiedlichen Anforderungen an die teilespezifischen Planungsvorgaben, die aus den verschiedenen Arten der Weiterverarbeitung in nachfolgenden Teilkomponenten resultieren, ergibt sich der Zwang zur applikationsspezifischen Konfiguration von CAPP-Systemen. Adaptivität im Sinne einer anwendungsbezogenen Systemkonfiguration erstreckt sich im wesentlichen auf die Phase vor der Inbetriebnahme des Systems; dynamische Anpassungen in der Planungslogik während eines Planungsvorgangs sind dagegen nur bei einem zustandsbezogenen Planungsverlauf vonnöten, was in Arbeitsplanungssystemen in der Regel nicht gegeben ist.

In Produktionsplanungs- und -steuerungssystemen stellt mangelnde Adaptivität ein entscheidendes Problem dar, wie in Kapitel 6 bereits eingehend dargestellt wurde. Die meisten PPS-Systeme berücksichtigen im Planungsprozeß den Systemzustand auf Werksattebene bestenfalls zum Zeitpunkt der Auftragserteilung. Bis zur Auftragsdurchführung können diese Planungsgrundlagen aber umfassende Veränderungen erfahren haben, so daß die ursprünglich als Optimierungskriterien herangezogenen Parameter keine Gültigkeit mehr besitzen. Zum einen resultiert dieses Veralten aus der Unschärfe der Vorgaben durch ein PPS-System, das auch nach Auftragsbildung und -erteilung noch in einem gewissen Umfang Entscheidungen zulassen muß. Verschärft wird die Problematik durch Fehler und Ausfälle auf Werkstattebene, welche den vorgesehenen Fertigungsablauf undurchführbar machen können. In diesem Fall ist eine Planrevision erforderlich, wobei nur durch die Möglichkeit der inkrementellen Adaption die früher ermittelten Planvorgaben noch einen gewissen Wert behalten können. Wegen der Fehleranfälligkeit in CAM-Systemen haben statisch ermittelte Planvorgaben auf Auftragsebene, die über eine reine Auftragsterminierung hinausgehen, zunehmend geringere Bedeutung.

Auf Werkstattebene stellen Fragen der Fehlerkompensation und Adaptivität entscheidende Kriterien für die Gesamtleistung des Systems dar. Fehler im anlagentechnischen System müssen sich zumindest in ihren Auswirkungen soweit begrenzen lassen, daß beispielsweise von einem Maschinenausfall möglichst nur vergleichsweise kleine Bereiche betroffen sind und die Produktion in anderen Fertigungsbereichen weitgehend unbehelligt fortgesetzt werden kann. Im Steuerungs- und Kontrollsystem sind Fehler im technischen System entsprechend zu berücksichtigen, wobei ein Phasenmodell der Fehlerbehandlung (vgl. [JaWZ 88], [Hofm 90]) wesentliche Hilfestellung leisten kann. Die vom PPS-System offengelassenen Ressourcenzuteilungen müssen dynamisch anhand der aktuellen Einsatzbereitschaft und Verfügbarkeit der Fertigungsmittel erfolgen, um der Komplexität und Dynamik in diesem Umfeld mit Realzeitcharakter Rechnung zu tragen.

## 8.2  Anwendungsmodell

Bei der Diskussion der Zielkategorien beim Aufbau rechnerintegrierter Produktionskontrollsysteme wurde bei manchen Aspekten bereits der enge Zusammenhang
zwischen verschiedenen Kategorien deutlich. Deshalb muß zum Aufbau eines integrierten Gesamtsystems, das allen gestelllten Anforderungen und Zielen gerecht
werden soll, nach einer simultanen Erfüllung der Ziele in allen Bereichen gesucht
werden.

Eine Verbindung der Teilkomponenten rechnerintegrierter Produktionssysteme mit
simultaner Berücksichtigung verschiedener Teilzielsetzungen war bereits bei der
in Kapitel 2 vorgestellten Fallstudie zumindest teilweise zu erkennen. Soll ein integriertes Gesamtsystem nicht nur, wie dort, für einen begrenzten Bereich der Teileproduktion, sondern universell für ein breites Spektrum von Produktionsverfahren
einsetzbar sein, so muß als Grundlage der Integration eine Konzeptionalisierung
des Anwendungsbereichs erfolgen. Mit der Behandlung der wiederkehrenden appli-
kationsinvarianten Fragestellungen auf konzeptioneller Ebene kann eine generische
Basis für rechnerintegrierte Produktionssysteme geschaffen werden, die verschiedene anwendungsspezifische Ausprägungen zuläßt und abdeckt. Zur Hinführung auf
die in Kapitel 9 vorzustellende Rahmenarchitektur für ein solches integriertes
Gesamtsystem wird nachfolgend eine integrierende abstrakte Sicht auf die mit den
verschiedenen Teilsystemen durchzuführende Gesamtaufgabe eingeführt; der
Zusammenhang mit den in Abschnitt 8.1 vorgestellten Zielkategorien wird in
Abschnitt 8.3 aufgezeigt.

Zentrale Aufgabe eines Produktionssystems zur flexiblen Teilefertigung im Bereich
der flexiblen Einzel- und Kleinserienherstellung mechanischer Bauteile ist die
schrittweise Überführung eines Rohteils in das zu fertigende Produkt. Alle in Hauptabschnitt B beschriebenen Teilsysteme der rechnerintegrierten Produktion befassen
sich mit einem oder mehreren Teilaspekten dieser Gesamtaufgabe. Die in Hauptabschnitt B vorgenommene Vorstellung der verschiedenen Teilaufgaben der Basiskomponenten rechnerintegrierter Produktionssysteme läßt erkennen, daß im Umfeld
der Fertigung mechanischer Bauteile der abstrakte Begriff 'Bearbeitungsschritt' den
zentralen Bezugspunkt für alle Teilsysteme darstellt. Die Rückführung der komplexen Aufgabenstellung 'Produktion mechanischer Bauteile' auf Einzelschritte, die
sich alle auf die sukzessive Transformation eines Rohlings in ein Fertigteil beziehen,
ist in Abbildung 8-1 für einige Teilaspekte exemplarisch dargestellt.

Die Darstellung in Abbildung 8-1 zeigt deutlich, daß der Begriff 'Bearbeitungsschritt' in den verschiedenen Teilsystemen völlig unterschiedlich interpretiert wird:
im CAD-Bereich stellt ein Bearbeitungsschritt eine Ansammlung verschiedener,
nach applikationsspezifischen Kriterien zusammenhängender geometrischer Grund-

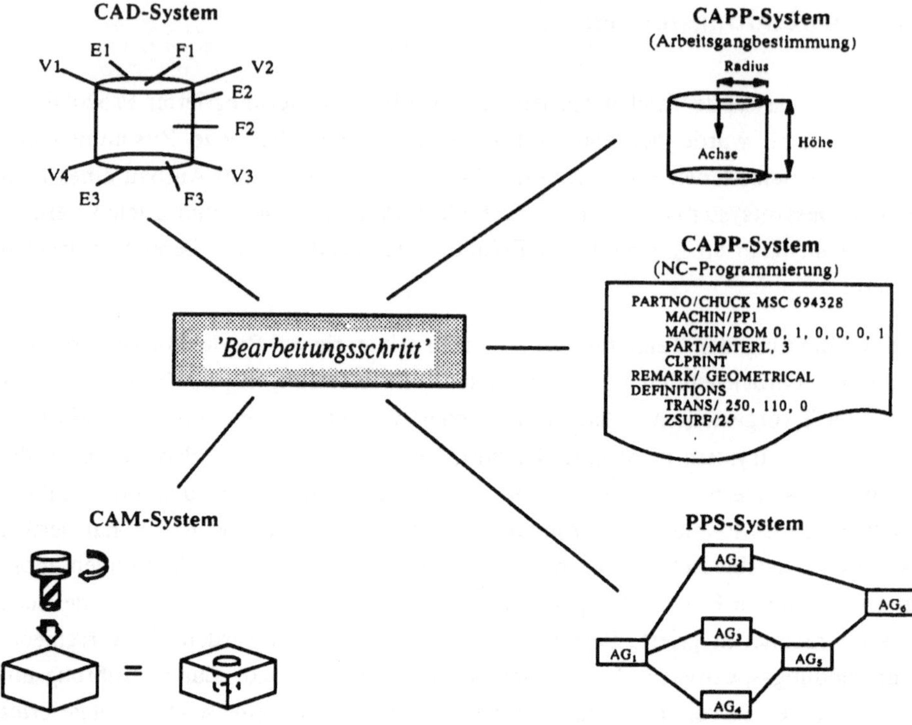



Abbildung 8-1:  Interpretation des Begriffs 'Bearbeitungsschritt' in verschiedenen Teilkomponenten eines rechnerintegrierten Produktionssystems

elemente dar, im CAPP-Bereich fungiert ein Bearbeitungsschritt als Planungseinheit beispielsweise für die Identifikation potentieller Herstellressourcen oder auch für die Festlegung von Produktionsparametern in Form von NC-Programmen, im PPS-System werden die verschiedenen Bearbeitungsschritte als Maßgabe bei der Auftragsbildung und -veranlassung herangezogen, und im CAM-Bereich werden Bearbeitungsschritte als mechanische Bearbeitungsoperationen, beispielsweise als Senken eines Bohrers in das zu bearbeitende Teil, gedeutet.

Eine Anwendung des oben kurz skizzierten Anwendungsmodells unter dem spezifischen Aspekt der Flexibilitätssteigerung in automatisierten Produktionssystemen ist in [JaRW 89a], [JaRW 89b] und [JaRW 89c] zu finden. Dort werden die Zusammenhänge zwischen den verschiedenen Ressourcenzuordnungen bei der schrittweisen Überführung abstrakter Bearbeitungsschritte in konkret ausführbare Fertigungsaktionen untersucht und in Form von Abhängigkeitsgraphen wiedergegeben. Die für die vorliegende Arbeit nötige detaillierte Beschreibung der Umsetzung und Interpretation des abstrakten Begriffs 'Bearbeitungsschritt' in den verschiedenen Teilkomponenten rechnerintegrierter Produktionssysteme und an den Schnittstellen zwischen ihnen erfolgt in Kapitel 9.

## 8.3  Modellbewertung anhand der Zielsetzungen

Mit der Integration der verschiedenen Teilsysteme der rechnergestützten Produktion auf Basis des Modells abstrakter Bearbeitungsschritte wird die eingangs dieses Abschnitts geforderte simultane Verfolgung der in Abschnitt 8.1 angegebenen Zielkategorien entscheidend unterstützt. Auch wenn nachfolgend aus Gründen der Übersichtlichkeit eine getrennte Darstellung nach den verschiedenen Bereichen gemäß Abschnitt 8.1 erfolgt, sollte deutlich werden, daß das gewählte Anwendungsmodell in allen Kategorien gleichermaßen günstige Auswirkungen zeigt und die Erfüllung von Zielvorgaben in einem Bereich nicht die Erfüllung in anderen Bereichen erschwert oder gar verhindert.

Flexibilität wird durch das Bearbeitungsschritt-Modell insofern unterstützt, als die Einführung einer abstrakten Ebene verschiedene Konkretisierungen erlaubt, beispielsweise durch die Abarbeitung eines Bearbeitungsschritts unter Heranziehung verschiedener alternativer Fertigungsmittel. Dies schließt insbesondere die Möglichkeit der Verlagerung flexibilitätsvermindernder, frühzeitiger statischer Festlegungen auf die Ebene der kurzfristigen, dynamischen Prozeßsteuerung mit ein. Hierdurch können Planungsentscheidungen situationsabhängig getroffen und kurzfristig revidiert werden ([JaRW 89a], [JaRW 89b], [JaRW 89c]).

Durchgängigkeit und Redundanzfreiheit in einem rechnerintegrierten Produktionssystem werden durch die Rückführung der verschiedenen Teilaufgaben auf das Modell abstrakter Bearbeitungsschritte als gemeinsamen Bezugspunkt wirksam unterstützt. Da die konzeptionelle Grundlage für die verschiedenen Teilsysteme identisch ist, stellt sich die Gesamtaufgabe in allen Komponenten gleich dar: die Einzelbearbeitungsschritte für die Teileproduktion sind zu identifizieren und sukzessive in ausführbare Fertigungsaktionen überzuführen. Bei der schrittweisen Anreicherung der Information zu einem Bearbeitungsschritt kann Mehrfacharbeit und redundante Informationsgewinnung vermieden werden, indem das Informationsbedürfnis auf Werkstattebene als Kriterium herangezogen wird; alle Tätigkeiten beziehen sich somit auf die Spezifikation ausführbarer Arbeitsanweisungen, wobei bereits erarbeitete Vorgaben von nachfolgenden Teilsystemen verwendet werden können.

Sowohl die Identifikation der Bearbeitungsaufgabe als auch die Festlegung der Ausführungsumgebung für einen Arbeitsschritt erfolgt nicht direkt auf produktbezogenen Merkmale, sondern baut auf dem Modell abstrakter Bearbeitungsschritte auf. Auch die Zuordnung von Herstellressourcen an diese generischen Einheiten wird nur indirekt vorgenommen. Somit kann eine Erweiterung des Produktionsumfeldes sowohl im Planungs- als auch im Steuerungs- und Kontrollbereich des integrierten Gesamtsystems inkrementell und ohne Beeinflußung früherer Zuordnungen durchgeführt werden. Mit der Möglichkeit der dynamischen Ressourcenallokation auf Basis abstrakter Bearbeitungsschritte können veränderte Herstellbedingungen bis unmittelbar vor Produktionsbeginn berücksichtigt werden.

Wie bereits in Abschnitt 8.1 angedeutet wurde, hängt die Automatisierung der Teilschritte rechnerintegrierter Produktionsvorgänge unmittelbar mit dem Grad an Wiederverwendbarkeit von Teilschritten bereits durchgeführter Aufgaben zusammen. In Hauptabschnitt B wurde deutlich, daß Wiederverwendbarkeit auf der Ebene ganzer Teile bzw. Produkte zu einem eingeschränkten Anwendungsbereich im Sinne des Teilefamilienkonzepts führt. Mit dem Konzept abstrakter Bearbeitungsschritte wird das Granulat der Wiederverwendbarkeit auf die Ebene einzelner Herstelloperationen verlagert. Die Summe dieser einzelnen Bearbeitungsschritte kann bei Rückführung der Bearbeitungsschritte auf elementare Fertigungsoperationen wesentlich allgemeineren Charakter aufweisen als die bloße Zusammenfassung mehrerer Teilefamilien. Da darüber hinaus die verschiedenen Aufgaben der Teileproduktion auf Basis des Modells abstrakter Bearbeitungsschritte durchweg automatisierbar sind, wie in Kapitel 9 und Hauptabschnitt D noch gezeigt wird, erhöht sich der Automatisierungsgrad mit diesem Konzept bei gleichzeitiger Ausweitung des Einsatzspektrums des Gesamtsystems wesentlich.

Entscheidend für die Verwirklichung der Zielsetzung hoher Fehlertoleranz und Adaptivität ist beim Konzept abstrakter Bearbeitungsschritte die Rückführung der erforderlichen Transformationsschritte vom Rohling zum Fertigteil auf elementare Herstelloperationen. Weisen die Bearbeitungsschritte generischen Charakter auf, so ist ihre Ausführung auf Werkstattebene nicht an bestimmte Ressourcen gebunden, sondern kann im Rahmen der Eignung und Verfügbarkeit der Fertigungsmittel mit einem breiten Spektrum verschiedener Mittel erreicht werden. Dies beinhaltet auch die Möglichkeit der dynamischen Neuzuweisung von Ressourcen bei Ausfall der vorgesehenen Fertigungsmittel. Mit der Möglichkeit der freien Ressourcenzuordnung kann ein dynamischer, feingranularer Kapazitätsabgleich unmittelbar auf Werkstattebene vollzogen werden, wodurch sich die meisten betriebswirtschaftlichen Kenngrößen positiv beeinflußen lassen.

# 9 Architektur des Gesamtsystems

Im vorangegangenen Kapitel wurden die wesentlichen Entwurfsgrundlagen für das in dieser Arbeit konzipierte flexible rechnerintegrierte Produktionssystem vorgestellt. Zentraler Bestandteil des dort eingeführten Anwendungsmodells war das Konzept abstrakter Bearbeitungsschritte. Mit diesem generischen, applikationsspezifisch gestaltbaren Konzept steht eine Integrationsbasis für die in Hauptabschnitt B charakterisierten Komponenten rechnerintegrierter Produktionssysteme bereit, die einerseits eine einheitliche, abstrakte Beschreibung der durchzuführenden Bearbeitungsaufgabe gestattet, andererseits aber auch eine teilsystemspezifische Interpretation dieser Aufgabe zuläßt. Somit kann unter Einsatz bestehender Systembausteine eine integrierte Gesamtlösung aufgebaut werden.

Die Ausführungen im vorliegenden neunten Kapitel umfassen nur die anwendungsbereichsneutralen Aspekte der Verbindung bestehender Basissysteme; Beispiele für spezifische Ausprägungen dieses Ansatzes werden in Hauptabschnitt D bei der Vorstellung diverser prototypischer Implementierungen angegeben. Bevor auf die spezifischen Auswirkungen des Integrationskonzepts in den verschiedenen Teilkomponenten rechnergestützter Produktionssysteme und an den Schnittstellen zwischen ihnen eingegangen wird (Abschnitte 9.2 bis 9.4), wird in Abschnitt 9.1 ein Überblick über die grundsätzliche Architektur des integrierten Produktionskontrollsystems auf Basis des Modells abstrakter Bearbeitungsschritte gegeben. Die Vorstellung dieser Architektur soll zum einen eine bessere Einordnung der nachfolgend diskutierten Einzelaufgaben der Integration ermöglichen; andererseits bildet sie auch den gemeinsamen Bezugspunkt für die in Hauptabschnitt D vorzustellenden Implementierungsvarianten.

## 9.1  Übersicht

Grundlage des Modells abstrakter Bearbeitungsschritte ist die Vorstellung, daß die teilsystemübergreifende gemeinsame Aufgabe in einem rechnerintegrierten Produktionssystem für die mechanische Fertigung die schrittweise Transformation eines Ausgangsteils (Rohling) in ein herzustellendes Produkt (Fertigteil) darstellt. Neben der Identifikation der Bearbeitungsaufgabe in Form der Festlegung der durchzuführenden Bearbeitungsschritte bildet die Identifikation möglicher Herstellungsressourcen und deren dynamische Allokation auf Werkstattebene den Kern der teilebezogenen Aktivitäten (vertikale Achse in Abbildung 9-1). Die auftrags-

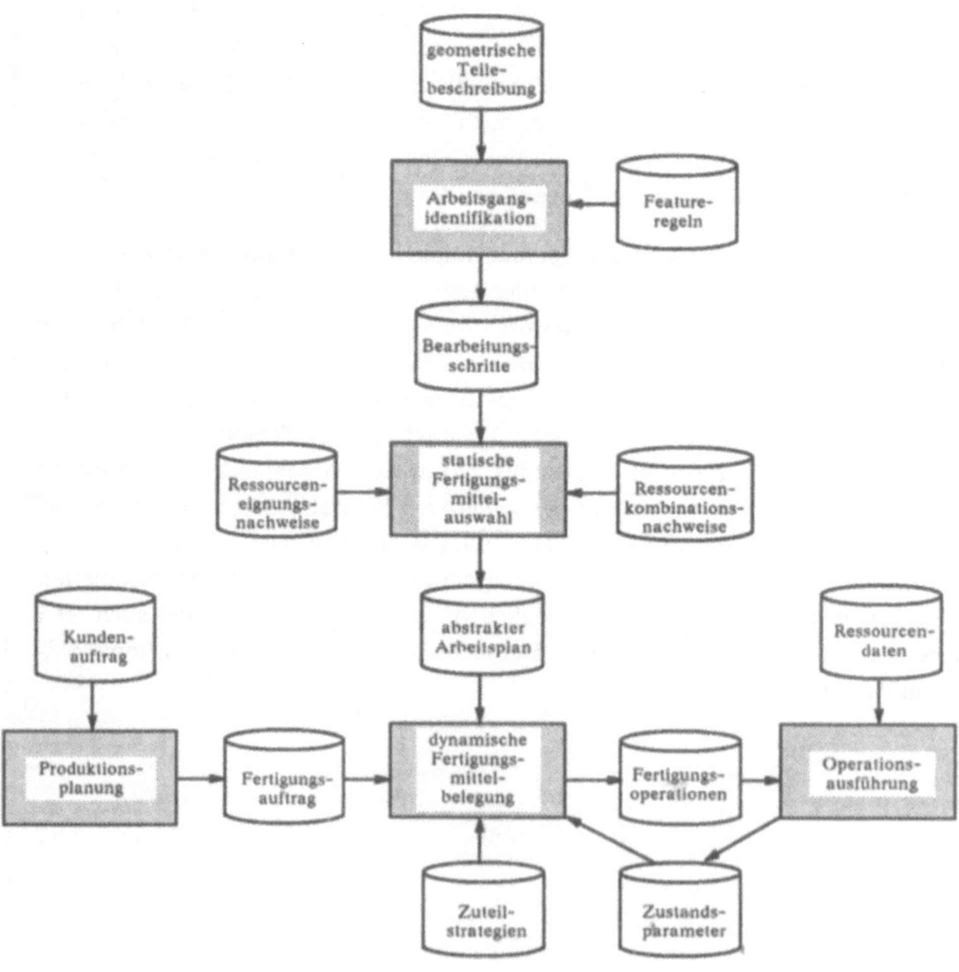



Abbildung 9-1:  Rahmenarchitektur des rechnerintegrierten Produktionskontrollsystems

bezogenen Aktivitäten umfassen im wesentlichen die Auftragsbildung, also die Überführung von Kunden- in Fertigungsaufträge mit anschließender Terminierung und Freigabe, sowie die dynamische Ressourcenallokation (horizontale Achse in Abbildung 9-1).

Die Darstellung der Rahmenarchitektur in Abbildung 9-1 macht deutlich, daß in der auf Werkstattebene angesiedelten zustandsbezogenen Ressourcenvergabe (dynamische Fertigungsmittelbelegung) die teile- und auftragsbezogenen Aktivitäten zusammenlaufen und vereinheitlicht werden. Ansonsten ist auf eine klare Trennung von teile- und auftragsbezogenen Aktivitäten geachtet, was sich auch in den Anforderungen an die verschiedenen Teilsysteme niederschlägt. Die Planungskomplexität nimmt in beiden Achsen mit zunehmendem Abstand zur eigentlichen Durchführung der Bearbeitungsoperationen (Operationsauführung) auf Werkstattebene sukzessive zu, während sich gleichzeitig der erlaubte Planungszeitraum vergrößert. Die Konzeption ist somit eng an den bereits vorgestellten Zielsetzungen beim Aufbau rechnerintegrierter Fertigungssysteme orientiert. Auf ausgewählte Aspekte der Berücksichtigung aufgestellter Zielsetzungen durch die gewählte Architektur wird in den folgenden Abschnitten noch näher eingegangen.

Wenn auch die Aufteilung der Einzelschritte gemäß Abbildung 9-1 weitgehend der klassischen Gliederung einer rechnergesteuerten Fabrikorganisation in die Bereiche CAD, CAPP, PPS und CAM folgt, so ist doch teilweise eine inhaltliche Neufestlegung der jeweiligen Aufgabenbereiche erforderlich (vgl. Abschnitte 9.2 bis 9.4). Für die Festlegung der Gesamtarchitektur sind folgende Kriterien maßgeblich, die sich direkt aus den in Kapitel 8 aufgestellten Zielsetzungen ergeben:

- Bei der Konstruktion eines Teils sollten funktionale und gestalterische Kriterien im Vordergrund stehen. Gerade im Bereich der kundenindividuellen Einzel- und Kleinserienfertigung mechanischer Bauteile, wie sie etwa im Werkzeug- und Vorrichtungsbau typisch ist, stellt die Forderung nach 'fertigungsgerechtem Konstruieren' eine schwerwiegende Einschränkung der gestalterischen Freiheit des Konstrukteurs dar. Durch den Zwang zur Berücksichtigung wirtschaftlicher und fertigungsbezogener Sachverhalte wird eine Gestaltsfindung nach rein funktionalen Kriterien erschwert oder gar verhindert. Wegen der hohen Komplexität der Konstruktionsaufgaben bei dem in diesem Bereich typischen mannigfaltigen Teilespektrum ist solch eine Beschränkung im allgemeinen zu restriktiv.

- Die teilebezogenen planerischen Aufgaben sollten unabhängig vom aktuellen Zustand des technischen Fertigungssystems durchführbar sein. Dies schließt beispielsweise die Spezifikation von 'optimalen' Herstellressourcen bereits im Arbeitsplan von vornherein aus. Die teilebezogenen Arbeitsplanungsaufgaben sind in der gezeigten Rahmenarchitektur nur einmalig zu durchlaufen und können ohne Vorliegen eines Fertigungsauftrags durchgeführt werden. Dies stellt insbesondere sicher, daß die Neuplanung eines Teils nicht von früheren oder parallel durchgeführten Planungsaktivitäten für andere Teile abhängt.

- Im Gegensatz zur teilespezifischen Arbeitsvorbereitung werden die Maßnahmen der auftragsbezogenen Produktions- und Fertigungsplanung entscheidend vom aktuellen Zustand des Fertigungssystems auf Werkstattebene beeinflußt. Planungsparameter, wie die Belegung der Fertigungsressourcen und der Ausfallstand von Produktionseinrichtungen, sind im wesentlichen durch die konkurrierend abzuarbeitenden Fertigungsaufträge determiniert. Deshalb müssen die auftragsspezifischen Planungsaktivitäten für einen neu eingehenden Fertigungsauftrag jedesmal von neuem unter Berücksichtigung des aktuellen Auftragsstands durchgeführt werden, auch wenn das entsprechende Teil schon früher einmal produziert wurde.

- Im unmittelbaren Produktionsvorfeld auf Ebene des Fertigungsleitstands bestehen enge planerische Zeitrestriktionen hinsichtlich der Zuteilung von Arbeitsgängen zu Fertigungsressourcen und der Umdisposition in Fehlerfällen. Deshalb müssen die noch offenen Planungsentscheidungen so weit wie möglich in Planungsphasen vorbereitet werden, die dem eigentlichen Produktionsprozeß vorgelagert sind. Dies stellt sicher, daß schnelle und sichere Festlegungen auch unter den herrschenden Realzeitbedingungen getroffen werden können.

Die Aufteilung der Einzelaktivitäten beim Entwurf rechnerintegrierter Produktionssysteme erfolgte zunächst aus rein funktionalen Kriterien anhand der in Kapitel 8 aufgestellten Zielkategorien. Die Tätigkeiten in den Bereichen 'Ableiten von Arbeitsganginformation', 'Identifikation zuordenbarer Fertigungsressourcen' und 'Auswahl einer Ausführumgebung' korrespondieren mehr oder weniger eng mit bereits vorgestellten Aktivitäten in den Basiskomponenten rechnergestützter Produktionssysteme (CAD-, CAPP-, PPS- und CAM-Systeme) und werden in den nachfolgenden Abschnitten unter dem spezifischen Blickwinkel des Einsatzes in einem flexiblen rechnerintegrierten Produktionskontrollsystem im einzelnen vorgestellt.

## 9.2  Ableiten von Arbeitsganginformation

In diesem Abschnitt werden die Einzelschritte vorgestellt, mit denen die geometrische Beschreibung eines Teils in eine fertigungsorientierte Sichtweise übergeführt
wird. Diese Umsetzung ist dann erforderlich, wenn die Teilebeschreibung im CAD-
System nicht bereits unter fertigungsspezifischen Gesichtspunkten erfolgt, wie dies
bei der vorgangsorientierten Konstruktion mit Formelementen der Fall ist (vgl.
Kapitel 4). Abbildung 9-2 zeigt die grundsätzliche Vorgehensweise bei der Verbindung des Konstruktions- mit dem Arbeitsvorbereitungsbereichs. In den nachfolgenden Unterabschnitten werden die im einzelnen durchzuführenden Schritte im Überblick vorgestellt.

### 9.2.1  Definition der Fertigteilgeometrie

Bevor mit den planenden Schritten der rechnerintegrierten Produktion begonnen
werden kann, ist die geometrische Beschreibung des herzustellenden Teils festzulegen (Abbildung 9-2(a)). Im vorliegenden Ansatz erfolgt die Gestaltfestlegung im
CAD-System unter freier Verwendung eines oder mehrerer geometrischer Modelliersysteme, da nur so die geforderte Freiheit des Konstruktionsprozesses gewährleistet
werden kann (vgl. auch Kapitel 4 und 8).

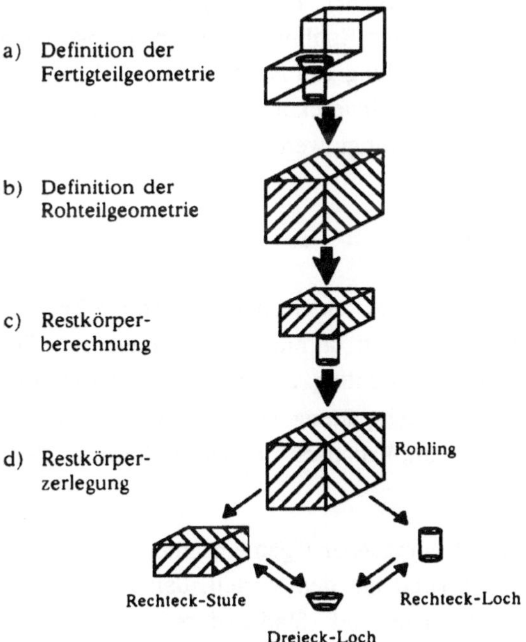


Abbildung 9-2:  Verbindung von Konstruktion und Arbeitsvorbereitung

Als rechnerinternes Datenmodell wird für die nachfolgende Weiterverarbeitung der CAD-Daten aus den bereits ausführlich dargelegten Gründen das Begrenzungsflächen-Modell (BREP-Modell) herangezogen. Die Konvertierbarkeit der verschiedenen in Kapitel 4 beschriebenen geometrischen Datenmodelle in dieses Format stellt sicher, daß auf Ebene des geometrischen Modellierens keine Restriktionen auftreten. Zudem unterstützen die meisten gebräuchlichen CAD-Systeme eine rechnerinterne BREP-Darstellung, so daß dadurch auch die Einsetzbarkeit nahezu beliebiger handelsüblicher CAD-Systeme gewährleistet wird.

### 9.2.2 Definition der Rohteilgeometrie

Zur Definition der Bearbeitungsaufgabe ist die Spezifikation der Endgeometrie des herzustellenden Teils allein nicht ausreichend. Gemäß dem Modell abstrakter Bearbeitungsschritte ist vielmehr die sukzessive Transformation eines Rohlings in die Endgestalt kennzeichnend für die integrierte teilsystemübergreifende Betrachtungsweise. Deshalb muß vor der Bestimmung der Bearbeitungsschritte ein passender Rohling geometrisch definiert werden (Abbildung 9-2(b)).

Da in heutigen CAD-Systemen mächtige Funktionen zur Bestimmung geeigneter Rohlinge bereitgestellt werden (z.B. Bestimmung der konvexen Hülle zu einer vorgegebenen Geometrie), wird die Aufgabe der Rohlingsdefinition im vorliegenden Konzept dem CAD-Bereich zugerechnet. Fertigungsorientierte und wirtschaftliche Kriterien beim Auffinden geeigneter Rohlinge, etwa möglichst geringes zu entfernendes Volumen oder die Verwendung von Normrohlingen, können in vielen CAD-Systemen durch entsprechende Softwarekonfigurationen bei der Gestaltung der Rohlingsauswahlroutinen berücksichtigt werden.

### 9.2.3 Restkörperberechnung

Aus fertigungstechnischer Sicht ist bei einem herzustellenden Teil weder die Fertigteil- noch die Rohlingsgeometrie von unmittelbarem Interesse. Vielmehr ist festzulegen, welches Volumen vom Rohling abzutragen ist (Abbildung 9-2(c)) und in welchen Einzelschritten die Zerspanung erfolgen soll (Abbildung 9-2(d)). Die Fertigteilgeometrie ergibt sich implizit nach der Durchführung aller erforderlichen Bearbeitungsschritte.

Die im vorliegenden Konzept vorgesehene gemeinsame Darstellung von Roh- und Fertigteil im gleichen Datenformat hat den Vorteil, daß zur Bestimmung des vom Rohling abzutragenden Volumens auf Standardoperationen des CAD-Systems zurückgegriffen werden kann (geometrische Differenzbildung zweier Körper). Im allgemeinen können bei der Restkörperbildung für ein Teil mehrere geometrisch

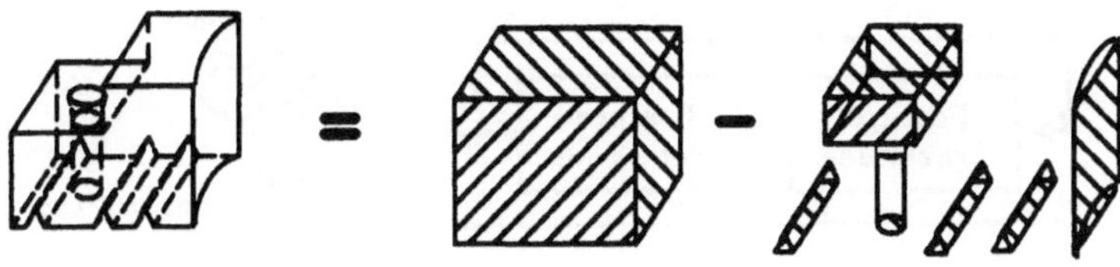

Abbildung 9-3:  Bildung mehrerer Restkörper

disjunkte Restkörper entstehen, die anschließend zunächst unabhängig voneinander geplant werden können (siehe Abbildung 9-3). Erst auf Werkstattebene muß wieder darauf geachtet werden, daß die einzelnen Arbeitsgänge in einem wohlgeordneten Zusammenhang stehen.

Für die Weiterverarbeitung der rechnerinternen Restkörperdarstellung im Zuge der teilespezifischen Planungsaktivitäten sind neben den reinen Geometriedaten auch die Eintrittsflächen in den bzw. die Restkörper von Interesse. Eine Eintrittsfläche ist dadurch charakterisiert, daß sie im entsprechenden Körper geometrisch direkt zugänglich ist, also aus fertigungstechnischer Sicht kein Material entfernt werden muß, um auf die entsprechende Fläche zugreifen zu können. In Abbildung 9-3 sind bei den gezeigten Restkörpern alle Eintrittsflächen schraffiert dargestellt. Die Information über Eintrittsflächen ist wesentlich für die Bestimmung und Anordnung der einzelnen Bearbeitungsschritte zur Herstellung des Teils (siehe Abschnitt 9.2.4). Ein positiver Nebeneffekt der Eintrittsflächenermittlung ist die rasche Identifikation nicht zugänglicher Restkörper.

### 9.2.4  Restkörperzerlegung

Das Ergebnis der Vorverarbeitungen im CAD-System bildet die Beschreibung eines oder mehrerer Restkörper in Form einer mit zusätzlichen Informationen angereicherten BREP-Darstellung. Kernteil der Überführung der geometriebezogenen Teilebeschreibung in eine herstellorientierte Betrachtungsweise ist die Analyse der Restkörper hinsichtlich der einzelnen Bearbeitungsschritte, die zusammengenommen zu einer vollständigen Zerspanung der Restkörper führen. Im CAD-Bereich bezeichnet man die hierzu eingesetzten, zunächst rein geometrisch definierten elementaren Einheiten als Form Features oder kurz Features (vgl. z.B. [KrSc 90]), weshalb nachfolgend die Ermittlung der einzelnen Bearbeitungsschritte für die Restkörper auch als Featureanalyse bezeichnet wird. In Abbildung 9-4 sind die einzelnen Phasen der Featureanalyse aufgezeigt. Sie werden in den nachfolgenden Unterabschnitten konzeptionell vorgestellt; eine Beschreibung der Umsetzung in ein Featureanalysesystem erfolgt in Kapitel 11.

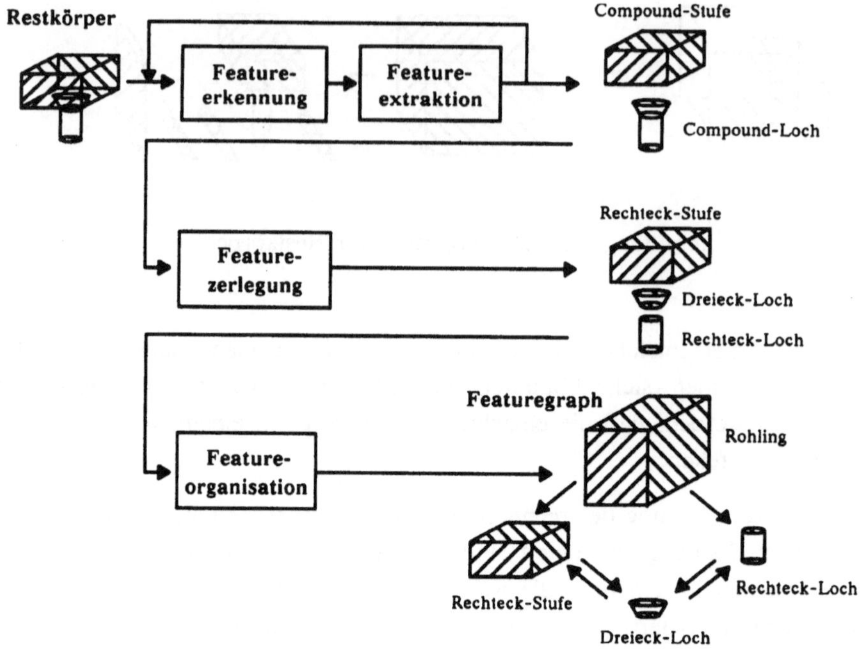



Abbildung 9-4:  Phasen der Featureerkennung

### 9.2.4.1  *Featureerkennung*

Aufgabe der Featureerkennung ist die Identifikation und Klassifikation sogenannter Compound-Features in den verschiedenen Restkörpern eines Teils. Ein Compound-Feature ist definiert als die Zusammensetzung eines oder mehrerer elementarer Features eines bestimmten Typs. In Abbildung 9-4 liegen als Zwischenstufe der Featureanalyse nach der Featureerkennung und -extraktion eine Compound-Stufe und ein Compound-Loch vor. Während die Compound-Stufe nur aus einem elementaren Feature besteht, kann das Compound-Loch in der sich anschließenden Featurezerlegung noch in ein Dreieck- und ein Rechteck-Loch (Konus bzw. Zylinder) aufgespalten werden (siehe Abschnitt 9.2.4.3).

Da in der vorliegenden Arbeit nur Swept-Features (vgl. Kapitel 4) berücksichtigt werden, kann ein Compound-Feature durch die Art seiner Erzeugung charakterisiert werden: Translationsfeatures entstehen durch Bewegung der erzeugenden Fläche entlang einer geraden Achse im Raum, während bei Rotationsfeatures die erzeugende Fläche um die Mittelachse des beschriebenen Features gedreht wird. Beispiele für Körperdefinitionen nach dem Sweeping-Verfahren wurden bereits in Abbildung 4-4 aufgezeigt. Bei Compound-Features kann die erzeugende Fläche geometrisch komplex sein, während bei den elementaren Features (siehe Abschnitt 9.2.4.3) die Features durch einfache Rechteck-, Dreieck- und Kreissegmentflächen beschreibbar sind. Eine genaue Klassifikation der verschiedenen Featuretypen wird in Kapitel 11 angegeben.

Die Beschreibungsmuster für Compound-Features lassen sich leicht in Form von Produktionenregeln festhalten. Um die mögliche Vielzahl von verschiedenen Compound-Features mit wenigen Erkennungsroutinen behandeln zu können, sind die Regeln für die Identifikation und Klassifikation von Compound-Features analog zur Spezifikation der Swept-Features aufgebaut. Eine informelle Beschreibung der Erkennungsregel für Compound-Features der Klasse 'Loch' ist in Abbildung 9-5 wiedergegeben.

| | | |
|---|---|---|
| **WENN** | es eine Eintrittsfläche für das zusammengesetzte Loch gibt | **UND** |
| | alle nachfolgenden Lochseitenflächen eine gemeinsame Achse besitzen | **UND** |
| | zudem noch sequentiell adjazent sind | **UND** |
| | das zusammengesetzte Loch mit einem gültigen Boden terminiert | |
| **DANN** | umschließen all diese Flächen ein Compound–Feature des generischen Typs 'Compound-Loch'. | |

Abbildung 9-5: Informelle Definition einer Featureerkennungsroutine

Die Bedingungen der Produktionenregeln zur Featureerkennung beziehen sich auf geometrische und topologische Eigenschaften der Flächen, Kanten und Punkte, die das Compound-Feature begrenzen. Durch die generische Spezifikation der Erkennungsmethoden wird auch für geometrisch und topologisch sehr unterschiedliche Ausprägungen von Compound-Features nur eine Erkennungsroutine benötigt; beispielsweise werden alle in Abbildung 9-6 gezeigten Features von der in Abbildung 9-5 angegebenen Erkennungsregel erfaßt.

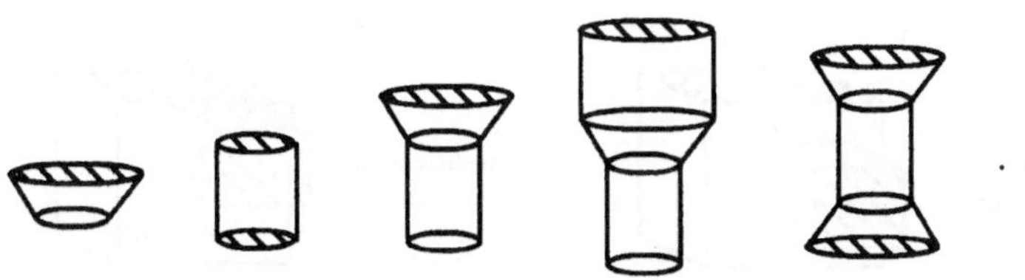

Abbildung 9-6: Mit einer generischen Erkennungsroutine erkannte Features (Erkennungsregel für 'Compound-Loch')

### 9.2.4.2 Featureextraktion

Das Terminierungskriterium für die Featureerkennung bildet die vollständige Überdeckung der abzuarbeitenden Restkörper mit Compound-Features. Zur Überprüfung
dieses Kriteriums müssen die erkannten Compound-Features sukzessive aus dem
jeweils verbleibenden Restkörper extrahiert werden. Hierzu sind im einzelnen die
Generierung der vollständigen Volumendefinition des zu subtrahierenden Features,
die eigentliche Differenzbildung und schließlich eine Verifikation der Featureextraktion erforderlich.

Um die geometrische Differenz zwischen Restkörper und erkanntem Feature bilden
zu können, muß für alle Features zunächst die vollständige geometrische Volumeninformation erzeugt werden. Abbildung 9-7 zeigt zwei Beispiele für fehlende
Volumeninformation (gepunktet und gestrichelt dargestellt); die das Feature begren-
zende Fläche und im Fall (b) zusätzlich die obere Kante sind im ursprünglichen
CAD-Modell nur implizit als Teilbereiche der umgebenden Fläche bzw. Kante definiert, die den angrenzenden größeren Block begrenzen. Um die Rechteck-Tasche
bzw. -Nut als eigenständige volumenorientierte Einheiten vollständig zu definieren,
müssen die entsprechenden geometrischen Teilbereiche berechnet werden.

Zur Generierung der fehlenden Information kommen im wesentlichen die Verfahren
'Face Set Construction' und 'Laminar Sweeping' in Betracht ([Hend 84]). Bei 'Face
Set Construction' wird die fehlende Information direkt aus der Flächengeometrie
und -topologie der anderen Compound-Features oder der angrenzenden Flächen
des reduzierten Restkörpers abgeleitet. Dieses Verfahren ist besonders einfach,
kann aber nur auf Fälle angewendet werden, in denen alle Konturen der das Volumen definierenden Flächen vorhanden sind (Abbildung 9-7(a)). Fehlen dagegen
von der zu erzeugenden Fläche eine oder mehrere Kanten (Abbildung 9-7(b)),
so muß auf das Verfahren des 'Laminar Sweeping' zurückgegriffen werden, mit
dem allerdings nur die Volumina von durch Sweeping-Methoden erzeugten
Compound-Features generiert werden können. Das in Kapitel 11 beschriebene
Featureerkennungssystem beruht auf dem 'Face Set Construction'-Verfahren.

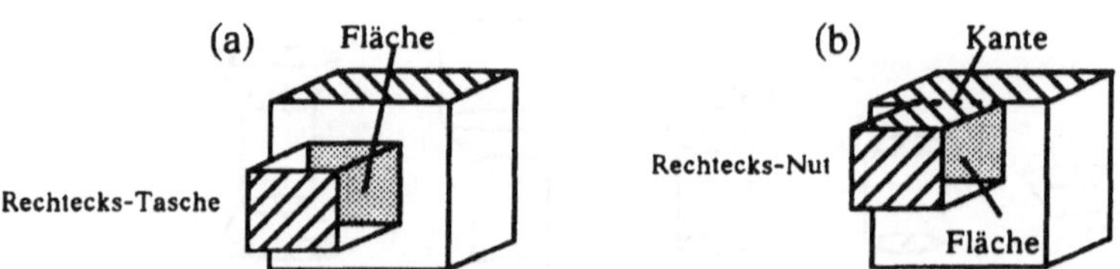


Abbildung 9-7: Beispiele für fehlende Volumeninformation
(punktiert und gestrichelt)

Liegt die vollständige Volumeninformation eines erkannten Features vor, so kann der reduzierte Restkörper als geometrische Differenz zwischen Ausgangskörper und Feature ermittelt werden. Weiterhin ist bei diesem Schritt die Verbindungsinformation zwischen subtrahiertem Compound-Feature und verbleibendem Restkörper zu bestimmen, anhand derer später die Anordnung der zu einem Restkörper gehörigen Features vorgenommen wird (vergleiche Abschnitt 9.2.4.4).

Im abschließenden Schritt der Featureextraktion wird überprüft, ob durch die Subtraktion eines Features bei der späteren Teilefertigung vom Rohling nicht zuviel Material entfernt wird, was durch ungünstige Überlagerungen verschiedener Features der Fall sein könnte. Zur Verifikation der Featureextraktion wird der Durchschnitt des erzeugten Volumens des Compound-Features und des Volumens des herzustellenden Teils gebildet; ist dieser Durchschnitt nicht leer, liegt ein Konfliktfall vor, der systemseitig im allgemeinen nicht aufgelöst werden kann und deshalb einer gesonderten Betrachtung bedarf.

### 9.2.4.3  Featurezerlegung

Das Ergebnis der iterativen Featureerkennung und -extraktion bilden die verschiedenen Compound-Features, die zusammengenommen eine vollständige Überdeckung der zu einem Teil gehörigen Restkörper darstellen. Zur Umsetzung der Features in Arbeitsgänge auf Werkstattebene ist eine Zerlegung dieser Compound-Features in elementare Einheiten wie einfache Löcher und Taschen erforderlich. Einfache elementare Features sind dadurch gekennzeichnet, daß sie direkt durch Sweeping einer Rechteck-, Dreieck- oder Kreissegmentfläche erzeugt werden können, wie in Abbildung 9-8 gezeigt wird.

Im Falle von durch rotatorisches Sweeping beschreibbarer Compound-Features ist die Identifikation der konstituierenden elementaren Features relativ einfach, da hier die geometrische und topologische Beschreibung des Compound-Features

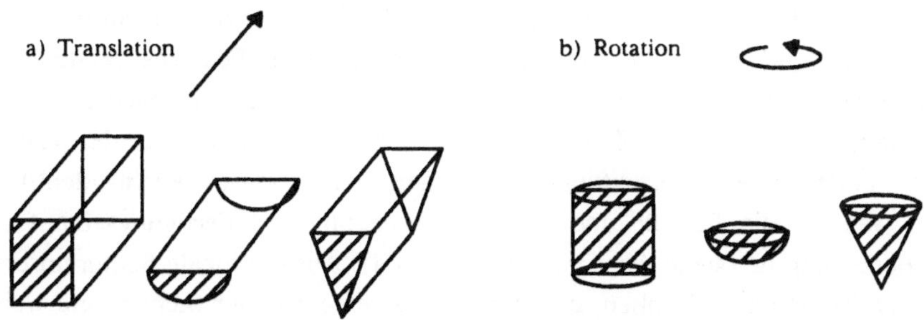


Abbildung 9-8:  Translatorische (a) und rotatorische (b) Erzeugung elementarer Features

bereits alle Information zur Segmentierung der Querschnittsfläche durch das Compound-Feature enthält und diese auch eindeutig ist. Für translatorisch definierte Compound-Features muß dagegen die erzeugende Fläche mit einfachen Rechteck-, Dreieck- und Kreissegmentflächen überdeckt werden, was im allgemeinen auf viele verschiedene Arten erfolgen kann und wozu unter Umständen fehlende geometrische und topologische Information neu generiert werden muß. In Kapitel 11 wird im Zuge der Beschreibung der Fetureanalysekomponente im FIPS-System detailliert auf die Einzelschritte der Featurezerlegung eingegangen.

### 9.2.4.4 Featureorganisation

Bei der sukzessiven Extraktion und Zerlegung der die Herstellung eines Teils repräsentierenden Features wird die zur Weiterverarbeitung benötigte lokale Featurebeschreibung und die zugehörige Verbindungsinformation zwischen diesen Features schrittweise generiert. In der abschließenden Phase der Featureerkennung gilt es, diese Information zusammenfassend aufzubereiten und nachgeordneten Verarbeitungsphasen in einer vollständigen und übersichtlichen Beschreibung bereitzustellen. Die Organisation der Features erfolgt im sogenannten Feature-Graphen, in dem die Knoten die verschiedenen Features und die Kanten die möglichen Verbindungen zwischen diesen Features darstellen. Der genaue Aufbau eines Featuregraphen wird in Kapitel 11 noch eingehend erläutert.

Die Abhängigkeiten zwischen Features in einem Featuregraph ergeben sich aus ihrer wechselseitigen geometrischen Zugänglichkeit, die wiederum über die Bestimmung der Eintrittsflächen festgelegt ist (vergleiche Abschnitt 9.2.4.1). Deshalb bildet ein Knoten mit der Beschreibung des Rohlings, aus dem das Teil hergestellt werden soll, die Wurzel eines jeden Feature-Graphen (vgl. Abbildung 9-9). Direkt verbunden mit dem Wurzelknoten sind die Knoten aller Features, die mit dem Rohling mindestens eine gemeinsame Außenfläche besitzen. Features, deren Zugänglichkeit erst durch die Abarbeitung eines anderen Features entsteht, sind im Featuregraphen von der Wurzel aus gesehen hinter diesen angeordnet. Über die vollständige Angabe der Zugänglichkeitsbeziehungen können bei der Teileherstellung verschiedene Abarbeitungsreihenfolgen der Features leicht identifiziert werden, was für die flexible und reaktive Festlegung des Fertigungsablaufs von großer Bedeutung ist (siehe Abschnitte 9.3 und 9.4). Auf die lokale Featureinformation in den Knoten des Graphen, die Darstellung verschiedener Sichten und weitere Spezifika bei der Organisation der Featureknoten wird in Kapitel 11 noch detailliert eingegangen.

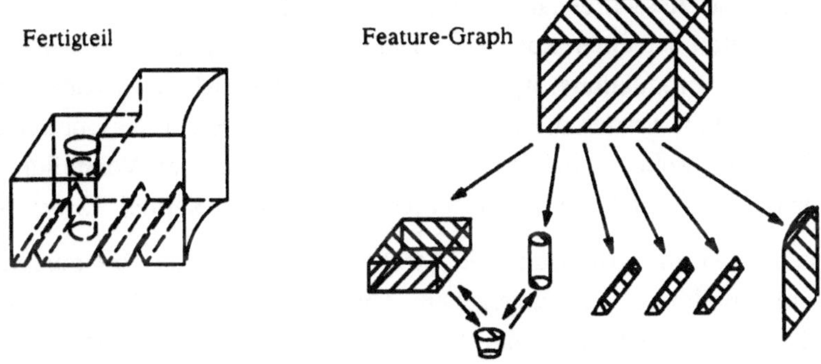

Abbildung 9-9:   Vereinfachte Darstellung eines Featuregraphen ohne
Angabe verschiedener Sichten

## 9.3   Identifikation zuordenbarer Fertigungsressourcen

Ergebnis der Featureanalyse beim Übergang vom CAD- zum CAPP-Bereich ist
eine Beschreibung aller Bearbeitungsschritte, die ein Rohteil in die gewünschte
Endgeometrie überführen, einschließlich aller möglichen alternativen Abarbeitungsreihenfolgen. Zur Umsetzung dieser rein funktionalen Beschreibungsform in ausführbare Fertigungsaktionen auf Werkstattebene sind noch die Herstellumgebungen
festzulegen, in denen die verschiedenen Bearbeitungsschritte konkret ausgeführt
werden sollen. Neben der Auswahl geeigneter Fertigungsressourcen (Maschinen,
Werkzeuge, Spannmittel, etc.) sind auch die erforderlichen Steuerungs- und
Kontrollprogramme für die rechnergeführten Fertigungsmittel bereitzustellen und
teilespezifisch zu konfigurieren.

In Abschnitt 9.1 wurde bereits angedeutet, daß im vorliegenden Planungsansatz
die Ressourcenidentifikation und -zuweisung zweistufig vorgenommen wird. In einer
statischen Vorverarbeitungsphase werden zunächst für jeden Bearbeitungsschritt
alle möglichen Kombinationen an Herstellressourcen identifiziert. Diese Aufgabe
kann ohne Vorliegen eines konkreten Fertigungsauftrags für das betreffende Teil
durchgeführt werden und entspricht somit im Kern der klassischen teilebezogenen
Arbeitsvorbereitung, in der allerdings meist nicht alle alternativen Ressourcenkombinationen ermittelt werden.

Anders als bei herkömmlichen Arbeitsplanungsansätzen wird im vorliegenden Konzept im Arbeitsplan noch keine konkrete Ressourcenauswahl spezifiziert. Dadurch
kann im Auftragsfall auf Werkstattebene eine zustandsbezogene Feindisposition
der Fertigungsmittel vorgenommen werden, was entscheidend zur Verwirklichung
der in Kapitel 8 eingeführten Zielkategorien beiträgt. Wegen des engen Zeitrahmens

für die dynamische Ressourcenauswahl ist es entscheidend, die Zuordnung von Bearbeitungsschritten zu einer konkreten Herstellumgebung so weit wie möglich in zeitunkritischen, produktionsvorgelagerten Planungsbereichen vorzubereiten. Im vorliegenden Abschnitt werden die Grundkonzepte der statischen Ressourcenidentifikation beschrieben; weitere Ausführungen hierzu sind bei der Vorstellung einer prototypischen Realisierung des vorgestellten Konzepts in Kapitel 12 zu finden.

Eine Übersicht über die grundsätzliche Struktur der statischen Ressourcenidentifikation ist in Abbildung 9-10 angegeben. Die verschiedenen durchzuführenden Aufgaben können den Bereichen Analyse der Eingabedaten sowie Generierung und Reduzierung der potentiellen Herstellumgebungen zugerechnet werden, die nachfolgend überblicksartig vorgestellt werden.

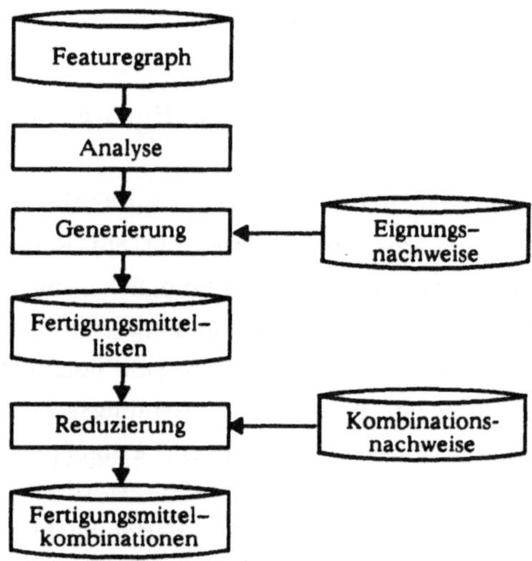


Abbildung 9-10:  Auftragsneutrale statische Ressourcenidentifikation

### 9.3.1  Analyse des Featuregraphen

Der erste Schritt der Weiterverarbeitung der Featureinformation, die an der Schnittstelle von Konstruktions- und Arbeitsvorbereitungsbereich erzeugt wurde, ist die Analyse und Aufbereitung des übergebenen Featuregraphen. Grundsätzlich enthalten die lokale Featureinformation und die Verbindungsinformation im Graphen alle für die Weiterverarbeitung benötigten Informationen, so daß kein Rückgriff auf Daten des Konstruktionsbereichs genommen werden muß. Im Zuge der Analyse werden die Beschreibungen der einzelnen Features aus dem Featuregraphen sukzessive ermittelt und den nachfolgenden Schritten der Ressourcenvorauswahl übergeben.

## 9.3.2 Generierung der Ressourcenlisten

Nach der Aufbereitung der Featureinformation für die Zwecke der Arbeitsplanung
müssen für jeden Bearbeitungsschritt die grundsätzlich in Frage kommenden
Herstellmittel identifiziert werden. Hierzu ist eine Beschreibung der Zuordnungs-
möglichkeiten von Ressourcen zu Features erforderlich, die einerseits möglichst
das ganze zur Verfügung gestellte Bearbeitungspotential umfaßt, andererseits aber
auch eine Identifikation geeigneter Ressourcen in vertretbarer Zeit gestattet. Eine
Identifikation potentieller Betriebsmittel direkt aus den ressourcenbezogenen
Stammdaten (z.B. Vorschub- und Drehzahlkennwerte für eine Drehmaschine)
scheidet beispielweise wegen des hohen Analyseaufwands im allgemeinen aus.

Im vorliegenden Konzept werden die verschiedenen Fertigungsressourcen funktional
mit Bezug auf die verschiedenen Typen von elementaren Features charakterisiert.
Diesem Ansatz liegt die Überlegung zugrunde, daß die ressourcenspezifischen
Kenndaten nur sekundäre Bedeutung für die grundsätzliche Einsetzbarkeit eines
Fertigungsmittels aufweisen. Für jedes Herstellmittel wird im Planungssystem die
Eignung zur Abarbeitung eines Featuretyps unter Spezifikation der möglichen
featuretypspezifischen Parameterbereiche hinterlegt. Soll ein Teil neu eingeplant
werden, so kann anhand der im Featuregraphen festgehaltenen aktuellen Featurepa-
rameter sofort entschieden werden, ob ein bestimmtes Fertigungsmittel zur Abarbeitung des betreffenden Bearbeitungsschritts grundsätzlich geeignet ist. Ein
Beispiel für die Spezifikation der Eignungsnachweise ist in Abbildung 9-11 abgebildet. Da die genaue Beschreibung der Eignungsnachweise für Fertigungsmittel
von der Art der Verarbeitung dieser Information abhängig ist, wird auf ihre formale
Spezifikation erst im Zuge der Vorstellung der prototypischen Realisierung in
Kapitel 12 eingegangen.

Anhand der Eignungsnachweise für jedes auf Werkstattebene vorhandene Betriebsmittel können für jeden durchzuführenden Bearbeitungsschritt die potentiellen
Herstellmittel ohne Bezug auf die aktuelle Situation in der Fertigung identifiziert
werden. Zur leichteren Spezifikation werden die Eignungsnachweise als Paare von

| Featuretyp | Werkzeug-Identifikation | Bedingung |
|---|---|---|
| Zylinderloch | Bohrer_1 | Höhe <= 10 |
| Zylinderloch | Bohrer_2 | Höhe > 10  und<br>Höhe <= 20 und<br>Radius = 3 |
| Rechtecksnut | Fräser_1 | Höhe <= 3 und<br>Breite >= 2 |

Abbildung 9-11: Beispiel eines Eignungsnachweises

Featuretyp und Fertigungsmittel beschrieben. Als Ergebnis der Auswertung dieser Beschreibungen wird für jedes im entsprechenden Featuregraphen vorkommende elementare Feature pro Ressourcentyp eine Liste der in Frage kommenden Ressourcenkandidaten generiert. Bevor diese Listen im aktuellen Auftragsfall unter Berücksichtigung des momentanen Zustands des Fertigungssystems auf Werkstattebene ausgewertet werden, kann in einem weiteren Vorverarbeitungsschritt der Suchraum für die dynamische Ressourcenallokation noch weiter verringert werden.

### 9.3.3  Identifikation vollständiger Herstellumgebungen

Die durch die Eignungsnachweise der Ressourcen aufgebauten Listen von potentiellen Herstellmitteln enthalten nur solche Einträge, für welche die Einsetzbarkeit bei der Abarbeitung des betreffenden Bearbeitungsschritts geprüft ist. Dennoch kann ein Betriebsmittel, das in einer der featurebezogenen Ressourcenlisten referenziert ist, für das konkrete zu fertigende Teil auf Werkstattebene unter Umständen nicht verwendbar sein. Der Grund hierfür liegt darin, daß die einzelnen Fertigungsmittel in der Produktion nicht isoliert voneinander, sondern stets als Kombinationen aus verschiedenen Betriebsmitteltypen eingesetzt werden. So wird zur Abarbeitung eines Bearbeitungsschritts eine vollständige Kombination aus Maschine, Werkzeug, Spannmittel, NC-Programm und unter Umständen weiteren Fertigungsmitteln benötigt; erst in ihrer Kombination spezifizieren diese Einzelressourcen eine vollständige Herstellumgebung für einen Bearbeitungsschritt.

Zur Identifikation aller vollständigen Herstellumgebungen für einen Bearbeitungsschritt wird für je zwei Betriebsmittel ein Kombinationsnachweis im Planungssystem verankert, falls die Ressourcen paarweise zueinander passen. Die Kombinierbarkeit richtet sich im allgemeinen nicht nach der durchzuführenden Bearbeitungsaufgabe, sondern kann für je zwei Betriebsmittel aufgabenunabhängig angegeben werden. So wird die Einsetzbarkeit eines bestimmten Werkzeugs in einer Bearbeitungsmaschine ausschließlich durch das Zusammenpassen von Werkzeugschaft am Werkzeug und Werkzeugaufnahme bzw. -futter an der Maschine bestimmt. Deshalb reicht eine Angabe der betreffenden Betriebsmittelidentifikationen zur Spezifikation der Kombinierbarkeit im allgemeinen aus (siehe Abbildung 9-12). Die Einsetzbarkeit dieser Kombination zur Ausführung bestimmter Bearbeitungsoperationen wird bereits durch die Eignung der einzelnen Betriebsmittel determiniert.

Die oben eingeführte getrennte Spezifikation von Eignungs- und Kombinationsnachweisen für Ressourcen erfordert zur Identifikation geeigneter Herstellumgebungen eine Verarbeitung in zwei aufeinanderfolgenden Phasen. Gegenüber der ebenfalls denkbaren direkten Spezifikation der Eignung von Ressourcenkombinationen zur Ausführung von bestimmten Bearbeitungsschritten weist diese Vorgehensweise

| Werkzeug | Maschine |
|---|---|
| Bohrer_1 | Maschine_1 |
| Bohrer_2 | Maschine_2 |
| Fräser_1 | Maschine_3 |
| Fräser_1 | Maschine_1 |

Abbildung 9-12:  Beispiel eines Kombinationsnachweises

einige entscheidende Vorteile auf. Zum einen würde die Vermengung der Beziehungsinformationen zwischen Ressourcen und Features einerseits sowie zwischen Ressourcen untereinander andererseits die Spezifikation wesentlich erschweren. Weiterhin müßten bei Stillegung, Veränderung oder Hinzunahme einer Ressource eine Vielzahl von Ressourcenkombinationen aktualisiert werden. Schließlich kann das Ablegen dieser Information in 'ausmultiplizierter' Form in großen Fertigungsbetrieben zu ernsthaften Speicherplatzproblemen im Planungsrechner führen. Demgegenüber ist der Mehraufwand des dynamischen Abgleichs der Ressourcenlisten vertretbar, da die erforderlichen Schritte nicht 'online' während der aktuellen Teileproduktion auf Werkstattebene, sondern 'offline' bei der auftragsneutralen Arbeits- und Fertigungsplanung durchgeführt werden. Außerdem können systemseitig effiziente Verarbeitungsverfahren wie etwa mächtige Datenbankoperationen bereitgestellt werden, die auch die Spezifikation der Verarbeitungsaufgabe selbst wesentlich erleichtern.


## 9.4   Auswahl einer Ausführumgebung

Die Umsetzung eines Kundenauftrags in einen oder mehrere Fertigungsaufträge stellt ein klassisches Gebiet der Produktionsplanung und -steuerung dar und wurde bereits in Kapitel 6 eingehend diskutiert. Wesentlich für die weiteren Ausführungen ist, daß im vorliegenden Konzept durch das PPS-System lediglich Termine vorgegeben werden, aber keine Festlegungen hinsichtlich der einzusetzenden Produktionsmittel erfolgen.

Die Hauptaufgabe an der Schnittstelle zwischen dem Planungs- und dem Fertigungsbereich stellt die dynamische, adaptive Selektion von Herstellressourcen für die zur Herstellung eines Teils abzuarbeitenden Bearbeitungsschritte dar. Die durchzuführende Auswahl wird im Bereich der Arbeitsvorbereitung durch die Identifikation potentieller Ausführumgebungen bereits vorbereitet; unter diesem Gesichtspunkt reduziert sich die Aufgabe auf die Auswahl einer Kombination aus einer vorgegebenen Liste. Zur Durchführung dieser Aufgabe sind im wesentlichen die Repräsentation der benötigten Planungsdaten und die Möglichkeiten zur Spezifikation der anzuwendenden Auswahlkriterien festzulegen.

### 9.4.1  Repräsentation der Planungsdaten

Die Planungsgrundlagen für die Auswahl einer bestimmten Ressourcenkombination sind im wesentlichen folgenden Bereichen zuordenbar:

- Arbeitsgangdaten,

- Ressourcendaten,

- Ressourcenkombinationslisten sowie

- dynamische Planungsvorgaben.

Die für die Auswahl einer Herstellumgebung relevanten Arbeitsgangdaten werden weitgehend an der Schnittstelle zwischen Konstruktion und Arbeitsvorbereitung im Zuge der Featureanalyse ermittelt. Neben einer Beschreibung der wichtigsten Daten zu den einzelnen Bearbeitungsschritten stellen die im Featuregraphen repräsentierten Beziehungsstrukturen eine wichtige Informationsquelle für die Festlegung der Arbeitsgangreihenfolge dar. Zeitschätzungen für die Ausführdauer eines Bearbeitungsschritts können anhand der Featureklassifikation und der Aktualparameter des Arbeitsgangs eruiert werden.

Zu den Ressourcendaten zählen einerseits die verwendungsunabhängig spezifizierbaren Ressourcencharakteristika wie etwa maximaler Drehzahl- und Vorschubwert für eine Drehmaschine, andererseits aber auch Statusdaten aus der Werkstatt wie etwa die aktuelle Belastungssituation. Diese Angaben können für die dynamische Auswahl einer Ressource von großer Bedeutung sein; bei der Festlegung der prinzipiellen Einsetzbarkeit in der statischen Ressourcenvorauswahl genügt dagegen die Auswertung der Eignungsnachweise (vgl. Abschnitt 9.3). Die statischen ressourcenspezifischen Kenndaten werden meist direkt von den Ressourcenherstellern bereitgestellt. Üblicherweise sind diese Daten in Handbüchern oder Tabellen zu finden; zunehmend werden Fertigungsanlagen aber auch zusammen mit diesen Kenndaten in direkt maschinenverarbeitbarer Form ausgeliefert. Als zustandsbezogene Kenngrößen sind beispielsweise die Länge der Auftragswarteschlange vor einer Bearbeitungsstation und die Werkzeugstandzeiten zu berücksichtigen. Die aktuellen Zustandsdaten der Ressourcen werden in modernen Fertigungsanlagen über Sensoren automatisch erfaßt und vorgelagerten Planungsbereichen durch BDE-Verfahren (*Betriebs-Daten-Erfassung*) zur Verfügung gestellt; häufig ist auch eine manuelle Erfassung der Betriebsdaten vorzufinden.

Die Identifikation der für die Ausführung eines Bearbeitungsschritts geeigneten und zueinander passenden Betriebsmittel erfolgt im Zuge der Vorabidentifikation potentieller Ressourcenkombinationen in der auftragsneutralen Planung bereits vor der Auftragserteilung. Die ausgewerteten Eignungs- und Kombinationsnachweise liegen in Form von Listen potentieller Ressourcenkombinationen zu jedem Arbeitsgang vor und können direkt in den Planungsprozeß übernommen werden.

Unter dem Begriff 'dynamische Planungsvorgaben' werden im vorliegenden Konzept alle strategischen und heuristischen Vorgaben zur Auswahl einer Ressourcenkombination aus der Liste potentieller Ausführumgebungen zu einem Arbeitsgang zusammengefaßt. Als Kriterien können bei diesen Vorgaben beispielsweise die Minimierung von Maschinenwechseln bei der Herstellung eines Teils oder auch eine hohe durchschnittliche Auslastung der Fertigungsressourcen herangezogen werden. Diese Planungsvorgaben sind eng mit der Durchführung des eigentlichen Auswahlprozesses verknüpft und werden im nachfolgenden Abschnitt noch eingehender dargestellt.

### 9.4.2 Spezifikation der Auswahlkriterien

Die Spezifikation der Auswahlkriterien auf der Suche nach einer 'optimalen' Ausführrungsumgebung muß eine Berücksichtigung der angeführten Planungsdaten, insbesondere der auf Werkstattebene vorliegenden Produktionsbedingungen, zulassen. Hierbei tritt jedoch ein grundsätzliches Dilemma auf: einerseits sollen so viele Kriterien wie möglich in den Entscheidungsprozeß mit einbezogen werden, andererseits findet die Auswahl unter engen zeitlichen Restriktionen statt, wenn die Zuteilungsflexibilität bis unmittelbar vor Ausführung des entsprechenden Bearbeitungsschritts gewahrt werden soll. Zur Gewährleistung der Handhabbarkeit der spezifizierten Auswahlkriterien ist deshalb bei der Angabe der Auswahlkriterien das Setzen von Schwerpunkten unumgänglich. Im wesentlichen kommen hierfür zwei Ansätze in Frage:

- featurelokale Optimierung mit maximaler Freiheit bei der Spezifikation der Auswahlkriterien und

- featureübergreifende Optimierung mit Minimierung der Gesamtdurchlaufzeit der Aufträge.

Beide Fälle werden im Zuge der prototypischen Realisierungen des FIPS-Konzepts (siehe Hauptabschnitt D) untersucht; nachfolgend wird die jeweilige grundsätzliche Vorgehensweise vorgestellt.

*9.4.2.1 Featurelokale Optimierung*

Bei der featurelokalen Optimierung der Ressourcenauswahl liegt der Schwerpunkt auf einer möglichst freien Spezifizierbarkeit der Selektionskriterien durch den Benutzer. Als 'Benutzer' ist dabei der Personenkreis zu sehen, der für einen reibungslosen, optimierten Betrieb auf Werkstattebene verantwortlich ist, also vom Entwerfer des Fertigungsleitsystems bis hin zum Werkstattmeister. Da nicht für jeden Auswahlprozeß die Kriterien individuell festgelegt werden sollen, wird sich die Spezifikation im allgemeinen als eine Konfiguration des Fertigungsleitsystems darstellen.

Das Modell der featurelokalen Optimierung beim Ressourcenauswahlprozeß beruht auf der Annahme, daß die verschiedenen auszuführenden Bearbeitungsschritte sequentiell und isoliert voneinander betrachtet werden. Somit reduziert sich die Spezifikationsaufgabe auf die Angabe von Kriterien, die bei der Bewertung und Auswahl von Ressourcenkombinationen für einen einzigen Bearbeitungsschritt zu berücksichtigen sind. Nachfolgend sind die wichtigsten Eigenschaften des Modells zur featurelokalen Optimierung der dynamischen Ressourcenauswahl angegeben (vgl. auch [Fisc 89]):

- Der Auswahlprozeß erfolgt nach den benutzerdefinierten Kriterien zwei-stufig mit einer Reduktion der zu betrachtenden Ressourcenkombinationen in der ersten Phase und einer Bewertung und Selektion der verbleibenden Alternativen in der zweiten Phase.

- Der Selektionsprozeß in der zweiten Verarbeitungsphase kann als sukzessive Reduktion der jeweils verbleibenden, alternativ einsetzbaren Ressourcen-kombinationen interpretiert werden.

- In die Spezifikation der Auswahlkriterien können beliebige ressourcen-bezogene Daten einbezogen werden.

- Die Bewertung der Ressourcenkombinationen kann sowohl für einzelne Ressourcentypen nacheinander als auch unter simultaner Berücksichtigung von typübergreifenden Kriterien erfolgen.

- Der Fortschritt des Selektionsprozesses kann überwacht und durch die Bereitstellung von Kontrollstrukturen wie bedingter Verzweigung und Rück-setzung bereits vorgenommener Sortierungen in nachfolgende Suchschritte mit einbezogen werden.

Weitere Ausführungen zur featurelokalen Optimierung sind im Zuge der Beschrei-bung einer prototypischen Realisierung in Kapitel 13 zu finden.

### 9.4.2.2 Featureübergreifende Optimierung

Im Gegensatz zur isolierten Bewertung und Selektion der alternativen Ressourcenkombinationen zu einem Bearbeitungsschritt liegt der Schwerpunkt bei der featureübergreifenden Optimierung des Selektionsprozesses auf der simultanen Berücksichtigung mehrerer parallel abarbeitbarer Arbeitsgänge. Die Anzahl der parallel eingeplanten Arbeitsgänge soll nur durch die vom PPS-System simultan eingelasteten Aufträge und die in den einzelnen Featuregraphen festgehaltenen Reihenfolgebeziehungen determiniert sein und sonst keinen Beschränkungen unterliegen.

Bei der featureübergreifenden Optimierung müssen zur Gewährleistung einer effizienten Ausführbarkeit der Planungsschritte Beschränkungen bei der Spezifikation von Selektionskriterien in Kauf genommen werden. Dem in der vorliegenden Arbeit verfolgten Konzept liegt ein festes Planungsmodell zugrunde, in welchem der Kontrollalgorithmus anwendungsspezifisch konfigurierbar ist. Abbildung 9-13 zeigt das grundlegende Planungs- und Ausführungsmodell zur teile- und featureübergreifenden Optimierung der Ressourcenbelegung. Die Darstellung läßt eine deutliche Zweiteilung der Planungsschritte erkennen: zum einen sind dynamisch die potentiell ausführbaren Bearbeitungsschritte zu ermitteln und in einem Arbeitsgangpool bereitzustellen, zum anderen ist bei Freiwerden einer Bearbeitungsstation aus diesem Pool ein 'optimal passender' Folgearbeitsgang auszuwählen. Eine detaillierte Beschreibung des Planungsmodells ist in [Vorm 90] vorzufinden.

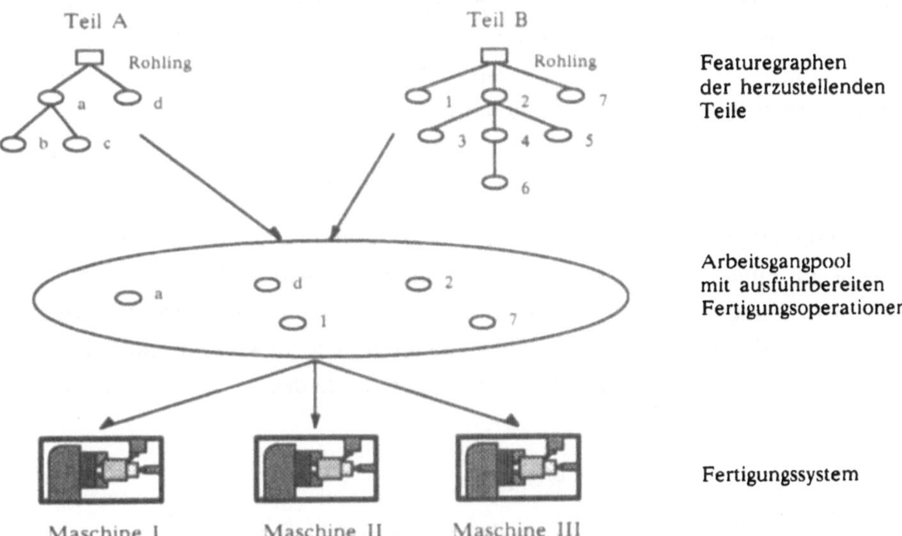



Abbildung 9-13: Planungsmodell zur featureübergreifenden Optimierung der dynamischen Ressourcenbelegung

Zur Identifikation der aktuell ausführbereiten Bearbeitungsschritte wird für jedes herzustellende Teil der zugehörige Featuregraph schrittweise durchsucht. Als ausführbereit gelten alle Bearbeitungsschritte, deren Vorgänger bereits abgearbeitet wurden. Wird ein Produktionsauftrag für ein Teil neu erteilt, so sind zunächst alle Bearbeitungsschritte bzw. Features unmittelbar ausführbereit, die mit dem Wurzelknoten im Featuregraphen direkt verbunden sind, da der Wurzelknoten den Rohling repräsentiert. Alle ausführbereiten Bearbeitungsschritte der verschiedenen aktuell zu produzierenden Teile werden im Arbeitsgangpool bereitgestellt. Bei Zuteilung eines Arbeitsgangs zu einer Bearbeitungsstation können alle Features dieses Teils, die noch nicht im Pool repräsentiert sind und unmittelbar mit dem ausgewählten Feature in Beziehung stehen, neu in den Pool aufgenommen werden.

Die Auswahl eines ausführbereiten Bearbeitungsschritts aus dem Arbeitsgangpool wird durch das Freiwerden einer Bearbeitungsstation angestoßen. Die Identifikation des 'optimal passenden' nächsten Bearbeitungsschritts wird als anwendungsspezifisch konfigurierbarer Suchprozeß mit begrenztem Vorausschauhorizont durchgeführt. Dadurch wird sichergestellt, daß bei Anforderung eines Folgearbeitsgangs durch eine bestimmte Bearbeitungsstation nicht nur deren Anforderungen, sondern auch diejenigen aller konkurrierenden Stationen zu einem gewissen Maße berücksichtigt werden. Im vorliegenden Fall dient die vorausschauende Planung dazu, einen bestimmten Arbeitsgang nicht einer Bearbeitungsstation zuzuweisen, wenn die Ausführung zu einem späteren Zeitpunkt wesentlich kostengünstiger auf einer anderen Station erfolgen könnte. Dazu ist eine Bewertung der Belastung der verschiedenen Bearbeitungsstationen vorzunehmen, wobei der Aufwand hierzu mit der Anzahl konkurrierender Bearbeitungsstationen und wachsendem Vorausschauhorizont sprunghaft ansteigt. Zur Begrenzung des Suchaufwands müssen deshalb anwendungsspezifische, heuristische Kriterien herangezogen werden.

Als Basisalgorithmus zur vorausschauenden, featureübergreifenden Optimierung der Zuteilung von Arbeitsgängen zu Bearbeitungsstationen wird ein heuristisches Suchverfahren eingesetzt, der sogenannte $A^*$-Algorithmus [Nils 80]. Sein Grundprinzip beruht auf einer 'Best-fit'-Analyse der Knoten des abzuarbeitenden Suchraums. Anhand anwendungsspezifischer Kriterien werden bei jedem Suchschritt die 'vielversprechendsten' Knoten identifiziert und expandiert. Die Bewertung eines Knotens n erfolgt anhand der Bewertungsfunktion $f^*$, die im Falle des $A^*$-Algorithmus folgendermaßen definiert ist:

$$f^*(n) = g(n) + h^*(n),$$

wobei g die anfallenden Kosten vom Startzustand bis zum Knoten n beschreibt und $h^*$ eine Schätzfunktion für die Restkosten zur Erreichung des Zielzustands darstellt. Die Definition der Funktion $h^*$ erfolgt nach anwendungsspezifischen Kriterien und wird in Kapitel 13 noch näher vorgestellt.

# 10 Verwandte Arbeiten

In diesem Kapitel werden exemplarisch wichtige Arbeiten vorgestellt und diskutiert, die mit dem im vorangegangenen Kapitel entwickelten Konzept eines rechnerintegrierten Produktionssystems in Beziehung stehen und für die aufgrund der zugrundeliegenden Annahmen und Voraussetzungen weitgehende Vergleichbarkeit gewährleistet ist. Der Schwerpunkt der Darstellung liegt bei den im jeweiligen Teilgebiet zu erkennenden grundsätzlichen Realisierungsvarianten; Einzelsysteme und Prototypen werden nur soweit aufgeführt, als sie Beispielcharakter aufweisen oder aus historischen Gründen besondere Bedeutung besitzen.

Die Vorstellung verwandter Arbeiten gliedert sich weitgehend analog zu den in Kapitel 9 vorgestellten Teilbereichen der Architektur eines rechnerintegrierten Produktionskontrollsystems. Für die Featureanalyse und Werkstattsteuerung werden die Hauptentwicklungslinien anhand exemplarisch ausgewählter Systeme und Konzepte aufgezeigt. Bei der Vorstellung von Ansätzen zur Arbeitsplanung wird wegen der Vielzahl von untersuchten Einzelsystemen ein Klassifizierungsschema vorgestellt, ohne explizit auf verschiedene Einzelsysteme einzugehen. Als Zielsetzung ist in allen drei Bereichen eine Darstellung des 'state of the art' im Hinblick auf die vorgestellte Systemarchitektur angestrebt; Spezifika einzelner Ansätze, die eine besonders enge Verwandtschaft zu den in Hauptabschnitt D vorgestellten Realisierungsalternativen aufweisen, werden detailliert dargestellt. Die zu Ende jedes Abschnitts angesprochenen offenen Probleme und Anforderungen im Hinblick auf den Einsatz in der rechnerintegrierten Produktion dienen gleichermaßen als Anforderungskatalog und Beurteilungsmaßstab für die verschiedenen Realisierungsvarianten des FIPS-Systems.

## 10.1  Ansätze im Bereich Featureanalyse

Wie in den Kapiteln 4 und 5 bereits dargelegt wurde, können die mit einem CAD-System erzeugten teilebeschreibenden Daten im allgemeinen in anderen Teilsystemen der rechnerintegrierten Produktion nicht unmittelbar weiterverarbeitet werden. Die Schnittstelle zwischen CAD- und Arbeitsplanungssystem stellt den Schwerpunkt der nachfolgenden Ausführungen dar. Auf Aspekte der Weiterverarbeitung von Konstruktionsdaten in anderen Teilsystemen, etwa der Produktionsplanung und -steuerung, wird ebensowenig eingegangen wie auf Ansätze, die sich ausschließlich mit Problemen der Teilebeschreibung innerhalb eines CAD-Systems beschäftigen.

### 10.1.1  Tabellarischer Vergleich von Featureerkennungsansätzen

Im folgenden werden Ansätze zur Überführung einer geometrisch-topologischen Teilebeschreibung in eine fertigungsorientierte Sichtweise vorgestellt, die alle auf dem Prinzip der automatisierten a posteriori-Featureanalyse beruhen. Aspekte der Featuredefinition im Zuge der Teilekonstruktion (*Design by Feature*, DbF) werden wegen der vorgesehenen uneingeschränkten Verwendung von Standardmodellierern (vgl. Kapitel 4) nicht berücksichtigt; eine Übersicht zu Design-by-Feature-Verfahren ist beispielsweise in [Ross 90] zu finden. In die Untersuchung einbezogen werden ausschließlich Arbeiten, die sich dem Bereich der sogenannten Form Features zuordnen lassen, wodurch beispielsweise Ansätze zur Erkennung von Toleranz-, Baugruppen-, Roboter- und Konturfeatures explizit ausgeschlossen sind (siehe hierzu z.B. [Prat 90]).

Manche der in diesem Abschnitt vorgestellten Ansätze sind direkt für den Einsatz im Umfeld der rechnergestützten Teilefertigung entwickelt worden. Andere betrachten nur die geometrischen und topologischen Aspekte der Featureerkennung und sind nicht auf einen bestimmten Einsatzbereich hin konzipiert, lassen sich aber auch im Kontext der rechnerintegrierten Produktion einsetzen. Aus Gründen der Übersichtlichkeit werden die verschiedenen Arbeiten nach einem gemeinsamen Beurteilungsschema dargestellt, wodurch auch eine leichtere Vergleichbarkeit gewährleistet wird. Als Beschreibungs- und Bewertungskategorien werden für jeden Ansatz Autor und Erscheinungsjahr, zugrundeliegendes Teilemodell, Prinzip der Featureerkennung, erkannte Featuretypen und Repräsentation der erkannten Features angegeben, soweit dies anhand der zugänglichen Literatur möglich ist. Tabelle 10-1 gibt, nach Erscheinungsjahr geordnet, einen Überblick über wichtige Arbeiten im Bereich der Featureerkennung; der Eintrag '%' weist darauf hin, daß im entsprechenden Feld aus der verfügbaren Literatur keine bzw. keine eindeutige Aussage ableitbar ist. Statt einer Einzeldarstellung der Systeme werden nachfolgend die wichtigsten Entwicklungslinien herausgestellt und miteinander verglichen. Die

Gruppierung erfolgt gemäß dem zur Definition der Teilegestalt verwendeten geometrischen Teilemodell, da sich durch die verschiedenen Darstellungsarten grundsätzlich andere Erkennungsverfahren ergeben. Auf allgemeine Anforderungen an Featureanalysesysteme, die im Kontext der rechnerintegrierten Produktion eingesetzt werden sollen, wird zum Abschluß des Abschnitts eingegangen.

| Autor/ System | Quelle(n) | Teilemodell | Erkennungsprinzip | erkannte Features | Feature-Repräsent. |
|---|---|---|---|---|---|
| Woo | [Woo 75] | CSG | Suche nach Hohlräumen | Vertiefungen | % |
| You, Fu | [YoFu79] | BREP | synt. Mustererkennung | % | % |
| Kyprianou | [Kypr 80] | BREP | Feature-Grammatiken | Vertiefg./Erhöhg. | % |
| Woo | [Woo 82] | CSG | rekursive Bestimmung konvexer Hüllen | Vertiefungen/ Erhöhungen | % |
| CAM-I | [CAM-I 82] [Faux 86] | CSG | Ermittlung von Deltavolumina | Vertiefungen/ Erhöhungen | % |
| Choi | [Choi 82] | BREP | applikationsspezifische PASCAL-Routinen | % | % |
| Jakubowski | [Jaku 82] | BREP | kontextfreie Grammatik | % | % |
| Staley et al. | [StHA 83] | BREP | syntaktisches Mustererkennungsverfahren | zylindrische Löcher | % |
| FEATURES | [Hend 84] [HeAn 84] | BREP | PROLOG-Regelsystem | Swept-Features | Feature-graph |
| Choi, Barash, Anderson | [ChBA 84] | BREP | syntaktisches Mustererkennungsverfahren | Löcher, Taschen, Slots | % |
| Liu, Srinivasan | [LiSr 84] | BREP | syntaktisches Mustererkennungsverfahren | Arbeitsplan-Features | % |
| Lee, Fu | [LeFu 87] | CSG | 'principal axes' | % | CSG-Baum |
| Falcidieno, Giannini | [FaGi 87] [FaGi 89] | BREP | Feature-Grammatiken | % | strukt. Hypergraph |
| Joshi, Chang | [JoCh 88] | BREP | heuristisches Mustererkennungsverfahren | % | AAG-Graph |
| FRAFES | [DoWo 88] | BREP | Frames/semantische Netze, Featurebeschreibungssprache FDL | benutzerdefinierte Features (FDL) | Frames |
| XPLANE/ PART | [Erve 88] [HoEK 89] | BREP | Featurebeschreibungssprache | je nach Regeldefinition | Verweise auf Flächen |
| Perng, Chen, Li | [PeCL 90] | CSG | Bestimmung konvexer Hüllen+Inversenbildung | 18 prismatische Basisfeaturetypen | DSG-Baum |
| Chuang, Henderson | [ChHe 90] | BREP | PROLOG-Regelsystem, Mustererkennungsverfahren | % | % |

Tabelle 10-1: Grundlegende Arbeiten im Bereich Featureerkennung

### 10.1.2 CSG-basierte Verfahren

Das Grundprinzip der CSG-basierten Featureanalyse beruht auf einer Umsetzung der vorgangsorientierten Teilebeschreibung in Form eines CSG-Baums in eine äquivalente, fertigungstechnisch interpretierbare Darstellung. Grundsätzlich kommen für die Ermittlung dieser speziellen Klasse von CSG-Bäumen

- prozedurale oder

- elementorientierte

Ansätze in Frage. Bei der *prozeduralen* Vorgehensweise werden im Zuge der Featureanalyse verschiedene Operatoren des CSG-Modells verwendet, um schrittweise die fertigungstechnischen Bearbeitungsschritte zu einem Teil zu identifizieren. Beispielsweise werden Operatoren zur Bestimmung der konvexen Hülle eines Körpers oder auch die im CSG-Modell besonders einfache geometrische Differenzbildung herangezogen; der im Zuge der Teilekonstruktion aufgebaute CSG-Baum wird nicht direkt verarbeitet. Dagegen setzen *elementorientierte* Verfahren unmittelbar auf der Repräsentation des herzustellenden Teils als CSG-Baum auf. Zur Ermittlung der Bearbeitungsschritte müssen alle CSG-Operatoren auf die aus fertigungstechnischer Sicht einzig relevante Form der Differenzbildung zurückgeführt werden. Darüber hinaus gilt es, die im Zuge der Teilekonstruktion verwendeten CSG-Grundkörper zu solchen Elementen zu gruppieren, denen später unmittelbar eine Herstelloperation zugeordnet werden kann. Nachfolgend werden für beide Ansätze einige wichtige Vertreter exemplarisch vorgestellt.

#### 10.1.2.1 Prozedurale Ansätze

Einer der ersten Ansätze zur automatisierten Featureerkennung wird in [Woo 75] dargestellt. Mit dem dort beschriebenen Verfahren können Hohlraumvolumina in einem CSG-basierten Teilemodell erkannt werden; es ist jedoch auf Hervorhebungen nicht anwendbar. In einer Erweiterung stellte Woo einen auf Hervorhebungen und Vertiefungen anwendbaren Algorithmus vor ([Woo 82]), der auf der rekursiven Ermittlung der konvexen Hülle zum (verbleibenden) Ausgangskörper und der anschließenden geometrischen Subtraktion dieses Ausgangskörpers von der konvexen Hülle basiert. Ein Teil wird durch eine vorzeichenalternierende Summenfolge von Volumenteilen beschrieben, wobei in üblicher CSG-Interpretation das Summenzeichen für die Vereinigung zweier Körper und das Differenzzeichen für die geometrische Mengendifferenz steht (vgl. Abbildung 10-1).

Anschaulich kann das Verfahren von Woo als die sukzessive Bestimmung des vom Rohling abzutragenden Restkörpers verstanden werden, wobei durch die Rekursion immer kleinere Volumeneinheiten erzeugt werden, die schließlich als geometrisch

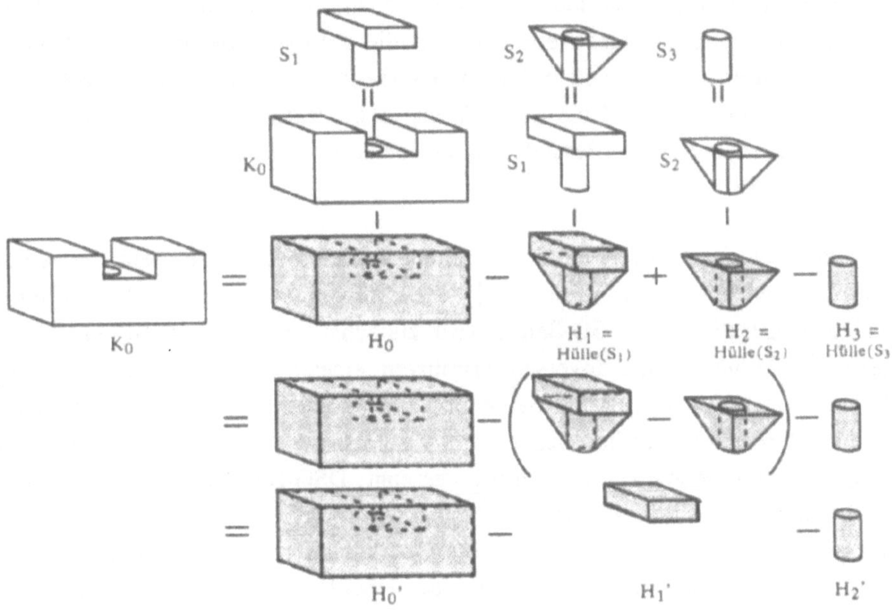

Abbildung 10-1:  Hüllenalgorithmus zur Featureerkennung von Woo
(nach [Prat 84])

elementare Features (z.B. Quader und Zylinder) interpretiert werden können. Der Algorithmus ist universell anwendbar, da er auf keinen bestimmten geometrischen Eigenschaften und topologischen Zusammenhängen im Teilemodell aufbaut. Problematisch ist die nicht in jedem Fall sichergestellte Terminierung des Iterationsprozesses; außerdem wurde der Ansatz wegen der bei Entwicklung des Verfahrens noch unzureichenden Möglichkeiten von CSG-Modellierern nie implementiert ([Jare 89]).

Ein auf dem Ansatz von Woo aufbauendes Verfahren zur Featureerkennung wurde vom Forschungsverbund CAM-I im Rahmen des 'Advanced Numerical Control Project' vorgeschlagen ([CAM-I 82]). Ausgangspunkt des Erkennungsprozesses ist eine Restkörperberechnung zwischen Rohling und herzustellendem Teil. Anders als bei Woo wird die Featureidentifikation nicht durch Verarbeitung von konvexen Hüllen, sondern durch direkte Dekomposition des Restkörpers in sogenannte Deltavolumina durchgeführt. Jedem Deltavolumen entspricht auf Werkstattebene eine Bearbeitungsoperation, welche durch Untergliederung der Deltavolumina in sogenannte Subdeltavolumina näher bestimmt wird. Alle Deltavolumina werden auf vier Typen von Subdeltavolumina zurückgeführt, die ihrerseits verschiedene Vor- und Endbearbeitungsoperationen beschreiben. Zur Bestimmung der Deltavolumina im Restkörper wird vom System eine Bibliothek mit Standard-Deltavolumina bereitgestellt; die firmenspezifischen Bearbeitungsmöglichkeiten werden durch applikationsdefinierte Technologie-Bibliotheken beschrieben. Neuere Arbeiten am CAM-I ([Faux 86], [RaFr 88]) konzentrieren sich auf die Substrukturierung explizit repräsentierter Features im Hinblick auf eine bessere Verwertbarkeit der abgeleiteten Featureinformation sowie auf die Entwicklung einer Feature-Taxonomie, die insbesondere Anforderungen im Bereich Dimensionierung und Toleranzen Rechnung trägt ([CAM-I 86]).

Eine Weiterentwicklung des Featureerkennungsansatzes von Woo stellt die Arbeit von Perng, Chen und Li dar ([PeCL 90]). Jedes nichtquaderförmige Element einer Vereinigungsoperation im CSG-Baum wird zunächst durch die Differenz seiner konvexen Hülle und seiner inversen Primitiven ersetzt. Durch 'Hochziehen' der Vereinigungsoperationen im CSG-Baum bis zum Wurzelknoten und die Ersetzung durch die entsprechende Differenzoperation wird schrittweise eine DSG-Darstellung (*Destructive Solid Geometry*) des Körpers erzeugt. DSG-Darstellungen sind analog zu CSG-Bäumen definiert, zeichnen sich aber dadurch aus, daß in ihnen der aus fertigungstechnischer Sicht einzig relevante Operator zur Differenzbildung verwendet wird. Nach einer Zwischenverarbeitung des DSG-Baums, in der Überlagerungen zu entfernender Volumina aufgelöst werden, kann schließlich der DSG-Baum anhand einer hierarchischen Featuredefinition in eine äquivalente Darstellung unter Verwendung von 18 prismatischen Basisfeaturetypen transformiert werden. Das Verfahren behandelt gegenwärtig ausschließlich CSG-Bäume mit Vereinigungs- und Differenzoperationen; Durchschnittsbildungen aus zwei CSG-Primitiven können nicht aufgelöst werden.

### 10.1.2.2 Elementorientierte Ansätze

Eines der wenigen Featureerkennungsverfahren, das eine direkte Verarbeitung der in der Konstruktion erzeugten CSG-Bäume vornimmt, stellt der in [LeFu 87] beschriebene Ansatz dar. Dem Grundproblem der Nichteindeutigkeit des CSG-Modells versucht man dabei dadurch zu begegnen, daß Features über Beziehungsstrukturen zwischen Achsen und/oder Kanten der CSG-Primitive identifiziert werden. Das Verfahren geht in mehreren Schritten vor. Zunächst werden zu allen Primitiven der CSG-Teiledarstellung die sogenannten 'principal axes' ermittelt, die ein CSG-Grundelement bezüglich des lokalen Koordinatensystems eindeutig charakterisieren. Durch Parametrierungen sind lediglich bei Würfeln aufgrund ihrer Achsensymmetrie mehrere Achsen zur Beschreibung erforderlich. In einer zweiten Phase werden die Achsen gemäß ihrer räumlichen Lage gruppiert und schließlich die ein Feature konstituierenden Elemente identifiziert. Abschließend werden die einzelnen CSG-Elemente durch Restrukturierungsmaßnahmen im CSG-Baum zu Featureelementen zusammengeführt und vereinheitlicht.

*10.1.2.3 Grundsätzliche Probleme und Lösungsansätze*

Der folgende Überblick über generelle Möglichkeiten und Probleme der Feature-identifikation aus einer mengentheoretischen Teilebeschreibung (CSG-Darstellung) beruht auf einer vielbeachteten Arbeit von Woodwark ([Wood 88]). Grundsätzlich liegen die Probleme in der Nicht-Eindeutigkeit (siehe Kapitel 4) und dem 'globalen Charakter' des CSG-Modells. Der zweite Problempunkt betrifft die schwierige Identifikation benachbarter geometrischer Elemente im CSG-Modell, die aus der nur implizit vorgenommenen Geometriedefinition resultiert.

Die meisten Ansätze zur Featureerkennung durch direkte Reorganisation der mengentheoretischen Beschreibung eines Teils weisen nach [Wood 88] bereits für einfache Erkennungsvorgänge hohe Komplexität auf, weshalb dort drei Vorschläge zur Vereinfachung der Problemstellung diskutiert werden:

- Beschränkung des Definitionsbereichs des CSG-Modells,

- Analyse des CSG-Baums hinsichtlich auftretender Muster und

- Umsetzung des CSG-Baums in eine strukturell flächenorientierte Darstellung.

Der erste Ansatz beruht auf einer Eingrenzung bei der Definition des CSG-Modells, wofür wiederum drei Möglichkeiten in Betracht zu ziehen sind. Zum einen kann der Definitionsbereich des CSG-Modells hinsichtlich verwendbarer Standard-volumenelemente und/oder erlaubter Orientierung dieser Basiskörper beschränkt werden. Zum zweiten können die erlaubten räumlichen Interaktionen zwischen den Standardvolumenelementen restringiert werden; der erste Ansatz von Woo ([Woo 75]) stellt hierfür ein Beispiel dar. Zum dritten schließlich kann die Bildung mengentheoretischer Ausdrücke bei der Teiledefinition eingeschränkt werden, was beispielsweise bei den Systemen TIPS-1 ([OkKK 73]) und Uniblock ([NyNK 83]) der Fall ist. In allen Fällen ergibt sich eine starke Beschränkung der konstruktiven Freiheit bei der Teiledefinition.

Der zweite Ansatz zur Vereinfachung des CSG-Modells für die Featureanalyse beruht auf einer Auswertung des Erzeugungsausdrucks zur Teilebeschreibung hinsichtlich eventuell vorkommender Muster. Auf diese Weise kann zum Beispiel festgestellt werden, ob ein Zylinder grundsätzlich Bestandteil eines Loches oder einer kreisförmigen Erhebung sein kann ([Tilo 81]), wodurch sich die nachfolgende Featureerkennung wesentlich vereinfacht. Für den Einsatz dieses Verfahrens ist eine verläßliche Methode zur Identifikation sogenannter Nullobjekte erforderlich, wofür beispielsweise in ([Came 84]) und ([Tilo 84]) Algorithmen angegeben sind. Durch die Überprüfung der Existenz von Nullobjekten kann die Identität zweier

Modelle mittels symmetrischer Differenzbildung festgestellt werden, wodurch sich das Auftreten erwarteter Muster bzw. Features im Objektmodell leicht überprüfen läßt.

Einen dritten Weg zur Verbreiterung des Einsatzbereichs des CSG-Modells für die Featureerkennung stellt die Überführung der mengentheoretischen Teilebeschreibung in ein strukturell graphbasiertes Flächenmodell ohne die für das BREP-Modell typische explizite Berechnung von Parameterwerten dar. Das Zielmodell enthält somit die topologische Information zu einem Teil explizit in Form der aufgebauten Graphstruktur, die numerische Information zu den einzelnen Geometrieelementen ist dagegen nur implizit vorhanden. Der Einsatz dieses Verfahrens setzt die Entwicklung spezieller Verarbeitungsmechanismen auf dieser Datenstruktur voraus, weshalb auch der Einsatz von räumlichen und nicht topologisch orientierten Hilfsdatenstrukturen erwogen wird ([Wood 88]).

Allen geschilderten Ansätzen zur Verbesserung der Einsatzfähigkeit des CSGModells im Zuge der Featureerkennung ist gemeinsam, daß die damit verbundenen Fragestellungen noch wenig untersucht sind. Deshalb sehen die meisten der heute eingesetzten a posteriori-Featureerkennungsverfahren eine Konversion der CSGTeiledefinition in eine BREP-Darstellung vor, bevor mit dem eigentlichen Featureerkennungsprozeß begonnen wird. Selbst in den Arbeiten von Woo werden während des Erkennungsprozesses interne Konvertierungen von CSG nach BREP vorgenommen ([Wood 88]). Wegen der aufgezeigten grundsätzlichen Schwierigkeiten muß die Einsetzbarkeit des CSG-Modells im allgemeinen Fall der Featureerkennung derzeit noch skeptisch beurteilt werden.

### 10.1.3 BREP-basierte Verfahren

Bei der Featureanalyse auf Basis des BREP-Modells werden die das Teil beschreibenden elementaren Geometrieelemente (Punkte, Kanten, Flächen) so klassifiziert und gruppiert, daß sie aus fertigungstechnischer Sicht relevante Einheiten bilden. Diese Vorgehensweise schlägt sich auch in der heute gebräuchlichen, äußerst vagen Definition eines Features als eine 'logische Verknüpfung von Formelementen mit Semantik' wieder, wobei Formelemente als 'geometrische Gruppen von Konturen, Flächen, Volumen oder Bauteilen' definiert sind ([KrSc 90]). Die im Vergleich zu CSG-basierten Arbeiten wesentlich zahlreicheren Publikationen zur Featureanalyse auf Grundlage des BREP-Modells können grob vier verschiedenen Klassen zugeordnet werden, die auf den folgenden Grundlagen beruhen ([Jare 89]):

- Feature-Grammatiken,

- Mustererkennungsverfahren,

- Produktionenregelsysteme oder

- Klassifikationsverfahren.

*Feature-Grammatiken* stellen neben den frühen CSG-basierten Ansätzen von Woo die ersten Versuche der automatischen Featureerkennung dar. Ausgehend von einer Attributierung der Kantenbeschreibungen im Ausgangsteil werden schrittweise 'höhere' Strukturen abgeleitet und attributiert, bis schließlich alle enthaltenen Flächen verarbeitet sind. *Mustererkennungsverfahren* beschreiben Features als Zeichenketten-Muster, deren Auftreten in einer Beschreibung des Teils durch Worte über einem vordefinierten Alphabet gesucht wird. Bei *Produktionenregelsystemen* werden Mittel der logischen Programmierung eingesetzt, um eine Beschreibung des Teils in Form sogenannter Fakten mittels vordefinierter Erkennungsregeln nach dem Auftreten von Features zu durchsuchen. *Klassifikationsverfahren* schließlich arbeiten mit einer hierarchischen Taxonomie der Featurebegriffe und führen im Erkennungsprozeß eine schrittweise Verfeinerungen der zugeordneten Featureklasse durch.

Die obige Klassenaufteilung ist nicht orthogonal, da viele der nachfolgend beschriebenen Verfahren Aspekte mehrerer Ansätze aufzeigen. Die Zuordnung zu einer Klasse wurde deshalb nach dem überwiegend vorherrschenden Merkmal vorgenommen.

### *10.1.3.1 Feature-Grammatiken*

Die grundlegende Arbeit im Bereich der Featureerkennung mit Hilfe von Feature-Grammatiken stellt die Dissertation von Kypriano dar ([Kypr 80]), die ihrerseits wesentlich auf den Arbeiten von Stiny zu Gestalt-Grammatiken im Bereich des architektonischen Entwurfs beruht ([Stin 75]). Features werden als Aggregation von Begrenzungsflächen repräsentiert, die in der Grammatik terminale Symbole darstellen. Ausgehend von einer Attributierung der Kanten im BREP-Modell als konkav, konvex oder glatt werden rekursiv Kantenzüge, Flächen und schließlich Features identifiziert, wobei die im Suchprozeß generierten Zwischenstufen wiederum attributiert werden. Die Suche selbst wird durch die anhand der Attribute festgestellte Anwendbarkeit von Produktionenregeln, die gemäß der Grammatikdefinition festgelegt sind, gesteuert. Weiterhin werden zur Effizienzsteigerung Heuristiken bezüglich der Abarbeitungsreihenfolge der Geometrieelemente eingesetzt. Als Eingabe wird eine durch das CAD-System BUILD erzeugte BREP-Darstellung verwendet. Das von Kypriano entwickelte prototypische Featureerkennungssystem erkennt lediglich Blindlöcher, Bohrungen und zylindrische Erhebungen.

Eine direkte Fortführung des Ansatzes von Kypriano stellen die Arbeiten von Falcidieno und Giannini dar ([FaGi 87], [FaGi 89]). Im Unterschied zur Darstellung der erkannten Features als Flächenmengen bei Kypriano werden hier sogenannte strukturierte Flächenzusammenhangs-Hypergraphen (*Structured Face Adjacency Hypergraph*, SFAH) verwendet. Den Ausgangspunkt der Featureerkennung bildet eine Teilerepräsentation in Form von Flächenzusammenhangs-Hypergraphen (*Face Adjacency Hypergraph*, FAH), welche in einer prototypischen Realisierung direkt von einem CAD-System mit Euler-Operationen erzeugt werden ([AnDF 85], [CaFa 88]). Die Erkennungsregeln werden als Grammatik einer sogenannten Musterbeschreibungssprache ([FaGi 89]) spezifiziert, was auf die enge Verwandschaft zu syntaktischen Mustererkennungsverfahren hinweist (siehe Abschnitt 10.1.3.2). Die Flächen erkannter Features werden im Zuge der Featureextraktion zu vollständigen Volumeneinheiten ('feature shells') ergänzt, wozu unter Umständen geometrische Hilfselemente erzeugt werden müssen. Schließlich werden die Einzelfeatures anhand ihrer Nachbarschaftsbeziehungen in eine hierarchische Graphenrepräsentation eingefügt. Der Ansatz wurde unter Verwendung eines erweiterten BREP-Modellierers prototypisch implementiert, was insbesondere auch die schrittweise Visualisierung des Erkennungsprozesses ermöglicht. Da die Erkennungsalgorithmen direkt auf FAH-Graphen aufsetzen, können nur spezifische CAD-Systeme eingesetzt werden.

### 10.1.3.2 Mustererkennungsverfahren

Eng verwandt mit der Featureerkennung über Grammatiken ist der Einsatz von Mustererkennungsverfahren. Das Grundprinzip beruht auf Arbeiten von You und Fu ([YoFu 79], [Fu 82]). Gemeinsame Grundlage der verschiedenen Realisierungen dieses Ansatzes ist die Beschreibung der geometrischen Grundelemente des BREP-Teilemodells durch Worte über einem freien Monoid, wobei topologisch verbundene Elemente zu Zeichenketten konkateniert werden. Features werden als Zeichenkettenmuster definiert; z.B. entspricht das Muster

$$\text{HSS } \langle\text{HES}\rangle^{\bullet} \text{ HBS}$$

der Definition eines Lochs, wobei HSS die Startfläche (*Hole Start Surface*), HBS die Endfläche (*Hole Base Surface*) und HES die Mantelfläche(n) des Lochs (*Hole Element Surface*) bezeichnen. $\langle\rangle^{\bullet}$ symbolisiert, daß ein Loch aus mehreren Mantelflächen zusammengesetzt werden kann. Während der Featureanalyse wird die Zeichenkettenrepräsentation des Teils nach dem Vorkommen solcher Muster abgesucht.

Das Grundprinzip der syntaktischen Mustererkennung wurde in einer ganzen Reihe von Arbeiten zur Featureerkennung eingesetzt. In der Dissertation von Choi ([Choi 82]) werden die Erkennungsregeln zur Identifikation elementarer Bearbeitungsflächen für Löcher als applikationsspezifische PASCAL-Routinen definiert.

Jakubowski setzt erweiterte kontextfreie Grammatiken zur Beschreibung von Referenz-Bearbeitungsflächen für 2 1/2 D-Teile ein ([Jaku 82]). In dieser Arbeit wird auch detailliert auf die Konstruktion des benötigten Sprachparsers eingegangen.

In der Realisierung von Staley, Henderson und Anderson ([StHA 83]) ist das Spektrum erkennbarer Features auf zylindrische Löcher beschränkt. Hierzu wird die Lochgeometrie in der Teilerepräsentation zunächst auf eine zweidimensionale Darstellung der Mantel-Schnittfläche zurückgeführt. Diese Beschreibung dient dann als Eingabe des syntaktischen Mustererkenners, der mittels eines von Earley entwickelten Parsing-Verfahrens ([Earl 70]) eine Klassifikation des Lochs vornimmt. Für jede Lochklasse wird eine eigene Sprache durch Spezifikation einer Muster-Grammatik definiert. Über die Verarbeitungsreihenfolge der Sprachen im Parser wird die Klassifikation der Löcher von einfachen zu komplexen Klassen hin gesteuert. Der Effizienz des Erkennungsalgorithmus wurde durch eine parallele Implementierung des Parsing-Verfahrens unter Verwendung spezieller VLSI-Parsing-Chips ([Chia 82]) besonderes Augenmerk gewidmet.

Wie auch das Verfahren von Staley, Henderson und Anderson baut die Realisierung eines Featureerkennungs-Systems durch Choi, Barash und Anderson auf der BREP-Datenstruktur des CAD-Systems ROMULUS auf. Das Erkennungsverfahren stellt eine Erweiterung des Ansatzes von Choi dar; dort war nur die Featureklasse Loch berücksichtigt. Im Gegensatz hierzu werden in [ChBA 84] sieben verschiedene Featuretypen eingeführt, die sich bis auf Freiformflächen alle in einer 2 1/2D-Form repräsentieren lassen, was auf die Korrespondenz mit Sweeping-Körpern (vgl. Abschnitt 4.4.3) hindeutet. Ein Schwerpunkt des Verfahrens liegt in der Festlegung der Erkennungsreihenfolge für die verschiedenen Featuretypen, die durch fertigungstechnische Restriktionen beeinflußt ist. Als Heuristik wird die Reihenfolge einfache Nuten → Löcher → Taschen → Nuten mit innenliegenden Löchern und Taschen → Stufen → 2D-Konturen → planare Flächen angegeben. Ein Problem liegt bei diesem Ansatz darin, daß wegen der zugrundeliegenden Featuredefinitionen auch vergleichsweise einfache Features teilweise nicht erkannt werden.

Während bei Choi, Barash und Anderson die Abbildung der geometrischen Elemente des Teils und ihrer topologischen Zusammenhänge auf Worte, welche die Eingabe für das Mustererkennungsverfahren bilden, flächenorientiert vorgenommen wurde, setzen Liu und Srinivasan kantenorientierte Worte als Musterprimitive ein ([LiSr 84]). Die Abbildung der Teilegeometrie auf Worte wird bei den meisten anderen Ansätzen auch durch einen Postprozessor vorgenommen, da die internen Datenstrukturen der geometrischen Modelliersysteme nicht direkt zugreifbar sind. Das abgeleitete Datenmodell enthält neben Knoten für Kanten und Flächen auch Informationen über Oberflächengestalt und Beziehungen zwischen Kanten und Flächen, die zum Teil direkt im CAD-Modell vorliegen und ansonsten errechnet werden. Die Musterprimitive zur Identifikation von Bearbeitungsflächen für bestimmte Werkzeuge werden durch Fragmente von Geradenstücken und Kreisbögen mit bestimmten Orientierungen definiert.

Ebenfalls auf der Typisierung der Kantenbeziehungen zwischen Teileflächen basiert das von Joshi und Chang beschriebene Featureerkennungsverfahren ([JoCh 88]). Anders als die bisher vorgestellten Ansätze beruht der Erkennungsalgorithmus aber nicht auf syntaktischen Mustererkennungsverfahren, sondern stützt sich auf heuristische Suchmethoden. Features werden hierarchisch durch Angabe bestimmter Beziehungsmuster in der Teilerepräsentation definiert, welche in Form sogenannter attributierter Beziehungsgraphen (*Attributed Adjacency Graphs*, AAG) vorliegen. Attributierte Beziehungsgraphen weisen eine starke Verwandtschaft zu dem von Kypriano verwendeten modifizierten Ausgangsdatenmodell und insbesondere auch zu den Face-Adjacency-Hypergraphen von Falcidieno und Giannini auf. Die Featureerkennung auf Basis von AAG-Strukturen stellt sich entsprechend als Suche nach mit Features korrespondierenden Teilbäumen dar. Erkannt werden können bei diesem Ansatz auch komplexe Featuretypen ([JoCh 88]). Ein besonderer Vorteil des Verfahrens liegt in der Möglichkeit des Erkennens zusammengesetzter und überlagerter Features mit Rückführung auf die konstituierenden Basisfeatures. Problematisch ist das Nichterkennen bestimmter Klassen von Löchern im speziellen und die fehlende formale Absicherung heuristischer Suchverfahren im allgemeinen.

Viele neuere Verfahren zur Featureerkennung auf Basis des BREP-Modells beruhen wie auch der Ansatz von Joshi und Chang auf einer Attributierung von Geometrieelementen in einer graphischen Teilerepräsentation. In [FeHi 90] werden Features durch Bildung konvexer Hüllen zu den Teileflächen identifiziert, während in [ChHe 90] eine Klassifikation der Punktknoten in einem das Teil beschreibenden Punkt-Kanten-Graphen vorgenommen wird. Das in [SaGo 90] beschriebene Verfahren ähnelt durch die Verwendung attributierter Kantenbeziehungen in Kanten-Flächen-Graphen sehr dem Ansatz von Joshi und Chang, legt aber einen Schwerpunkt auf die interaktive Eigendefinition zu erkennender Features mit Hilfe eines CAD-Systems. Eine Übersicht über Möglichkeiten zur Repräsentation topologischer Information in graphischen Repräsentationen der Geometrieelemente auf Basis des BREP-Modells gibt [Weil 85].

### 10.1.3.3 Produktionenregelsysteme

Die dritte Klasse von Featureerkennungsansätzen auf Basis des BREP-Modells stellen Verfahren dar, bei denen die Erkennungsalgorithmen in Form von Produktionenregeln repräsentiert sind. Eine Produktionenregel hat folgende Form:

$$\text{Wenn } P_1, P_2, \ldots, P_n, \text{ dann } A,$$

wobei $P_1$ bis $P_n$ die Vorbedingungen der Regelanwendung und $A$ das Ergebnis der Regelausführung darstellen. Die Regel ist nur dann anwendbar, wenn alle Vorbedingungen gleichzeitig erfüllt sind, was einer logischen Konjunktion der Prämissen entspricht. Zur Featureerkennung mittels Produktionenregeln wird pro Feature eine hinreichende Menge von Bedingungen definiert, die einen Featuretyp eindeutig charakterisiert. Die Teilebeschreibung wird in Form sogenannter Fakten bereitgestellt, in der die einzelnen Geometrieelemente anhand ihrer topologischen Beziehungen attributiert sind. Als Implementierungssprache für Produktionenregel-systeme hat sich die Programmiersprache PROLOG ([ClMe 81]) durchgesetzt, die eine spezielle Teilklasse von Produktionenregeln, die sogenannten Horn-Klauseln, abdeckt. Im Erkennungsprozeß wird vom PROLOG-Interpreter nach einer anwend-baren Regel gesucht, der Aktionsteil ausgeführt und eine neue anwendbare Regel ausgewählt, bis alle Features erkannt sind oder keine der Regeln mehr anwendbar ist. Die Ausführbarkeit der Regeln hängt von den Fakten ab, die während des Suchvorgangs dynamisch verändert werden können.

Die grundlegende Arbeit im Bereich der Featureerkennung durch Produktionenregel-systeme stellt das von Henderson und Anderson beschriebene System FEATURES dar ([Hend 84], [HeAn 84]). Das System untergliedert sich in Module zur Featureerkennung, Featureextraktion und Featureorganisation. Im Erkennungsteil werden generische Regeln verwendet, mit denen ganze Klassen von Features identi-fiziert werden können, wobei das System Compound-Features nicht auf die konsti-tuierenden Elementarfeatures zurückführt. Als Ausgangspunkt der Erkennung dient nicht die Fertigteilgeometrie, sondern eine Beschreibung der vom Rohling zu entfer-nenden Volumina, die mit einem CAD-System erzeugt und mittels Postprozessoren in PROLOG-Fakten übersetzt wird. Erkannte Features werden sukzessive vom Rest-körper abgezogen, bis schließlich das abzutragende Volumen vollständig abgear-beitet ist. Im abschließenden Schritt der Featureorganisation werden die ermittelten Features gemäß ihrer geometrischen Zugänglichkeit in eine Graphenstruktur eingebettet, in welcher der zugehörige Restkörper den Wurzelknoten bildet. Das FEATURES-System ist auf Swept-Features beschränkt, behandelt aber die erkannten Features im Gegensatz zu fast allen anderen Erkennungsansätzen als Volumen-elemente und nicht nur als Ansammlungen von Flächen und Kanten.

Ein Erkennungsverfahren, das ebenfalls als PROLOG-Regelsystem implementiert ist, stellt die Arbeit von Chuang und Henderson dar ([ChHe 90]). Zur Feature-identifikation werden die Punktelemente der geometrischen Teilebeschreibung anhand der Topologie und der den Punkt umgebenden Geometrieelemente klassifi-ziert. Zur Featureerkennung wird das Auftreten von Mustern in einem Punkte-Kanten-Graphen gesucht, weshalb das Verfahren auch bereits bei den Muster-erkennungsansätzen aufgeführt wurde. Der Vorteil gegenüber dem Verfahren von Henderson und Anderson liegt in der einfacheren Definition der Featureerkennungsmuster, da diese Muster auch durch die Vorgabe von Beispielgeometrien im System eingeübt werden können; die Eingabe der Teilebeschreibung erfolgt wie beim FEATURES-System.

### 10.1.3.4 Klassifikationsverfahren

Der Dichotomie von breiter Anwendbarkeit der Erkennungsroutinen und detaillierter Featureklassifikation versucht das framebasierte System FRAFES ([DoWo 88]) durch Bildung einer stark differenzierenden Begriffshierarchie zu begegnen. Features werden in FRAFES in zwei verschiedenen Frame-Typen repräsentiert: Typ-Frames geben die allgemeine Definition eines Features wieder, während in Instanzen-Frames die geometrischen Entities konkreter Ausprägungen (Instanzen) eines Feature-Typs angegeben sind. Die Arbeit mit den Featureerkennungsframes wird durch die Transformation des geometrischen Teilemodells in eine ebenfalls frameorientierte äquivalente Darstellung erleichert. In den Frames werden prozedurale und deklarative Methoden der Featureerkennung integriert. Durch Vater-Sohn-Beziehungen zwischen Typ-Frames wird die hierarchische Erkennung und Zuordnung immer speziellerer Featurebegriffe ermöglicht; so unterscheidet FRAFES beispielsweise zwischen Stufen-Nuten, T-Nuten und V-Nuten.

Ein ebenfalls mit einer Feature–Begriffshierarchie operierendes Featureerkennungsverfahren, das im speziellen Kontext der rechnergestützten Arbeitsplanung konzipiert und realisiert wurde, stellt das System XPLANE dar. Es wurde in der Dissertation von van 't Erve ([Erve 88]) vorgestellt und bildet den Kern des featurebasierten Arbeitsplanungssystems PART ([HoEK 89]). PART verwendet das geometrische Modelliersystem GPM mit vollem Zugriff auf die internen Datenstrukturen. Deshalb ist es hier möglich, die Feature-Datenstruturen zum integralen Bestandteil des Volumenmodells zu erheben. Wie auch in FEATURES werden zunächst Compound-Features gebildet, die in PART anschließend aber hierarchisch auf atomare Featuretypen abgebildet werden. Es existieren 42 atomare Featuretypen, die neun generellen Kategorien zugewiesen werden können. Für jedes atomare Feature werden in einer Featurebeschreibungssprache parametrisierte Listen von Geometrieelementen beschrieben, die zusammengenommen das Feature ausmachen. Die Aufnahme von Geometrieelementen in diese Listen während des Erkennungsprozesses wird über Eigenschaften wie Konvexität und Nachbarschaftsbeziehungen zu anderen Elementen geregelt. Durch ein eigenes Modul werden zu jedem Feature spezifische und allgemeine Parameter wie Position und Orientierung generiert, die nicht unmittelbar in der geometrischen Beschreibung der Konstituenten enthalten sind. Zur Erkennung und Behandlung zusammengesetzter und überlappender Features können in der Featurebeschreibungssprache sogenannte Varianten definiert werden. Problematisch bei dieser Vorgehensweise ist, daß nur solche Varianten erkannt werden, die zuvor explizit spezifiziert wurden.

### 10.1.4 Anforderungen an die Featureerkennung im Kontext der rechnerintegrierten Produktion

In diesem Abschnitt werden die vorgestellten Ansätze zur a posteriori-Feature-erkennung unter dem spezifischen Gesichtspunkt des Einsatzes in der rechner-integrierten Produktion zusammenfassend gegenübergestellt und wichtige allgemeine Anforderungen an Featureerkennungssysteme im Bereich der mechanischen Ferti-gung abgeleitet. Dabei wird insbesondere auf erkennbare Schwachstellen in den vorliegenden Konzepten eingegangen.

#### 10.1.4.1 CAD-Datenmodell

Die Vorteile und Probleme der Verwendung des CSG- bzw. des BREP-Datenmodells als Ausgangsbasis für die Featureanalyse wurden bereits bei der Vorstellung der einzelnen Verfahren angesprochen. Für die Verwendung des BREP-Modells sprechen vor allem folgende Vorzüge ([Prat 88]):

- Die Geometrie- und Topologieinformation ist im BREP-Datenmodell explizit repräsentiert.

- Das BREP-Datenmodell ist eindeutig.

- Auch wenn bei der Erstellung des CSG-Baums nur Differenzoperatoren eingesetzt werden, müssen die Operatorenreihenfolge und die verwendeten Volumenelemente nicht notwendigerweise aus fertigungstechnischer Sicht bedeutungsvoll sein. Eine a posteriori-Featureerkennung kann somit im all-gemeinen nicht umgangen werden kann; diese ist aber auf Basis des BREP-Modells wegen der expliziten Datenrepräsentation im allgemeinen einfacher durchführbar.

Eine Repräsentation der ermittelten Featureinformation kann im BREP-Modell direkt auf der Grundlage vorhandener Entities erfolgen, während im CSG-Modell die das Teil beschreibende Datenstruktur entsprechend modifiziert werden muß. Die meisten Featureerkennungsansätze nehmen eine Vorverarbeitung der Geometrieinformation mittels Postprozessoren vor, wobei die aufbereiteten Daten entweder eine Ergänzung des Ausgangsdatenmodells darstellen können oder aber unabhängig davon repräsentiert werden. Nur in wenigen Ansätzen (z.B. [LuDS 86b], [FaGi 89]) bildet die Featurerepräsentation direkt die Primärdaten-struktur in einem CAD-System.

### 10.1.4.2 Featurerepräsentation

Ein Feature kann grundsätzlich durch die konstituierenden Geometrieelemente (explizite Featurerepräsentation) oder aber durch featurespezifische Parameter, die nicht unmittelbar im CAD-Modell enthalten sind (implizite Featurerepräsentation), beschrieben werden ([WiPr 88]); zum Beispiel wird ein zylindrisches Loch sowohl durch Referenzen zu den Boden-, Seiten- und Deckelflächen im CAD-Modell als auch durch die Angabe von Lage, Radius und Tiefe eindeutig charakterisiert. Für das Einsatzgebiet der rechnerintegrierten Fertigung weist die implizite Featurerepräsentation einige wesentliche Vorteile auf, die sich wie folgt zusammenfassen lassen:

- Die implizite Featurerepräsentation ist äußerst kompakt und unabhängig vom Geometriedatenmodell, trotzdem aber vollständig.

- Die Beschreibungsparameter stellen aus Fertigungssicht oft unmittelbar verarbeitbare Information dar.

- Zur impliziten Featuredarstellung müssen keine zusätzlichen geometrischen oder topologischen Entities erzeugt werden.

Implizite Featurerepräsentationen sind für die Klasse der Swept-Features besonders leicht zu finden. Auch im Zusammenhang mit Dimensionierungen und Toleranzen weist diese Repräsentationsform vielversprechende Perspektiven auf ([ReCh 86], [GoZS 88]). In [Prat 88] wird auf die Möglichkeit der hybriden Verwendung expliziter und impliziter Featurerepräsentationen hingewiesen, wobei für die Weiterverarbeitung der Featureinformation überwiegend die impliziten Beschreibungsparameter von Bedeutung sind.

### 10.1.4.3 Featuredarstellung

Die Featurerepräsentation legt fest, ob ein Feature durch Referenzen zu geometrisch-topologischen Informationen des CAD-Datenmodells oder implizit durch beschreibende Parameter repräsentiert werden soll. Auch bei impliziter Featurerepräsentation muß während der Featureerkennung zunächst eine Identifikation der konstituierenden geometrisch-topologischen Einheiten vorgenommen werden. Bei der Featuredarstellung gilt es zu bestimmen, auf welcher Ebene im CAD-Modell ein geometrisch-topologisch zu beschreibendes Feature dargestellt wird. Während bei Featureerkennungsverfahren auf Basis des CSG-Modells die Features geometrisch grundsätzlich als Volumeneinheiten modelliert werden, kommt in BREP-basierten Ansätzen sowohl eine Flächen- als auch eine Volumendarstellung in Frage. Bei der Flächendarstellung wird ein Feature ausschließlich durch die im CAD-Modell des Teils unmittelbar enthaltenen Flächen modelliert und somit 'offen' dargestellt, während bei der Volumendarstellung Features als geschlossene

Volumeneinheiten definiert werden, was bei einem BREP-basierten Datenmodell im allgemeinen die Generierung von im Ausgangsmodell nicht enthaltenen Geometrieelementen nach sich zieht.

Flächendarstellungen für Features werden beispielsweise in den Ansätzen von Kypriano, Choi sowie Barash und Anderson eingesetzt, während das System FEATURES neben dem Ansatz von Falcidieno und Giannini einen der wenigen Ansätze darstellt, in denen aus BREP-Daten gewonnene Features zu vollständigen Volumeneinheiten ergänzt werden. Die wichtigsten Vorteile der Featuredarstellung als Volumenelemente betreffen die folgenden Bereiche ([Prat 88]):

- Interaktionen von Features können in der Volumendarstellung leichter erkannt und behandelt werden.

- Das Löschen eines Volumenfeatures ist wesentlich einfacher als in der Flächendarstellung.

- Die aus Sicht der vorgesehenen Interpretation eines Features als Bearbeitungsschritt benötigte Bestimmung der Eintrittsflächen ist in der Volumendarstellung wesentlich einfacher.

- Zur Überprüfung der Featureerkennung können die Volumenfeatures durch einfache Vereinigungsoperationen zusammengefügt und mit dem ursprünglich zu entfernenden Material verglichen werden; stimmen beide Körper nicht überein, wird durch die Abarbeitung der Features zuwenig oder zuviel Material entfernt.

Der hauptsächliche Nachteil der Featuredarstellung als Volumenelemente ist in dem zusätzlichen Generierungsaufwand der Abschlußflächen und dem erhöhten Speicherbedarf zur Repräsentation der zusätzlichen topologischen Entities zu sehen; die geschilderten Vorteile überwiegen jedoch bei weitem.

*10.1.4.4 Featurevisualisierung*

Wie bereits erwähnt wurde, verwenden nur wenige Featureerkennungsansätze direkt die Datenstrukturen eines CAD-Systems. Zum einen ist dies oft aus technischen Gründen nicht möglich, da die Schnittstelle zur rechnerinternen Teilerepräsentation bei vielen der eingesetzten 'Turn-key-Systeme' nicht offenliegt; zum anderen wird auch aus Gründen der universellen Anwendbareit der Erkennungsroutinen bewußt auf die Kopplung an eine bestimmte Klasse von CAD-Systemen verzichtet.

Werden die Daten eines CAD-Systems durch Postprozessoren für die Featureanalyse aufbereitet, können der Erkennungsvorgang selbst und auch abgeleitete Ergebnisse nicht unmittelbar durch das CAD-System visualisiert werden. Gerade im Hinblick auf die oftmals möglichen alternativen Wege der Rückführung komplexer und überlappter Features auf Basisklassen kommt der graphischen Veranschaulichung von Vorgang und Ergebnis der Featureanalyse große Bedeutung zu. Nicht nur die Güte der gefundenen Featureklassifikation kann durch 'visuelle Inspektion' überprüft werden, sondern durch eine vorgangsorientierte Darstellung lassen sich gerade bei heuristischen Suchverfahren Rückschlüsse auf Verbesserungen in den Erkennungsroutinen ableiten.

Grundsätzlich kann eine Visualisierung des Featureerkennungsprozesses 'online' oder 'offline' erfolgen. Bei der 'online'-Visualisierung wird jeder Analyseschritt unmittelbar graphisch dargestellt. Die 'offline'-Visualisierung entkoppelt dagegen Featureerkennungs- und -visualisierungssystem, indem während der Featureanalyse Steuerinformation für das Visualisierungssystem gesammelt wird, die Visualisierung selbst aber erst im Anschluß an den vollständigen Analysevorgang durchgeführt wird. Eine 'offline'-Visualisierung ist für die meisten Anwendungsbereiche ausreichend; durch 'Filtern' der Visualisierungsinformation kann zudem die Präsentation auf einer anpaßbaren problembezogenen Detaillierungsstufe erfolgen.

Ansätze zur Featurevisualisierung sind bei a posteriori-Erkennungsansätzen bisher nur für Systeme erkennbar, bei denen der Erkennungsvorgang unmittelbar auf den Datenstrukturen des CAD-Systems arbeitet, wie z.B. bei Falcidieno und Giannini oder auch bei van 't Erve. Bei den meisten anderen Ansätzen können die Ergebnisse der Featureerkennung nur durch eine Analyse der generierten Featuredatenstruktur überprüft werden. Ein Rückschluß auf den Ablauf des Erkennungsvorgangs selbst ist hierdurch jedoch im allgemeinen nicht möglich.

## 10.1.4.5 Featureklassifikation

Die Featureanalyse stellt eine höchst komplexe Aufgabe dar. Bereits in frühen Arbeiten wurde deshalb versucht, eine Komplexitätsreduktion durch Hierarchisierung des Erkennungsvorgangs durchzuführen. Daneben entstanden viele Featureerkennungsansätze im Kontext der Variantenarbeitsplanung, für die das Prinzip der Klassifikation von Teilen kennzeichnend ist. Auch wurden unabhängig von konkreten Erkennungsansätzen Taxonomien zur Featureklassifikation entwickelt, mit denen zum einen die Vollständigkeit verschiedener Erkennungsverfahren überprüft werden soll und die andererseits auch eine Grundlage für neue Erkennungsverfahren darstellen (vgl. Abschnitt 10.1.3.4).

Durch eine hierarchische Featureklassifikation kann dem Dilemma zwischen großer Trennschärfe der Erkennungsroutinen mit hoher Anzahl und Komplexität von Algorithmen einerseits und einer hohen Generizität der Analyseverfahren mit geringer

Trennwirkung andererseits wirksam begegnet werden. In höheren Ebenen der Taxonomie werden generische Featurebegriffe eingeführt, die noch ganze Klassen von Features auf einem gemeinsamen Begriff abbilden, während durch schrittweise Verfeinerungen die einzelnen Klassen auf niedrigeren Ebenen weiter aufgegliedert werden. Als Ergebnis der Featureanalyse können dann nicht nur die Blattknoten, sondern auch die höheren Begriffsebenen der Featuretaxonomie zur Weiterverarbeitung herangezogen werden, was den Einsatz gemeinsamer Bearbeitungsmethoden für ganze Klassen von Features ermöglicht. Als Klassifikationskriterien kommen auf höheren Ebenen beispielsweise die Unterscheidung von Erhebungen und Vertiefungen, Swept- oder Non-Swept-Features sowie Durchgangs- oder Nicht-Durchgangsfeatures in Frage ([Lang 90]), während auf blattnahen Ebenen meist nach der Geometrie der konstituierenden Flächen unterschieden wird (z.B. Stufen-, V- und T-Nuten in FRAFES).

In der Literatur wurde eine Vielzahl von Featureklassifikationen vorgeschlagen (beispielhaft sei hier [WiPr 88] genannt), wobei erste Ansätze schon in der Arbeit von Kypriano ([Kypr 80]) und den Aktivitäten am CAM-I ([CAM-I 81], [CAM-I 86]) zu erkennen sind. Durch die Aufnahme von Form Features in die ISO-Norm STEP ([ISO 89]) und die dort verwendete Featuretaxonomie hat dieses Gebiet in jüngerer Zeit verstärkte Aufmerksamkeit erfahren. Die Arbeiten zum 'Form Features Information Model (FFIM)' innerhalb von STEP sind noch nicht abgeschlossen; es wird aber eine anwendungsneutrale, umfassende Berücksichtigung der verschiedenen existierenden Taxonomien im Sinne eines Maximalkonzepts angestrebt ([FFIM 90]). Für das Einsatzgebiet der rechnerintegrierten Produktion bleibt festzuhalten, daß die Weiterverarbeitung der Featureinformation in Arbeitsplanung und Fertigungssteuerung durch eine hierarchische Featureklassifikation wesentlich vereinfacht werden kann.

### 10.1.4.6 Featurebeziehungen

Auch durch eine hierarchische Klassifikation der zu einem Teil gehörenden Features können die Beziehungen zwischen verschiedenen Featureelementen nicht repräsentiert werden. Featurebeziehungen treten nicht nur in Form von Feature-Mustern ('pattern features') und Verbindungs-Features ('joint features') auf, sondern können sich auch aus der Rückführung eines Compound-Features auf die zugehörigen elementaren Features ergeben. Für die Weiterverarbeitung der Featuredaten, beispielsweise bei der Reihenfolgefestlegung der Bearbeitungsoperationen im Zuge der Arbeitsplanung, stellen die Featurebeziehungen wichtige Informationen dar.

Feature-Muster und Verbindungs-Features stehen in der vorliegenden Arbeit wegen des Schwerpunkts auf elementaren Bearbeitungssschritten außerhalb der Betrachtung (siehe hierzu z.B. [NiKM 89]). Viele der geschilderten Ansätze zur Featureerkennung nehmen keine Dekomposition der erkannten CompoundFeatures in elementare Einheiten vor; andere Verfahren repräsentieren die einzelnen Features grundsätzlich unabhängig voneinander. In den Arbeiten von Kypriano ([Kypr 80]) und Henderson ([Hend 84]) wird bereits auf die Bedeutung der expliziten Repräsentation von Featurebeziehungen hingewiesen; zur Zerlegung von Compound-Features in elementare Features werden wegen der Ausrichtung der Arbeiten auf den Konstruktionsbereich aber keine umfassenden Algorithmen beschrieben. Eine breitere Beachtung wird dem Thema überlagerter Features in der Arbeit von Joshi und Chang ([JoCh 88]) zuteil. Für verschiedene Klassen von Featureüberlagerungen werden Heuristiken zur Identifikation der konstituierenden Basisfeatures angedeutet. Das Problem der Zerlegung komplexer zusammengesetzter Features wird dort aber nicht behandelt.

Eine der wenigen Arbeiten, die sich mit dem Zusammenhang von Design- und Fertigungsfeatures beschäftigt, ist [AnCh 89]. Im Rahmen des Projekts QTC (*Quick Turnaround Cell*) werden mit dem geometrischen Modelliersystem TWIN durch 'Design by Features' erzeugte Features in einem dreistufigen Prozeß in entsprechende Fertigungsfeatures übergeführt. Zunächst werden die Designfeatures klassifiziert, anschließend bei Bedarf umgruppiert, und schließlich werden die Zugangsrichtungen zu den ermittelten Fertigungsfeatures bestimmt. Die Zuteilung von Herstellressourcen kann dann direkt an diese herstellorientierten Features erfolgen. Der Ansatz birgt auch interessante Aspekte bezüglich relativer Positionierung der Features zueinander und hinsichtlich der featureorientierten Spezifikation von Toleranzinformation.

## 10.2 Ansätze im Bereich Arbeitsplanung

In diesem Abschnitt werden exemplarisch wichtige Ansätze zur rechnergestützten Arbeitsplanung vorgestellt. Aus der Vielzahl der existierenden Systeme wurden solche ausgesucht, die wegen ihres Bekanntheitsgrades, ihrer historischen Stellung oder im Hinblick auf den Einsatz im Zuge der rechnerintegrierten Produktion besondere Bedeutung aufweisen. Berücksichtigt sind ferner nur Systeme, die einen Schwerpunkt im Einsatzgebiet der Fertigung mechanischer Bauteile aufweisen.

Wegen der großen Zahl der untersuchten Arbeitsplanungssysteme scheidet eine ausführliche Einzeldarstellung aller in die tabellarische Gegenüberstellung der verschiedenen Ansätze (Abschnitt 10.2.1) aufgenommenen Systeme aus. Stattdessen werden die Realisierungsalternatien bezüglich der Repräsentationsform des Planungswissens (Abschnitt 10.2.2) und der Durchführung der Planungsschritte (Abschnitt 10.2.3) verallgemeinert beschrieben. In Abschnitt 10.2.4 erfolgt eine Zusammenstellung der wichtigsten Problemkreise und Aufgabenstellungen im Hinblick auf den Einsatz in rechnerintegrierten Produktionssystemen.

## 10.2.1 Tabellarischer Vergleich von Arbeitsplanungssystemen

In diesem Abschnitt wird unter Bezug auf die in Abschnitt 9.3 beschriebenen Teilschritte der statischen Auswahl einer Ausführumgebung für Arbeitsgänge eine
tabellarische Gegenüberstellung von 44 Arbeitsplanungssystemen vorgenommen.
Es wurde versucht, neben kommerziell verbreiteten Systemen besonders auch solche
Ansätze zu berücksichtigen, die über klassische Unterstützungs- und Varianten-
systeme zumindest in einigen Aspekten hinausgehen, auch wenn diese Systeme
teilweise erst prototypischen Charakter aufweisen. Die beschriebenen Systeme
umfassen meist wesentlich mehr Planungsphasen, als in der Tabelle angegebenen
sind (vgl. [Meye 90]); diese zusätzlichen Phasen werden aber inhaltlich zum großen
Teil von den in den Abschnitten 10.1 und 10.3 beschriebenen Ansätzen zur Featureanalyse und Werkstattsteuerung abgedeckt. Deshalb konzentrieren sich die Ausführungen im vorliegenden Abschnitt auf die Repräsentation und Verarbeitung der
teile-, maschinen-, herstellwissens- und arbeitsplanbezogenen Anteile der Arbeitsplanung.

Die Übersicht in Tabelle 10-2 gibt zu jeden System den Systemnamen und eine
einschlägige Literaturstelle, die jeweilige Planungs- und Teileart, die Repräsentation
des Planungswissens und die Durchführung der Planungsschritte in Stichworten
an. Zu den letzten beiden Punkten werden in den Abschnitten 10.2.2 und 10.2.3
die grundlegenden Realiserungsalternativen noch detaillierter vorgestellt. In Tabelle
10-2 werden folgende Abkürzungen verwendet:

%    Merkmal nicht vorhanden / Kategorie nicht anwendbar

?    Merkmal nicht bzw. nicht eindeutig beschrieben

Bei der 'Bestimmung der Operatorenreihenfolge' werden folgende drei Teilphasen
unterschieden, die in der Übersicht nur über die zugehörige Ziffer referenziert
werden:

1    Aufstellung der Reihenfolgerestriktionen

2    Gruppierung der Operationen

3    Festlegung der Operationenreihenfolge

Eine ausführlichere Darstellung des Vergleichs der untersuchten Arbeitsplanungssysteme mit allen angrenzenden Planungsteilphasen ist in [Meye 90] zu finden;
dort werden die hier nur überblicksartig dargestellten Systeme auch im einzelnen
vorgestellt. Im übrigen sei auf die zu jedem System angegebene Literaturstelle
verwiesen.

| System | ACAPS | AMPS | APPAS | AUTAP | AUTOCAP | AUTOPLAN | AVOPLAN | CAMEX |
|---|---|---|---|---|---|---|---|---|
| Quelle | [Emer 82] | [KaSC 88] | [WyBM 80] | [EvHZ 80] | [ElDa 81] | [VoAd 81] | [TFKS 85] | [ElZB 87] |
| Planungsart | semi-generativ | generativ | Unterstützung | semi-generativ | Unterstützung | generativ | generativ | generativ |
| Teileart | Rotationsteile | Gußteile | Frästeile | Rot. teile/Bleche | Rotationsteile | % | % | % |
| Repräsentation der Teile | Teilefamilien-code | hier. Frames für Features | COFORM-Code | Features | bei Bedarf Dimensionen | Teilefamilien-code | Features | geo. Primitive (Features) |
| Repräsentation der Maschinen | Maschinenbe-schreibungsdatei | % | % | Entscheidungs-tabellen | % | Maschinen-code | ja | % |
| Repräsentation des Herstellwissens | Standard-arbeitsplan | Regel-hierarchie | Entscheidungs-bäume | Std. Arbeitsplan Entsch. tabellen | Programme | Entscheidungs-bäume | Regeln | Regel-hierarchie |
| Repräsentation der Arbeitspläne | Standard-arbeitsplan | Pfad im Suchbaum | ? | Standard-arbeitsplan | ? | ? | Pfad im Suchbaum | Pfad im Suchbaum |
| Auswahl der Herstellmethoden | aus manueller Feature-beschreibung | aus interner Feature-beschreibung | aus manueller Feature-beschreibung | aus Standard-arbeitsplan | manuell durch Operationen-bezeichnung | manuell durch Operationen-bezeichnung | aus interner Feature-beschreibung | aus Füllflächen-beschreibung |
| Auswahl der Maschinen | automatisch, globale Optimierung | durch Zellplanung (QTC) | nein | automatisch, isolierte Optimierung | nein | automatisch, isolierte Optimierung | ja | nein |
| Auswahl der Werkzeuge | manuell | pro Operation, globale Opti-mierung | nein | nein | manuell | Werkzeug-halterungen | pro Operation, isoliert | pro Operation, globale Opti-mierung |
| Bestimmung der Operationen-reihenfolge | aus Standard-arbeitsplan (1, 2, 3) | 1: Präzedenz-graph, 3: Suchbaum | manuell (1, 2, 3) | aus Standard-arbeitsplan (1, 2, 3) | manuell (1, 2, 3) | % | ja | 1: muß/kann-Bedingungen, 3: part. Ordng. |
| Generierung der NC-Programme | % | integriert | % | direkt durch AUTAP-NC | % | % | % | % |
| Bestimmung der Operationskosten und -zeiten | nach benutzer-definierten Kriterien | Minimierung der Werkzeug-wechsel | Kosten-berech-nung | Schätz-zeiten | Zeiten-berech-nung | Kostenmini-mierung | Vorgabe-zeiten | ? |

Tabelle 10-2: Vergleich von Arbeitsplanungssystemen

| System | CAPP | CMPP | COBAPP | CUTPLAN/CUTTECH | DICAD | ESOP | ESP | EXCAP | EXPLAN |
|---|---|---|---|---|---|---|---|---|---|
| Quelle | [Link 76] | [Dunn 82] | [ElPh 80] | [Zdeb 85] | [GAHP 89] | [TiPP 89] | [Lind 86] | [DaDa 84] | [WaMM 89] |
| Planungsart | Varianten | generativ | generativ | semi-generativ | generativ | generativ | generativ | generativ | generativ |
| Teileart | % | Rotationsteile | Rotationsteile | % | Bleche | Aluquader | % | Rotationsteile | Gußteile |
| Repräsentation der Teile | Teilefamilien-code | Geometrie + Zusatzinfo | Teilecode + Dimensionen | Teilefamilien-code + Dim. | Produkt-lebensmodell | Features | hier. Frames füe Features | sort. Folge von Features | Bearbeitungs-elemente |
| Repräsentation der Maschinen | % | Maschinen-datei | ja | Maschinen-datei | ja | % | % | % | % |
| Repräsentation des Herstellwissens | Standard-arbeitsplan | Prozeß-entsch. modell | Matrix der Bearb. mögl. | Standard-arbeitsplan | Regeln | Regeln | strukturierte Regeln | Regeln mit Gewißheiten | Regeln |
| Repräsentation der Arbeitspläne | Standard-arbeitsplan | ? | ? | Standard-arbeitsplan | Pfad im Suchbaum | Pfad im Suchbaum | Pfad im Suchbaum | Pfad im Suchbaum | Pfad im Suchbaum |
| Auswahl der Herstellmethoden | aus Standard-arbeitsplan | aus interner Feature-beschreibung | aus Teilecode | aus Teilecode über Standard-arbeitsplan | aus interner Feature-beschreibung | aus interner Feature-beschreibung | aus interner Feature-beschreibung | aus interner Feature-beschreibung | aus interner Feature-beschreibung |
| Auswahl der Maschinen | nein | nur Maschinen-typ | automatisch, alle Alternativen | automatisch, isolierte Optimierung | ja | nein | nein | nein | nein |
| Auswahl der Werkzeuge | nein | nein | pro Operation aus Teilecode | pro Operation, isolierte Optimierung | ja | pro Operation, globale Optimierung | ja | nein | pro Operation, Optimierung d. WZ-Wechsel |
| Bestimmung der Operationen-reihenfolge | aus Standard-arbeitsplan (1, 2, 3) | ja | Alternativen; 1: Prozeßhier. 3: aus Teilecode | aus Standard-arbeitsplan (1, 2, 3) | ja | 1: pro Feature/ Wechselwirkungen 3: Suchbaum | 2: Aktivitäts-sequencen (AS) 3: AS-Sortierg. | 1: Produk-tionsregeln 3: Suchbaum | 1: aus Ein-spannplanung 3: Suchbaum |
| Generierung der NC-Programme | % | % | % | % | direkt incl. Simulation | Transform. aus Arbeitspl. (Compact II) | % | % | % |
| Bestimmung der Operationskosten und -zeiten | ? | ? | keine Opt., nur Alterna-tivengenerierung | frühere Zeiten und Kosten | ? | Kostenmini-mierung bei Op. sequ. | ? | Optimierung durch Gewißheiten | Minimierung von WZ-An-zahl + -wechsel |

| System | FLEXPLAN | GARI | GENPLAN | HI-MAPP | ICAPP | LOCAM | Machinist | MOPS | PART |
|---|---|---|---|---|---|---|---|---|---|
| Quelle | [TöBA 89] | [DeLa 84] | [Tulk 81] | [BeKh 86] | [EsDa 83] | [Loga 83] | [HaWr 86] | [TiPP 89] | [HoEK 89] |
| Planungsart | generativ | generativ | generativ | generativ | semi-generativ | Varianten/ generativ | generativ | generativ | generativ |
| Teileart | % | rechtwinklige Teile | % | Rotationsteile | Gußteile | % | Metallquader | Gußteile | Rot. + Gußteile |
| Repräsentation der Teile | Features | Features in Literalen | Teilefamilien-code | Features in Literalen | Features + Dimensionen | Code | invers durch Features | Features ohne Beziehungen | Features + Toleranzen |
| Repräsentation der Maschinen | Werkstatt-modell | Literale | ja | Literale | nur Zeiten | ? | % | Maschinen-daten, Kosten | ja |
| Repräsentation des Herstellwissens | Regeln | unstrukt. Regeln | ? | strukturierte Regeln | Programme | ? | Regeln + Schablonen | Regeln | Szenarios + Unterprogr. |
| Repräsentation der Arbeitspläne | Petri-netz | Pfad im Suchbaum | ? | Pfad im Suchbaum | ? | ? | aus Graphen-verschmelzung | Pfad im Suchbaum | ? |
| Auswahl der Herstellmethoden | aus interner Feature-beschreibung | aus interner Feature-beschreibung | aus Teilecode | aus interner Feature-beschreibung | aus manueller Feature-beschreibung | aus Teilecode | aus interner Feature-beschreibung | aus interner Feature-beschreibung | aus interner Featurebeschr. + Szenarios |
| Auswahl der Maschinen | automatisch, isolierte Optimierung | automatisch, isolierte Optimierung | ja | automatisch, isolierte Optimierung | manuell pro Operation | ? | nur für eine Maschine | manuell, nur für eine Maschine | ja |
| Auswahl der Werkzeuge | ja | nein | ja | hierarchisch pro Operation | pro Operation, nur Werkzeug-typen | ? | nein | pro Operation, globale Optimierung | ja |
| Bestimmung der Operationen-reihenfolge | nichtlinear/Alter-nativen 2: abstr. Sequenz 3: Detaillierung | 1: phasen-bezogen, 3: Verfeinerung | ja | nichtlinear 1: Regeln 3: Suchbaum | manuell (1, 2, 3) | ja | 1: Squaring/ Interactiongraph 3: Verschmelzung | aus Suchbaum (1 + 3) | ja |
| Generierung der NC-Programme | % | % | % | % | % | ja | % | % | Transformation aus Arbeitsplan (Compact II) |
| Bestimmung der Operationskosten und -zeiten | ? | gewichtete Ratschläge | Berechnung von Arbeits-standards | Minimierung der Herstell-zeit | Berechnung der Op.-zeiten | Berechnung der Vorgabe-zeiten | ? | Minimierung der Herstell-kosten | ? |

| System | PHRED | PRESS | PROPLAN | RPO | SIPS | TIPPS | TOJICAP | TOLTEC | TOM |
|---|---|---|---|---|---|---|---|---|---|
| Quelle | [MuJG 87] | [TiPP 89] | [PhZM 84] | [TiVL 79] | [Nau 87] | [ChWy 83] | [ZhGa 84] | [KSTW 88] | [MaOS 82] |
| Planungsart | generativ | generativ | generativ | semi-generativ | generativ | generativ | semi-generativ | generativ | generativ |
| Teileart | % | Bleche | Rotationsteile | Rotationsteile | % | Gußteile | Rotationsteile | % | Löcher |
| Repräsentation der Teile | Features | Features in Frames | Konturzüge | Teilefamiliencode Material, Losgröße | Features in Frames | CAD-Modell (BREP) | Teilefamiliencode Material, Losgröße | Features | Features |
| Repräsentation der Maschinen | ? | ja | Regeln | ja | % | % | Maschinen-datei | ? | ? |
| Repräsentation des Herstellwissens | 3 verschiedene Wissensbasen | Regeln | strukturierte Regeln | ? | Frame-hierarchie | Prozeß-entsch. modell | Standard-arbeitsplan | Planskelette (MOPs, TOPs) | Regeln |
| Repräsentation der Arbeitspläne | ? | Pfad im Suchbaum | Pfad im Suchbaum | Standard-arbeitsplan | Pfad im Suchbaum | Pfad im Suchbaum | Standard-arbeitsplan | ? | Pfad im Suchbaum |
| Auswahl der Herstellmethoden | aus interner Feature-beschreibung | aus interner Feature-beschreibung | aus Füllflächen-beschreibung | aus Standard-arbeitsplan über Teilecode | aus interner Feature-beschreibung | aus interner Feature-beschreibung | aus Teilecode über Standard-arbeitsplan | aus Wissen über frühere Pläne (MOPs) | aus interner Feature-beschreibung |
| Auswahl der Maschinen | ? | automatisch, globale Optimierung | ja | ? | nein | nein | ja | ? | ja |
| Auswahl der Werkzeuge | ? | pro Operation, globale Optimierung | pro Operation | Werkzeug-halterungen | nein | nur Werkzeug-durchmesser | pro Operationen-typ | ? | nur Werkzeug-typ |
| Bestimmung der Operationen-reihenfolge | 2: task network 3: Verfeinerung | 3: Suchbaum | aus Suchbaum (1 + 3) | aus Standard-arbeitsplan (1, 2, 3) | aus Suchbaum (1 + 3) | 1: aus Bezie-hungsmatrix 3: Suchbaum | aus Standard-arbeitsplan (1, 2, 3) | 2: Lösungs-skelett 3: Verfeinerung | aus Suchbaum (1 + 3) |
| Generierung der NC-Programme | % | % | % | % | % | % | % | % | direkt über EXAPT |
| Bestimmung der Operationskosten und -zeiten | Opt. durch Bewertung der KSAR's | Minimierung der Herstellzeit | Minimierung der Herstellkosten | Minimierung der Kosten bei Parameterbest. | Minimierung der Gesamt-kosten | Berechnung und Opt. nach Zeiten | ja | ? | Minimierung von WZ-Wechseln |

| System | XCUT | X-MAPP | XPLANE | XPS-1 | % | % | % | % | % |
|---|---|---|---|---|---|---|---|---|---|
| Quelle | [HuBr 86] | [ISKS 86] | [ErKa 86] | [Sack 83] | [EvCo 89] | [HuMW 87] | [Kemp 87] | [LiSr 84] | [Wang 87] |
| Planungsart | generativ | generativ | generativ | generativ | generativ | generativ | generativ | generativ | generativ |
| Teileart | % | %s | Gußteile | % | % | rechtwinklige Teile | % | Rotationsteile | Rotationsteile |
| Repräsentation der Teile | invers durch Features | Features | Features | ? | Features (work segments) | semantische Netzwerke | Features | Features in Zeichenketten | Konturzüge |
| Repräsentation der Maschinen | ? | ja | ja | % | ja | semantische Netzwerke | ja | kontextfreie Grammatik | ja |
| Repräsentation des Herstellwissens | Regeln | Regeln | Regeln | Prozeß-entsch.modell | Regeln | Regeln | Regeln | Parsing-algorithmus | Regel-hierarchie |
| Repräsentation der Arbeitspläne | Pfad im Suchbaum | Pfad im Suchbaum | Pfad im Suchbaum | ? | Pfad im Suchbaum | Strings aus gen. Algorithm. | ? | ? | ? |
| Auswahl der Herstellmethoden | aus interner Feature-beschreibung | aus interner Feature-beschreibung | aus interner Feature-beschreibung | aus Standard-arbeitsplan | aus interner Feature-beschreibung | kein Operationen-begriff | aus interner Feature-beschreibung | kein Operationen-begriff | aus interner Feature-beschreibung |
| Auswahl der Maschinen | ? | nur Maschinen-typ | nur Maschinen-vorauswahl | nein | ja | automatisch, globale Optimierung | automatisch, globale Optimierung | nur eine Maschine | ja |
| Auswahl der Werkzeuge | nur Werkzeug-typ | ? | Vorauswahl einer WZ-Menge | nein | ja | nein | ? | nein | ja |
| Bestimmung der Operationen-reihenfolge | 1: Zugriffs-beziehungen 3: Suchbaum | 2: WZ-Zu-gangsrichtung 3: Suchbaum | Suchbaum (1 + 3) | ja | ja | 1: aus Geometrie/ technolog. Gründen 3: Suchbaum | ja | ja | 2: aus Geometrie 3: Sortierung der Gruppen |
| Generierung der NC-Programme | % | % | integriert | % | integriert | % | % | % | Transformation aus Arbeitsplan (BCL) |
| Bestimmung der Operationskosten und -zeiten | ? | ? | Minimierung der Kosten | ? | technologie-orientierte Optimierung | Minimierung der Kosten | Minimierung der Kosten | ? | ? |

### 10.2.2 Repräsentation des Planungswissens

Die statische Seite der Arbeitsplanung umfaßt die in Tabelle 10-2 stichwortartig angegebene Repräsentation der Teile, der Maschinen, des Herstellwissens und der Arbeitspläne. Auf die verschiedenen Repräsentationsformen für dieses Planungswissen wurde in Abschnitt 5.3 bereits ausführlich eingegangen; die Alternativen zur Repräsentation der Teile wurden darüber hinaus bei der Beschreibung von Ansätzen zur Featureanalyse in Abschnitt 10.1 ausgiebig dargestellt. Deshalb soll an dieser Stelle von einer eingehenden Erläuterung der Charakteristika der Einzelsysteme bezüglich der Repräsentation des Planungswissens abgesehen werden. Einzelne Aspekte der Repräsentation des Herstellwissens werden bei der nachstehenden Erläuterung der Durchführung der Planungsschritte aufgegriffen.

### 10.2.3 Durchführung der Planungsschritte

Die tabellarische Gegenüberstellung von Arbeitsplanungssystemen in Abschnitt 10.2.1 erfolgte unter Rückgriff auf ein Phasenmodell der Arbeitsplanung, das in [Meye 90] auf der Grundlage existierender Beschreibungsmodelle, wie sie beispielsweise in [WeSE 82], [SpKT 83], [WoDD 86] und [Kemp 87] zu finden sind, entwickelt wurde. In diesem Modell wird die Arbeitsplanung in fünf Teilphasen unterteilt, die nicht völlig disjunkt zueinander sind und außerdem teilweise vermascht und iteriert durchlaufen werden:

- *teilebezogene Phase*: Eingabe der Teilebeschreibung, Bestimmung des Rohmaterials, Identifikation der Bearbeitungsoperationen;

- *technologiebezogene Phase*: Auswahl der Herstellmethoden;

- *ressourcenbezogene Phase*: Auswahl der Maschinen, Auswahl der Werkzeuge;

- *operationenbezogene Phase*: Bestimmung der Operationenreihenfolge, Generierung der NC-Programme, Bestimmung der Operationszeiten und -kosten;

- *werkstattbezogene Phase*: Einplanung der Operationen, Fehlerbehandlung.

Wegen der separaten Behandlung von Arbeiten zur Featureanalyse und Werkstattsteuerung im vorliegenden Kapitel wurden die teile- und werkstattbezogenen Anteile der dynamischen Arbeitsplanung nicht in Tabelle 10-2 aufgenommen. Für die verbleibenden Phasen (technologiebezogene, ressourcenbezogene und operationenbezogene Phase) werden nachfolgend die wichtigsten Realisierungsalternativen kurz erläutert.

### 10.2.3.1 Technologiebezogene Planungsphase

Zentrale Aufgabe der technologiebezogenen Planungsphase ist die Auswahl der Herstellmethoden. Für jede der als Ergebnis der teilebezogenen Planungsphase ermittelte Bearbeitungsoperation ist festzulegen, unter Einsatz welcher Verfahren (z.B. Fräsen, Drehen, Bohren) sie auf Werkstattebene ausgeführt werden soll. Für diese Entscheidung sind neben teilespezifischen Vorgaben zu Dimensionen, Toleranzen, Oberflächenbeschaffenheiten und Materialcharakteristika auch Angaben zu den Einsatzbedingungen und der Genauigkeit der Herstellmethoden erforderlich ([WeSE 82]).

Die teilespezifischen Parameter für die technologiebezogene Planungsphase sind während der Teilekonstruktion direkt einzugeben oder müssen während der teilebezogenen Arbeitsplanungsphase ermittelt werden. Die Beschreibung der einsetzbaren Herstellmethoden und ihrer jeweils spezifischen Merkmale repräsentieren das Herstellpotential eines Unternehmens. Da bei der Gegenüberstellung der verschiedenen untersuchten Arbeitsplanungssysteme auch die Repräsentationsform der Planungsgrundlagen als Vergleichskriterium herangezogen wurde, erfolgt nachstehend eine kurze Übersicht über deren wichtigste Ausprägungen. Zur Bereitstellung des Herstellwissens für den Arbeitsplanungsprozeß kommen im wesentlichen folgende Möglichkeiten in Betracht ([Meye 90]):

- interaktive Auswahl der Herstellmethoden;

- Standardarbeitspläne;

- Prozeßentscheidungsmodelle;

- Entscheidungsbäume und -tabellen;

- Produktionenregelsysteme;

- framebasierte Systeme;

- dynamische Speicher;

- Parsing-Verfahren.

Bei der *interaktiven Auswahl der Herstellmethoden* wird die Auswahl eines Bearbeitungsverfahrens zu einer Operation interaktiv über den Operationencode eingegeben; eine Unterstützung des Entscheidungsfindungsprozesses findet bestenfalls rudimentär statt. Auch die Verwendung von *Standardarbeitsplänen* mit dem typischen Rückgriff auf bereits früher getroffene Zuordnungen erfordert meist noch eine interaktive Planmodifikation durch den Arbeitsplaner. Beiden Ansätzen ist gemeinsam, daß neben dem hohen Planungsaufwand auch organisatorische Unzulänglichkeiten wie etwa mangelnder Änderungsdienst in Kauf zu nehmen sind. Diese Verfahren werden überwiegend in einfachen Arbeitsplanungssystemen nach dem Variantenansatz eingesetzt; alle weiteren Vertreter finden dagegen überwiegend in generativen Systemen Anwendung und sind deshalb für die weiteren Ausführungen von größerem Interessse.

*Prozeßentscheidungsmodelle* repräsentieren das Herstellwissen in Form von sogenannten If-then-Ausdrücken. Dazu werden meist problemspezifische Beschreibungssprachen wie z.B. COPPL (*Computer Process Planning Language*) in CMPP ([Dunn 82], [Sack 82]) oder PKI (*Process Knowledge Information*) in TIPPS ([ChWy 83]) bereitgestellt. Gemeinsam ist allen Prozeßentscheidungsmodellen der durch die vermischte Darstellung von Herstellwissen und -umgebung verursachte hohe Änderungsaufwand. Die nach [ChWy 85] weit verbreitete Repräsentation des Herstellwissens in Form von *Entscheidungsbäumen und -tabellen* nimmt hier eine explizite Trennung vor, weshalb diese aus den Anfängen der Informatik bekannte Technik auch als ein früher Vorläufer wissensbasierter Systeme mit der charakteristischen Aufteilung in Datenbasis, Regelwerk und Kontrollogik ([Wede 88b]) angesehen werden kann. *Produktionenregelsysteme* (vgl. auch Abschnitt 10.1) greifen dieses Prinzip auf und werden in Arbeitsplanungssystemen in unterschiedlichen Varianten und Erweiterungen eingesetzt, z.B. über gewichtete Regeln in GARI ([DeLa 84], [DeLa 85]) und strukturierte Regeln in ESP ([Lind 86]).

Gewissermaßen eine Erweiterung von Produktionenregelsystemen um nicht-prozedurale Anteile stellt die Wissensrepräsentation in sogenannten *Frames* dar. Der Hauptvorteil framebasierter Arbeitsplanungssysteme liegt in der möglichen uniformen Darstellung aller Wissensquellen; beispielsweise können neben dem Herstellwissen auch die Teiledaten und die Herstellumgebung framebasiert repräsentiert sein, wodurch sich die Verarbeitung vereinfacht. *Dynamische Speicher* und *Parsing-Verfahren* werden nur in jeweils einem der untersuchten Arbeitsplanungssysteme eingesetzt und deshalb hier nicht näher betrachtet.

Für die Repräsentation des Herstellwissens haben sich regel- und framebasierte Verfahren als besonders erfolgreich erwiesen ([AdLi 87]). Andere Verfahren wie beispielsweise datenbank- und objektorientierte Ansätze weisen ebenfalls wesentliche Merkmale der regel- und framebasierten Wissensrepräsentation auf. Nachfolgend werden verschiedene Möglichkeiten der Verwendung des Herstellwissens bei der Auswahl der Herstellmethoden angegeben, wie sie in den untersuchten Arbeitsplanungssystemen vorzufinden sind.

Zur Identifikation geeigneter Herstellmethoden kommen, weitgehend unabhängig von der Art der Wissensrepräsentation, im wesentlichen folgende Verfahren in Betracht:

- Manuelle Eingabe der Operationenbezeichnung;

- Ableitung des Herstellverfahrens aus dem Teilecode;

- Ableitung des Herstellverfahrens aus der Operationsbeschreibung.

Bei der *manuellen Beschreibung der Operationenbezeichnung* wird die Ausführung der Bearbeitungsschritte interaktiv auf Basis des Teileentwurfs durchgeführt. Hierbei werden bestenfalls einige Teilaspekte der Operationenzuordnung vom System unterstützt, etwa die Aufteilung einer Bearbeitung in Roh- und Feinschnitt in AUTOPLAN ([VoAd 81]). Eine *Ableitung des Herstellverfahrens aus dem Teilecode* kann sowohl über Standardarbeitspläne als auch generativ durch Heranziehen einer Bearbeitungs-Eignungs-Matrix erfolgen. Nur die letzte, beispielsweise in COBAPP ([ElPh 80]) realisierte Vorgehensweise erlaubt grundsätzlich eine Automatisierung des Auswahlprozesses. In der sogenannten Process Capability Matrix von COBAPP entspricht jeder Zeile einer Stelle im Teilecode und jeder Spalte ein Herstellprozeß. Durch eine Bewertung aller Matrixpunkte mit hexadezimalen Zahlenwerten können verschiedene Alternativen der Operationenausführung leicht identifiziert und gegeneinander abgewogen werden.

Liegen als Ergebnis der teilebezogenen Planungsphase bereits Beschreibungen der durchzuführenden Bearbeitungsaufgaben in Form von Featureinformationen vor, so kann eine direkte *Ableitung des Herstellverfahrens aus der Operationsbeschreibung* vorgenommen werden. Systeme wie ACAPS ([Emer 82]) und ICAPP ([EsDa 83]) stützen sich zwar auf keine featurebasierte Teilebeschreibung, ermöglichen diese Art der Auswahl eines Herstellverfahrens aber durch eine vorangehende interaktive Featurezuordnung. Eine Verbindung von Teilecodierung und Featurezuordnung stellt der in APPAS ([WyBM 80]) verwendete COFORM-Code dar. Viele featurebasierte Arbeitsplanungssysteme führen eine simultane Bestimmung der Operationenreihenfolge und der Herstellverfahren durch; eine hierarchische Planung mit zunehmendem Detaillierungsgrad weisen z.B. HI-MAPP ([BeKh 86]) und SIPS ([Nau 87]) auf. Gemeinsam ist allen featurebasierten Verfahren, daß die Identifikation eines geeigneten Herstellverfahrens wegen der Generizität und Typisierung der Featureoperationen besonders einfach und in den meisten Fällen automatisiert durchgeführt werden kann.


*10.2.3.2 Ressourcenbezogene Planungsphase*


Nach der Festlegung der Bearbeitungsaufgabe in den teile- und technologiebezogenen Planungsphasen ist es die Aufgabe der ressourcenbezogenen Planungsschritte, die zur Ausführung der einzelnen Bearbeitungsoperationen einzusetzenden Herstellmittel festzulegen. In den meisten Arbeitsplanungssystemen wird zuerst die grundsätzliche Vorgehensweise bei der Operationenausführung festgelegt (Technologie-auswahl), bevor die für einen Bearbeitungsschritt günstigen Herstellressourcen gesucht werden. Bei manchen Systemen entfällt eine Ressourcenauswahl, weil entweder nur ein einziges Herstellmittel betrachtet wird (z.B. MACHINIST, siehe [Haye 87]) oder bereits ganz am Anfang der Arbeitsplanung eine statische Auswahl getroffen werden muß (z.B. MOPS, siehe [TiPP 89]). Nur in XPLANE ([ErKa 86]) wird eine Ressourcenvorauswahl vor der Festlegung der Herstellmethoden vorge-sehen, wobei dies aus Flexibilitätsaspekten aber auch in anderen Systemen durchaus Vorteile aufweisen würde ([JaRW 89b]).

Die für jede Herstelloperation erforderliche Ressourcenauswahl umfaßt im wesent-lichen die Bereiche Werkzeugauswahl und Maschinenauswahl sowie die Auswahl der benötigten Fertigungshilfsmittel. Die Werkzeug- und Maschinenauswahl wird in vielen Arbeitsplanungssystemem simultan durchgeführt; bei den Systemen, die eine getrennte Betrachtung durchführen, hat sich keine allgemein gültige Reihen-folge durchgesetzt. Die Festlegung der Fertigungshilfsmittel, z.B. der Spann-positionen und -mittel, der Kühlmittel und der Meßwerkzeuge, ist dagegen vom Einsatzspektrum des Arbeitsplanungssystems abhängig und wird nachfolgend nicht gesondert betrachtet.

Zur Festlegung der für eine Herstelloperation einzusetzenden Werkzeuge sind im wesentlichen folgende Angaben erforderlich ([AnCh 89]): Rohmaterial einschließ-lich Härtekoeffizient, Featuretyp und -geometrie einschließlich Toleranzen, Werk-stück- und Werkzeugmaterial. Zur Maschinenauswahl sind an geometrischen Parametern der Typ, die Form und die Größe des herzustellenden Teils sowie seiner Zwischenzustände ([WoDD 86]), auf technologischer Seite die Eignungen, Genauigkeiten und Kräftebereiche der Maschinen anzugeben ([ChCh 85]). Mit diesen Eingabewerten stehen für beide Auswahlprozesse im wesentlichen drei Alternativen zur Verfügung:

- manuelle Auswahl,

- automatische Auswahl mit isolierter Optimierung und

- automatische Auswahl mit globaler Optimierung.

Bei der *manuellen Auswahl* der Herstellressourcen bietet das System wenig oder keine Unterstützung für den Auswahlprozeß. Die meisten der heute eingesetzten Arbeitsplanungssysteme nehmen eine *automatische Auswahl mit isolierter Optimierung* vor. Beispielhaft sei hierfür das in AUTAP ([EvHZ 80]) eingesetzte Maschinenaus-wahlverfahren angegeben: Zunächst werden anhand eines Vergleichs der Teile- und der Maschinendaten alle für eine bestimmte Bearbeitungsoperation grundsätz-lich einsetzbaren Maschinen identifiziert, bevor in einem nachfolgenden Optimierungsschritt eine Endauswahl anhand einer Prioritätenliste oder einer Kostenbetrachtung durchgeführt wird. Im System COBAPP ([ElPh 80]) wird nur der erste Teilschritt realisiert; die möglichen Ausführalternativen werden anschließend zwar gewichtet, aus Flexibilitätsgründen auf Werkstattebene erfolgt aber keine Reduktion auf eine einzige Ressource.

Eine *automatische Auswahl mit globaler Optimierung* wird im Bereich Werkzeugauswahl beispielsweise durch die Systeme EXPLAN ([WaMM 89]), CUTTECH ([BaZd 85]) und ESOP ([TiPP 89]) vorgenommen. Eine 'Globaloptimierung mit beschränktem Einzugsbereich' wird in [Teng 84] vorgeschlagen, indem für paarweise benachbarte Operationen eine Optimierung der eingesetzten Werkzeuge angestrebt wird. Für den Bereich Maschinenauswahl stellen das System PRESS ([TiPP 89]) sowie die in [HuMW 87] und [Kemp 87] beschriebenen Ansätze typische Vertreter global optimierender Selektionsverfahren dar. Beim letzten Ansatz wird eine Unterscheidung von Maschinengruppen und Instanzen innerhalb dieser Gruppen herangezogen, die eine schrittweise, zustandsbezogene Reduktion des Auswahlraums potentieller Maschinenkandidaten pro Bearbeitungsoperation ermöglicht.

### 10.2.3.3 Operationenbezogene Planungsphase

Nach der Beendigung der teile-, der technologie- und der resssourcenbezogenen Planungsphase liegt fest, welche Operationen auf welche Art mit welchen Fertigungsmitteln durchgeführt werden sollen. In der operationenbezogenen Planungsphase gilt es, diese Operationen in eine sinnvolle Ausführreihenfolge zu bringen und für jede Operation die genauen Ausführvorgaben festzulegen. Im einzelnen fallen folgende Tätigkeiten an:

a)  Bestimmung der Operationenreihenfolge;

b)  Generierung der NC-Programme;

c)  Bestimmung der Operationenkosten und -zeiten.

Bei der Bestimmung der Operationenreihenfolge (a) ist in vielen Arbeitsplanungssystemen ein enger Zusammenhang mit der Auswahl der Herstellmethoden in der technologiebezogenen Planungsphase festzustellen. Manche Arbeitsplanungssysteme, z.B. ESP ([Lind 86]), FLEXPLAN ([TöBA 89]) und PHRED ([MuJG 87]), nehmen die Reihenfolgebestimmung der Operationen zumindest auf abstrakter Ebene bereits vor der Zuweisung der einzelnen Herstellmethoden vor. Oft werden beide Planungsschritte simultan durchgeführt, was sowohl bei manueller Operationeneingabe wie in AUTOCAP ([ElDa 81]), bei Verwendung eines Standardarbeitsplans wie in AUTAP ([EvHZ 80]) und TOJICAP ([ZhGa 84]) und bei regelbasierten Systemen wie EXCAP ([DaDa 84]), GARI ([DeLa 84], [DeLa 85]) und XPLANE ([ErKa 86]) vorzufinden ist. Eine Reihenfolgebestimmung nach erfolgter Zuweisung der Herstellmethoden wird z.B. in MOPS ([TiPP 89]) vorgenommen, wobei hier potentielle Alternativzuweisungen in einem Branch-and-Bound-Algorithmus berücksichtigt werden.

Ein wichtiges Beurteilungskriterium für Arbeitsplanungssysteme stellt die für nachfolgende Tätigkeiten mögliche Flexibilität der Arbeitsplanungsergebnisse dar ([JaRW 89a]). Die Bestimmung einer festen Sequenz für die Operationen eines Arbeitsplans bereits in der operationenbezogenen Planungsphase schränkt den Dispositionsraum auf Werkstattebene entscheidend ein. Deshalb werden in neueren Systemen Formen von Arbeitsplänen eingesetzt, die eine (eingeschränkte) Reihenfolgeflexibilität bis auf Werkstattebene gewährleisten. Als Möglichkeiten kommen hier nichtlineare Arbeitspläne und Alternativarbeitspläne in Betracht. Nichtlineare Arbeitspläne, die beispielsweise in den Systemen FLEXPLAN ([TöBA 89]), CAMEX ([ElZB 87]) und HI-MAPP ([BeKh 86]) eingesetzt werden, sehen von vornherein keine eindeutige Reihenfolgebeziehung zwischen allen Operationen im Arbeitsplan vor. Bei Alternativarbeitsplänen werden zu den einzelnen Operationen mögliche Ausweichoperationen spezifiziert, auf die im Falle von Maschinenausfällen auf Werkstattebene zurückgegriffen werden kann; eine Vertauschung ganzer Operationen ist dagegen in Systemen wie COBAPP ([ElPh 80]) nicht vorgesehen.

Liegen Reihenfolge und Parameter der Operationen fest, kann für Arbeitsgänge, die auf NC-Maschinen ausgeführt werden sollen, die Generierung der NC-Programme (b) initiiert werden. Auf die grundlegenden Verfahren der teilebezogenen NC-Programmierung auf der Basis einer geometrischen Teilebeschreibung wurde bereits in Abschnitt 5.3.2.3 verwiesen. An dieser Stelle stehen nicht die technologischen Aspekte der NC-Programmerstellung, sondern die Stellung der NC-Programmierung im Ablauf der Arbeitsplanung zur Debatte. Grundsätzlich kommen folgende Alternativen in Frage:

- Transformation des Arbeitsplans in ein NC-Programm;
- Integration in den Arbeitsplanungsprozeß;
- direkte unabhängige NC-Programm-Generierung.

Eine *Transformation eines vorliegenden Arbeitsplans in ein NC-Programm* nehmen beispielsweise die Systeme ESOP ([TiPP 89]) und PART ([HoEK 89]) vor. In diesem Fall stellt die NC-Programm-Generierung eine Phase der Arbeitsgenerierung dar, die den Abschluß der Arbeitsplanung bildet (vgl. Kapitel 5). Eine direkte *Integration der NC-Programmierung in den Arbeitsplanungsprozeß* wird beispielsweise in den Arbeitsplanungssystemen AMPS ([KaSC 88]), XPLANE ([ErKa 86]) und in dem in [EvCo 89] beschriebenen Ansatz vorgenommen. Hier baut das NC-Programmier-

modul direkt auf Ergebnissen früherer Arbeitsplanungsphasen auf oder ermittelt
selbständig entsprechende Information, die auch Bestandteil des Arbeitsplans ist.
Bei der *direkten unabhängigen NC-Programm-Generierung* schließlich liegen eigenständige NC-Module vor, die NC-Programme auch ohne vorherige Generierung eines
Arbeitsplans selbständig ermitteln können; das Modul AUTAP-NC im Arbeitsplanungssystem AUTAP ([EvHZ 80]) sowie die Systeme TOM ([MaOS 82]) und
DICAD ([GAHP 89]) sind hierfür Beispiele.

Als letzter Schritt der operationenbezogenen Planungsphase ist zur vollständigen
Spezifikation einer Herstelloperation eine Bestimmung und Optimierung der Operationenkosten und -zeiten (c) erforderlich. Die Information über Vorgabezeiten und
-kosten ist besonders wichtig für die nachfolgende werkstattbezogene Planungsphase. Darüber hinaus kann das Ergebnis der Arbeitsplanung durch eine Zeit-
und Kostenbewertung optimiert werden, wenn in vorgelagerten Planungsphasen
Alternativen generiert wurden, aus denen nun gemäß einer vorgegebenen Zielfunk-
tion eine optimale Lösung herausgefiltert werden kann. Die meisten Systeme
nehmen eine Optimierung nur nach einem einzigen Kriterium vor; so werden z.B.
in HI-MAPP ([BeKh 86]), TIPPS ([ChWy 83]) und TOM ([MaOS 82]) Zeitkriterien
zur Optimierung herangezogen, während etwa in PROPLAN ([PhZM 84],
[PhMo 85]) und SIPS ([Nau 87]) eine Kostenbetrachtung die Optimierungs-
grundlage bildet. Weitere Optimierungskriterien bilden beispielsweise die Anzahl
der Werkzeugwechsel (AMPS, [KaSC 88]; ESOP, [TiPP 89]) sowie Heuristiken,
die sich auf den Planungsvorgang selbst beziehen ('Gewißheiten' des Eintretens
von Aktionen in Produktionenregeln bei EXCAP ([DaDa 84]); Regelgewichte bei
GARI ([DeLa 84], [DeLa 85]); benutzerdefinierte Heuristiken zur Bewertung der
Knowledge Source Activation Records (KSAR's) im blackboard-orientierten System
PHRED ([MuJG 87])).


### 10.2.4 Anforderungen an die Arbeitsplanung im Kontext der rechnerintegrierten Produktion

In diesem Abschnitt werden auf der Basis des durchgeführten Systemvergleichs
die wichtigsten Anforderungen an die Arbeitsplanung im Kontext der rechnerintegrierten Produktion zusammenfassend dargestellt. Hierfür sind im besonderen
die Ein- und Ausgabeschnittstellen von Arbeitsplanungssystemen zu anderen
Teilkomponenten der rechnerintegrierten Produktion von Bedeutung. Hinweise auf
eine günstige Ausgestaltung der einzelnen Phasen der Arbeitsplanung wurden
bereits in Abschnitt 10.2.2 gegeben.

### 10.2.4.1 Teiledefinition

In der Teilekonstruktion wird ein herzustellendes Produkt im wesentlichen durch den Aufbau eines geometrischen Modells und durch Zusatzinformationen wie Toleranzen und Oberflächenangaben beschrieben. Die Arbeitsplanung muß diese Beschreibung in eine handlungsorientierte, in Einzeloperationen aufgelöste Sichtweise überführen. Um die nachfolgenden Planungstätigkeiten nicht für jedes Teil ab ovo durchführen zu müssen, wird eine Rückführung der Bearbeitungsaufgabe auf wenige generische Grundoperationen angestrebt. Hierfür kommen im wesentlichen zwei Ansätze in Betracht:

- Klassifikation des Gesamtteilemodells oder

- Klassifikation der einzelnen Bearbeitungsoperationen.

Argumente für beide Ansätze wurden in diesem Kapitel bereits ausführlich dargestellt; zusammenfassend kann festgehalten werden, daß nur eine featureorientierte Beschreibung der Bearbeitungsaufgabe den gestellten Anforderungen im Hinblick auf zentrale Gebiete wie Automatisierung, Flexibilität und Wiederverwendbarkeit gerecht werden kann. Die meisten der dargestellten neueren Arbeitsplanungssysteme basieren entweder direkt auf einer featureorientierten Repräsentation der Teiledefinition oder führen im ersten Planungsschritt die Teilebeschreibung in eine featureorientierte Darstellung über.

### 10.2.4.2 Spezifikation der Herstellumgebung

In Arbeitsplanungssystemen gilt es, die teilespezifischen Bearbeitungsanforderungen mit den Bearbeitungsmöglichkeiten der Produktionsanlagen in Einklang zu bringen. Hierzu ist eine abgestimmte Beschreibung beider Bereiche von großem Vorteil. Nachdem zur Repräsentation der Teiledefinition featureorientierte Beschreibungsformen breite Anwendung finden, ist eine ebenfalls featureorientierte Repräsentation der Herstellumgebung naheliegend. Konkret bedeutet dies, daß die Herstellressourcen nicht in ihren Stammdaten wie etwa den erzielbaren Vorschub- und Drehzahlwerten, sondern verwendungsorientiert durch eine Angabe der Einsetzbarkeit für bestimmte Bearbeitungsaufgaben beschrieben werden. Durch eine Typisierung der Bearbeitungsaufgaben über die zugrundeliegenden generischen Featuretypen läßt sich der Beschreibungsaufwand wirkungsvoll begrenzen.

Mit der verwendungsorientierten, typisierten Ressourcenbeschreibung geht im allgemeinen ein Informationsverlust einher, da spezifische Bearbeitungsmöglichkeiten einer Ressource durch die Bearbeitungsgrundformen unter Umständen nicht erfaßt werden. Im Kontext der Einzel- und Kleinserienfertigung überwiegt der Vorteil der einfachen, einheitlichen und automatisch verarbeitbaren vorgangsorientierten

Beschreibung diese Nachteile bei weitem. Verbesserungen im Gesamtproduktionsprozeß können hier nicht wie bei der Serien- und Massenfertigung hauptsächlich durch eine Reduktion der Ausführzeiten und -kosten der einzelnen Bearbeitungsoperationen, sondern in erster Linie durch eine Senkung der Produktionsvorbereitungskosten erzielt werden ([Bloh 88]).

### 10.2.4.3 Repräsentation des Herstellwissens

Mit einer einheitlichen, featureorientierten Repräsentation der Bearbeitungsaufgabe und der Herstellumgebung reduziert sich das für die Arbeitsplanung benötigte Herstellwissen auf die Kriterien, nach denen unter den möglicherweise zur Verfügung stehenden Herstellalternativen eine bestimmte ausgewählt werden soll. Das Wissen über die Herstellvorgänge selbst ist in den verwendungsorientierten Ressourcenbeschreibungen bereits implizit enthalten. Für die Steuerung des Verfahrensauswahlprozesses sind flexible Planungsansätze, etwa regelbasierte oder objektorientierte Verfahren, von großem Vorteil, da hier die Auswahlkriterien verhältnismäßig einfach formuliert und leicht modifiziert werden können.

### 10.2.4.4 Bereitstellung der Planungsergebnisse

Ein entscheidender Punkt bei der Einbettung eines Arbeitsplanungssystems in eine rechnerintegrierte Produktionsumgebung ist die Repräsentation der erzielten Planungsergebnisse. Die Inflexibilität klassischer Arbeitspläne mit der charakteristischen Spezifikation 'optimaler' Herstellressourcen wurde in dieser Arbeit bereits verdeutlicht. Es bleibt festzuhalten, daß durch die zentrale Stellung der Arbeitsplanung in der rechnerintegrierten Einzel- und Kleinserienfertigung eine Flexibilitätsminderung in dieser frühen Produktlebensphase gravierende Auswirkungen auf alle nachfolgenden Produktionsbereiche hat.

In Abschnitt 5.3.3 wurden als Möglichkeiten der Flexibilitätssteigerung bei der Repräsentation der Planungsergebnissse eines Arbeitsplanungssystems die flexible Spezifikation der Arbeitsgangreihenfolge und die flexible Spezifikation potentieller Herstellumgebungen für die einzelnen Arbeitsgänge angeführt. Erst wenige Systeme, wie z.B. FLEXPLAN ([TöBA 89]), lassen in dieser Hinsicht vielversprechende Ansätze erkennen. Für die flexible Weiterverarbeitung der Arbeitsplanungsdaten in der Werkstattsteuerung ist das Offenhalten von Entscheidungen in den frühen Phasen der Arbeitsplanung von entscheidender Bedeutung ([JaRW 89b]).

# 10.3 Ansätze im Bereich Werkstattsteuerung

Den dritten großen Bereich der in Kapitel 9 vorgestellten Gesamtarchitektur bildet der Bereich der Werkstattsteuerung, der sowohl die prozeßnahen Bereiche der Produktionsplanung und -steuerung (Scheduling) als auch die hardwarefernen Komponenten der Fertigungssteuerung (Dispatching) umfaßt. Der Begriff der Werkstattsteuerung wird somit in der vorliegenden Arbeit weitgehend synonym mit dem Begriff des Fertigungsleitsystems verwendet; als Hauptaufgabe kann die termin- und kapazitätsorientierte Einlastung freigegebener Fertigungsaufträge in die Werkstatt angesehen werden. Nachfolgend wird die Gesamtaufgabe der Werkstattsteuerung auch mit dem Schlagwort 'Scheduling' belegt; ein 'Schedule' stellt in diesem Sinn eine Ausführreihenfolge für die in die Werkstatt eingelasteten Fertigungsaufträge bzw. -operationen dar.

### 10.3.1 Tabellarischer Vergleich von Werkstattsteuerungsansätzen

Viele Werkstattsteuerungssysteme sind in ihrer Grundstruktur sehr eng an den jeweiligen Problembereich angepaßt und können nur schwer auf andere Anwendungsklassen übertragen werden. In die folgende Übersicht wurden nur solche Systeme aufgenommen, die ein teilapplikationsübergreifendes Einsatzspektrum aufweisen. Weiterhin sind nur solche Systeme berücksichtigt, die mit einer hinreichend großen Schedulingkomplexität aufwarten, wodurch alle Ansätze, die auf rein analytische und optimierende Verfahren aufbauen, ausgeschlossen sind; die kombinatorische Komplexität des Scheduling-Problems läßt solche Ansätze für den Einsatz in der rechnerintegrierten Einzel- und Kleinserienfertigung von vornherein als ungeeignet ausscheiden. Es verbleiben somit nur Ansätze und Verfahren, die durch approximative Lösungsverfahren und den Einsatz von Mitteln der sogenannten künstlichen Intelligenz eine Komplexitätsreduktion vornehmen.

Tabelle 10-3 zeigt, nach Erscheinungsjahr geordnet, eine Übersicht über wichtige Vertreter von Werkstattsteuerungssystemen und ihre jeweiligen Merkmale. Zur Charakterisierung der Einzelsysteme sind diejenigen Attribute angegeben, die in engem Zusammenhang mit den in Abschnitt 9.4 eingeführten Teilschritten bei der Auswahl einer konkreten Herstellumgebung zu einem Bearbeitungsschritt stehen. Die verschiedenen Systeme werden nachfolgend unter Bezug auf die wichtigsten Entwicklungslinien im Bereich von Werkstattsteuerungssystemen überblicksartig vorgestellt; eine detailliertere Darstellung ist in [Helm 90] zu finden.

| Autor/ System | Quelle | Planungs- ansatz | Wissens- repräsen- tation | Scheduling- perspektive | Problem- löse- prinzip | Problem- löse- strategien |
|---|---|---|---|---|---|---|
| Gere | [Gere 62] | Simulation | Regeln | ? | heuristisch | ? |
| Iskander | [Iska 75] | Muster- vergleich | Tabellen | auftragsbasiert | frühere Planungen | ? |
| ISIS | [FoAS 82] [Fox 86] | constraint- basierte Suche | Constraints, Frames | auftragsbasiert | hierarchisch, statisch | inkrementell- interaktiv |
| Clemmer | [Clem 84] | heuristische Suche | Gantt- Diagramm | auftragsbasiert | frühere Planungen | inkrementell- interaktiv |
| Chang | [Chan 85] | heuristische Suche | Regeln | ressourcen-/ auftragsbasiert | frühere Planungen | ? |
| SOJA | [LePa 85] | Problemde- komposition | Constraints, Regeln | operationen- basiert | hierarchische Problemde- komposition | Ersatzopera- tionen, Kompensation |
| OPIS | [Ow 86] [Smit 87] | constraint- basierte Suche | Constraints, Regeln, Frames | ressourcen-/ auftragsbasiert | hierarchisch, dynamisch (OPIS II) | inkrementell- interaktiv, opportunistisch |
| OPAL | [BCBD 86] | inkrementell, constraint- basierte Suche | Constraints, Frames | operationen- basiert | regelorien- tiert, heuristisch | inkrementell- interaktiv |
| FIXER | [Gran 86] | inkrementell, heuristische Suche | Regeln, Frames | operationen- basiert | regelorien- tiert, heuristisch | inkrementell, PERT- Diagramme |
| LLISS | [CoMa 86] | interaktive Planänderung | Gantt- Diagramm | Zeit, Maschinen, Operationen | Planänderung in Realzeit | inkrementell- interaktiv |
| MPECS (ISM) | [Wu 87] | formales Schließen | Logik 1. Ordnung | zellbezogen | alternative Schedules | ? |
| INS | [ChBy 87] | constraint- basierte Suche | Black- board- system | operationen-/ ressourcen-/ auftragsbasiert | alternative Schedules, dynamisch | oppor- tunistisch |
| Fargher et al. | [FaEA 87] | constraintba- sierte Plankritik | Constraints, Regeln (?) | auftragsbasiert | reaktiv, dynamisch | inkrementell- interaktiv |
| CSS | [OwSH 88] | constraint- basierte Suche | Black- board- system | Gesamtkosten-/ ressourcen-/ auftragsbasiert | Verhandlung unabhängiger 'Broker' | 'work order manager' |
| Keng et al. | [KeYR 88] | Problemde- komposition | ? | operationen- basiert | 'least commitment' | oppor- tunistisch |

Tabelle 10-3: Neuere Ansätze im Bereich Werkstattsteuerung

## 10.3.2  Entwicklungslinien neuerer rechnergestützter Werkstattsteuerungssysteme

In diesem Abschnitt werden die in Tabelle 10-3 aufgeführten repräsentativen Vertreter von Werkstattsteuerungssystemen zusammenfassend in den wichtigsten Entwicklungslinien (dynamische Regelansätze, constraint-basierte Systeme, Ansätze zur Scheduleoptimierung und hybride Systeme) vorgestellt. Weitere Hinweise zu den Einzelsystemen und zu den zugrundeliegenden Scheduling-Verfahren können [Helm 90] entnommen werden.

### *10.3.2.1 Dynamische Regelansätze*

Grundlage der Werkstattsteuerung nach dem dynamischen Regelansatz ist es, aus der Vielzahl möglicher Scheduling-Regeln solche auszuwählen, die in der vorgegebenen Situation auf Werkstattebene möglichst gute Ergebnisse erzielen. Es werden somit nicht die Schedules selbst optimiert, sondern der Aufbau und die Zusammenstellung der Regeln, die diese erzeugen. Bei dynamischen Regelansätzen wird nicht versucht, allgemein anwendbare 'optimale' Scheduling-Regeln aufzustellen, sondern situationsspezifisch eine Scheduling-Strategie zu identifizieren, die für eine begrenzte Problemklasse bzw. eine beschränkte Zeitperiode möglichst gute Ergebnisse liefert.

Ein früher Vertreter eines dynamischen Regelansatzes wird in ([Gere 62]) beschrieben. Das Verfahren beruht auf der Verwendung von Prioritätsregeln in Verbindung mit Heuristiken. Über die Prioritätsregeln werden die vorliegenden Aufträge in eine bestimmte Reihenfolge gebracht; Situationen, die zu einer Verspätung von Aufträgen führen würden, werden durch Heuristiken wie etwa 'alternate operation' oder 'look ahead' bereinigt. Gere führt acht solcher Heuristiken an, die einzeln oder kombiniert zu einer Verbesserung gegenüber der reinen Regelanwendung führen. Über die Verwendung sogenannter Test-Schedules werden für typische Situationen diejenigen Prioritätsregeln und Heuristiken identifiziert, welche die besten Scheduling-Ergebnisse erzielen. Die Güte eines Schedules wird ausschließlich an den Fertigstellzeiten der einzelnen Aufträge gemessen.

Auch in der Arbeit von Iskander ([Iska 75]) wird versucht, in spezifischen Situationen durch eine günstige Kombination individueller Scheduling-Regeln eine Verbesserung des Scheduling-Ergebnisses zu erzielen. Die Regeln fallen dabei in die Klassen 'loading rules' und 'dispatching rules', wobei erstere für die Auswahl neu zu betrachtender Aufträge und letztere für die Einplanung dieser Aufträge verantwortlich sind. Als Regelkombinationsmethoden setzt Iskander die zufällige Regelauswahl ('biased random method'), die gewichtete Regelauswahl ('weighted index method') und die trainierbare heuristische Regelauswahl ('*t*rainable *h*euristic *p*rocedure (THP) method') ein. Das THP-Verfahren beruht auf der Arbeit von

Bennet ([Benn 70]) und versucht, in einer Lernphase die Güte optimaler Lösungen für mit den Trainingsproblemen vergleichbare Problemklassen zu erzielen. Durch den Vergleich mit der optimalen Lösung für den betrachteten Problembereich ist dieser Ansatz auf solche Klassen beschränkt, für die eine optimale algorithmische Lösung gefunden werden kann, was im Scheduling-Bereich nur für relativ einfache Aufgaben der Fall ist. Die Qualität der so ermittelten Scheduling-Regeln und Heuristiken wird durch Simulation der entsprechenden Situation auf Werkstattebene ermittelt.

Ein dynamischer Regelansatz, bei dem, im Gegensatz zu den bisher vorgestellten Verfahren, auch die Berücksichtigung von Maschinenausfällen auf Werkstattebene möglich ist, wird in [Chan 85] vorgestellt. Aus einem Bestand an Scheduling-Regeln werden durch den Scheduler unter Zuhilfenahme eines Entscheidungsunterstützungsmoduls die aktuell zu verwendenden Regeln ausgewählt. Der Schwerpunkt des Systems liegt in einem Vergleich von herkömmlichen und wissensbasierten Ansätzen im Scheduling-Bereich; entsprechend vereinfacht wird das zugrundeliegende Fertigungssystem modelliert. Kernbestandteil des Ansatzes ist eine Wissensaquisitionskomponente, die den Erfahrungsschatz einer Person im Umgang mit einer bestimmten Klasse von Scheduling-Problemen in Regeln einer Wissensbasis umsetzt. Diese Regeln beziehen sich auf die Identifikation des Werkstattzustands, auf die Identifikation von Zielvorgaben (z.B. Behebung eines Überlastzustands oder Verbesserung der Maschinenbelegung) und auf die Bestimmung des nächsten auszuführenden Auftrags, wobei der Inferenzmechanismus diese drei Regelklassen zyklisch durchläuft.

Im Kontext eines umfassenden Konzepts zur Steuerung von flexiblen Fertigungszellen wurde das *'Intelligent Scheduling Module (ISM)'* des *'Multi-Pass Expert Control System (MPECS)'* entwickelt, das in einer Arbeit von Wu beschrieben ist ([Wu 87]). ISM stellt ein umfangreiches wissensbasiertes System dar, das auf der Basis von Produktionenregeln zustandsbezogene, optimale Scheduling- und Dispatching-Regeln für bestimmte Problemklassen generiert. In der Wissensbasis wird zwischen deklarativen Anteilen (Status der Fertigungsumgebung, dynamische Dispatching-Regeln, Scheduling-Heuristiken) und prozeduralem Wissen (Bewertungsfunktionen und Kriterien zur Auswahl von Scheduling-Regeln) unterschieden. Das Inferenzmodul führt den eigentlichen Suchvorgang durch. Ein einfaches Lernmodul steht zur Integration neuer Scheduling-Regeln durch den Systembenutzer bereit. Mit einem Simulationsmodul können die ausgewählten alternativen Scheduling-Regeln auf die vorliegende Problemklasse angewandt und getestet werden; nur die besten Regeln kommen schließlich auf Werkstattebene zum Einsatz.

### 10.3.2.2 Constraint-basierte Systeme

Einen Planungsansatz, der nicht auf der Spezifikation einer Suchstrategie für die Auswahl eines 'optimalen' Plans, sondern auf der Angabe der den Planungsvorgang bestimmenden Restriktionen beruht, stellt das Planen mit Constraints dar ([Fox 83]). Constraints geben die Rahmenbedingungen an, denen eine erzeugte Lösung gerecht werden muß, um als akzeptabel zu gelten. Eine eindeutige Lösung eines durch Constraints beschriebenen Problems kann im allgemeinen nur dann gefunden werden, wenn zwar hinreichend viele, aber auch keine widersprüchlichen Bedingungen aufgestellt werden. Bei zu wenigen Constraints ('underconstrained problems') qualifizieren sich unter Umständen ganze Klassen von Lösungen, während beim Vorliegen zu vieler oder sich gegenseitig widersprechender Constraints ('overconstrained problems') keine Lösung gefunden werden kann. Constraint-basierte Planungsverfahren zeichnen sich dadurch aus, daß in den einschränkenden Bedingungen viele unterschiedliche Einflußfaktoren berücksichtigt werden können, was einen Einsatz in Problembereichen mit hybriden und multiplen Zielfunktionen besonders vielversprechend erscheinen läßt.

Constraint-basierte Suchverfahren wurden bereits frühzeitig auf eine ganze Reihe von Problemklassen angewendet, unter anderem zur Lösung linearer Ungleichungssysteme ([Fike 70]) und im Bereich der Molekulargenetik ([Stef 81]). Ihr Einsatz zur Lösung von Schedulingproblemen wird seit 1980 vor allem an der Carnegie-Mellon Universität in Pittsburgh, Pennsylvania, untersucht. Als Referenzanwendung dient die Fertigung von Turboladerschaufeln bei Westinghouse Turbine Components Plant in Winston-Salem, North Carolina. In zwei aufeinander aufbauenden Entwicklungslinien, ISIS (*I*ntelligent *S*cheduling and *I*nformation *S*ystem; [FoAS 82], [FSAS 83], [FoSm 84]) und OPIS (*O*pportunistic *I*ntelligent *S*cheduler; [Smit 87], [SmHy 87], [OwST 88]), wurde eine Reihe prototypischer Scheduling-Systeme entwickelt, die nachfolgend in ihren wesentlichen Charakteristika vorgestellt werden; einen detaillierteren Überblick geben [Fox 86] zu ISIS und [Smit 87] zu OPIS.

Der erste Prototyp eines constraint-basierten Scheduling-Systems namens ISIS-0 wurde im Dezember 1980 vorgestellt. ISIS-0 verwendet eine einfache Best-Fit-Suchstrategie mit Backtracking, wobei die Constraints eine dynamische Evaluierungsfunktion definieren. Kennzeichnend für ISIS-0 ist die separate, sequentielle Abarbeitung der Produktionsaufträge mit der Möglichkeit der Vorwärts- und Rückwärtssuche. Fünf Kategorien von Constraints werden in ISIS-0 berücksichtigt (in Klammern sind jeweils einige Beispiele angegeben):

- Organisatorische Constraints (Fälligkeitstermine, Werkstattbestand, Ressourcenkategorien, Kosten, Produktionsniveau, Fertigungsstabilität);
- Physische Constraints (Werkraumabmessungen der Maschinen, Rüstzeiten, Bearbeitungsgeschwindigkeiten);

- Kausale Constraints (Vorrangbeziehungen zwischen Operationen, Ressourcenbeziehungen);

- Verfügbarkeits-Constraints (Maschinenausfälle, Schichtzeiten, Wartungsintervalle);

- Präferenz-Constraints (Maschinenpräferenzen, Reihenfolgevorgaben).

Die Weiterentwicklung von ISIS-0 zu ISIS-1 widmete sich vor allem Fragen der Identifikation und Repräsentation verfeinerter Constraints und des Einsatzes eines modifizierten Beam-Search-Verfahrens auf der Basis einer Arbeit von Lowerre ([Lowe 76]). Die Suche wurde in drei Ebenen unterteilt (Auftragsauswahl, Ressourcen-Analyse und Ressourcen-Belegung), von denen wiederum jede in den Phasen Voranalyse, Suchphase und Nachanalyse durchgeführt wird. In ISIS-1 ist auch die Möglichkeit des reaktiven Schedulings durch Neueinplanung von durch Ressourcenausfälle betroffenen Aufträgen vorgesehen; die Reihenfolge nicht betroffener Aufträge wird durch die dynamische Generierung von Vorrang-Constraints beibehalten. Das Problem der Auflösung von Constraint-Konflikten wurde durch die Einführung von Nützlichkeits-, Wichtigkeits- und Relevanz-Maßen zu den Constraints weiter untersucht. Weiterhin wurden Performance-Untersuchungen zu alternativen Constraints, alternativen Suchoperatoren und Größe der Strahlenbreite bei der Suche durchgeführt.

Eine der wesentlichen Erweiterungen beim Übergang von ISIS-1 zu ISIS-2 betrifft die Einführung der Schicht 'Kapazitätsanalyse' zwischen der Auftragsauswahl und der Ressourcen-Analyse. Dadurch wird der Suchraum für die Identifikation von überlasteten Ressourcen begrenzt, was sich insgesamt in einer hierarchischen Suchstrategie manifestiert. Die Kennzahlen der mit ISIS-2 generierten Schedules sind gegenüber ISIS-1 deutlich verbessert ([Fox 86]). Der Frage nach der Begrenzung der Auswirkungen von Constraints in constraint-basierten Suchkonzepten wurde weiter nachgegangen.

Trotz der verbesserten Performance von ISIS-2 gegenüber früheren Versionen blieb das Problem bestehen, daß die Ressourcenauslastung in vielen Fällen unbefriedigend war. Ein substanzieller Fortschritt in dieser Frage wurde durch die Erweiterung der in ISIS rein auftragsbezogenen Planungsphilosophie zu einem kombinierten auftrags- und ressourcenbezogenen Planungsansatz erwartet. Das gemischte Auftrags- und Ressourcenscheduling in ISIS-3 wurde durch folgende Maßnahmen verwirklicht:

- Auftragsauswahl und Kapazitätsanalyse sind zu einer Einheit verschmolzen, in der die Kapazitätsbedarfe aller Aufträge durch Simulation parallel betrachtet werden.

- Die Engpaßressourcen werden vorrangig untersucht.

- Für Nicht-Engpaßressourcen wird die Scheduling-Strategie aus ISIS-2 beibehalten.

Der Übergang von ISIS-3 zu OPIS-0 ist bei weitgehend gleichbleibender Funktionalität durch das Ersetzen der fest kodierten Reihenfolge der Scheduling-Perspektiven in ISIS-3 (ressourcenorientiert beim Kapazitätsabgleich, auftragsorientiert bei der Ressourcen-Analyse) zugunsten einer opportunistischen Auswahl der aktuell einzusetzenden Scheduling-Strategie in OPIS-0 gekennzeichnet. Problematisch ist hier wie auch in ISIS-3 die statische Dekomposition des Scheduling-Problems anhand einer fest vorgegebenen Engpaß-Ressource. In realen Fertigungsumgebungen können einerseits mehrere Ressourcen gleichzeitig einen Engpaß bilden; zum anderen ist die Überlastung einer Ressource oft nur auf einen gewissen Zeitraum begrenzt. Weiterhin dominiert aufgrund der vorgegebenen Scheduling-Reihenfolge die ressourcenbasierte Sicht gegenüber der auftragsbezogenen. Schließlich kann als Reaktion auf unvorhergesehene Ereignisse nur eine Neueinplanung kompletter Aufträge vorgenommen werden. Für OPIS-0 wurden umfangreiche Performance-untersuchungen im Vergleich zu ISIS und COVERT, einem traditionellen Dispatching-System, durchgeführt. Dabei erwies sich OPIS-0 in allen Belangen den beiden Konkurrenten als deutlich überlegen ([Ow 86]).

Die erforderliche erhöhte Flexibilität in der kombinierten Verwendung von mehreren Scheduling-Perspektiven und der Einsatz flexiblerer Basis-Scheduling-Strategien ist in OPIS-1 realisiert. Systemseitig wird die geforderte Flexibilisierung durch die Implementation von OPIS-1 als Blackboard-System analog zum Sprach-verstehenssystem HEARSAY-II ([EHLR 80]) erreicht. Für die verschiedenen Ebenen der Problemlösearchitektur aus ISIS-3 / OPIS-0 steht je eine eigenständige Wissens-quelle bereit; die Koordination der Wissensquellen wird über die zentrale Blackboard in Form von vorgeschlagenen (Teil-)Schedules vorgenommen, wobei die Auswahl der nächsten zu aktivierenden Wissensquelle vom sogenannten Search Manager, einer ausgewiesenen Wissensquelle, vorgenommen wird. Durch die Blackboard-Architektur wird in OPIS-1 eine dynamische, opportunistische Steuerung der Problemdekomposition erzielt; eine Reihe neuer Komponenten (Kapazitätsanaly-se, Auftragsverschiebung, Auftragsersetzung) verbessert die Möglichkeiten des reaktiven Schedulings im Falle des Auftretens von unvorhergesehenen Ereignissen.

Ebenfalls auf einer Blackboard-Architektur beruht das von Choi und Byrd beschrie-bene Werkstattsteuerungssystem INS ([ChBy 87]). Die INS-Blackboard besteht aus den vier Ebenen Auftrags-, Operations-, Cluster- und Job-Ebene. Ein Cluster stellt eine Zusammenfassung mehrerer Operationen aus unterschiedlichen Aufträgen in einer Maschine dar; die Einzeloperationen eines Auftrags werden als Jobs bezeich-net. Mit der Ebenenbildung in der Blackboard geht eine Problemdekomposition nach verschiedenen Scheduling-Perspektiven einher, unter denen opportunistisch eine zur Bildung eines lokalen Schedules ausgewählt wird. Beim Auftreten von Widersprüchen zwischen verschiedenen lokalen Schedules oder von unvorhergesehenen Ereignissen werden die lokalen Scheduler so lange reaktiviert, bis in der Blackboard ein einziger global gültiger, konfliktfreier Schedule vorliegt. Zur Konfliktauflösung wird sowohl auf Alternativen (z.B. alternative Ressourcen und Ausführungsintervalle) zurückgegriffen als auch eine Constraint Relaxation eingesetzt. Im Gegensatz zu ISIS-2 können früher getroffene Entscheidungen durch lokale Scheduler revidiert werden, was die Reaktivität des Planungsansatzes erhöht.

Den Schwerpunkt des von Ow, Smith und Howie beschriebenen Scheduling-Systems CSS (*Cooperative Scheduling System*) stellt die Implementierung als verteiltes Problemlösesystem dar ([OwSH 88]). Eine Anzahl kooperierender Problemlöseagenten führt eine angemessene Problemdekomposition durch, wobei jeder Agent eine spezifische Scheduling-Perspektive inkorporiert. Die Aufgabenbereiche der verschiedenen Agenten orientieren sich eng an der in Fertigungsleitsystemen üblichen personellen Aufteilung zwischen Werkstattmeister und Überwachungspersonal. Dies soll einen interaktiven Gebrauch der Softwarekomponenten mit dem Ziel des inkrementellen Ersetzens ermöglichen. Im Gegensatz zu allen bisher vorgestellten Scheduling-Systemen, welche die auftragsbezogenen Planungsergebnisse gewissermaßen 'von außen' in die Werkstatt einbringen ('Push-Prinzip'), ist CSS als 'Pull'-Konzept implementiert: Ein für die Durchführung eines Auftrags zuständiger 'Work-Order Manager' holt sich die Angebote von 'Resource Brokers' ein, welche die Bearbeitungsstationen auf Werkstattebene repräsentieren. Während die 'Work-Order Manager' die Durchführungszeit des ihnen zugewiesenen Auftrags zu minimieren versuchen, sorgen die 'Resource Broker' für möglichst geringe Gesamtproduktionskosten und eine Wartezeitoptimierung vor den Bearbeitungsstationen. Insgesamt zielt die Systemarchitektur auf eine Überwindung der Konkurrenzsituation verschiedener Ressourcen um die Ausführung einer bestimmten Operation ab. Operationen sollen nur solchen Ressourcen zur Bearbeitung zugewiesen werden, die im Sinne einer Globaloptimierung die beste Ausführmöglichkeit darstellen. Dies kann durchaus den Einsatz einer bei lokaler Betrachtung sub-optimalen Ressource nach sich ziehen, da die 'beste' Ressource für in Kürze zur Bearbeitung anstehende andere Operationen freigehalten wird.

Eine Erweiterung der in ISIS und OPIS eingesetzten Scheduling-Kriterien 'auftragsbasiert' und 'ressourcenbasiert' um die Dimension 'operationenbasiert' nimmt der in [KeYR 88] beschriebene Scheduling-Ansatz vor. Der Scheduling-Fokus verlagert sich hierbei von der Gesamtauftragsebene auf die Ebene von Einzeloperationen, was einerseits eine wesentlich höhere Zuteilungsflexibilität der Ressourcen, andererseits aber auch eine deutlich vergrößerte Planungskomplexität nach sich zieht. Für die Ressourcenzuteilung wird die Strategie des 'least commitment' gewählt, wodurch Entscheidungen so lange verzögert werden, bis sie unausweichlich sind. Hierdurch ergeben sich gerade auch im Hinblick auf mögliche Ressourcenausfälle große Handlungsspielräume. Zur Zuteilung wird anhand der aktuell noch zur Verfügung stehenden Bearbeitungzeit die jeweils kritischste Operation ausgewählt und eine Reservierung auf der vorgesehenen Bearbeitungsressource durchgeführt. Dadurch ändert sich sowohl die Beurteilungssituation für konkurrierende Operationen als auch für die Ressourcen, was eine zustandsbezogene Auswahl der als nächstes zu behandelnden Operation und der zugeteilten Ressource nach sich zieht. Der gesamte Schedulingprozeß ist somit opportunistisch, da vorzeitige Festlegungen vermieden werden und eine dynamische Anpassung an sich verändernde Umgebungsbedingungen erfolgt.

### 10.3.2.3 Ansätze zur Scheduleoptimierung

Die Grundidee bei den Ansätzen zur Scheduling-Optimierung besteht darin, bereits vorhandene (Teil-)Schedules zur Bestimmung eines global optimierten Schedules zu verwenden. Das Verfahren beruht somit auf einer Kombination und Erweiterung vorhandener Scheduling-Bausteine und der Ermittlung von Nachfolgeschedules. Kernbestandteile der Realisierungen dieses Ansatzes sind die Visualisierung der initialen (Teil-)Schedules und deren Bewertung.

Clemmer stellt das Scheduling-Problem als heuristische Suche in einem Zustandsraum dar ([Clem 84]). Hierzu werden zulässige (Teil-)Schedules als Knoten und die Suchoperatoren als Kanten des den Zustandsraum aufspannenden Suchraums eingesetzt. Die Knoten werden in Form von Gantt-Diagrammen repräsentiert; das Ziel ist die Identifikation eines Suchoperators, der zu diesen gegebenen (Teil-)Schedules einen oder mehrere Nachfolgeschedules auffindet. Als Suchkriterium dient die Minimierung des 'make-span', also der Zeitdauer vom Beginn der Ausführung des ersten eingeplanten Auftrags bis zum Abschluß der Bearbeitung des letzten Auftrags. Durch den Rückgriff auf Gantt-Diagramme und die damit einhergehenden begrenzten rechnergestützten Darstellungsmöglichkeiten ist das Verfahren nur für relativ kleine Scheduling-Probleme einsetzbar. Allerdings bietet diese Darstellungsweise den Vorteil der leichten Interaktion mit dem Benutzer während des Problemlösevorgangs. Eine Reaktion auf unvorhergesehene Ereignisse ist bei Clemmer ebensowenig vorgesehen wie die Einbeziehung der aktuellen Belegungssituation auf Werkstattebene.

Ein Scheduling-Verfahren, das auf der schrittweisen Eingrenzung des Ausführungsintervalls einer Operation beruht, ist in [BCBD 86] beschrieben. Das unter der Bezeichnung OPAL entwickelte System zielt darauf ab, kurze Planungshorizonte und Echtzeit-Steuerungsmöglichkeiten in einem System zu vereinigen. In der Wissensbasis findet eine Unterscheidung von allgemeinem Scheduling-Wissen und spezifischem Problemlösewissen für die aktuelle Werkstattsituation statt. Beide

Wissensarten werden framebasiert dargestellt. Neben der Datenbank mit einer Beschreibung der Werkstatt, des Scheduling-Problems und des aktuellen Planungszustands enthält das OPAL-System drei Module, die gemeinsam eine Problemlösung erarbeiten. Ein constraint-basiertes Analysemodul bestimmt die Auswirkungen von Zeitbeschränkungen auf die Reihenfolgefestlegung der Operationen. Treten dabei Konflikte auf, wird der Problemlöseprozeß durch ein Entscheidungsunterstützungsmodul fortgesetzt, wobei regelorientierte und heuristische Verfahren zum Einsatz kommen. Ein Fehlerbehebungsmodul schließlich führt eine selektive Abschwächung von Contraints ('constraint relaxation') und eine Bestimmung alternativer Ressourcenzuweisungen durch. Obwohl die grundsätzliche Vorgehensweise somit constraint-basiert ist, überwiegt hier doch der Aspekt der inkrementellen Planerstellung und -verbesserung, zumal auch nicht-constraint-basierte Verfahren zum Einsatz kommen. Auch in OPAL wird während der Planerstellung auf die aktuelle Belegungssituation in der Werkstatt kaum eingegangen.

Ein im spezifischen Kontext der Planung von Wartungs- und Reparatureinsätzen für Flugzeuge entwickeltes Scheduling-Verfahren stellt das in [Gran 86] beschriebene System FIXER (*F*ault *I*dentification & *E*xpediting *R*epair) dar. Wie die Werkstattsteuerung weist dieses Einsatzgebiet einen stochastischen, dynamischen Charakter mit veränderlichen Zielsetzungen und Randbedingungen auf, so daß sich die Erkenntnisse leicht auf den Fertigungsbereich übertragen lassen. Kernbestandteil des framebasierten Systems ist eine heuristische, inkrementelle Verbesserung von Schedules unter Berücksichtigung der Dynamik der (Fertigungs-)Umgebung. Unter Einsatz von Anwendbarkeitsregeln werden zunächst die Heuristiken zur Auswahl der nächsten zu bearbeitenden Operation ausgewählt. In der dadurch erzeugten geordneten Liste anstehender Operationen sind die Verfügbarkeit der Ressourcen und die Kompatibilität von Operationen noch nicht berücksichtigt. Deshalb wird die Liste in ein PERT-Diagramm umgewandelt, in dem die Ausführungsintervalle der Operationen unter Berücksichtigung der vorliegenden Constraints in Form eines zeitlich partiell geordneten Graphen angeordnet sind.

Stark auf die Interaktion mit dem menschlichen Systembenutzer ausgerichtet ist die Architektur des Scheduling-Systems LLISS ([CoMa 86]). Schwerpunkt ist die Präsentation eines Ausschnitts des vom System erstellten Schedules in Form von Gantt-Diagrammen, wobei zur Darstellung eine Projektion nach verschiedenen Kriterien (Zeit, Maschinen, Operationen) vorgenommen werden kann. Im dargestellten Schedule-Ausschnitt können einzelne Operationen verschoben, der ganze Schedule verdichtet und Neueinplanungen unter veränderten Rahmenbedingungen durchgeführt werden. Das System führt alle Veränderungen am Schedule in Echtzeit nach; der initiale Schedule wird anhand von benutzerdefinierten Schedulingregeln bestimmt. Durch den stark interaktiven Systemcharakter und die schnelle Berücksichtigung von Planmodifikationen können auch unvorhergesehene Ereignisse dynamisch im Schedule berücksichtigt werden. Der Automatisierungsgrad des Gesamtsystems ist allerdings als eher gering einzustufen.

Mehr auf eine Automatisierung des Scheduling-Vorgangs konzentriert sich das in [FaEA 87] vorgestellte System. Der Ansatz zielt auf eine reaktive Auswahl eines möglichst guten Schedules aus der Menge der prinzipiell zulässigen 'legal schedules'. Die Anforderungen des menschlichen Systembedieners werden in systemseitig verarbeitbare Constraints übergeführt; aus diesen Constraints wird dann ein Schedule abgeleitet, der die aktuellen Anforderungen erfüllt. Zugunsten einer hohen Performance werden hierbei keine Optimierungen vorgenommen; diese können durch das dynamische Generieren zusätzlicher Kritik am bestehenden Schedule eingebracht werden. Um in Standardsituationen (z.B. Maschinenausfälle) ohne Eingreifen des menschlichen Bedieners eine Planrevision zu veranlassen, kann das Einbringen neuer Constraints auch systemseitig angestoßen werden; die Erkennung solcher Situationen wird durch eine automatische Verfolgung des Auftragsbestands erreicht. Das Hauptaugenmerk des Systems liegt auf einer möglichst effizienten, automatischen Generierung von Schedules, die anschließend interaktiv weiterverbessert werden können, auch unter Einbeziehung sich verändernder Bedingungen in der Fertigungsumgebung.

### 10.3.2.4 Mehrstufige Ansätze

Einen Scheduling-Ansatz, bei dem der Planungskomplexität mit abgestuften Planungshorizonten beizukommen versucht wird, stellt das von LePape sowie Sauve und Collinot beschriebene System SOJA dar ([LePa 85], [SaCo 87]). Für die Ebene der tagesgenauen Vorausplanung ('off-line scheduling') werden grundsätzlich andere Verfahren eingesetzt als auf der Ebene der Plandurchführung ('on-line scheduling'). Hauptaugenmerk bei der Erstellung des Schedules für den Folgetag ist die Festlegung der Ausführungsintervalle (frühester Startzeitpunkt, spätester Fertigstellzeitpunkt) für die einzelnen Operationen. Dabei gilt es zum einen, alle vorliegenden Scheduling-Constraints zu befriedigen, und zum anderen, die Intervalle so breit wie möglich zu halten, um im Hinblick auf eventuell auftretende Störungen im Fertigungsablauf eine inkrementelle Planmodifikation zu gestatten. Das 'off-line scheduling' wird als regelbasierter Prozeß auf der Grundlage von Constraints unter Einsatz von Heuristiken durchgeführt. In die Entscheidung fließen sowohl der (geplante) Zustand der Werkstatt zum Ausführungszeitpunkt der Operation als auch die operationsbezogenen Rahmenbedingungen ein. Das 'on-line scheduling' stellt dann einen ziel-basierten Planungsprozeß mit dem Tagesschedule als Planungsziel dar. Bei Auftreten unvorhergesehener Ereignisse sind zwei Reaktionen möglich: Bei häufiger wiederkehrenden Störungen, etwa Maschinenausfällen, können Ersatzaktionen bereitgestellt werden, die im Falle des Auftretens der Störung unmittelbar an die Stelle der ursprünglich geplanten Aktion treten; ein

Beispiel hierfür ist das Ausweichen auf eine Ersatzmaschine. Für alle nicht regelmäßig auftretenden Störungen wird eine geeignete Kompensationsmaßnahme ausgewählt, wobei sich die Auswirkungen dieser Kompensationen von lokalen Aktionen auf einer Maschine bis hin zu einem kompletten Neueinplanen aller Aufträge bei sehr gravierenden Planabweichungen erstrecken können.

### 10.3.3 Anforderungen an die Werkstattsteuerung im Kontext der rechnerintegrierten Produktion

In diesem Abschnitt werden die Eigenschaften, die sich aus der Vorstellung exemplarischer Vertreter von Scheduling-Systemen ergeben, in Hinblick auf die spezifischen Anforderungen des Einsatzes solcher Systeme im Kontext der Einzel- und Kleinserienfertigung mechanischer Bauteile zusammengefaßt.

#### *10.3.3.1 Spezifikation der Scheduling-Strategie*

Wichtigstes Anliegen bei der Vorgabe der Scheduling-Strategie ist die Flexibilisierung bzw. Dynamisierung des Scheduling-Vorgangs. Ansätze, die eine allgemeingültige, statische Optimierung des Scheduling-Prozesses vorzunehmen versuchen, sind meist auf Problembereiche mit vergleichsweise geringer Planungskomplexität beschränkt. Im Einsatzbereich der Einzel- und Kleinserienfertigung mit den typischen starken Schwankungen hinsichtlich Scheduling-Zielen und -Vorgaben ist zudem bedeutsam, daß das Planungssystem zustandsbezogen verschiedene Heuristiken einzusetzen vermag und eine Lösungsfindung unter verschiedenen Gesichtspunkten erfolgen kann. Dies setzt die freie Spezifizierbarkeit oder zumindest eine anwendungsspezifische Konfigurierbarkeit der Scheduling-Strategie voraus; auch eine Auswahl aus verschiedenen vordefinierten Scheduling-Strategien trägt zur Flexibilisierung des Planungsprozesses bei.

Die Scheduling-Perspektive sollte in einem Werkstattsteuerungssystem opportunistisch wählbar sein, wobei durch eine Strukturierung des Problemraums eine Problemdekomposition und eine Fokussierung des Problemlöseprozesses vorgenommen werden kann. Mit der Planung auf verschiedenen Abstraktionsstufen kann eine inkrementelle Vorausplanung für verschiedene Gültigkeitsbereiche erfolgen, wenn nicht die frühen Planungsschritte den Flexibilitätsspielraum in späteren Planungsstufen nachhaltig einschränken. Eine Vorausplanung mit begrenztem Planungshorizont erlaubt, ebenso wie eine inkrementelle Revidierbarkeit früher getroffener Entscheidungen, einen wesentlich effizienteren und zielorientierteren Scheduling-Vorgang.

### 10.3.3.2 Berücksichtigung der Planungssituation auf Werkstattebene

Ein wichtiges Kennzeichen in den aufgezeigten Entwicklungslinien rechnergestützter Werkstattsteuerungssysteme war die zunehmende Berücksichtigung der aktuellen Situation auf Werkstattebene in den Planungsprozeß. Diese Entwicklung trägt der Tatsache Rechnung, daß auf Werkstattebene eine detaillierte Vorausplanung der Ressourcenzuteilung bereits durch die Nichtverfügbarkeit einiger weniger Herstellmittel obsolet werden kann. Auch kann eine zustandsinvariante Vorausplanung zu einer Herausbildung von stark überlasteten Engpaßressourcen führen, was im allgemeinen zu einer drastischen Verschlechterung des Gesamtdurchsatzes an Aufträgen führt. Zur Lösung dieses Problems kann zum einen versucht werden, den ursprünglichen Plan durch inkrementelle Planrevision unter Echtzeitbedingungen zu korrigieren, was eine lokale Begrenzbarkeit der Auswirkungen von Planabweichungen voraussetzt. Zum anderen kann die Planung die endgültigen Ressourcenzuteilungen von vornherein offenhalten, was eine Entscheidungsfindung für das Dispatching-Problem unter Echtzeitbedingungen nach sich zieht. Dem zweiten Ansatz liegt die Erkenntnis zugrunde, daß Planabweichungen grundsätzlich unvermeidlich sind und daß Planungsvorgaben die Reaktionsfähigkeit des Systems auf wechselnde Situationen eher einschränken als unterstützen.

### 10.3.3.3 Planungszeit und -horizont

In hochkomplexen Planungssituationen wie der operationengenauen Ressourcenbelegungsplanung für Aufträge mit kleinen und kleinsten Losgrößen ist eine wirksame Begrenzung der Planungskomplexität unabdingbar. Ein abgestuftes Planungskonzept in mehreren Abstraktionsebenen führt zu überschaubaren Einzelplanungsschritten. Planungsperspektive und -horizont verschieben sich hierbei mit zunehmender Nähe zur Operationendurchführung auf Werkstattebene von gesamtauftragsbezogenen, mittel- und langfristigen Planungsschritten hin zu operations- und ressourcenbezogenen, kurzfristigen Planungstätigkeiten. Eine enge Abstimmung der einzelnen Planungsstufen kann eine umfangreiche Revision früher ermittelter Planungsvorgaben in nachgelagerten Planungsschritten verhindern. Insbesondere ist sicherzustellen, daß nicht bereits in frühen Planungsschritten der Flexibilitätsspielraum in werkstattnahen Planungsbereichen entscheidend beschnitten wird. Entscheidungen sollten grundsätzlich so weit wie möglich vorbereitet werden; eine tatsächliche Festlegung auf eine bestimmte Alternative sollte aber so spät wie möglich erfolgen ('least commitment'), um möglicherweise sich noch ändernden Umgebungsbedingungen Rechnung tragen zu können.

### 10.3.3.4 Fehlerkompensation

Unter dem Punkt 'Berücksichtigung der Planungssituation auf Werkstattebene' wurde bereits die Wichtigkeit des systematischen Einbeziehens von unvorhergesehenen Ereignissen in den Planungsprozeß angedeutet. Zur Reaktion auf Ereignisse wie beispielsweise Maschinenausfälle und Werkzeugbrüche ist die Möglichkeit der schnellen Identifikation und Zuweisung von Ersatzaktionen von entscheidender Bedeutung. Dies bedeutet, daß schon in frühen Planungsschritten bis hin zur Arbeitsplanung die Erfordernisse der Werkstattsteuerung berücksichtigt werden müssen. Nur wenn die möglichen Ausführalternativen zu einer Bearbeitungsoperation systematisch eruiert und in allen Planungsschritten offengehalten werden, kann auf Werkstattebene eine flexible (Um-)Disposition erfolgen. Neuere Scheduling-Konzepte wie das in CSS ([OwSH 88]) realisierte 'Pull-Prinzip' bauen wesentlich auf der Spezifikation alternativer Ausführumgebungen auf. Durch die spätestmögliche, zustandsbezogene Festlegung der aktuellen Ausführumgebung zu einer Bearbeitungsoperation reduziert sich der Fehlerfall auf das erneute Einstellen der entsprechenden Operation in den Pool abzuarbeitender Operationen; eine gesonderte Berücksichtigung von Ressourcenausfällen und anderen Planabweichungen ist nicht vonnöten, da sich der Vorausplanungshorizont lediglich auf die in Bearbeitung befindlichen Operationen erstreckt.

# D Realisierung des flexiblen rechnerintegrierten Produktionskontrollsystems FIPS

In diesem Hauptabschnitt wird die prototypische Realisierung des in Hauptabschnitt C konzeptionell eingeführten flexiblen rechnerintegrierten Produktionskontrollsystems FIPS beschrieben. Dabei soll vornehmlich die grundsätzliche Realisierbarkeit des Gesamtsystems aufgezeigt werden; auf eine Darstellung der im FIPS-Projekt durchgeführten alternativen Implementierungen funktional identischer Systemkomponenten wird verzichtet. Lediglich für den Bereich der dynamischen Ressourcenzuweisung werden zwei verschiedene Realisierungsvarianten angegeben, da sich diese nicht nur in der Form der Implementierung, sondern grundsätzlich im zugrundeliegenden Planungsmodell unterscheiden.

In Kapitel 11 wird die Generierung von Arbeitsganginformation aus der dreidimensionalen geometrischen Beschreibung eines zu fertigenden Bauteils dargestellt. Nach einer kurzen Aufgabenbeschreibung werden die zur Ableitung der Featureinformation benötigten Erweiterungen der CAD-Datenstruktur und die mit dem Featureanalyse-System FREDOS erkennbaren Featuretypen angegeben. Anschließend wird auf die Implementierung der in Kapitel 9 vorgestellten Phasen der Featuregenerierung eingegangen. Den Abschluß des Kapitels bildet eine Übersicht über die Realisierung von FREDOS als Produktionenregelsystem sowie die Kopplung mit einem CAD-System und die Visualisierung der Featuregenerierung.

Kapitel 12 beschreibt die Identifikation zuordenbarer Fertigungsressourcen zu den im Zuge der Featureanalyse bestimmten Arbeitsgängen. Im Anschluß an die Vorstellung der grundsätzlich zu lösenden Aufgabe und der hierbei berücksichtigten Ressourcentypen wird eine datenbankgestützte Realisierung dieser FIPS-Komponente vorgestellt. Im einzelnen wird auf die zugrundeliegende Repräsentation der Fertigungsressourcen, die Einzelphasen der Vorverarbeitung und auf spezifische Implementierungsaspekte eingegangen.

Mit den Möglichkeiten der dynamischen Auswahl und Zuteilung von Ausführumgebungen zu den einzelnen Arbeitsgängen beschäftigt sich Kapitel 13. Nach einer kurzen Aufgabenbeschreibung werden zwei grundsätzlich verschiedene Realisierungsansätze vorgestellt. Bei der featurelokalen Optimierung der Zuteilung von Fertigungsressourcen steht die freie Spezifikation von benutzerdefinierten Zuteilungsstrategien im Vordergrund, während für die featureübergreifend optimierende Zuteilung der Schwerpunkt auf einer effizienten Ressourceneinsatzplanung mit begrenztem Vorausplanungshorizont liegt. Für jeden Planungsansatz werden die grundlegenden Aspekte des Planungsmodells, die Phasen der dynamischen Ressourcenzuweisung und spezifische Implementierungsaspekte angegeben.

# 11 Featureanalyse

In diesem Kapitel wird die Realisierung der in Abschnitt 9.2 konzeptionell beschriebenen Verbindung des Konstruktions- und des Arbeitsplanungsbereichs im Projekt FIPS vorgestellt. Zunächst wird die zu realisierende Aufgabe nochmals zusammenfassend beschrieben (Abschnitt 11.1). Die zugrundeliegende 3D-CAD-Datenstruktur wird mit den für die Featureanalyse benötigten Ergänzungen in Abschnitt 11.2 dargestellt. In Abschnitt 11.3 werden die mit dem System FREDOS (*Feature Recognition, Extraction, Decomposition, and Organization System*) erkennbaren Featuretypen angegeben und in eine hierarchische Klassifikation der Featurebegriffe eingebettet. Abschnitt 11.4 beschreibt die in Kapitel 9 bereits eingeführten Einzelphasen der Featureanalyse aus dem spezifischen Blickwinkel der Realisierung als Produktionenregelsystem. Die konkrete Implementierung von FREDOS in der Programmiersprache PROLOG bildet zusammen mit der Beschreibung der Ankopplung an ein CAD-System und die dadurch ermöglichte Visualisierung der Featureerkennung den Abschluß des Kapitels.

## 11.1 Aufgabe

Mit der gebräuchlichen Definition von Features als 'Auftreten gewisser Muster von Geometrieelementen' ergibt sich als zentrale Aufgabe der Featureanalyse die Umsetzung einer geometrieorientierten Teilebeschreibung in eine korrespondierende, auf Featurebegriffen beruhende Sichtweise. Zentrales Anliegen der Featureanalyse ist somit die Suche nach vordefinierten Featuremustern in der 3D-CAD-Datenstruktur eines Teils und die Beschreibung der Zusammenhänge und Abhängigkeiten zwischen den ermittelten Features. Daneben ist eine Überführung der geometrieorientierten Darstellungsform (Flächen, Kanten, Punkte) von Features in eine herstellorientierte und somit im Produktionsbereich verarbeitbare Form (Mittelachse, Tiefe, Durchmesser, etc.) vorzunehmen.

## 11.2 Geometrische Teilebeschreibung

Wegen der Eindeutigkeit und der für die Featureanalyse vorteilhaften expliziten Repräsentation von Geometrie- und Topologieinformation (vgl. Abschnitt 10.1.4.1) wird im FREDOS–Ansatz das BREP-Datenmodell als Ausgangspunkt der Generierung von Arbeitsganginformation herangezogen. Die geometrische Beschreibung eines Teils im BREP-Datenmodell erfolgt gemäß dem allgemeinen konzeptionellen Schema für den CAD-Bereich, wie es in Abschnitt 4.6.2 vorgestellt wurde, durch die Angabe der ein Teil konstituierenden Flächen (faces), Konturzüge (loops), Kanten (edges) und Punkte (vertices). Durch diese Information wird die Fertigteilgeometrie des herzustellenden Teils eindeutig beschrieben. Für die automatische Identifikation der Arbeitsganginformation durch Featureanalyse sind eine Reihe zusätzlicher Informationen vonnöten, die sich an der vorzunehmenden Transformation eines Rohteils in die spezifizierte Fertigteilgeometrie orientieren:

- Beschreibung der Rohteilgeometrie;

- Beschreibung der Restkörpergeometrie (geometrische Differenz zwischen Rohling und Fertigteil);

- Beschreibung der Zugänglichkeit zu den ein Feature konstituierenden Flächen.

Die Spezifikation der Rohteilgeometrie und die Bestimmung der Restkörpergeometrie kann direkt unter Zuhilfenahme elementarer Funktionen eines volumenorientierten CAD-Systems vorgenommen werden; in der vorliegenden Implementierung wird hierfür das volumenorientierte geometrische Modelliersystem SOLID im

CAD-System CONCAD der Firma Strässle Technische Informationssysteme AG eingesetzt. Durch die Rohteilspezifikation und Restkörperidentifikation im CAD-System kann die Bearbeitungsaufgabe sowohl durch Angabe der Rohteil- und Fertigteilgeometrie mit anschließender Restkörperbildung als auch durch direkte Spezifikation der Restkörpergeometrie beschrieben werden.

Zur Weiterverarbeitung der Geometriedaten im Featureanalysesystem verbleibt von den oben genannten Aufgaben die Attributierung der Restkörperflächen hinsichtlich der geometrischen Zugänglichkeit aus Sicht der Teileherstellung. Hierfür wird bei der Beschreibung der Flächen im CAD-Datenmodell ein Attribut 'Eintrittskennzeichnung' vorgesehen, das die Werte 'hatched' (Originaleintrittsfläche), 'pointed' (während der Featureerkennung und -extraktion entstandene Eintrittsfläche) und 'not-hatched' (keine Eintrittsfläche) annehmen kann. Bei der Generierung der BREP-Teilebeschreibung als Eingabe für die Featureanalyse wird durch ein Zusatzprogramm im CAD-System überprüft, ob sich Flächen der Restkörper mit Flächen des Rohlings überdecken. Bei Flächenüberlappungen werden nach einer Überprüfung der entsprechenden Flächen-Richtungsvektoren auf Gleichheit die Flächenattribute der beteiligten Flächen von 'not-hatched' auf 'hatched' umgesetzt. Die Kennzeichnung von Flächen als 'pointed' wird erst während der Featureerkennung und -extraktion dynamisch generiert. Außer der starken Vereinfachung des Featureanalyseprozesses weist die Identifikation der Eintrittsflächen auch den Vorteil der leichten Identifizierung nicht erreichbarer Restkörper auf.

Neben der Generierung der Eintrittsflächeninformation muß die Teilegeometrie von der spezifischen Darstellung im CAD-System in eine Form umgesetzt werden, die vom Featureanalysesystem unmittelbar verarbeitet werden kann. Da die Featureerkennung im vorliegenden Fall als Produktionenregelsystem in der Programmiersprache PROLOG implementiert ist (vgl. Abschnitt 11.5), werden die Geometriedaten aus dem CAD-System durch ein Konvertierungsprogramm in Fakten der PROLOG-Datenbasis umgewandelt. Zusätzlich zur Umsetzung der Beschreibungen der einzelnen Geometrieelemente wird hierbei die PROLOG-spezifische Listenstruktur der Fakten generiert. Als Ergebnis der Aufbereitung liegt somit eine PROLOG-konforme Repräsentation der Geometrieinformation vor, die um spezifische Zusatzattribute für den Featureanalyseprozeß ergänzt wurde. Durch die Aufbereitung der Geometriedaten für das Featureanalysesystem können beliebige CAD-Systeme als Eingabeplattform zur Teiledefinition eingesetzt werden; pro CAD-System sind lediglich die oben beschriebenen Routinen zur Umsetzung in eine PROLOG-konforme Repräsentation bereitzustellen.

## 11.3 Klassifikation der erkennbaren Features

Das Grundprinzip der Featureerkennung in FREDOS ist an das im System FEATURES ([Hend 84], [HeAn 84]) eingesetzte regelorientierte Verfahren angelehnt (vgl. Abschnitt 10.1.3.3). In diesem System werden durch Produktionenregeln sogenannte Compound-Features erkannt und in einer graphischen Repräsentation angeordnet. Compound-Features in FEATURES sind charakterisiert durch die Erzeugbarkeit mittels einer Sweeping-Operation, wobei die erzeugende zweidimensionale Fläche eine komplexe Gestalt aufweisen kann. Die Erzeugungsoperation ist aber auf die Translation an einer Geraden oder die Rotation um eine gerade Achse beschränkt (einfacher Sweep).

Für die vorgesehene Verwendung der Featureinformation aus FREDOS in nachfolgenden Bereichen der Teileproduktion ist die Identifikation von Compound-Features allein nicht ausreichend. Vielen Compound-Features kann nicht unmittelbar eine Herstelloperation zugeordnet werden. Deshalb liegt in FREDOS ein Schwerpunkt auf der Identifikation von elementaren Basisfeatures, die durch eine einfache Sweeping-Operation aus Dreieck-, Rechteck- und Kreisbogenflächen beschrieben werden können. Mit der in Abbildung 11-1 gezeigten Klassifikation der mit FREDOS erkennbaren Featuretypen kann zudem der Featureanalyseprozeß modularisiert werden, was zu einer Komplexitätsreduktion durch Hierarchisierung der Erkennungsaufgabe führt (vgl. Abschnitt 10.1.4.5). Die schraffierten Flächen stellen wiederum die möglichen Eintrittsflächen in das Featurevolumen dar.

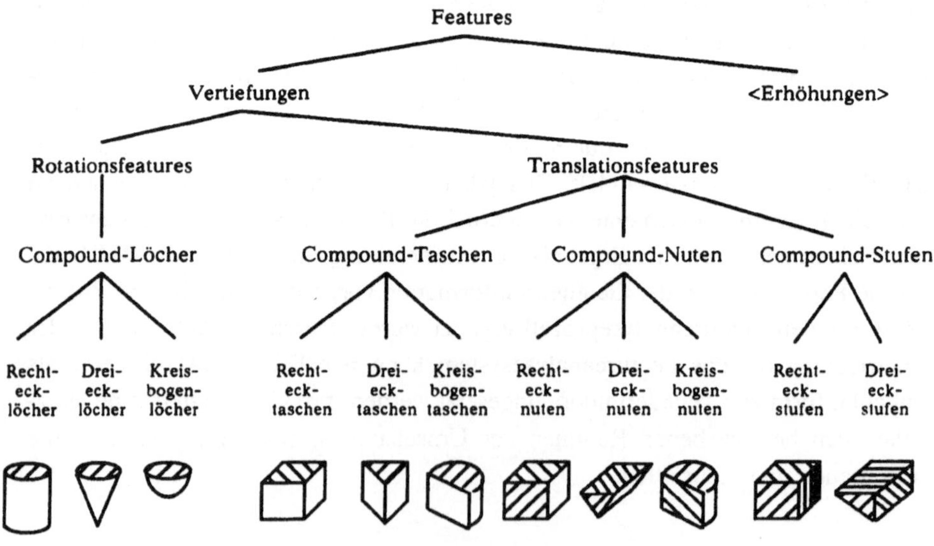


Abbildung 11-1:  Mit FREDOS erkennbare Featuretypen

Die Featureklassifikation in Abbildung 11-1 zeigt, daß in FREDOS ausschließlich
die aus fertigungstechnischer Sicht hauptsächlich relevanten Vertiefungen behandelt
werden; einer Erweiterung auf Erhöhungsfeatures stehen aber keine grundsätzlichen
Hindernisse im Weg. Die Klassifikation unterscheidet zunächst zwischen Trans-
lations- und Rotationsfeatures, wobei für letztere eine unmittelbare Unterscheidung
der Basisfeaturetypen Kegel-, Zylinder- und Kugelloch vorgenommen werden kann,
die sich aus den zugehörigen Erzeugungsflächen für die rotatorische Sweeping-
Operation (Dreieck-, Rechteck- und Kreisbogenflächen) ergeben. Bei translatori-
schen Features können anhand der Anzahl der Eintrittsflächen noch Taschen, Nuten
und Stufen unterschieden werden. Bei einer und zwei Eintrittsflächen (Taschen
bzw. Nuten) lassen sich jeweils wiederum die drei über die Grundformen der Erzeugungsflächen definierten Featuretypen angeben; für Features mit drei Eintrittsflächen ist dagegen eine Definition durch eine Kreisbogenfläche nicht sinnvoll,
so daß hier nur zwischen Dreieck- und Rechtecktufen zu unterscheiden ist.

Die von FREDOS erkannten Basisfeaturetypen stellen die aus geometrischer Sicht
nicht mehr sinnvoll weiter untergliederbare und damit maximal ableitbare Information dar. Zur Weiterverarbeitung dieser Information können die Basisfeatures zu
'höheren' fertigungsrelevanten Einheiten aggregiert werden, etwa ein Rechteck- und
ein Dreieckloch zu einem konisch abgeschlossenen zylindrischen Loch, das aus
Herstellungssicht leicht in einem einzigen Arbeitsgang durch eine Bohroperation
realisiert werden kann. In der FIPS-Realisierung werden die durch FREDOS ermittelten Basisfeatures unmittelbar mit Bearbeitungsschritten gleichgesetzt.


## 11.4 Phasen der Featureanalyse

In diesem Abschnitt werden die Einzelphasen der Featureanalyse mit FREDOS,
wie sie bereits in Abschnitt 9.2 konzeptionell vorgestellt wurden (vgl. auch Abbildung 9-4), aus Sicht der Realisierung als Produktionenregelsystem beschrieben.
Eine detaillierte Darstellung einzelner Realisierungsaspekte und eine Beschreibung
der FREDOS-Regelbasis kann [Görl 89] und [Götz 90] entnommen werden.


### 11.4.1 Einlesen der Erkennungsaufgabe

Den ersten Schritt der Featureanalyse stellt die Bereitstellung der Problembeschrei-
bung dar. Auf Aspekte der Umsetzung einer mit einem CAD-System erzeugten
3D-BREP-Teilebeschreibung in Fakten der PROLOG-Datenbasis wurde bereits in
Abschnitt 11.2 hingewiesen. Zur Repräsentation der Teileinformation in Form von

Rohteil- und Restkörperbeschreibungen werden in FREDOS folgende Datenstrukturen verwendet ([Götz 90], [Schm 90])[*]:

Teil     (<u>Teilenummer</u>, Teilename, Rohlingsname, Restkörper);

Körper     (<u>Teilenummer, Körpername</u>, Flächenliste);

Fläche     (<u>Teilenummer, Flächenname</u>, Flächennormale, Oberflächengeometrie, Eintrittskennzeichnung);

Kontur     (<u>Teilenummer, Flächenname</u>, Konturnummer, Kantenliste);

Kante     (<u>Teilenummer, Kantenname</u>, Kurvengeometrie, Startpunktname, Endpunktname);

Punkt     (<u>Teilenummer, Punktname</u>, Punktkoordinaten).

Als Parameter können bei den Flächennormalen 'konvex' (Fläche umschließt das Körpervolumen) und 'konkav' (Außenseite der Fläche begrenzt den Körper), bei der Oberflächengeometrie 'konisch', 'zylindrisch', 'planar' und 'sphärisch' mit den zugehörigen typspezifischen Beschreibungsparametern (für einen Konus z.B. Kegelspitzenkoordinate, Kegelachse und Neigungswinkel), bei der Eintrittskennzeichnung die Werte 'hatched', 'pointed' und 'not-hatched' sowie bei der Kurvengeometrie 'kreisförmig' und 'gerade' angegeben werden; alle weiteren Attribute sind selbsterklärend. Diese Datenstrukturen können direkt aus der durch ein CAD-System erzeugten Teiledarstellung aufgebaut werden; nur für einige wenige Attribute sind automatisch durchführbare Vorverarbeitungen der Rohgeometriedaten erforderlich.

### 11.4.2 Featureerkennung

In diesem Abschnitt wird die Realisierung der Featureerkennungskomponente in FREDOS, deren Konzeption bereits in Abschnitt 9.2.4.1 beschrieben wurde, dargestellt. Die Aufgabe des Featureerkenners ist die Identifikation von sogenannten Compound-Features (Löcher, Taschen, Nuten und Stufen) in der geometrischen Beschreibung der abzuarbeitenden Restkörper. Die Erkennnungsregeln sind generisch definiert in dem Sinne, daß alle in eine Compound-Feature-Klasse fallenden Ausprägungen von Features mit denselben Regeln erkannt werden können.

Für den einfachsten Fall der Featureerkennung, die Identifikation von Compound-Löchern, ist in Abbildung 11-2 exemplarisch die Spezifikation der Erkennungsregeln in PROLOG-ähnlicher Notation angegeben. Die Regeln besagen, daß ein Compound-Loch durch eine Eintrittsfläche, eine Folge von sequentiell adjazenten Lochseiten-

---

[*] Zur leichteren Lesbarkeit erfolgt die Darstellung in an das relationale Datenmodell angelehnter Notation; identifizierende Attribute sind durch Unterstreichungen gekennzeichnet.

```
compound_hole (FACE_LIST,AXIS)                                if

    hole_top (TOP)                                           and
    more_compound_hole (TOP,[TOP],FACE_LIST,AXIS).


more_compound_hole (FACE,FACE_LIST1,FACE_LIST2,AXIS)         if

    adjacent_face (FACE, BOTTOM)                             and
    hole_bottom   (BOTTOM, AXIS)                             and
    append        (FACE_LIST1, BOTTOM, FACE_LIST2).


more_compound_hole (FACE,FACE_LIST1,FACE_LIST3,AXIS)         if

    adjacent_face (FACE,SIDE)                                and
    hole_side     (SIDE,AXIS)                                and
    append        (FACE_LIST1,SIDE,FACE_LIST2)              and
    more_compound_hole (SIDE,FACE_LIST2,FACE_LIST3,AXIS).
```

Abbildung 11-2:  Generische Erkennungsregel für Compound-Löcher


flächen mit gemeinsamer Mittelachse und eine Bodenfläche definiert ist. Die Anordnung der Hilfsprädikate 'more_compound_hole' stellt sicher, daß bei jedem Analyseschritt zunächst abgeprüft wird, ob eine Endfläche vorliegt. Ist dies nicht der Fall, wird die aktuelle Fläche bei Vorliegen der spezifizierten Flächeneigenschaften in die Liste der Seitenflächen aufgenommen und die Suche rekursiv fortgesetzt.

Mit den Erkennungsregeln für Compound-Löcher, -Taschen, -Nuten und -Stufen kann die FREDOS-interne Repräsentation der CAD-Datenstruktur nach dem Auftreten entsprechender Muster durchsucht werden. Zwischenschritte, wie die Überprüfung der Adjazentheit zweier Flächen, die durch das Vorliegen einer gemeinsamen Kante charakterisiert ist, werden durch entsprechende Hilfsprädikate vollzogen. Mit dem Backtracking-Mechanismus von PROLOG kann bei Nichterfüllbarkeit einer Teilbedingung der Erkennungsregeln systemseitig eine Fortschaltung des Problemlöseprozesses erfolgen ([ClMe 81]). Nachfolgend werden informell die Kriterien angegeben, die bei der Erkennung von Compound-Löchern, -Taschen, -Nuten und -Stufen für die konstituierenden Flächen maßgeblich sind. Daran anschließend wird auf die in FREDOS realisierte Erkennungsreihenfolge eingegangen.


### 11.4.2.1 Erkennungsalgorithmen für Compound-Features

Die in diesem Abschnitt angegebenen Einzelkriterien zur Erkennung von Löchern, Taschen, Nuten und Stufen werden aus Gründen der leichteren Lesbarkeit nur informell angegeben; die Umsetzung dieser Kriterien zur Erkennung der ein Compound-Feature konstituierenden Flächen in PROLOG–Regeln ist in [Görl 89] beschrieben. In Abbildung 11-3 sind Beispiele für die verschiedenen Compound-Feature-Typen angegeben.

a) Compound-Loch

b) Compound-Tasche

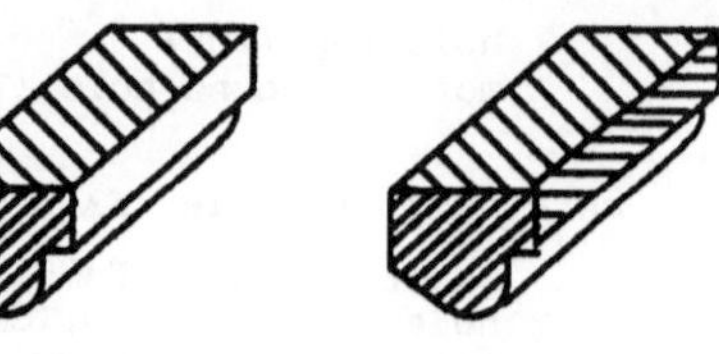
c) Compound-Nut      d) Compound-Stufe

Abbildung 11-3:  Beispiele für die verschiedenen Compound-Feature-Typen

### *a)  Erkennung von Compound-Löchern*

Der grundsätzliche Aufbau der Regeln zur Erkennung von Compound-Löchern wurde in Abschnitt 9.2.4.1 bereits vorgestellt. Nachfolgend sind die einzelnen Kriterien zur Bestimmung der Start-, Seiten- und Endflächen für Löcher zusammengestellt:

1. Eine Fläche stellt eine Startfläche eines Compound-Lochs dar, wenn sie

   - eine ebene Eintriffsfläche ist und

   - nur eine einzige zugeordnete Berandungskontur mit Länge der Kantenliste gleich 1 besitzt.

2. Eine Fläche stellt eine Seitenfläche eines Compound-Lochs dar, wenn

   - sie kegel- oder zylinderförmig und konvex ist,

   - sie das Lochvolumen vollständig umschließt (geschlossene Fläche),

   - die Außenkontur der Fläche aus drei Kanten besteht und

   - die Flächenachse kolinear zur Lochachse liegt.

3. Eine Fläche stellt eine Endfläche eines Compound-Lochs dar, wenn sie

   - die Bedingungen einer Lochstartfläche erfüllt (die Eintrittsflächenbedingung kann, muß aber nicht erfüllt sein) und

   - kegelförmig mit einer zur Lochachse kolinearen Flächenachse ist und nur eine einzige Berandungskontur mit Länge der Kantenliste gleich 2 besitzt, oder kugelförmig mit einem auf der Lochachse liegenden Mittelpunkt ist und nur eine einzige Berandungskontur mit Länge der Kantenliste gleich 2 besitzt.

Durch die Bedingungen bezüglich der Länge der Kantenlisten wird sichergestellt, daß eine Startfläche geschlossen kreisförmig ist und daß eine Endfläche spitz zuläuft (Kegelfläche) bzw. das Kreissegment geschlossen ist (Kugelfläche). Die Lochachse wird durch den Mittelpunkt der kreisförmigen Startfläche und den Flächennormalenvektor definiert.

*b) Erkennung von Compound-Taschen*

Die Kriterien zur Erkennung von Compound-Taschen lauten wie folgt:

1. Eine Fläche stellt eine Startfläche einer Compound-Tasche dar, wenn sie
   - eine ebene Eintriffsfläche ist und
   - nur eine einzige zugeordnete Berandungskontur besitzt.

2. Eine Fläche stellt eine Seitenfläche einer Compound-Tasche dar, wenn sie
   - nicht als Eintrittsfläche markiert ist und die Außenkontur der Fläche nicht aus vier Kanten besteht und
   - eben ist und die Flächenachse senkrecht zur Taschenachse steht oder zylinderförmig ist und die Flächenachse parallel zur Taschenachse steht.

3. Eine Fläche stellt eine Endfläche einer Compound-Tasche dar, wenn sie
   - paarweise adjazent zu den Seitenflächen und
   - parallel zur Startfläche ist.

*c) Erkennung von Compound-Nuten*

Für die Erkennung von Compound-Nuten sind folgende Kriterien maßgeblich:

1. Zwei Flächen stellen die Start- und die Deckelfläche einer Compound-Nut dar, wenn
   - sie ebene Eintriffsflächen und zueinander adjazent sind,
   - sie je nur eine einzige Berandungskontur aufweisen und
   - die Außenkontur der Deckelfläche aus vier Kanten besteht.

2. Eine Fläche stellt eine Seitenfläche einer Compound-Nut dar, wenn
   - die Außenkontur der Fläche vier Kanten aufweist und
   - sie eben ist und die Flächenachse senkrecht zur Nut-Achse steht oder sie zylinderförmig ist und die Flächenachse parallel zur Nut-Achse steht.

3. Eine Fläche stellt eine Endfläche einer Compound-Nut dar, wenn sie
   - paarweise adjazent zu der Deckelfläche und den Seitenflächen und
   - parallel zu Startfläche ist.

*d) Erkennung von Compound-Stufen*

Die Erkennung von Compound-Stufen erfolgt anhand folgender Kriterien:

1. Drei Flächen stellen die Start-, die Deckel- und die offene Seitenfläche einer Compound-Stufe dar, wenn
   - sie ebene Eintriffsflächen und paarweise adjazent sind,
   - sie je nur eine einzige Berandungskontur aufweisen und

- die Außenkonturen der Deckel- und der offenen Seitenfläche jeweils aus vier Kanten bestehen.

2. Eine Fläche stellt eine Seitenfläche einer Compound-Stufe dar, wenn

   - die Außenkontur der Fläche aus vier Kanten besteht,

   - sie eben ist und die Flächenachse senkrecht zur Stufen-Achse steht oder sie zylinderförmig ist und die Flächenachse parallel zur Stufen-Achse steht.

3. Eine Fläche stellt eine Endfläche einer Compound-Nut dar, wenn sie

   - paarweise adjazent zu der Deckelfläche, den Seitenflächen und der offenen Seitenfläche und

   - parallel zur Startfläche ist.


## 11.4.2.2 Erkennungsreihenfolge

Die Reihenfolge der Erkennung der verschiedenen Compound-Feature-Typen ist in FREDOS so festgelegt, daß zunächst nach Löchern, dann nach Nuten, darauf nach Taschen und schließlich nach Stufen gesucht wird. Diese heuristisch festgelegte Reihenfolge orientiert sich an der erwarteten Häufigkeit des Auftretens der verschiedenen Featureklassen. Über den Backtracking-Mechanismus von PROLOG wird durch sequentielle Spezifikation der zugehörigen Erkennungsprädikate die gewünschte Ausführungsreihenfolge vorgegeben, wobei der Erkennungsprozeß für ein Compound-Feature beendet wird, sobald eine Klassenzuordnung vorgenommen werden kann. Als Ergebnis der Featureerkennungsphase liefert der Erkenner dem Extrahierer für jedes identifizierte Compound-Feature eine Liste der das Feature konstituierenden Flächen.


## 11.4.3 Featureextraktion

In Abschnitt 9.2.4.2 wurden als Aufgaben der Featureextraktion die Generierung der vollständigen Volumeninformation zu den erkannten Compound-Features, die Berechnung der um dieses Volumen reduzierten Restkörper und die Verifikation der Extraktion angegeben; nachfolgend werden die wichtigsten mit der Realisierungsaspekte hierzu beschrieben.


## 11.4.3.1 Generierung der vollständigen Volumeninformation

Die grundsätzliche Vorgehensweise bei der Generierung der vollständigen Volumeninformation zu einem Compound-Feature ist in Abbildung 11-4 angegeben; die Darstellung erfolgt aus Gründen der Übersichtlichkeit als Nassi-Schneidermann-Diagramm. Die fehlende Flächeninformation wird nach dem sogenannten 'Face Set

Construction'-Verfahren generiert (vgl. Abschnitt 9.2.4.2). Dieses Verfahren setzt das Vorhandensein aller Konturen der das Volumen definierenden Flächen in der CAD-Teilebeschreibung voraus, weshalb beispielsweise an gemeinsamen Außenkanten aneinandergrenzende Features nicht abgedeckt werden (siehe Abbildung 9-8). Ebenso werden vom Extrahierer Compound-Features, die mit anderen Features an nicht-ebenen Flächen verbunden sind, nicht weiter behandelt. Diese beiden Einschränkungen wirken sich im vorgesehenen Einsatzfeld von FREDOS für die rechnerintegrierte Teilefertigung nicht nachteilig aus, da die ausgeschlossenen Fälle aus fertigungstechnischer Sicht im allgemeinen spezialisierte Herstellverfahren erfordern, die sich einer Verallgemeinerung entziehen.

### 11.4.3.2 Berechnung des reduzierten Restkörpers

Bei der Generierung der fehlenden Volumeninformation für Compound-Features wird im abschließenden Schritt die Verbindungsinformation der neu erzeugten Flächen zu den weiteren Flächen des Restkörpers ermittelt (siehe Abbildung 11-4). Aus dieser Information wird bei der Featureorganisation (Abschnitt 11.4.5) der Featuregraph aufgebaut. Durch den Ausschluß von an Außenkanten und nicht-

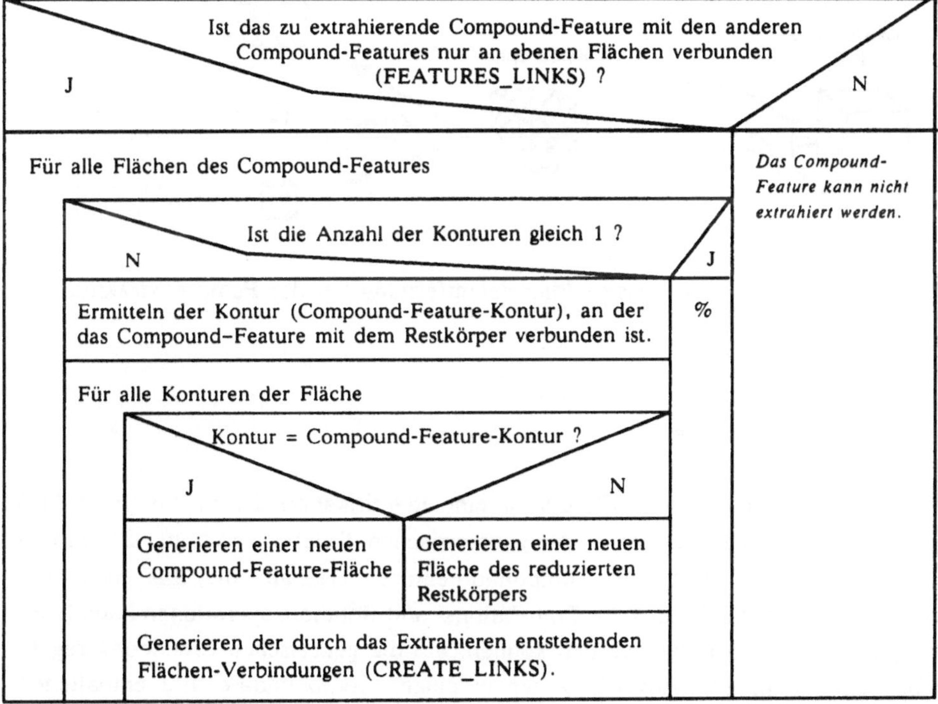


Abbildung 11-4: Schritte der Generierung von vollständiger Volumeninformation

ebenen Flächen aneinandergrenzenden Features gestaltet sich die Aufgabe der Berechnung der Flächenliste für den reduzierten Restkörper besonders einfach. Die neu entstehenden Eintrittsflächen im reduzierten Restkörper werden als 'pointed' markiert (vgl. Abschnitt 11.2), um bei der weiteren Featureerkennung entsprechend berücksichtigt zu werden. Der Featureextraktionsprozeß endet, wenn der Restkörper durch die Subtraktion eines Compound-Features vollständig abgetragen ist.

### 11.4.3.3 Verifikation der Featureextraktion

Die letzte Phase der Featureextraktion stellt die Verifikation des Extraktionsprozesses dar. Im allgemeinen Fall der gemeinsamen Erkennung von Erhöhungs- und Vertiefungsfeatures kann die Extraktion eines Compound-Features zu einer unzulässigen Entfernung von Material führen, wie Abbildung 11-5 zeigt. Solche Fälle können durch geometrische Differenzbildungen zwischen den Compound-Feature-Volumina und dem Volumen des herzustellenden Teils erkannt werden. Da im realisierten Prototypen von FREDOS nur Vertiefungs-Features behandelt werden, erübrigt sich eine Verifikation der Featureextraktion.

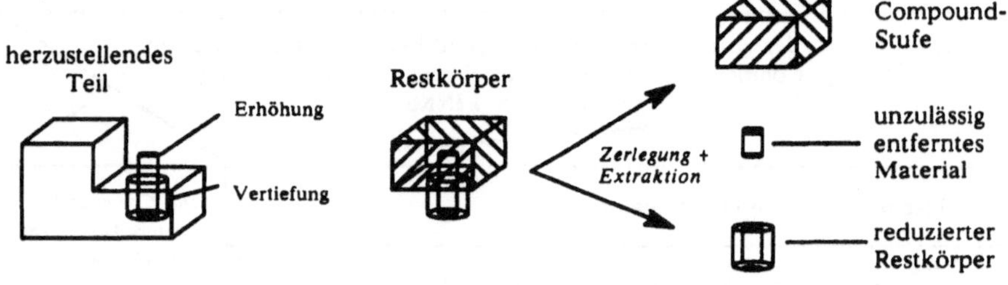


Abbildung 11-5:  Unzulässige Materialentfernung bei der Featureextraktion

## 11.4.4  Featurezerlegung

Ziel der Featureanalyse in FREDOS ist eine Identifikation der in Abschnitt 11.3 eingeführten Basisfeaturetypen in der geometrischen Teilebeschreibung. Durch den Feature-Erkenner werden nur Compound-Features erkannt, die aus Sicht des Sweeping-Modells durch einfache Translations- und Rotationsoperationen komplexer Erzeugungsflächen definiert werden können, um die generischen Erkennungsregeln einfach zu halten. Zur Ermittlung der in einem Compound-Feature enthaltenen Basisfeatures muß das Compound-Feature-Volumen vollständig durch eine möglichst geringe Anzahl von Basisfeatures überdeckt werden. Die Minimalitätsforderung ist nötig, da die Zerlegung eines Compound-Features im allgemeinen nicht eindeutig ist; es soll verhindert werden, daß ein Compound-Feature in unnötig viele Basisfeatures aufgespalten wird.

Die grundsätzliche Vorgehensweise bei der Featuredekomposition in FREDOS ist durch eine sukzessive Dimensionalitäts-Reduktion und -Erhöhung gekennzeichnet. Die Aufgabe der Zerlegung des dreidimensionalen Compound-Feature-Volumens wird auf eine Analyse der das Compound-Feature in einer Sweeping-Operation erzeugenden zweidimensionalen Fläche reduziert. Für die Flächenzerlegung ist die Überprüfung der Lage einer Kante zu einer gegebenen Kontur von zentraler Bedeutung, da von den während einer Flächenzerlegung erzeugten neuen Kanten nur diejenigen einen Lösungsbeitrag liefern, die innerhalb der zu zerlegenden Fläche liegen und diese somit partitionieren. Zur Überprüfung der Kantenlage ist eine Identifikation potentieller Schnittpunkte zwischen Kante und Kontur maßgeblich. Je nach Lage der Kante zur Kontur (innenliegend, schneidend, außenliegend) kann schrittweise eine Überdeckung der zu analysierenden zweidimensionalen Fläche mit einfachen Rechteck-, Dreieck- und Kreisbogensegmentflächen erfolgen, die dann die Sweeping-Erzeugungsflächen der dreidimensionalen Basisfeatures darstellen. Nachfolgend wird auf die wesentlichen Schritte der Featuredekomposition näher eingegangen.

### 11.4.4.1 *Überdeckung einer komplexen Fläche mit einfachen Flächenstücken*

Grundlage der Featuredekomposition in FREDOS ist eine Überdeckung der ein Compound-Feature erzeugenden Fläche F mit einfachen Basisflächen $BF_i$, wie z.B. Rechteck-, Dreieck- und Kreissegmentflächen. Die hierbei zwangsläufig auftretenden Überlappungen von Basisflächen nach anwendungsspezifischen Kriterien zu begrenzen. Neben der Identifikation der Basisflächen ist auch die Information über die Kantenverbindungen zwischen den Basisflächen zu bestimmen.

Die grundsätzliche Vorgehensweise bei der Featuredekomposition durch Segmentierung der Erzeugungsfläche ist in Abbbildung 11-6 an einem Beispiel verdeutlicht. Entlang der Berandungskontur der Erzeugungsfläche wird versucht, an die Einzel-

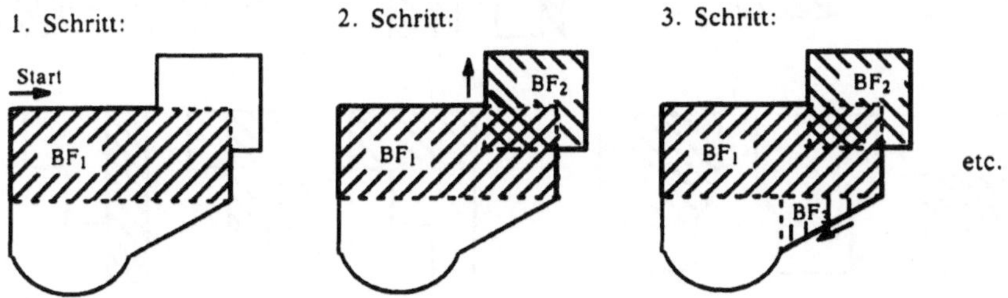


Abbildung 11-6: Beispiel für eine Flächenzerlegung

kanten einfache Flächenstücke möglichst großer Ausdehnung anzulegen, wobei für Kanten, die infolge vorheriger Erzeugungen bereits an eine Basisfläche grenzen, keine weiteren Basisflächen erzeugt werden. Im Beispiel sind die bereits abgearbeiteten Kanten der Originalkontur jeweils fett hervorgehoben. Das Zerlegungsverfahren wird beendet, wenn alle Kanten der Umrandungskontur an mindestens eine Basisfläche grenzen.

In Abbildung 11-7 sind die wichtigsten Teilprobleme beim Auffinden 'günstiger' Flächenzerlegungen graphisch veranschaulicht. Neben der Festlegung sinnvoller Überlappungsbereiche (Abbildung 11-7 a) stellen sich vor allem Fragen nach der Beschränkung der Generierung von Zerlegungsalternativen (Abbildung 11-7 b) und nach der maximalen Ausdehnung der Basisflächen (Abbildung 11-7 c). Überlappungen von Basisflächen können die Zerlegung komplexer Flächen wesentlich

a) Festlegung sinnvoller Überlappungsbereiche

b) Beschränkung der Generierung von Zerlegungsalternativen

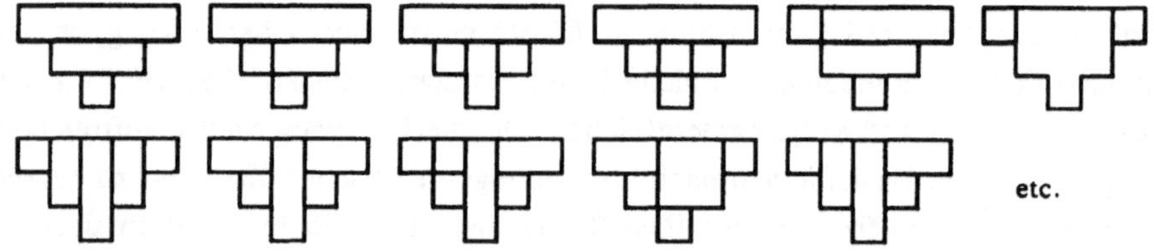

c) Bestimmung der maximalen Ausdehnung der Basisflächen

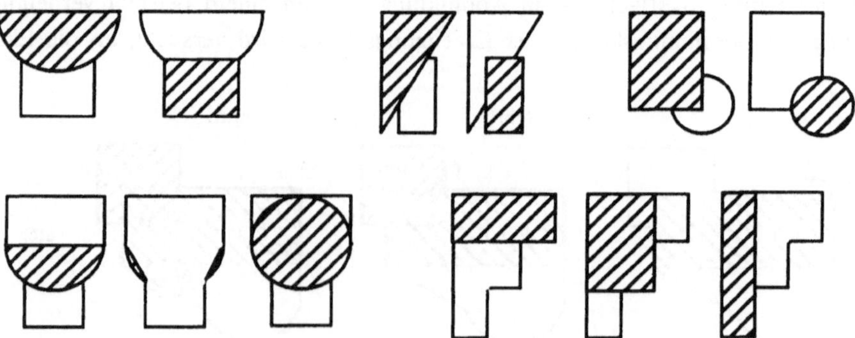

Abbildung 11-7: Grundprobleme der Flächenzerlegung

vereinfachen. Bei der Beschränkung der Zerlegungsalternativen ist zwischen dem Aufwand zur Repräsentation der Alternativen einerseits und der Flexibilität bei der Weiterverarbeitung der Featureinformation andererseits abzuwägen. Die Frage nach der maximalen Ausdehnung der Basisflächen schließlich zielt auf die aus Herstellgründen wünschenswerte Identifikation besonders einfacher Basisfeatures ab, was sich z.B. im Falle von Kreissegmenten in der Suche nach einer eventuell möglichen Ergänzung zu einem Vollkreis manifestiert.

Zur Ermittlung der Basisflächen bei der Erzeugungsflächensegmentierung werden unter Verwendung eines Hilfsgraphen zur Repräsentation der Kantenstruktur separate Verfahren für die Ermittlung von Kreissegmenten, Rechtecken und Dreiecken in dieser Reihenfolge eingesetzt; eine detaillierte Beschreibung der einzelnen Verfahren befindet sich in [Götz 90].

Für Kreissegmente ist die Frage der Fortsetzbarkeit von Kreissegment-Teilstücken sowie der Lage der Sehne des Kreisbogens zur zu zerlegenden Fläche von zentraler Bedeutung. In Abbildung 11-8 sind einige Beispiele für eventuell nötige Zerlegungen und Erweiterungen von Kreissegmenten angegeben.

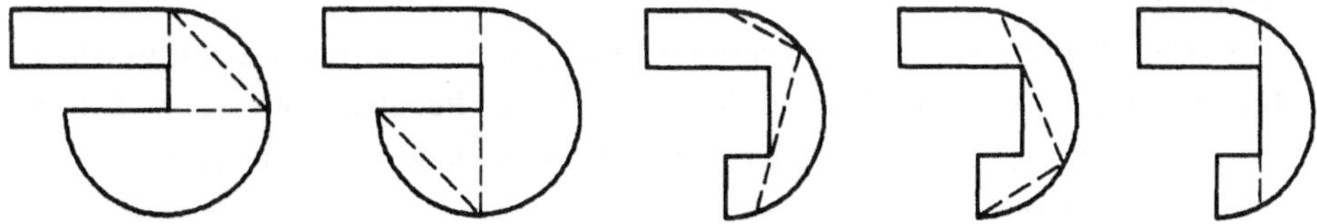

Abbildung 11-8:  Beispiele für die Kreisbogen-Analyse

Zur Rechteckerzeugung wird auf eine Betrachtung der auf der Flächenkontur liegenden Punkte zurückgegriffen. Die Ermittlung zulässiger Rechtecke erfolgt anhand der folgenden Regeln (die Bedeutung der Regeln 2 bis 4 ist in Abbildung 11-9 graphisch veranschaulicht; $EP_i$ bezeichnet den i–ten Eckpunkt):

1. An der ersten Kante einer Flächenkontur ist jedes Rechteck zulässig.

2. Falls der erste Eckpunkt eines zu erzeugenden Rechtecks noch nicht existiert: Die vierte Rechteckseite muß mindestens einen bereits existierenden Kantenteil $K_0$ oder Punkt P, der ungleich dem vierten Eckpunkt ist, beinhalten, oder die dritte Rechteckseite muß mindestens einen bereits existierenden Kantenteil $K_1$ enthalten.

3. Falls der zweite Eckpunkt eines zu erzeugenden Rechtecks noch nicht existiert: Die zweite Rechteckseite muß mindestens einen bereits existierenden Kantenteil $K_0$ oder Punkt P, der ungleich dem dritten Eckpunkt ist, beinhalten,

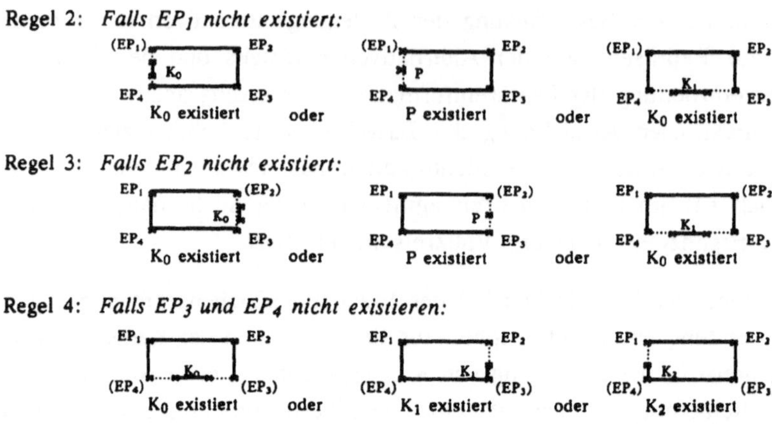

Abbildung 11-9:  Veranschaulichung der Gültigkeitsregeln bei der Rechteckerzeugung

oder die dritte Rechteckseite muß mindestens einen bereits existierenden Kantenteil $K_1$ enthalten.

4. Falls der dritte und vierte Eckpunkt eines zu erzeugenden Rechtecks noch nicht existieren:

Die dritte Rechteckseite muß mindestens einen bereits existierenden Kantenteil $K_0$ beinhalten, oder der Endteil $K_1$ der zweiten Rechteckseite beim dritten Eckpunkt bzw. der Startteil $K_2$ der vierten Rechteckseite beim vierten Eckpunkt müssen existieren.

Durch die Regeln wird sichergestellt, daß Kanten von Basisflächen, die nicht oder nur zum Teil mit der Originalkontur der zu segmentierenden Flächen zusammenfallen, entsprechend ergänzt werden können (vgl. auch Abbildung 11-6). Beispiele für nach diesen Regeln zulässige und unzulässige Rechtecke sind in Abbildung 11-10 angegeben. Der Ausschluß von Zerlegungsalternativen erfolgt aufgrund der

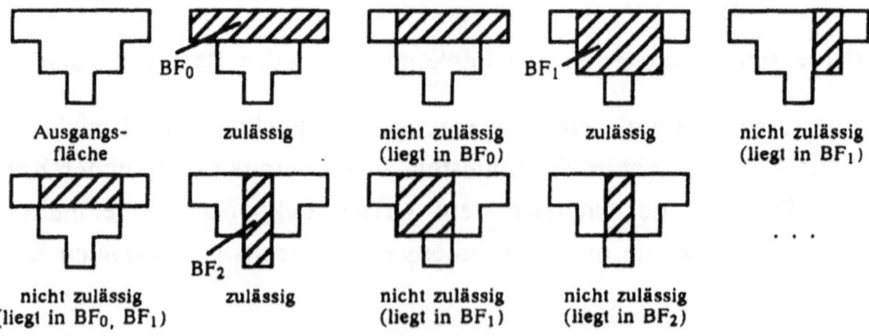

Abbildung 11-10:  Beispiele für zulässige und nichtzulässige Rechteckerzeugungen

Flächenerzeugungs-Begrenzungsregel, die besagt, daß neu erzeugte Flächen nicht von bereits existierenden vollständig umschlossen werden dürfen.

Die Bestimmung von Dreiecken bei der Flächenzerlegung kann weitgehend analog zur Rechteckbestimmung durchgeführt werden. Der Dreieckbestimmung kommt bei der Featuredekomposition insofern besondere Bedeutung zu, als nach der Rechteckerzeugung alle verbleibenden geraden Kanten der Flächenkontur mit Dreiecken überdeckt werden. Zu einer vorgegebenen Grundkante können vier verschiedene Typen von Dreiecken erzeugt werden, die durch die Anzahl existierender Kanten und die Innenwinkel des Dreiecks bestimmt sind (vgl. Abbildung 11-11):

A) Alle Kanten des Dreiecks existieren in der Flächenkontur.

B) An den Eckpunkten der Grundkante existieren Kantenteile, die aber zumindest auf einer Seite nicht vollständig sind. Eine weitere Unterteilung ergibt sich anhand der Innenwinkel bei den Eckpunkten der Grundkante:

- Beide Winkel sind kleiner als $90^0$.
- Einer der Winkel ist gleich $90^0$.
- Einer der Winkel ist größer als $90^0$.

C) Die zweite (dritte) Seite des Dreiecks existiert vollständig; die dritte (zweite) Seite existiert nicht vollständig; insbesondere der Anfangsteil der dritten (zweiten) Seite existiert nicht. Auch hier kann weiter unterschieden werden:

- Die Grundkante und die existierenden Seiten bestehen nur aus Kanten, die ganz in der Flächenkontur enthalten sind.
- Der Innenwinkel an der Dreieckspitze ist ein rechter Winkel. Die existierende Seite besteht aus einer Kante, die vollständig in einer anderen Kante auf der Flächenkontur liegt; die Grundseite enthält keine solche Teilkante.
- Der Innenwinkel zwischen der Grundkante und der nicht vollständig existierenden Seite ist ein rechter Winkel; die letzte Kante der Grundseite ist eine Teilkante.

D) Die Anfangsteile sowohl der zweiten wie auch der dritten Seite existieren nicht.

Die genauen Verfahren zur Identifikation von Rechtecken und Dreiecken sind in [Götz 90] zu finden.

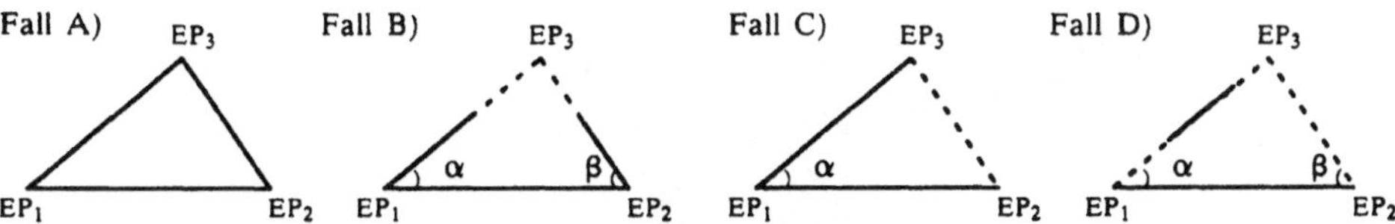


Abbildung 11-11: Veranschaulichung der Klassifikation von Dreiecken

### 11.4.4.2 Erzeugung alternativer Flächenzerlegungen

Zur flexiblen Weiterverarbeitung der Featureinformation in nachfolgenden Bereichen der Teileproduktion ist die Generierung alternativer Lösungen bei der Featuredekomposition äußerst hilfreich. Außerdem läßt sich nur so eine maximale Informationsbereitstellung bei gleichzeitiger Unabhängigkeit von den zur Verfügung stehenden Herstellverfahren realisieren. Wegen den bereits dargestellten, grundsätzlich unbeschränkten Erzeugungsmöglichkeiten alternativer Featuredekompositionen sind verschiedene Beschränkungen bei der Flächenzerlegung sinnvoll:

- Spezifikation von Zulässigkeitseigenschaften bei der Erzeugung von Rechtecken;

- keine Erzeugung von Rechtecken, die vollständig innerhalb eines bereits erzeugten Rechtecks liegen;

- keine Verwendung bereits abgearbeiteter Kanten der Berandungskontur für die Erzeugung von Rechteck- und Dreieckseiten;

- frühzeitige Erzeugung von Dreiecken zur Begrenzung der Rechteckerzeugung.

Die Begrenzung der Rechteckerzeugung durch frühzeitige Dreieckerzeugungen wird durch das in Abbildung 11-12 gezeigte Beispiel verdeutlicht. Werden bereits während der Rechteckerkennung die Dreieckflächen $BF_1$ und $BF_2$ generiert, wird die Suche nach einer Überdeckung der Ursprungsfläche durch immer kleinere Rechtecke frühzeitigt begrenzt.

Mit den oben angegebenen Beschränkungskriterien bei der Suche alternativer Flächenzerlegungen wird ein brauchbarer Kompromiß zwischen dem mit zu starken Restriktionen eventuell einhergehenden Ausschluß sinnvoller Lösungen und dem

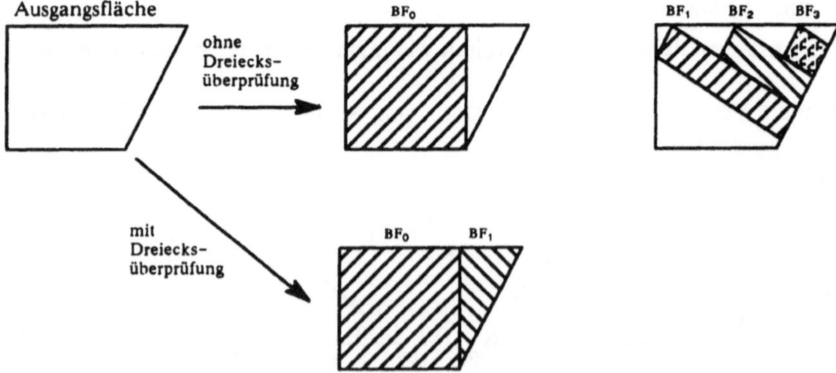


Abbildung 11-12: Begrenzung der Rechteckerzeugung durch Dreieckbestimmung

Generieren unbrauchbarer Alternativen bei zu schwachen Kriterien erzielt. Die Generierung der nach diesen Kriterien noch zulässigen alternativen Featuredekompositionen wird über den Backtracking-Mechanismus von PROLOG durch ein Festhalten erzeugter Lösungen in der PROLOG-Datenbasis und ein anschließendes Setzen des Prädikats *fail* angestoßen. Nach der Terminierung der Alternativensuche sind unter Umständen identische Lösungen aus der PROLOG-Datenbasis zu eliminieren, da eine im Ergebnis äquivalente Dekomposition auf verschiedenen Wegen erzeugt werden kann.

### 11.4.4.3 Generierung der Basisfeature-Volumina

Nach erfolgter Zerlegung der ein Compound-Feature konstituierenden Fläche müssen in einem abschließenden Schritt der Featuredekomposition die zu der Flächenzerlegung korrespondierenden Basisfeatures generiert werden. Diese Aufgabe untergliedert sich in drei Teilbereiche:

- Festlegung des Basisfeature-Typs;

- Erzeugung der fehlenden Hüllenflächen des Feature-Volumens;

- Ermittlung der Flächenverbindungsliste aus der Kantenverbindungsliste.

Die Festlegung des Basisfeature-Typs kann anhand des Typs des zugehörigen Compound-Features und der ermittelten Basisfläche gemäß der in Abbildung 11-1 vorgestellten Feature-Begriffshierarchie erfolgen. Die Erzeugung der Hüllenflächen ist nötig, da zu einem bei der Featuredekomposition erzeugten Basisfeature nicht alle konstituierenden Flächen in der Ausgangsdatenstruktur des Geometriemodells vorhanden sind, wenn die erzeugende Fläche des Basisfeatures nicht vollständig auf der ursprünglichen Umrandungskontur der zerlegten Fläche liegt. Die Hüllflächenerzeugung erfolgt bei gegebenem Compound-Feature einschließlich Flächenliste und gegebener Basisfläche $F_0$ z.B. für Nuten wie folgt:

1. Berechnung des Translationsvektors $\sigma$;

2. Erzeugung der Punkte $Q_i$ aus den Punkten $P_i$ (einschließlich der bei der Flächensegmentierung erzeugten) der Fläche $F_0$:
   $$Q_i := P_i + \sigma;$$

3. Ermittlung der Kanten $L_i$ und $M_i$ aus den Kanten $K_i$ der Fläche $F_0$:
   $$L_i := K_i + \sigma;$$
   $M_i$ ist die gerade Kante zwischen $P_i$ und $Q_i$;

4. Erzeugung der Hüllenflächen aus den Kanten.

Bei der Ermittlung der Flächenverbindungsliste aus der Kantenverbindungsliste sind neben der eigentlichen Umwandlung der Kantenverbindungen in Flächenverbindun-

gen auch Verbindungen von der *Startfläche* des Compound-Features zu den Start-
flächen der einzelnen Basisfeatures und entsprechend für die Endflächen zu
erzeugen. Diese Information wird für den Aufbau des Featuregraphen bei der
Featureorganisation benötigt.

## 11.4.5  Featureorganisation

In der abschließenden Phase der Featureanalyse erfolgt die Organisation der
abgeleiteten Featureinformation in einer produktionsorientierten Form. Hierzu ist
die explizite, geometriebezogene Featuredarstellung durch die Identifikation produk-
tionsrelevanter Parameter in eine implizite, herstellorientierte Repräsentation umzuwandeln. Weiterhin stellen die Generierung verschiedener Sichten der einzelnen
Basisfeatures, die Ermittlung der Beziehungsstrukturen zwischen ihnen sowie ihre
Anordnung in einem Featuregraphen wichtige Aufgaben der Featureorganisation
dar.

### *11.4.5.1  Generierung einer impliziten Featurerepräsentation*

Als Ergebnis der Featuredekomposition wird der Featureorganisation pro Basisfeature eine Liste der konstituierenden Flächen sowie eine Flächenverbindungsliste
übergeben. Für die vorgesehene Weiterverarbeitung der von FREDOS generierten
Featureinformation in nachgelagerten Bereichen der Teileproduktion ist eine implizite Featurerepräsentation, für ein Loch beispielsweise durch Lage, Radius und Tiefe,
vorteilhaft. Diese produktionsorientierte Information kann im Gegensatz zu den
Referenzen zu den konstituierenden Geometrieelementen bei der Planung der Bearbeitungsschritte unmittelbar verwendet werden kann (vgl. auch Abschnitt 10.1.4.2).
In Abbildung 11-13 sind für die in Abschnitt 11.3 eingeführten Basisfeature-Typen
die beschreibenden Attribute zur impliziten Repräsentation der Featureinformation
angegeben. Zur Bestimmung der impliziten Featureattribute sind teilweise umfangreiche geometrische Berechnungen erforderlich, etwa bei der Winkelbestimmung
für Dreieckfeatures; eine Beschreibung dieser geometrischen Berechnungsroutinen
ist in [Görl 89] zu finden.

Neben impliziten Featureattributen muß bei der Featureorganisation für jedes Basisfeature ein Attribut 'blind_or_thru' ermittelt werden, das die Durchgängigkeit des
Features im Körper angibt. Ist die END- bzw. BOTTOM-Fläche eines Features
eine Eintrittsfläche ('hatched' oder 'pointed', vgl. Abschnitt 11.2), kann der zugehörige Bearbeitungsschritt grundsätzlich sowohl in Richtung der Featureachse als
auch in entgegengesetzter Richtung ausgeführt werden (z. B. zylindrisches Durchgangsloch), was zu einer 'thru'-Markierung führt; ein 'blind'-Feature ist dagegen
aus Sicht der Featureachse von einer Seite her geschlossen (z.B. Sackloch).

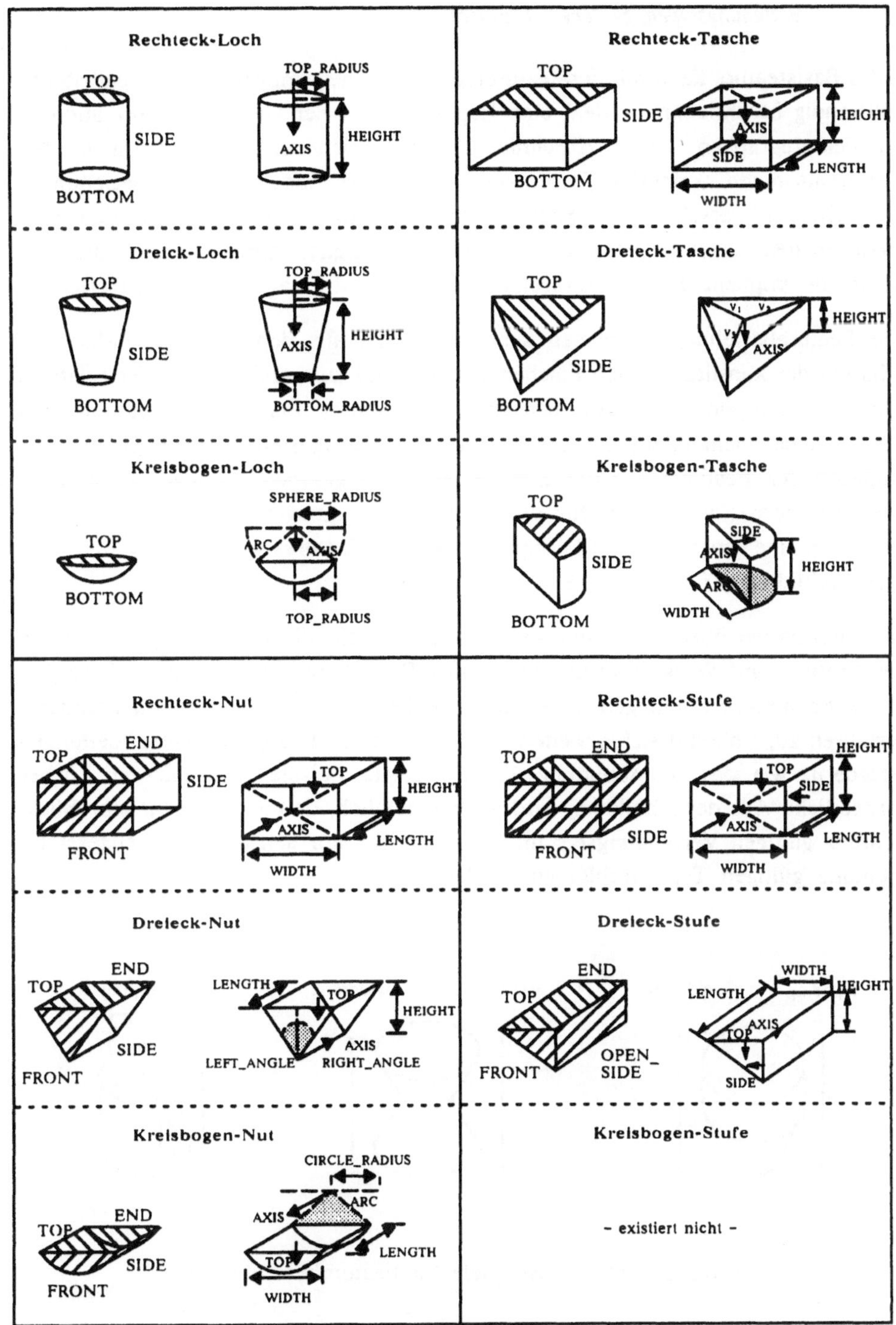

Abbildung 11-13:  Featureattribute der Basisfeature-Typen

## 11.4.5.2 Beziehungstypen zwischen Features

Jedes Basisfeature kann mit den featuretyp-spezifischen impliziten Featureattributen vollständig beschrieben werden; eine Repräsentation der Geometrieinformation ist im Featuregraphen (siehe Abschnitt 11.4.5.3) nicht erforderlich. Da in den Featureattributen keinerlei Information über die topologischen Beziehungen zwischen den verschiedenen Features enthalten sind, müssen die Beziehungen zwischen den einzelnen Features ermittelt und geeignet repräsentiert werden, um durch die implizite Featurerepräsentation keinen Informationsverlust zu erleiden.

Die Featurebeziehungen ergeben sich zum einen aus den Nachbarschaftseigenschaften der konstituierenden Flächenelemente und zum anderen aus der relativen Zugänglichkeit von jeweils zwei benachbarten Features. Für an einer gemeinsamen (Teil-)Fläche aneinandergrenzende Features muß festgestellt werden, ob die sich angrenzenden Features von der Eintrittsfläche aus gesehen verjüngen ('tapering') oder erweitern ('widening'); für durch Flächenzerlegungen entstandene Features ist zudem eine geometrische Überlappung der Basisfeatures ('overlapping') möglich (vgl. Abbildung 11-14).

Die Information über die Feature-Beziehungen ist für die Bearbeitungsreihenfolge der Features auf Werkstattebene von großer Bedeutung: Geometrisch sich verjüngende Feature-Verbindungen lassen im allgemeinen Bearbeitungen mit Standardverfahren zu, während sich erweiternde Verbindungen häufig Spezialbearbeitungen erfordern, wie das in Abbildung 11-14 gezeigte Beispiel benachbarter Löcher verdeutlicht. Aus der Abbildung wird auch ersichtlich, daß aus dem für eine Blickrichtung gültigen Verbindungstyp nicht automatisch auf den aus entgegengesetzter Richtung gültigen Typ geschlossen werden kann.

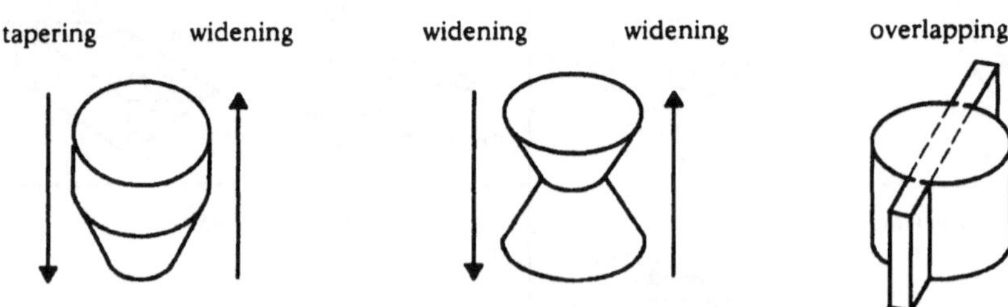


Abbildung 11-14:  Beispiele für Featurebeziehungen

### 11.4.5.3 Aufbau des Featuregraphen

Mit dem Beziehungstyp wird für jede Dekompositionsalternative zu einem Teil nur das lokale topologische Verhältnis paarweise aneinandergrenzender Features beschrieben. Da in der endgültigen Featurerepräsentation kein Rückgriff auf geometrische oder topologische Informationen im CAD-Datenmodell erforderlich sein soll (vgl. Abschnitt 10.1.4.2), muß außer den Featureattributen selbst auch die gesamte weitere topologische Information zu einem Teil in der das Ergebnis der Featureanalyse verkörpernden Datenstruktur enthalten sein. Zur vollständigen und eindeutigen Beschreibung der Featureinformation zu einem Teil wird in FREDOS die in Abbildung 11-15 gezeigte Datenstruktur des sogenannten Featuregraphen eingesetzt.

Im Featuregraphen werden für die Compound-Features eines Teils alle sinnvollen alternativen Zerlegungen angegeben. Pro Dekompositionsalternative werden die zugehörigen Basisfeatures und deren Beziehungen repräsentiert. Für paarweise aneinandergrenzende Basisfeatures wird eine Verbindung angegeben; die von diesen Verbindungen abhängigen alternativen Sichten eines bestimmten Basisfeatures (z.B. Zugang zu einem Durchgangsloch von oben oder von unten) werden zusammen mit den Featureattributen einzeln als Sichten aufgeführt. Die Verbindungsinformation zwischen verschiedenen Compound-Features wird implizit durch die konstituierenden Basisfeatures repräsentiert.

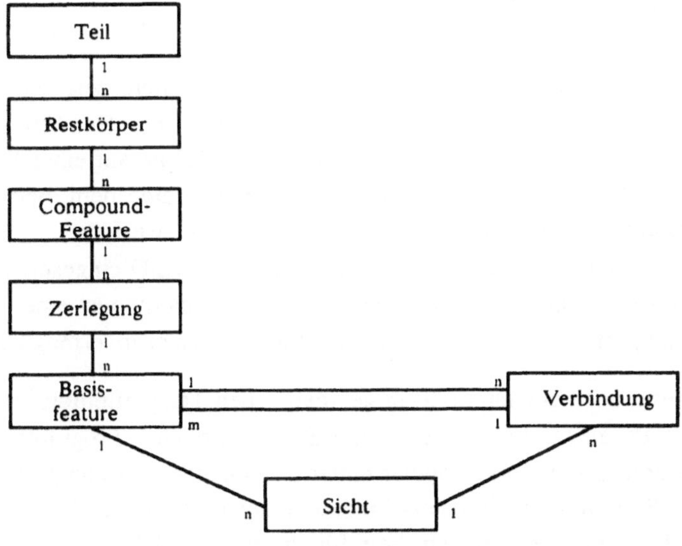


Abbildung 11-15: Struktur eines Featuregraphen

Der Featuregraph kann insbesondere im Bereich der Verbindungen und Sichten für Teile mit vielen erforderlichen Einzelbearbeitungsschritten relativ komplex werden. Da die nachfolgenden Schritte der Teileproduktion aber ausschließlich auf Grundlage dieser Datenstruktur arbeiten, ist die vollständige Beschreibung aller Herstellalternativen im Featuregraphen äußerst wichtig, um nicht bereits in einer frühen Phase der Arbeitsplanung die Ausführflexibilität auf Werkstattebene einzuschränken. Durch die implizite Featurerepräsentation hält sich der Speicheraufwand für die verschiedenen Sichten zu einem Basisfeature zudem in Grenzen.

## 11.5 Implementierung

In diesem Abschnitt wird die konkrete Realisierung von FREDOS als Produktionenregelsystem in der Programmiersprache PROLOG beschrieben. Zuvor wird die Systemumgebung für die implementierten Prototypen angegeben.

### 11.5.1 Systemumgebung

Die Featureanalysekomponente im FIPS-System besteht aus zwei eigenständigen Teilkomponenten, einem CAD-System zur Spezifikation der Erkennungsaufgabe und zur Visualisierung des Analyseprozesses sowie dem eigentlichen FREDOS-System. Beide Teilsysteme sind systemseitig unabhängig voneinander realisiert und ablauffähig; eine Integration zu einem aus Benutzersicht durchgängigen und integrierten Gesamtsystem wird durch Kopplungsmodule erzielt (vgl. Abschnitt 11.5.3).

Zur Eingabe und Visualisierung geometrischer Information wird in der prototypischen FIPS-Realisierung das CAD-System CONCAD der Firma Strässle Technische Informationssysteme AG eingesetzt. CONCAD ist auf einer Workstation vom Typ MicroVAX II der Firma Digital Equipment unter dem Betriebssystem VAX/VMS installiert. Zur geometrischen Teiledefinition wird das volumenorientierte, dreidimensionale geometrische Modelliersystem SOLID eingesetzt, das unter Verwendung eines Graphiktableaus oder im Kommandomodus eine interaktive Teilemodellierung mit Ausgabe auf einem Graphikbildschirm ermöglicht.

Neben den Operationen zur interaktiven geometrischen Teiledefinition bietet SOLID die Möglichkeit an, eigene Funktionen in der BASIC-ähnlichen Programmiersprache MCL zu definieren bis hin zur stapelorientierten Spezifikation komplexer Arbeitsabläufe. Diese Programmiersprachenschnittstelle sowie die Möglichkeit der Erzeugung einer BREP-ähnlichen Datenstruktur für die mit SOLID konstruierten Körper erlauben eine Kopplung von CONCAD an das Featureanalysesystem FREDOS, die in Abschnitt 11.5.3 noch näher beschrieben wird.

Das eigentliche Featureanalysesystem FREDOS ist in zwei funktional identischen Prototypen realisiert. Die Grundversion wurde auf einem Olivetti M24 Personal Computer unter Betriebssystem MS-DOS in der Programmiersprache TURBO PROLOG implementiert. Wegen der Speicherplatzbeschränkungen in der PC-Umgebung und der daraus resultierenden geringen Verarbeitungsgeschwindigkeit wurde FREDOS außerdem auf eine VAXstation 3100 der Firma Digital Equipment unter dem Betriebssystem VAX/VMS portiert; Implementierungssprache ist hier QUINTUS PROLOG. Neben den allgemein höheren Leistungsmerkmalen dieser Workstation profitiert diese Realisierung vor allem von dem dieser Programmiersprache zugrunde liegenden Modularisierungskonzept.

## 11.5.2  Softwarearchitektur

In diesem Abschnitt werden die aus Benutzersicht und hinsichtlich der Kopplung mit einem CAD-System wesentlichen Merkmale der Realisierung von FREDOS als Produktionenregelsystem in der Programmiersprache PROLOG dargestellt. Detaillierte Hinweise auf Einzelaspekte der Implementierung sowie der Quellcode des FREDOS-Systems sind in [Görl 89] und [Götz 90] zu finden.

Das Programmsystem FREDOS untergliedert sich in eine Vielzahl von Teilmodulen, die neben den eigentlichen Funktionen zur Featureanalyse zum einen Dienste zur Ablaufsteuerung bereitstellen, z.B. zur Fenster- und Menüverwaltung, und zum anderen das Verwaltungs- und Auswertesystem für die CAD- und FREDOS-Daten realisieren. In Abbildung 11-16 wird ein Überblick über die Modulstruktur des FREDOS-Programmsystems gegeben.

Die im Hauptmodul 'FREDOS' zusammengefaßten Schritte zur Featureanalyse werden in Abschnitt 11.5.3 im einzelnen vorgestellt. Zur komfortablen Bedienbarkeit wurde für FREDOS eine fensterbasierte Benutzerschnittstelle realisiert. Die Funktionsauswahl erfolgt maskengestützt und über Pull-Down-Menüs. Im Modul 'MENU_SYSTEM' wird zunächst die Systemdatenbank (LOAD_SYSTEM_DB) geladen. Anschließend werden die permanenten Fenster geöffnet, beispielsweise zur Anzeige des aktuellen Dateiverzeichnisses und der Menüleiste der Pull-Down-Menüs (OPEN_WINDOWS). Nach der Auswahl und Ausführung der verschiedenen FREDOS-Funktionen wird die Programmausführung durch Sichern der eventuell modifizierten Systemdatenbank (SAVE_SYSTEM_DB) und Schließen aller Fenster (REMOVE_WINDOWS) beendet.

Hilfsfunktionen zur Listen- und Mengenverwaltung, die in den verschiedenen Teilmodulen zur Featureanalyse immer wieder benötigt werden, finden sich im Modul 'UTILITY'. Im Modul 'QUIT' ist das Prädikat zum geordneten Beenden des Programmsystems definiert.

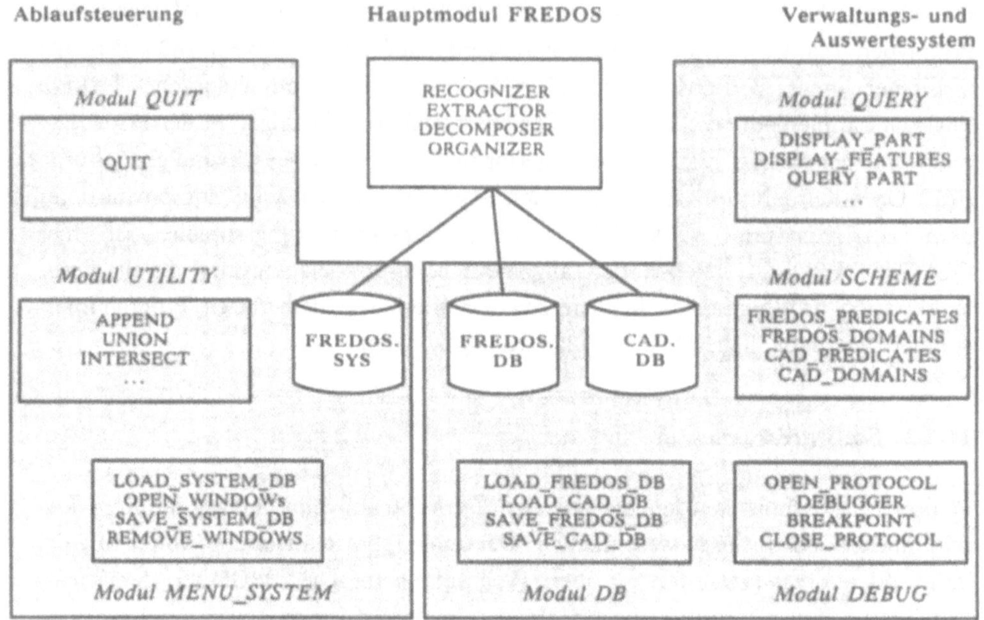


Abbildung 11-16:   Softwarearchitektur des FREDOS-Systems

Die Funktionen zur Anzeige der in FREDOS verwendeten Eingabe- und Ergebnis-
datenstrukturen sind in den Modulen 'SCHEME' und 'QUERY' zusammengefaßt.
Mit den Prädikaten aus 'SCHEME' können die Schemata und Wertebereiche dieser
Datenstrukturen angezeigt werden, während in 'QUERY' alle Prädikate zur Anzeige
teilespezifischer Ausprägungen dieser Datenstrukturen definiert sind. Die Ausgabe
erfolgt fensterorientiert mit situationsspezifischen Scroll- und Hilfemöglichkeiten.
Die Lade- und Speicherroutinen für die CAD- und FREDOS-Datenbanken sind
im Modul 'DB' definiert.

Eine Besonderheit bei der Realisierung von FREDOS als Produktionenregelsystem
stellt die Debugging-Schnittstelle dar. Über diese Schnittstelle zu FREDOS kann
der Ablauf der Featureanalyse durch Inspektion der Protokolldatei selektiv verfolgt
und gegebenenfalls optimiert werden. Da das geschilderte Debugging-Konzept einen
integralen Bestandteil des FREDOS-Produktionenregelsystems darstellt, bietet es
sich weiterhin an, die Steuerungsinformation für die a posteriori-Featurevisualisie-
rung ebenfalls unter Einsatz der Debugging-Schnittstelle zu generieren; in Abschnitt
11.5.3.3 wird hierauf noch näher eingegangen.

### 11.5.3  Ablauf der Featureanalyse

Die bereits angedeutete Realisierung der Featureanalysekomponente als FREDOS-Kernsystem mit vor- und nachgeschaltetem CAD-System ist in Abbildung 11-17 im Überblick dargestellt. Nachfolgend werden die einzelnen Kopplungsschritte sowie die Realisierung der Featureanalysephasen in FREDOS dargestellt; nähere Ausführungen hierzu sind in [Götz 90] und [Schm 90] zu finden.

#### 11.5.3.1  Eingabe der Teiledaten

Die Bedeutung der freien Verwendung eines Standard-CAD-Systems für die Eingabe der Teiledaten in das Analysesystem wurde bereits mehrfach angesprochen. Im FIPS-Gesamtsystem wird diese Aufgabe unter Einsatz des CAD-Systems CONCAD, speziell des geometrischen Modellierers SOLID, vorgenommen. Die Ausgabe der teilebeschreibenden CAD-Daten als BREP-ähnliche Datenstruktur wird in CONCAD durch das MCL-Programm 'BREP.MCL' vollzogen. Die ein Teil definierenden Körper-, Flächen-, Konturen-, Kanten- und Punktlisten werden von diesem Programm in der Datei *Teilename*.BRP' gespeichert. Zur Generierung der Eintrittsflächenattribute (vgl. Abschnitt 11.2) wird zusätzlich eine Datei *Teilename*.HAT' erzeugt, die eine Liste aller sich mit dem Rohling schneidenden Flächen enthält. Aus diesen beiden Dateien erzeugt das PROLOG-Programm 'CONVERT' eine FREDOS-konforme Datenrepräsentation einschließlich der für die Featureanalyse erforderlichen Eintrittsflächenkennung. Die FREDOS-Datenbankprädikate mit der Beschreibung der Geometriedaten als PROLOG–Fakten werden in der Datei *Teilename*.CAD' abgelegt (vgl. linker Teil in Abbildung 11-17).

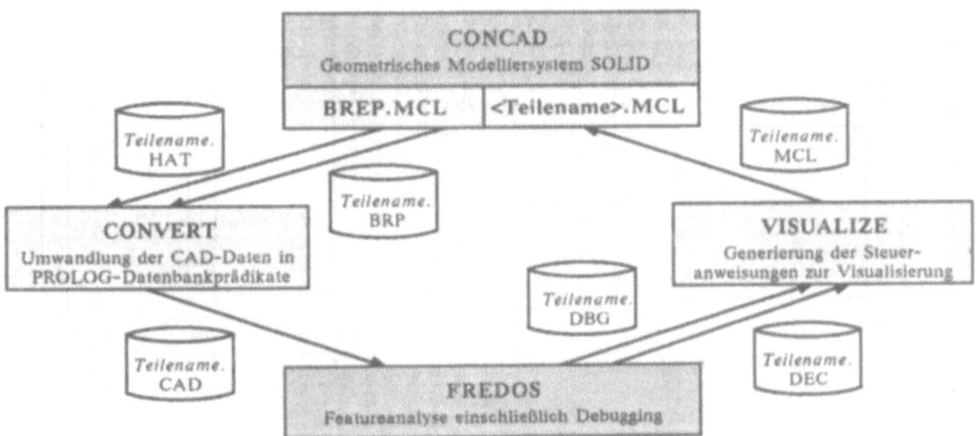


Abbildung 11-17:  Daten- und Kontrollfluß zwischen FREDOS und CAD-System

## 11.5.3.2 Dynamischer Ablauf der Featurenanalyse

Nach der Übergabe und Aufbereitung der geometrischen Teiledaten aus dem CAD-System kann mit dem Programmsystem FREDOS die eigentliche Featureanalyse durchgeführt werden. Abbildung 11-18 zeigt für die PC-basierte Version das grundsätzliche Ablaufschema von FREDOS aus Kontroll- und Datenflußsicht. Der Aufruf des Programmsystems wird über die Kommandodatei 'RF.BAT' vorgenommen, da die Größe des Gesamtsystems den von TURBO PROLOG adressierbaren Speicherbereich überschreitet und somit ein sequentieller Aufruf der verschiedenen Programmodule erfolgen muß.

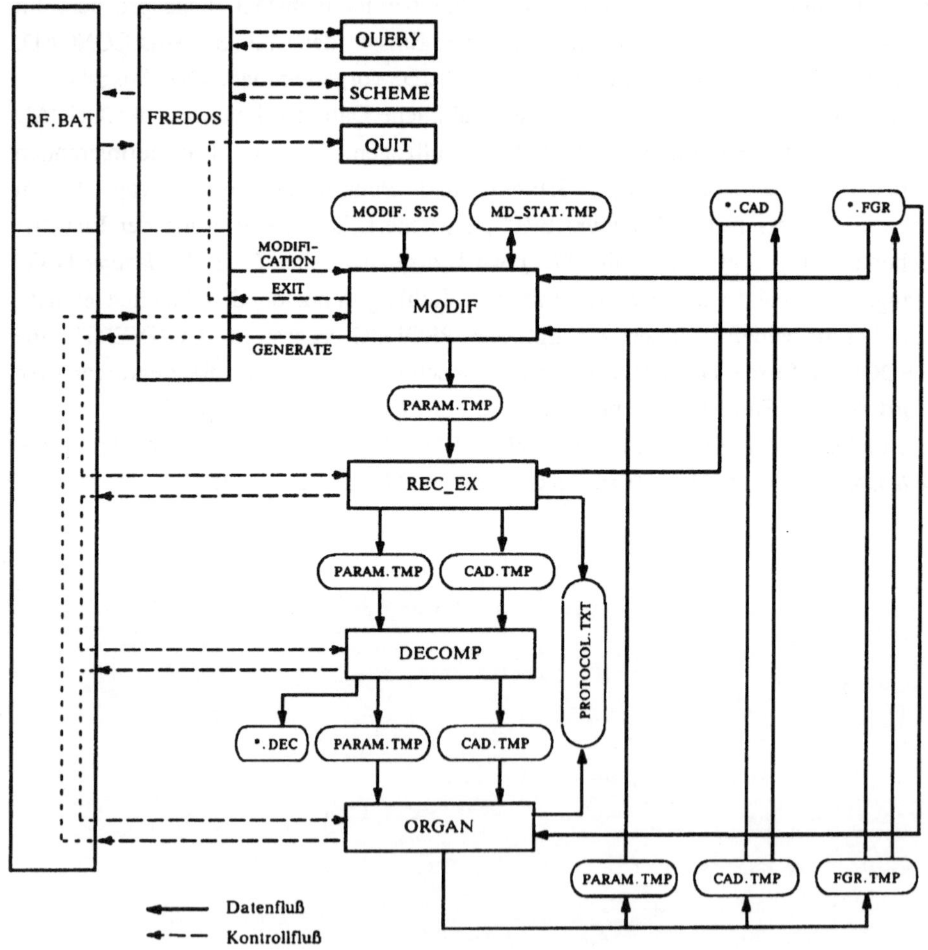


Abbildung 11-18:  Ablaufschema des Programmsystems FREDOS

Das Hauptmodul 'FREDOS' dient zur Verzweigung in die verschiedenen allgemeinen Darstellungs- und Verwaltungsmodule und die spezifischen Module zur Featureanalyse. Der Aufbau der Module 'QUERY', 'SCHEME' und 'QUIT' wurde bereits in Abschnitt 11.5.2 verdeutlicht. Der Aufruf der Featureanalyse für ein noch nicht analysiertes Teil erfolgt durch das Modul 'MODIF'. Nachfolgend wird auf die Ausführung der Funktion 'GENERATE' genauer eingegangen.

Als Parameter für den Aufruf des Erkennungs- und Extraktionsmoduls 'REC_EX' werden in der Datei 'PARAM.TMP' der Name der CAD-Datei sowie Referenzen auf die Featuregraph-Datei und die Liste zur Aufnahme der erkannten Compound-Features und Flächenverbindungen eingetragen. Die Regeln zur Erkennung und Extraktion der Compound-Features sind in der PC-Version von FREDOS wie in allen weiteren Phasen der Featureanalyse auch fest in den entsprechenden Programmmodulen kodiert, da TURBO PROLOG nur das Einlesen von Fakten, nicht aber von Regeln aus einer Datenbank bzw. Datei erlaubt. In der workstationbasierten Umgebung unter QUINTUS PROLOG werden die Regeln dagegen in die Analysemodule dynamisch eingelesen und können somit leicht modifiziert und erweitert werden. Für jeden Featuretyp steht ein eigenes Erkennungsmodul bereit, das die in Abschnitt 11.4.2 informell angegebenen Erkennungsregeln für Compound-Features realisiert.

Als Ergebnis der Featureerkennung und -extraktion übergibt das Modul 'REC_EX' an die Dekompositionskomponente 'DECOMP' die Datei 'PARAM.TMP', in der die Teilergebnisse dieser beiden Schritte der Featureanalyse eingetragen sind, sowie eine Datei 'CAD.TMP' mit nur während der Featureanalyse benötigten temporären CAD-Daten. Nach der Featuredekomposition werden diese mit weiteren Informationen angereicherten Dateien der Featureorganisationskomponente übergeben. Zusätzlich wird eine Datei *Teilename*.DEC' erzeugt, in der für die Visualisierung des Ablaufs der Dekomposition benötigte Information gespeichert ist. Nach dem Aufbau des Featuregraphen durch das Modul 'ORGAN' werden die durch die Featureanalyse erweiterten und bereinigten CAD-Daten aus der Datei 'CAD.TMP' in die ursprüngliche CAD-Datei übernommen und die Beschreibung des Featuregraphen aus 'FGR.TMP' in die Zieldatei eingetragen. Die Ergebnisse der Featureanalyse können anschließend mit Funktionen des Moduls 'QUERY' in Listenform eingesehen oder mit dem CAD-System CONCAD visualisiert werden.

### 11.5.3.3 Visualisierung der Featureerkennung

Der Featuregraph zu einem Teil repräsentiert lediglich das statische Endergebnis eines Analyseprozesses. Wegen der komplexen Struktur dieses Prozesses ist darüber hinaus eine dynamische, ablauforientierte Darstellung wünschenswert, möglichst in graphischer Form. Die Voraussetzung zur Visualisierung des Featureanalyseprozesses ist in FREDOS mit der bereits angesprochenen Debugging-Schnittstelle gegeben. Die während der Featureanalyse erzeugte Protokolldatei *'Teilename*.DBG' mit einem Verzeichnis aller während des Analyseprozesses erfolgten Debug-Aufrufe wird zusammen mit der durch die Dekompositionskomponente erzeugten Datei *'Teilename*.DEC' durch das PROLOG-Programm 'VISUALIZE' in Steueranweisungen für das CAD-System CONCAD umgewandelt (rechter Teil in Abbildung 11-17).

Das Grundkonzept der Featurevisualisierung in FIPS ist durch eine schrittweise Markierung der während der Featureerkennung untersuchten Flächen charakterisiert; kann die untersuchte Fläche momentan keinem Feature zugeordnet werden, wird die Markierung aufgehoben und die nach entsprechendem Backtracking im PROLOG-System als nächste zur Untersuchung ausgewählte Fläche schraffiert. Nach erfolgreicher Erkennung eines Features erfolgt eine Subtraktion aller dieses Feature konstituierenden Flächen aus der am CAD-System angezeigten Darstellung des abzuarbeitenden Restkörpers. Hilfreich ist hierbei, daß der im CAD-System CONCAD bereitgestellte 'REMOVE'-Befehl zur Entfernung einzelner Flächen aus einer Körperdarstellung eventuell fehlende Abschlußflächen automatisch generiert.

Die Ausgabe der Prokolldatei der Featureanalyse durch das CAD-System erfolgt sowohl durch alphanumerische Ausgabe der Debug-Meldungen am Kontrollbildschirm als auch durch graphische Repräsentation der entsprechenden Information am Grafikschirm. Anzahl der Ansichten und Schraffurabstand bei der Flächenkennzeichnung können interaktiv eingegeben und verändert werden. Zusätzlich zur Schraffur werden bei der Flächenkennzeichnung die Flächennamen angezeigt. Zur Visualisierung der Featuredekomposition wird der Flächenzerlegungsprozeß für die erzeugende Fläche in den verschiedenen Alternativen sequentiell dargestellt.

# 12 Statische Ressourcenvorauswahl

In diesem Kapitel wird die Realisierung der in Abschnitt 9.3 konzeptionell beschriebenen Aufgabe der Identifikation von zu Arbeitsgängen zuordenbaren Fertigungsressourcen im Rahmen des FIPS-Gesamtsystems dargestellt. Das Programmsystem SSM (*Static System Manager*) stützt sich auf den Einsatz relationaler Datenbanktechnologie ab. Auf die Darstellung einer Realisierung auf Grundlage des objektorientierten Programmiermodells wird an dieser Stelle verzichtet, da die Funktionalität weitgehend identisch ist und detaillierte Implementierungsstudien den Rahmen der vorliegenden Arbeit sprengen würden. Konzeption und Implementierung dieser objektorientierten Realisierung sind in [JaRR 90b] bzw. [Fünf 91] beschrieben.

Die Aufgabe der statischen Vorauswahl von Herstellressourcen wird in Abschnitt 12.1 zusammenfassend angegeben. Abschnitt 12.2 charakterisiert die in der prototypischen Realisierung berücksichtigten Ressourcentypen. In Abschnitt 12.3 erfolgt für die datenbankgestützte Realisierung dieser FIPS-Komponente eine Beschreibung der modellspezifischen Repräsentation der Fertigungsressourcen. Die einzelnen Phasen der Vorverarbeitung werden in Abschnitt 12.4 dargestellt. Abschnitt 12.5 gibt Hinweise auf die konkrete systemtechnische Realisierung der SSM-Komponente.

## 12.1 Aufgabe

Die Aufgabe der statischen Ressourcenvorauswahl im FIPS-System besteht darin, für jeden zur Herstellung eines Teils erforderlichen Arbeitsgang[*] die grundsätzlich in Frage kommenden Ausführumgebungen auf Werkstattebene zu identifizieren. Eine Ausführumgebung stellt eine zulässige Kombination von konkreten Ausprägungen aller zur Ausführung einer Fertigungsoperation benötigten Ressourcentypen dar. Die Aufgabe kann somit unterteilt werden in die Identifikation der pro Ressourcentyp in Frage kommenden Instanzen sowie den Abgleich der wechselseitigen Einsetzbarkeit bzw. Kombinierbarkeit von Instanzen verschiedener Typen.

Zur Identifikation der potentiellen Ausführumgebungen zu einem Arbeitsgang wird ausschließlich eine funktionale Beschreibung der einzelnen Herstellressourcen und ihrer wechselseitigen Kombinierbarkeit verwendet; zustandsbezogene Ressourcencharakteristika werden erst beim Vorliegen eines konkreten Fertigungsauftrags für ein Teil berücksichtigt. Die statische Ressourcenvorauswahl kann somit vollständig im Vorfeld der Teilefertigung ohne enge zeitliche Restriktionen ausgeführt werden. Da die Qualifikation einer Ressource zur Ausführung eines Bearbeitungsschritts nur nach funktionalen Kriterien ohne Berücksichtigung konkreter Belastungen und Verfügbarkeiten festgelegt wird, ist außerdem gewährleistet, daß für die nachfolgende dynamische Ressourcenzuweisung die maximal mögliche Auswahlflexibilität bereitgestellt wird

Als Ergebnis der Vorauswahl werden für jeden Arbeitsgang alle alternativen Ausführumgebungen angegeben. Somit kann sich die nachfolgende dynamische Ressourcenzuweisung (siehe Kapitel 13) auf die Auswahl einer dieser Alternativen beschränken, ohne erst die Eignung und Kombinierbarkeit der einzelnen Ressourcen überprüfen zu müssen.

## 12.2 Ressourcentypen

Die Identifikation der zur Ausführung von Bearbeitungsschritten geeigneten Ressourcen erfolgt im FIPS-System auf Grundlage des Typs und der Aktualparameter der bei der Featureanalyse ermittelten Herstellinformation. Hierzu sind die Fertigungsmittel funktional unter Bezug auf die in Abschnitt 11.3 eingeführten elementaren Featuretypen zu beschreiben. Da die mit einer Herstellressource ausführbaren Funktionen im vorliegenden Konzept in Hinblick auf die Abarbeitung eines Bearbeitungsschritts bzw. Features spezifiziert werden, ist der Begriff 'funktional' hier gleichbedeutend mit 'featureorientiert'.

---

[*] Die Termini Arbeitsgang, Bearbeitungsoperation bzw. –schritt und Feature werden im folgenden synonym verwendet, sofern dies nicht ausdrücklich anders angegeben ist.

Das dem FIPS-Konzept zugrundeliegende Modell abstrakter Bearbeitungsschritte stellt eine applikationsinvariante Bezugsbasis zur direkten Angabe der Einsetzbarkeit von Herstellmitteln dar. Die funktionale Ressourcenbeschreibung abstrahiert weitgehend von den konkreten ressourcenspezifischen Kennwerten, welche die Eignung zur Ausführung einer bestimmten Bearbeitungsoperation nur indirekt und implizit beschreiben; beispielsweise kann aus den maximal erzielbaren Drehzahl- und Vorschubkennwerten sowie einer geometrischen Beschreibung des verfügbaren Bearbeitungsraums für eine Drehmaschine nur mittelbar auf die Fähigkeit dieser Maschine zur Abarbeitung einer bestimmten Kontur an einem Teil geschlossen werden.

Gemäß dem in Kapitel 8 eingeführten Anwendungsmodell und dem damit verbundenen erweiterten Ressourcenbegriff werden bei der durchgeführten prototypischen Realisierung exemplarisch

- Herstelltechnologien,

- Maschinen,

- Werkzeuge und

- NC-Programme

als Fertigungsressourcen berücksichtigt. Weitere Ressourcen, etwa Spannmittel oder Prüf- und Meßmittel, lassen sich in das vorgestellte Modell leicht aufnehmen; zur Untersuchung der grundsätzlichen Fragestellungen reicht jedoch die vorgenommene Beschränkung aus.

Als *Herstelltechnologien* werden – beispielhaft – die für die mechanische Fertigung grundlegenden Hauptverfahren des Drehens, Bohrens und Fräsens berücksichtigt; eine Definition dieser spanenden Bearbeitungsverfahren mit geometrisch bestimmter Schneide wird in DIN 8580 gegeben. Die *Maschinen* gehören entsprechend zur Klasse der Trennmaschinen für Werkzeuge mit geometrisch bestimmten Schneiden und rotatorischer Hauptbewegung (DIN 69651). Die betrachteten Werkzeugmaschinen sollen grundsätzlich NC-gesteuert sein und einen automatischen Werkzeugwechsel aufweisen. Als *Werkzeuge* werden fertig montierte und voreingestellte Komplettwerkzeuge mit maschinenunabhängigem Werkzeugzusammenbau und maschineaufnahmespezifischem Adapter vorgesehen; die heute übliche Normierung der Werkzeugaufnahmen sichert eine breite Einsetzbarkeit in verschiedenen Maschinen. *NC-Programme* werden als teile- und auftragsunabhängige Rumpfprogramme mit featuretypspezifischen Formalparametern vorgegeben. Bei der Benutzung wird ein solches den grundsätzlichen Bewegungsablauf von Werkstück und Werkzeug in einer Maschine festlegendes Rumpfprogramm mit den Aktualparametern des auszuführenden Bearbeitungsschritts aufgerufen. Die parametrisierten

Rumpfprogramme können hierdurch als eine eigene Klasse von Fertigungsressourcen angesehen werden, da mit ihnen eine ganze Reihe konkreter Bearbeitungsvorgänge durchgeführt werden kann.

Durch die Beschränkung auf die Angabe der Eignung von Ressourcen für die
Ausführung der spezifizierten Grundoperationen der mechanischen Bearbeitung
wird in der statischen Ressourcenvorauswahl eine verwendungsorientierte, kompakte
Beschreibungsform für die einsetzbaren Herstellmittel ermöglicht. Ein mit dieser
streng funktionalen Ressourcenbeschreibung einhergehender potentieller Informationsverlust bezüglich der Ausführung nicht durch solche Grundoperationen
beschreibbarer und komplexerer Bearbeitungsvorgänge kann gegebenenfalls durch
eine Aufnahme weiterer elementarer Bearbeitungsschritte ins Anwendungsmodell
ausgeglichen werden.


## 12.3 Repräsentation der Ressourceninformation

In diesem Abschnitt wird die Umsetzung der in Abschnitt 12.2 angegebenen
funktionalen Beschreibung der Ressourcentypen in einem relationalen Datenmodell
gezeigt, soweit dies für die anschließende Vorstellung der Einzelphasen der Vorverarbeitung erforderlich ist.


### 12.3.1 Eignungsnachweise

Die Spezifikation der Ressourceneignung erfolgt in bezug auf den Typ und die
herstellorientierten Parameter der ermittelten Features. Hierzu werden bei allen
für den Ressourcentyp relevanten Featureparametern die für die aktuelle Ressource
zulässigen Werte bzw. Wertebereiche angegeben. Nachfolgend werden für den
Featuretyp 'zylindrisches Loch' die Relationen zur Aufnahme der Eignungen von
Technologien, Maschinen, Werkzeugen und NC-Programmen exemplarisch vorgestellt:

```
TECH_ZYL_LOCH    (tech#, min_höhe, max_höhe, min_radius, max_radius, blind_or_thru);

MASCH_ZYL_LOCH (masch#, max_höhe, min_radius, max_radius, x_pos, x_neg, y_pos,
                 y_neg, z_pos, z_neg);

WZ_ZYL_LOCH      (wz#, min_höhe, max_höhe, min_radius, max_radius, blind_or_thru);

PROG_ZYL_LOCH    (prog#, min_höhe, max_höhe, min_radius, max_radius, x_pos, x_neg,
                 y_pos, y_neg, z_pos, z_neg, blind_or_thru);
```

Die Eignung jeder konkreten Fertigungsressource kann in diesen Relationen unter Angabe des zugehörigen Primärschlüssels (Technologie-, Maschinen-, Werkzeug- oder Programmnummer) spezifiziert werden. Das Attribut 'blind_or_thru' spezifiziert analog zu den entsprechenden Featureattributen die Fähigkeit einer Ressource zur Bearbeitung von abgeschlossenen oder durchgängigen Features. Die Attribute x_pos, x_neg, y_pos, y_neg, z_pos und z_neg in der Maschinen- und Programmrelation geben an, aus welcher Richtung die Bearbeitung in der entsprechenden Achse erfolgen kann. In Abbildung 9-11 wurde bereits ein vereinfachtes Beispiel für die Angabe der Eignung verschiedener Maschinen zur Herstellung von zylindrischen Löchern gezeigt.

### 12.3.2 Kombinierbarkeit

Zur Identifikation der potentiellen Herstellumgebungen zu einem Bearbeitungsschritt müssen die isoliert betrachtet geeigneten Ressourcen zu vollständigen Ausführumgebungen expandiert werden. Die hierzu erforderliche Spezifikation der wechselseitigen Kombinierbarkeit von Ressourcen soll im vorliegenden Fall nicht in Form vollständiger Quadrupel, sondern durch paarweise Angabe der gemeinsamen Verwendbarkeit entsprechender Fertigungsmittel angegeben werden. Dies stellt im Fall der Neuaufnahme von Ressourcen einen vergleichsweise geringen Änderungsaufwand sicher.

Da die Kombinierbarkeitsbeziehung zwischen Ressourcen zwar reflexiv und symmetrisch, im allgemeinen aber nicht transitiv ist, müssen für die betrachteten vier Ressourcentypen insgesamt sechs Relationen zur Aufnahme der paarweisen Verträglichkeit vorgesehen werden. Durch die eindeutige Bezeichnung aller Ressourcen über Primärschlüssel reicht zur Spezifikation jeweils die Angabe zweier zueinander passender Fertigungsmittel-Identifikatoren aus, so daß die Relationen zur Aufnahme der Verträglichkeiten folgende Form haben:

```
MASCH_TECH  (masch#, tech#);        MASCH_WZ  (masch#, wz#);
MASCH_PROG  (masch#, progr#);       WZ_TECH   (wz#, tech#);
TECH_PROG   (tech#, prog#);         WZ_PROG   (wz#, prog#);
```

Die wechselseitige Verwendbarkeit von Herstellressourcen ergibt sich teilweise direkt aus den entsprechenden Ressourcenstammdaten und kann somit automatisch ermittelt werden. In manchen Fällen muß sie aber auch explizit angegeben werden; beispielsweise kann durch das Konzept maschinenneutraler NC-Rumpfprogramme systemseitig keine Zuordnung von NC-Programmen zu Maschinen vorgenommen werden.

## 12.4 Identifikation von Ausführumgebungen

In diesem Abschnitt wird die Identifikation der potentiellen Ausführumgebungen zu einem Arbeitsgang beschrieben. Dazu werden zunächst anhand der Eignungsnachweise die pro Ressourcentyp in Frage kommenden Herstellmittel ermittelt, bevor unter Berücksichtigung der wechselseitigen Kombinierbarkeit vollständige Umgebungen aufgebaut werden.

Die Ermittlung der pro Ressourcentyp geeigneten Kandidaten von Herstellmitteln erfolgt auf Grundlage der Eignungsnachweise getrennt für jeden Featuretyp. Grundsätzlich haben die featurebezogenen Fertigungsmittellisten einen Aufbau analog zum gezeigten Beispiel einer Werkzeug-Liste:

> WZ_LISTE  (<u>teile#, feature#, wz#</u>).

Durch den Einsatz der mengenorientierten Datenbankabfragesprache SQL (siehe z.B. [Date 87]) kann eine Relation mit einigen wenigen Anweisungen verarbeitet werden. Nachfolgend ist für das Beispiel der Identifikation der zur Herstellung eines Zylinderlochs geeigneten Werkzeuge die grundsätzliche Vorgehensweise anhand eines Programmausschnitts verdeutlicht. Die Variablen mit einem Doppelpunkt als Präfix beziehen sich auf die aktuellen Featureattribute; in der WHERE-Klausel wird die Qualifikationsbedingung eines Werkzeugs für ein konkretes Zylinderloch angegeben:

```
SELECT  tool_no
FROM    tool_cy_hole
WHERE   :height   >=   min_height   AND
        :height   <=   max_height   AND
        :radius   >=   min_radius   AND
        :radius   <=   max_radius   AND
        :blind    <=   blind        AND
        :thru     <=   thru;
```

Als Ergebnis dieser Operation liegt für das Zylinderloch pro Ressourcentyp eine Liste mit Referenzen auf alle zur Ausführung geeigneten Werkzeuge vor. Analoge Qualifikationsoperationen sind zum Generereiren von Fertigungsmittellisten für Maschinen, Technologien und NC-Programme definiert.

Aus den einzelnen Fertigungsmittellisten werden alle Ressourcenkombinationen gebildet, die für das betrachtete Feature auf Werkstattebene eine vollständige Ausführumgebung darstellen. Die Ermittlung der zu einem Feature passenden Ressourcenkombinationen erfolgt in zwei Schritten. Zunächst werden in den Fertigungsmittellisten der verschiedenen Ressourcentypen alle Einträge eliminiert, die grundsätzlich nicht in eine vollständige Ausführumgebung eingepaßt werden können, weil sie in einer der Kombinierbarkeitslisten nicht auftauchen. Dieser Schritt würde sich bei der Verschmelzung der Eignungslisten im zweiten Schritt auch zwangsläufig ergeben. Da die zur Bildung der Ressourcenkombinationen erforderliche Mehrfach-JOIN-Operation im zweiten Schritt jedoch bereits für die vier betrachteten Featuretypen aus 24 Einzelvergleichen zwischen zwei Basisrelationen (zwölf Vergleichen zwischen Eignungslisten und paarweisen Kombinierbarkeitslisten sowie zwölf Vergleichen zwischen verschiedenen paarweisen Kombinierbarkeitslisten) besteht, führt die frühzeitige Elimination grundsätzlich ungeeigneter Kandidaten im ersten Schritt zu einem deutlichen Performancegewinn.

Als Ergebnis der beiden SSM-Phasen stehen pro Feature die potentiellen Ausführumgebungen auf Werkstattebene in der Relation 'RES_KOMB' zur Weiterverarbeitung bereit. Die Relation zur Aufnahme der Ressourcenkombinationen hat für die vier beispielhaft betrachteten Ressourcentypen folgendes Aussehen:

RES_KOMB (<u>teile#, feature#, tech#, masch#, wz#, prog#</u>).

Sämtliche Attribute gehören zum zusammengesetzten Primärschlüssel der Relation. Bei der Weiterverarbeitung wird diese Relation noch um zusätzliche Attribute ergänzt (siehe Kapitel 13).


## 12.5  Implementierung

In diesem Abschnitt werden die Systemumgebung und Programmstruktur der datenbankgestützten Realisierung der SSM-Komponente beschrieben; nähere Einzelheiten hierzu sind in [Loge 89] zu finden. Bezüglich der im FIPS-Projekt ebenfalls durchgeführten objektorientierten Realisierung der statischen Ressourcenvorauswahl sei auf [Fünf 91] verwiesen.


### 12.5.1  Systemumgebung

Die datenbankgestützte Realisierung des Programmsystems SSM wurde auf einem Rechner vom Typ MicroVAX II der Firma Digital Equipment unter dem Betriebssystem VAX/VMS in zwei Varianten durchgeführt. Die erste Variante basiert auf dem relationalen Datenbanksystem INGRES der Firma Relational Technology. Diese Ausführung des SSM-Prototypen wurde später auf das ebenfalls relationale Datenbanksystem VAX/Rdb der Firma Digital Equipment portiert. Beide SSM-Varianten verwenden die Programmiersprache C mit eingebetteten SQL-Operationen.

## 12.5.2 Programmstruktur

Die SSM-Komponente im FIPS-Projekt wird durch zwei unabhängige Programme realisiert, wie in Abbildung 12-1 gezeigt ist. Sämtliche zur Verwaltung der statischen Systemstruktur benötigten Relationen werden durch das Programm 'SSM_INIT' aufgebaut. Für die Primärschlüssel der Relationen werden zur Zugriffsbeschleunigung Indextabellen angelegt, die vom jeweiligen Datenbanksystem automatisch verwaltet werden. Der Eintrag von Fertigungsressourcen in die Eignungs- und Kombinierbarkeitsrelationen bei der Systeminitialisierung erfolgt unter Zuhilfenahme üblicher interaktiver Datenbankmanipulationswerkzeuge wie ISQL (*Interactive SQL*) oder QbF (*Query by Forms*). Das Hauptprogramm 'SSM' führt die bereits geschilderten Kernphasen der statischen Ressourcenvorauswahl durch. Zunächst werden durch die Funktion 'GENERATE_LISTS' die ressourcentypspezifischen Eignungslisten aufgebaut. Hieraus werden in den zwei geschilderten Phasen ('REDUCE' und 'COMBINE') in der Funktion 'GENERATE_COMBINATIONS' alle zu einem Feature möglichen Ressourcenkombinationen gebildet.

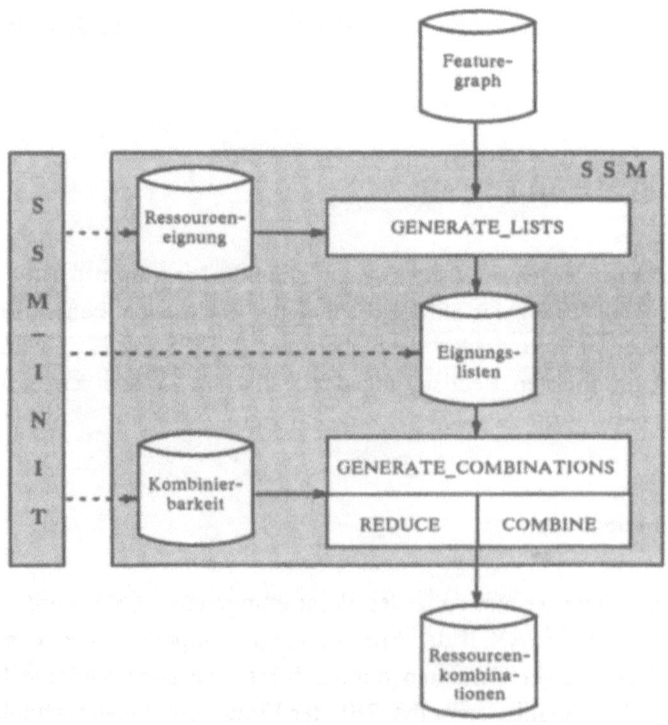


Abbildung 12-1: Programmstruktur der datenbankgestützten SSM-Implementierung

# 13 Dynamische Ressourcenbelegungsplanung

In diesem Kapitel wird die Realisierung der dynamischen Ressourcenbelegungsplanung mit dem Programmsystem DRS (*Dynamic Resource Scheduler*) als Teil
des FIPS-Gesamtsystems beschrieben. In Abschnitt 13.1 erfolgt eine überblicksartige
Darstellung der Einzelaufgaben bei der Zuordnung von Herstellressourcen zu Bearbeitungsschritten. Die im Rahmen des FIPS-Projekts durchgeführte prototypische
Realisierung der dynamischen Ressourcenauswahl wird im vorliegenden Kapitel
in zwei verschiedenen Varianten beschrieben, die beide eine 'least commitment'-
Strategie, also eine Festlegung zum spätestmöglichen Zeitpunkt, verfolgen. Ansonsten basieren die alternativen Implementierungen auf grundsätzlich verschiedenen
Annahmen, wobei das übergeordnete Ziel die Ermöglichung der problembezogenen
Auswahl einer geeigneten Strategie zur dynamischen Ressourcenbelegungsplanung
darstellt. Der erste Ansatz zur DRS-Realisierung basiert auf einer featurelokalen
Optimierung der Zuteilung von Fertigungsressourcen zu Bearbeitungsschritten mit
der Spezifikationssprache SORC (*Strategic Ordering of Resource Combinations*);
er wird in Abschnitt 13.2 beschrieben. Der Schwerpunkt dieser Realisierungsvarian-
te liegt auf einer freien Vorgabe der Zuteilkriterien nach anwendungsspezifischen
Gesichtspunkten. Den zweiten Ansatz bildet eine featureübergreifend optimierende
Zuteilung von Herstellressourcen zu Bearbeitungsschritten; er wird in Abschnitt
13.3 vorgestellt. Als Planungsgrundlage wird hierbei der $A^*$-Algorithmus zur optimierenden Ressourcenauswahl mit beschränktem Vorausschauhorizont eingesetzt.
Wie schon bei der anwendungsspezifischen featurelokalen Zuteilung, werden auch
hier die Einzelphasen der dynamischen Ressourcenzuteilung und wichtige Aspekte
der konkreten Realisierung vorgestellt und diskutiert.

## 13.1 Aufgabe

Die Aufgabe der dynamischen Ressourcenzuweisung besteht in der Identifikation und Zuteilung 'optimaler' Herstellressourcen für die Ausführung der zur Teileproduktion erforderlichen Bearbeitungsschritte. Im Gegensatz zur statischen Ressourcenvorauswahl (vgl. Kapitel 12) sind bei diesem Auswahlprozeß auch die aktuellen Zustandsparameter der in Frage kommenden Fertigungsmittel sowie übergeordnete Planungsziele, z.B. eine gute Werkstattauslastung, zu berücksichtigen.

Eine optimierte Belegungsplanung kann nur durch die Berücksichtigung der aktuellen Situation auf Werkstattebene erfolgen. Da die Schritte der dynamischen Belegungsplanung somit jedesmal von neuem durchzuführen sind, wenn für ein Teil ein Produktionsauftrag erteilt wird, kommt der Effizienz des Planungsverfahrens entscheidende Bedeutung zu. Entscheidend für die zeitgerechte Selektion einer Ausführumgebung für einen Bearbeitungsschritt ist die Vorabidentifikation geeigneter und zueinander passender Ressourcenkandidaten. Die Planungsaufgabe der auftragsbezogenen Ressourcenzuweisung reduziert sich hierdurch auf die Auswahl einer nach der gegebenen Situation 'optimalen' Ausführumgebung aus der durch die SSM-Komponente übergebenen Liste von potentiellen Ressourcenkombinationen.

Als Ergebnis der dynamischen Ressourcenzuweisung werden konkrete Ressourcenbelegungsanforderungen für die Werkstattsteuerung ermittelt. Diese Anforderungen müssen vom Werkstattsteuerungssystem in der Ressourcenverwaltung entsprechend verarbeitet werden. Darüber hinaus sind auf Werkstattebene alle vorbereitenden Maßnahmen vorzusehen, etwa ein eventuell erforderlicher Werkstück- und Werkzeugtransport sowie die Versorgung der Fertigungsressourcen mit den entsprechenden NC-Programmen. Da diese Aufgaben im vorgestellten Konzept unterhalb der Arbeitsgangebene angesiedelt sind, werden durch die DRS-Komponente ausschließlich die Planungsvorgaben für die Ressourcenbelegung eruiert.


## 13.2 Featurelokale Optimierung

Den Schwerpunkt der featurelokalen Optimierung der dynamischen Ressourcenauswahl stellt die Möglichkeit der anwendungsspezifischen Konfiguration des Selektionsprozesses dar. Gemäß dem bereits in Abschnitt 9.4.2.1 konzeptionell vorgestellten Modell werden die Auswahlkriterien in der problemorientierten Spezifikationssprache SORC festgelegt, die sich eng an die mengenorientierte Datenbanksprache SQL anlehnt. Vor der Erläuterung der wichtigsten Spezifika dieser Sprache wird zunächst das zugrundeliegende Sortier- und Ordnungszahlenmodell im Überblick vorgestellt. Weiterführende Hinweise zu SORC sowie ein ausführliches Benutzerhandbuch zu SORC sind in [Fisc 89] zu finden.

### 13.2.1  Sortier- und Ordnungszahlenmodell

Die grundlegende Strategie bei der featurelokalen Optimierung der dynamischen Ressourcenzuweisung besteht in der Ermittlung einer Präferenzfolge für alle zur Abarbeitung eines Bearbeitungsschritts vorab ermittelten potentiellen Ressourcenkombinationen. Anschaulich kann der Planungsprozeß somit als eine zustandsbezogene Sortierung der Ressourcenkombinationen nach benutzerspezifizierten Gütekriterien interpretiert werden. Wegen der möglicherweise hohen Planungskomplexität wird ein zweistufiger Sortierprozeß vorgesehen: Eliminationsanweisungen dienen zum irreversiblen Ausschluß von Ressourcenkombinationen für die aktuelle Belegungsplanung, während durch Sortieranweisungen die eigentliche zu ermittelnde Reihenfolge der verbleibenden Kandidaten festgelegt wird. Die Eliminationsphase dient zur Verkleinerung des Suchraums und somit zur Verringerung der Planungskomplexität und wird unabhängig von der späteren Sortierreihenfolge durchgeführt.

Zusätzlich zu den Eliminationsanweisungen können zur Begrenzung des Suchraums in der Sortierphase sogenannte Reduktionsanweisungen auftreten, die aber nur strategischen Charakter aufweisen und deren Sperren für Ressourcenkombinationen im dynamischen Sortierprozeß auch zurückgesetzt werden können. Der Sortierprozeß selbst basiert auf ressourcentypbezogenen Sortierblöcken, mit denen schrittweise eine eindeutige Präferenzfolge für alle in Frage kommenden Ressourcenkombinationen ermittelt wird. In Abschnitt 13.2.2 werden verschiedene Möglichkeiten der Spezifikation von Eliminations- und Sortieranweisungen vorgestellt.

Die grundsätzliche Vorgehensweise bei der Sortierung der Ressourcenkombinationen ist durch eine sukzessive Reihenfolgeermittlung mit immer stärkerer Differenzierung der bereits vorgenommenen Teilsortierungen gekennzeichnet. Durch einen Sortierblock wird für einen Ressourcentyp eine Partition der Ressourcenkombinationen in verschiedene Güteklassen vorgenommen, wobei im allgemeinen Fall mehrere Kombinationen in einer Klasse liegen können. Nachfolgende Sortierblöcke gliedern Klassen gleicher Güte weiter auf, wobei bereits durchgeführte Vorsortierungen grundsätzlich erhalten bleiben. Die Reihenfolge der Sortierblöcke reflektiert somit die benutzerdefinierte Wichtigkeit der einzelnen Sortierkriterien. Der Sortierprozeß wird beendet, wenn für die betrachteten Ressourcenkombinationen eine totale Ordnung gefunden ist oder kein weiterer Sortierblock abzuarbeiten ist.

Zur sukzessiven Ermittlung einer Sortierreihenfolge werden die Datenstrukturen der Ressourcenkombinationen um sogenannte Ordnungszahlen ergänzt. Diese Hilfsattribute spiegeln zum einen den aktuellen Sortierzustand wider; zum anderen dienen sie auch zur Realisierung der bereits in Abschnitt 9.4.2.1 angesprochenen

Sortierkriterien auf Metaebene, etwa der vom Sortierfortschritt abhängigen bedingten Verzweigung im Sortierprogramm oder der selektiven Zurücksetzung bereits
vorgenommener Sortierungen. Um bei der blockweisen Reihenfolgefestlegung
Vorsortierungen selektiv zurücksetzen zu können, wird pro Ressourcentyp eine eigene Hilfsvariable eingeführt, auf die im aktuellen Sortierprozeß Bezug genommen
werden kann. Die in Abschnitt 12.4 eingeführte Relation zur Repräsentation der
Ressourcenkombinationen erhält somit folgende erweiterte Struktur:

RES_KOMB   (teile#, feature#, tech#, masch#, wz#, prog#, tech_oz, masch_oz, wz_oz,
           prog_oz);

Die Verwendung dieser Datenstruktur zur stufenweisen Sortierung der Ressourcenkombinationen mit Rücksetzmöglichkeiten wird in den Abschnitten 13.2.2 und
13.2.3 erläutert.


## 13.2.2 Spezifikation der Zuteilungsstrategien mit der Spezifikationssprache SORC

In diesem Abschnitt werden die grundlegenden Merkmale der Spezifikationssprache
SORC beschrieben. Das globale Entwurfsziel bei der Festlegung der einzelnen
Sprachkonstrukte ist, Strategien zur Zuweisung von Ausführumgebungen an zur
Abarbeitung anstehende Bearbeitungsschritte möglichst flexibel und problem-
bezogen spezifizieren zu können. Die starke Anlehnung an die mengenorientierte
normierte Datenbankabfragesprache SQL (*Structured Query Language*) soll den
Zugang zu Syntax und Semantik der Sprache erleichtern. Die einzelnen Sprachkonstrukte werden nachfolgend überblicksartig und unter Angabe von Beispielen
eingeführt; eine exakte Syntax- und Semantikspezifikation sowie eine ausführliche
Darstellung der Möglichkeiten bei der Spezifikation anwendungsbezogener Strategien zur dynamischen Ressourcenzuweisung mit der Spezifikationssprache SORC
wird im SORC-Benutzerhandbuch ([Fisc 89]) gegeben.


### 13.2.2.1 Programmaufbau und Kontrollstrukturen

Ein SORC-Programm besteht aus einer Menge von Reduktions- und Sortierblöcken
zur Festlegung der Bewertungskriterien für die dynamische Ressourcenzuweisung.
Die Programme werden ressourcenbezogen, aber featureunabhängig spezifiziert,
wodurch ein SORC-Programm zur Einplanung verschiedener Bearbeitungsschritte
herangezogen werden kann.

Gemäß dem bereits angesprochenen zweiteiligen Aufbau der dynamischen Ressourcenzuweisung hat ein SORC-Programm folgenden allgemeinen Aufbau:

```
SORC_PROGRAM
      <Programmkopf>
      <Eliminationsteil>
      <Sortierteil>
END_SORC_PROGRAM
```

Im *Programmkopf* werden der Programmname sowie allgemeine verwaltungstechnische Angaben wie Erstelldatum und Autor festgehalten. Durch die Angaben im *Eliminationsteil* wird die Menge der zu sortierenden Ressourcenkombinationen vor dem Eintritt in die eigentliche Sortierphase verkleinert. Diese Elimination im Reduktionsteil erfolgt für den nachfolgenden Planungslauf irreversibel, so daß nur solche Ressourcenkombinationen ausgeschlossen werden dürfen, deren Einsatz für den betrachteten Planungszeitraum grundsätzlich nicht in Frage kommt; beispielsweise können alle Ressourcenkombinationen, die eine in Wartung befindliche Maschine referenzieren, von vornherein vom Sortierprozeß ausgenommen werden.

Die Bewertung der nach der Reduktionsphase verbleibenden Ressourcenkombinationen erfolgt im *Sortierteil* anwendungsbezogen und mehrstufig. Unter Bezug auf einen bestimmten Ressourcentyp werden pro Sortierblock Anweisungen zur Sortierung, Reduktion, Rücksetzung und Ablaufsteuerung angegeben. Die Reihenfolge der Sortierblöcke ist frei wählbar, aber signifikant für das Sortierergebnis.

Die zentralen Konstrukte zur Erzielung eines reaktiven Programmablaufs über eine Ablaufsteuerung stellen Blockbildungsoperatoren sowie bedingte Verzweigungen dar. Die Blockbildung dient vornehmlich der eindeutigen syntaktischen Definition der Programme. Die reaktive Ablaufsteuerung in den Programmen wird durch die sowohl im Reduktions- als auch im Sortierteil zur Verfügung stehenden IF-THEN-ELSE- und CASE-Konstrukte ermöglicht, wobei die case-Anweisung nur eine vereinfachte Schreibweise für geschachtelte if-then-else-Ausdrücke darstellt. In den Bedingungsteilen kann sowohl auf das aktuelle Zwischenergebnis bereits vorgenommener Teilsortierungen als auch auf allgemeine Ressourcendaten Bezug genommen werden. Nur im Sortierteil ist darüber hinaus die Möglichkeit des dynamischen Rücksetzens mittels einer RESET-Anweisung sinnvoll. Beispiele für die Verwendung der Kontrollstrukturen in SORC-Programmen finden sich in Abschnitt 13.2.3.

### *13.2.2.2 Anweisungen zur Reduzierung der Auswahlalternativen*

Die für einen Programmlauf irreversible Löschung von Ressourcenkombinationen zur Reduzierung der Suchraumgröße für die nachfolgende Sortierung wird durch das ERASE-Konstrukt vorgenommen. Es hat folgenden allgemeinen Aufbau:

```
ERASE    WHERE    <Reduktionsbedingung>
                  [<WITH-Klausel>]
                  [<GROUP-Klausel>]
                  [<HAVING-Klausel>] ;
```

Beispielsweise löscht die Anweisung

```
ERASE    WHERE    M.Status = "Wartung"
         WITH     Maschine M;
```

alle Ressourcenkombinationen aus der Sortiermenge, die auf in Wartung befindliche
Maschinen Bezug nehmen. Beispiele zur Verwendung der optionalen WITH-,
GROUP- und HAVING-Klauseln werden bei der Vorstellung der Sortieranweisungen
und der dynamischen Rücksetzanweisungen angegeben.

### 13.2.2.3 Sortieranweisungen

Eine Sortieranweisung in einem SORC-Programm hat folgenden grundsätzlichen
Aufbau:

```
SORT     <Sortierniveau>
         BY       <Sortierkriterium>
         ORDER    <Ordnungskriterium>;
```

Durch das *Sortierniveau* wird der zu sortierende Ressourcentyp spezifiziert; darüber
hinaus werden hierdurch die Rücksetzpunkte für einen reaktiven Programmablauf
definiert. Da die Sortierung schrittweise und separat pro Ressourcentyp erfolgen
soll, können durch die Niveauangabe mehrere Sortierangaben zu Blöcken
zusammengefaßt werden, deren Reihenfolge die Wichtigkeit der jeweiligen Sortieranweisungen reflektiert. Auch innerhalb eines Niveaus wird die Präferenz der
Sortieranweisungen über die relativen Reihenfolgebeziehungen geregelt.

Bei der Spezifikation des *Sortierkriteriums* wird für jede Ressourcenkombination
die Bewertungsbasis für die Güteklassifikation festgelegt. Die Sortierkriterien
können sich sowohl direkt auf Ressourcenattribute als auch auf den Zwischenzustand der aktuellen Sortierung beziehen.

Über das *Ordnungskriterium* werden die eigentlichen Sortierwerte festgelegt. Die
differenzierende Wirkung einer SORT-Anweisung wird durch die Bildung von
Sortierklassen gesteuert. Da durch nachfolgende Sortieranweisungen nur gleich
bewertete Lösungsalternativen weiter aufgefächert werden, wird hierdurch auch
deren Wirkungsradius implizit determiniert.

Sortier- und Ordnungskriterium einer einfachen SORT-Anweisung können durch
die Angabe verschiedener Klauseln näher spezifiziert werden, wobei alle diese
zusätzlichen Klauseln optional sind:

```
SORT    <Ressourcentyp>
        [<WITH-Klausel>]
        <BY-Klausel>
        <ORDER-Klausel>
        [<REDUCE-Klausel>]
        [<GROUP-Klausel>];
```

In der WITH-Klausel werden Variablen für Ressourcentabellen definiert, die dann
in den Sortierkriterien verwendet werden können.

> *Beispiel:*  WITH  Maschine M, Werkzeug W;

In der BY-Klausel können durch arithmetische Operatoren Attributausdrücke über
den Ressourcendaten gebildet werden.

> *Beispiele:*  BY   M.Max_Drehzahl;
> BY   (((M.Max_Drehzahl * 90) / 100) * W.Spanwert);

Funktionen als Kriterien ermöglichen Sortierungen ohne Rückgriff auf Ressourcendaten.

> *Beispiel:*  BY   COUNT (*)  EACH  Maschine;
> *Es werden alle unterschiedlichen Lösungen pro Maschine gezählt.*

Numerische Funktionen erlauben die Bildung von Summen, Durchschnitten sowie
Attributmaxima und -minima, wobei durch eine EACH-Klausel für eine vollständige
Zerlegung der Gesamtlösungsmenge gesorgt werden muß, um für die
Ressourcenkombinationen verschiedene Sortierwerte erzielen zu können. Der
Definitionsbereich einer Funktion kann durch eine USE-Klausel eingeschränkt
werden.

> *Beispiel:*  BY   SUM    (W.Einsatzdauer)
> USE    (W.Härtegrad > 8)
> EACH   Maschine;
> *Pro Maschine wird die Summe der Werkzeugstandzeiten für Werkzeuge mit*
> *Härtegrad größer als acht gebildet.*

Mit der ORDER-Klausel kann neben der Angabe einer kontinuierlichen Sortierung
in aufsteigender (ASCENDING) oder absteigender (DESCENDING) Reihenfolge
auch eine explizite Bestimmung von Güteklassen durch Mengen- (SET) oder
Bereichsangaben (INTERVAL) vorgenommen werden. Offene Intervallgrenzen
werden durch die Schlüsselwörter UPPER und LOWER spezifiziert.

> *Beispiele:*  ORDER   ASCENDING;
> ORDER   INTERVAL (UPPER, 2000, 1000, LOWER);
> ORDER   SET (1989, 1986), (1988, 1987), (1985..LOWER);

Ein reversibler Ausschluß von unzureichend qualifizierten Ressourcenkombinationen kann mittels der REDUCE-Klausel angegeben werden, falls ihre Gütebeurteilung unterhalb eines bestimmten Schwellwerts liegt. Wegen der Möglichkeit des reaktiven Zurücksetzens vorgenommener Teilsortierungen dürfen diese Kombinationen jedoch im Gegensatz zur ERASE-Anweisung nicht aus dem Suchraum gelöscht werden. Der Ausschlußschwellwert kann sowohl von oben (WORSE) als auch von unten (WORST) definiert werden.

*Beispiel:*    REDUCE WORST 2;

*Die beiden schlechtestbewerteten Lösungen werden vom weiteren Sortierprozeß ausgeschlossen.*

Eine einfache Teilmengenbildung mit jeweils separater Auswertung des Sortierkriteriums wird durch die GROUP-Klausel spezifiziert. Die Vergabe der Ordnungszahlen erfolgt hier gruppenweise, wobei alle Ressourcenkombinationen innerhalb einer Sortiergruppe dieselbe Ordnungszahl erhalten und erst durch nachfolgende Sortieranweisungen weiter differenziert werden. In der GROUP-Klausel können auch Bereichs- und Mengenbildung stattfinden.

*Beispiel:*    GROUP_BY   M.Max_Drehzahl
              INTERVAL (UPPER, 20000, 10000, LOWER);

Eine Verallgemeinerung der GROUP-Klausel, bei der die Teilmengenbildung durch ein einfaches Unterscheidungskriterium vorgenommen wird und das Sortierkriterium für alle Sortiergruppen identisch ist, stellt die *SORT-Anweisung mit Mehrfachkriterium* dar:

```
SORT    <Ressourcentyp>
        [<WITH-Klausel>]
         <Kriterium>₁
         <HAVING-Klausel>₁

          . . .

         <Kriterium>ₙ
         <HAVING-Klausel>ₙ
        [<OTHERS-Klausel>] ;
```

Mit den HAVING-Klauseln werden paarweise disjunkte Teilmengen von Ressourcenkombinationen gebildet. Ist die Partitionierung nicht vollständig, so werden die verbleibenden Kombinationen in der OTHERS-Klausel zusammengefaßt. Pro definierter Teilmenge können jeweils verschiedene Sortierkriterien vorgegeben werden.

```
Beispiel:   SORT   Maschine
            WITH   Technologie T, Maschine M, Werkzeug W

            BY   M.Max_Drehzahl
                 ORDER DESCENDING
                 HAVING T.Name = "Drehen"

            BY   (M.Max_Leistung * W.Nutzungsgrad)
                 ORDER INTERVAL (UPPER, 80, LOWER)
                 HAVING T.Name = "Bohren"

            BY   COUNT (DISTINCT Werkzeug)
                    USE  (W.Typ = ("F*"))
                    EACH Technologie, Maschine
                 ORDER DESCENDING
                 HAVING T.Name = "Fräsen"

            OTHERS ORDER WORST;
```

Die Wirkung dieser Sortieranweisung ist in Abbildung 13-1 veranschaulicht. Für
die Weiterverarbeitung gilt, daß Ressourcenkombinationen mit nach der Ausführung
der vorliegenden Sortieranweisung identischer Ordnungszahl unabhängig von der
Gruppenzuordnung weiter aufgefächert werden.

| Sortiergruppe | Sortiereinheit | | Sortierwert | | | |
|---|---|---|---|---|---|---|
| T.Name | MNr. | WNr. | M.Max_<br>Drehzahl | M.Max_Leistung *<br>W.Nutzungsgrad | #(WZ) | Ordnungszahl |
| Drehen | 1 | | 25000 | | | I |
| | 2 | | 20000 | | | II |
| | 3 | | 20000 | | | II |
| | 4 | | 18000 | | | III |
| Bohren | 2 | 1 | | 100 | | I |
| | 2 | 2 | | 100 | | I |
| | 4 | 4 | | 80 | | I |
| | 5 | 2 | | 60 | | II |
| | 5 | 8 | | 60 | | II |
| Fräsen | 2 | | | | 12 | I |
| | 5 | | | | 8 | II |
| | 6 | | | | 8 | II |
| | 7 | | | | 4 | III |

Abbildung 13-1:   Veranschaulichung der Wirkung einer Sortieranweisung mit
Mehrfachkriterium

### 13.2.2.4 Dynamische Reduktionsanweisungen

Mit der REDUCE-Anweisung können während der Sortierphase eines SORC-Programms dynamisch Ressourcenkombinationen vom aktuellen Sortierprozeß ausgenommen werden. Im Gegensatz zur strukturell ähnlichen ERASE-Anweisung wird bei der REDUCE-Anweisung ein bestimmter Ressourcentyp spezifiziert, da die Wirkung der Anweisung als Bestandteil des Sortierprozesses später aufgehoben werden kann (siehe Abschnitt 13.2.2.5). Anders als die REDUCE-Anweisung innerhalb einer Sortieranweisung sind für dynamische Reduktionsanweisungen Vorsortierungen durch andere Sortieranweisungen nicht von Bedeutung, da sie sich immer auf die gesamte Tupelmenge beziehen.

Eine REDUCE-Anweisung zur Spezifikation des Ausschlusses von Ressourcenkombinationen vom Sortierprozeß außerhalb einer Sortieranweisung hat folgenden Aufbau:

```
REDUCE      <Ressourcentyp>
            WHERE   <Reduktionsbedingung>
                    [<WITH-Klausel>]
                    [<GROUP-Klausel>]
                    [<HAVING-Klausel>] ;
```

Die Bedeutung der WITH-, GROUP- und HAVING-Klauseln wurde bereits in Abschnitt 13.2.2.3 verdeutlicht, wobei letztere in REDUCE-Anweisungen in erster Linie der Begrenzung von Funktionsausführungen dienen.

```
Beispiel:   REDUCE    Maschine
            WHERE M.Max_Drehzahl <= 15000
                WITH  Maschine M;
```
*Nur Maschinen mit einer maximalen Drehzahl größer als 15000 werden in weitere Sortiervorgänge einbezogen.*

Neben der Reduktion des Suchraums für Sortierungen in Form einer Reduktionsbedingung, die ähnlich zu den USE- und HAVING-Bedingungen von Sortieranweisungen aufgebaut ist, kann eine Reduktion auch unter Bezug auf den aktuellen Sortierzustand mittels Gütekriterien erfolgen. Hierzu dienen wiederum die bereits eingeführten Schlüsselwörter zur Spezifikation von Sperrgrenzen (WORSE, WORST). Auch hier bezieht sich die Sperrgrenze nicht auf einen bestimmten Sortiervorgang, sondern sie wird anhand der ressourcentypspezifischen Ordnungszahl für alle Ressourcenkombinationen festgelegt.

```
Beispiel:   REDUCE    Maschine
                WORSE   2
```
*Alle Ressourcenkombinationen, deren Ordnungszahlen schlechter als die beiden besten vergebenen sind, werden vom weiteren Sortiervorgang ausgenommen.*

*13.2.2.5 Rücksetzanweisungen*

Zur Gewährleitung eines flexiblen, reaktiven Planungsablaufs ist neben der freien Spezifikation der Sortierkriterien auch das dynamische Rücksetzen vorheriger Sortierungen und Reduzierungen vorzusehen. Dies kann beispielsweise verhindern, daß eine zu scharfe Ausschlußbedingung die Kandidatenmenge für weitere Sortiervorgänge zu stark einschränkt. Da sich eine Rücksetzanweisung sinnvollerweise immer auf eine vorangehende Überprüfung des aktuellen Sortierfortschritts beziehen muß, kann eine RESET-Anweisung syntaktisch nur unmittelbar nach den Schlüsselwörtern THEN oder ELSE einer bedingten Verzweigung bzw. an entsprechender Stelle in einer CASE-Anweisung stehen.

Das Zurücksetzen früherer Sortierungen muß immer in umgekehrter Reihenfolge des Auftretens der entsprechenden Sortierblöcke erfolgen. Zum Beispiel werden durch die Anweisungen

```
SORT Technologie (...);   (1)
SORT Maschine    (...);   (2)
SORT Werkzeug    (...);   (3)
SORT Werkzeug    (...);   (4)

IF   <Bedingung>
     THEN RESET  Werkzeug, Maschine
END_IF;
```

bei Zutreffen der <Bedingung> die Sortierungen (4), (3) und (2) rückgängig gemacht; die Sortierung bezüglich der Technologie bleibt dagegen erhalten. Die Verwendung der RESET-Anweisung zur Erzielung reaktiver Programmabläufe wird in Abschnitt 13.2.3.2 noch weiter erläutert.

## 13.2.3  Variabler und reaktiver Programmablauf

Nach der Vorstellung der wesentlichen Sprachkonstrukte der Spezifikationssprache SORC wird in diesem Abschnitt deren Verwendung zur Erzielung eines variablen und reaktiven Programmablaufs erläutert. Als Mittel stehen die bereits im Überblick eingeführten bedingten Programmverzweigungen und die Anweisungen zum dynamischen Rücksetzen von Vorsortierungen bereit.

*13.2.3.1 Bedingte Programmverzweigungen*

Grundkonstrukt zur Formulierung eines variablen und reaktiven Programmablaufs ist das IF-THEN-ELSE-Konstrukt. Nachfolgend wird auf die Möglichkeiten der Bedingungsspezifikation im IF-Teil näher eingegangen.

Mit einer Bedingung wird immer der aktuelle Zustand des Lösungsraums überprüft, der durch Löschungen (ERASE) oder Sperrungen (REDUCE) schon reduziert sein kann. Grundsätzlich muß die Auswertung einer Bedingung einen booleschen Wahrheitswert ergeben. Wegen des mengenorientierten Charakters aller Sortieroperationen treten in den Bedingungen als Vergleichsgrößen nur Funktionen und numerische Konstanten auf. Statt die genaue Syntax und Semantik bei der Formulierung von Bedingungen anzugeben (siehe hierzu [Fisc 89]), werden die grundlegenden Möglichkeiten anhand einiger Beispiele verdeutlicht:

```
Beispiele:  IF   COUNT (*) < 10
            THEN   SORT (...)
         END_IF;
```

*Die Sortieranweisung wird nur ausgeführt, wenn insgesamt weniger als 10 Ressourcenkombinationen vorhanden sind.*

```
IF   COUNT (DISTINCT Maschine)
          USE (M.Status = "Wartung") < 5
          WITH Maschine M
     THEN   SORT (...)
     ELSE   REDUCE (...)
END_IF;
```

*Gibt es weniger als fünf verschiedene Maschinen, die in Wartung sind, wird die Sortieranweisung ausgeführt; ansonsten wird die Lösungsmenge mit der Reduktionsanweisung weiter eingeschränkt.*

```
IF   MIN (MAX (M.Max_Drehzahl) EACH Technologie)
          BETWEEN 18000 AND 20000
          WITH Maschine M
     THEN SORT (...)
END_IF;
```

*Die Sortierung findet nur statt, wenn das Minimum aller pro Technologieart ermittelten maximalen Drehzahlwerte zwischen 18000 und 20000 liegt.*

### 13.2.3.2 Dynamisches Rücksetzen von Sortierungen

Das dynamische Rücksetzen von Sortierungen in einem SORC-Programm erfolgt auf Grundlage des bereits eingeführten schrittweisen, ressourcentypspezifischen Sortierprozesses. Ein Wechsel des Sortierniveaus findet immer dann statt, wenn der in einer Sortier- bzw. Reduktionsanweisung spezifizierte Ressourcentyp nicht mit dem Typ der vorherigen Anweisung übereinstimmt. Verschiedene Anweisungen bezüglich desselben Ressourcentyps werden bei Rücksetzungen immer als Einheit betrachtet und geschlossen zurückgesetzt.

Durch die Festlegung, daß nach dem Übergang auf einen anderen Ressourcentyp zum ursprünglichen Ressourcentyp keine weiteren Sortier- und Reduktionsanweisungen mehr spezifiziert werden dürfen, gestaltet sich der Rücksetzvorgang besonders einfach. Rücksetzungen werden in umgekehrter Reihenfolge des Auftretens der Ressourcentypen in den Sortier- und Reduktionsanweisungen vorgenommen, wobei die Reichweite durch explizite Angabe der rückzusetzenden Ressourcentypen frei spezifiziert werden kann.

Rücksetzanweisungen können nur nach vorheriger Überprüfung des Sortierfortschritts in einer IF-THEN-ELSE- oder CASE-Anweisung angegeben werden. Im Zuge der Rücksetzung werden auch alle durch REDUCE-Anweisungen gesetzten temporären Sperrungen in einem Ressourcentyp wieder aufgehoben.

```
Beispiel:   IF    (COUNT (*) USE (M.Status = "Wartung") >
                  COUNT (*) USE (M.Status = "Betriebsbereit"))
                     WITH  Maschine M
            THEN   RESET Maschine, Technologie
            ELSE   RESET Maschine
          END_IF;
```

*Sind in den aktuell betrachteten Lösungen mehr Maschinen in Wartung als betriebsbereit, werden die Vorsortierungen bezüglich Maschine und Technologie aufgehoben; anderenfalls wird nur der Ressourcentyp Maschine zurückgesetzt.*

Abschließend werden die verschiedenen Möglichkeiten der Formulierung eines variablen, reaktiven Programmablaufs in einem vereinfachten Beispiel zusammenfassend verdeutlicht. Aus Gründen der Übersichtlichkeit sind die einzelnen Lösch-, Sortier-, Reduktions- und Rücksetzanweisungen nicht näher ausgeführt.

```
SORC_PROGRAM Beispiel;

BEGIN_ERASE
        ERASE (...);
END_ERASE;

BEGIN_SORT
        SORT     Typ1 (...);
        REDUCE   Typ1;
        SORT     Typ2;
        IF (Bedingung1) THEN  RESET Typ2;
                              SORT Typ3;
                              SORT Typ2;
                              IF (Bedingung2)  THEN  RESET Typ2, Typ3;
                                                     SORT  Typ2;
                                                     SORT  Typ3;
                              END_IF;
                        ELSE  REDUCE Typ2;
                              SORT  Typ3;
        END_IF;
END_SORT;
END_SORC_PROGRAM
```

### 13.2.4 Implementierung

In diesem Abschnitt wird die Realisierung der dynamischen Ressourcenzuweisung unter Zuhilfenahme der Spezifikationssprache SORC beschrieben. Nach einer kurzen Vorstellung der Systemumgebung wird die schrittweise Transformation eines SORC-Quelltextes in ein ablauffähiges Programm erläutert.

#### 13.2.4.1 Systemumgebung

Da die DRS-Komponente direkt auf den vom SSM-Teil ermittelten Listen von Ressourcenkombinationen operieren soll und dort die Informationen in einem relationalen Datenbanksystem abgelegt werden, stützt sich die DRS-Implementierung ebenfalls auf Mechanismen relationaler Datenbanksysteme. Zentrales Instrument zur Implementierung der dynamischen Ressourcenzuweisung ist ein Präcompiler, der SORC-Quelltexte in Datenbankprogramme mit in C eingebetteten SQL-Anweisungen übersetzt.

Wie schon der SSM-Teil, existiert die DRS-Komponente zur featurelokalen Optimierung der dynamischen Ressourcenbelegungsplanung in zwei funktional identischen Prototypen, einer INGRES- und einer RdB-Version. Beide Prototypen wurden auf einem Rechner des Typs MicroVAX II unter dem Betriebssystem VAX/VMS entwickelt. Für die Realisierung des SORC-Präcompilers wird das Programmierwerkzeug VAX_SCAN eingesetzt, das speziell für die Entwicklung von Programmwerkzeugen zur Manipulation von Textdateien, beispielsweise Filtern und Compilern, entwickelt wurde. Zielsprache der Übersetzung der SORC-Programme ist in beiden prototypischen Realisierungen die in die Programmiersprache C eingebettete Datenbankmanipulationssprache SQL. Diese Vorgehensweise stellt eine leichte Portierbarkeit auf andere Datenbanksysteme sicher; die beiden DRS-Prototypen unterscheiden sich deshalb im wesentlichen nur in den nicht genormten SQL-Anteilen, etwa den Befehlen zum Öffnen und Schließen einer Datenbank.

#### 13.2.4.2 Generierung ausführbarer SORC-Programme

Die Überführung eines SORC-Quelltextes in ein ausführbares Programm erfolgt in mehreren Zwischenstufen, wie in Abbildung 13-2 veranschaulicht wird. Zunächst wird der SORC-Quelltext durch einen dedizierten Präcompiler analysiert und in eine SQL-C-Repräsentation übergeführt. Dieser Zwischencode kann vom entsprechenden Datenbank-Präcompiler unmittelbar in ein C-Quellprogramm übersetzt werden. Die Generierung des lauffähigen Objektprogramms (Compilieren, Binden, Laden) erfolgt schließlich durch übliche Hilfsprogramme.

Von den Schritten der Transformation eines SORC-Textes in ein ablauffähiges Programm mußte lediglich die Übersetzung in ein SQL-C-Programm selbst realisiert

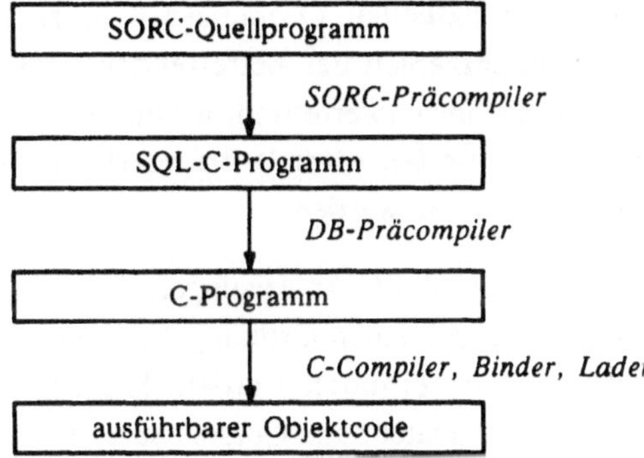

Abbildung 13-2:  Schritte der Generierung eines ausführbaren SORC-Programms

werden; für alle weiteren Schritte stehen systemseitig Werkzeuge bereit. Neben der Abbildung der SORC-Anweisungen auf entsprechende SQL-C-Konstrukte müssen hierbei einige vor- und nachbereitende Maßnahmen getroffen werden, die nachfolgend kurz erläutert werden.

Vor der eigentlichen Planungsphase im DRS-Teil müssen die vom SSM-Teil bereitgestellten Listen mit den potentiellen Ressourcenkombinationen in die erweiterte Datenstruktur mit den Ordnungszahlenattributen übergeführt werden (vgl. Abschnitt 13.2.1). Hierzu wird am Anfang der übersetzten SORC-Programme ein Aufruf der Prozedur INS_RSC_COMB eingefügt, mit der die zum einzuplanenden Bearbeitungsschritt gehörigen Ressourcenkombinationen eingelesen und in eine Datenbank mit der erweiterten Datenstruktur eingetragen werden. Diese Vorgehensweise stellt sicher, daß bei jeder dynamischen Neueinplanung eines Bearbeitungsschritts im DRS-Teil die Ausgangsdatenbank neu aufgebaut wird und somit alle vom SSM-Teil ursprünglich ermittelten Ressourcenkombinationen berücksichtigt werden.

Nach dem Einfügen der Anweisungen zum Aufbau der lokalen DRS-Datenbank werden die Anweisungen im SORC-Quellprogramm einzeln in entsprechende SQL-C-Anweisungen übersetzt. Wichtig beim Übergang zu einer neuen Anweisung ist die Überprüfung, ob sich die Folgeanweisung auf einen neuen Ressourcentyp bezieht, da hiervon spätere Rücksetzoperationen abhängen. Die aktuelle Reihenfolge des Auftretens von Ressourcentypen im SORC-Programm wird dynamisch in der Listenvariablen ORDER_LIST festgehalten. Sie kann erst zur Laufzeit aufgebaut werden, da die Reihenfolge der Sortierungen in SORC-Programmen aus Gründen der freien Spezifizierbarkeit der Planungskriterien nicht a priori festgelegt ist.

Die Umsetzung einer SORC-Anweisung in eine Folge von SQL-C-Operationen wird nachfolgend exemplarisch anhand der SORT-Anweisung verdeutlicht. Nach Initialisierung der Ordnungszahlen werden anhand der in der BY-Klausel spezifizierten

Berechnungsvorschrift die aktuellen Ordnungszahlen ermittelt. In einem zweiten Schritt werden die Ordnungszahlen des betreffenden Ressourcentyps unter Berücksichtigung der berechneten Sortierwerte und der bisherigen Vorsortierungen aktualisiert. Einzelheiten zu den hierbei oftmals erforderlichen komplexen Teilaufgaben können [Schw 89] entnommen werden.

Nach der Verarbeitung aller SORC-Anweisungen durch den Präcompiler muß aus den ressourcentypspezifischen lokalen Ordnungszahlen eine globale Gesamtordnung der Ressourcenkombinationen ermittelt werden. Hierzu werden die verschiedenen Kombinationen über einen Datenbank-Cursor satzweise unter Verwendung von ORDER_LIST verarbeitet. Die Gesamtordnung der Ressourcenkombinationen wird im Attribut SORT_VAL der Relation RES_COMB festgehalten.


## 13.3 Featureübergreifende Optimierung

Den Schwerpunkt bei der featurelokalen Optimierung der dynamischen Ressourcenzuweisung mit der Spezifikationssprache SORC bildet die problembezogene, freie Formulierbarkeit der Planungsstrategie. Die wesentliche Einschränkung hierbei stellt die isolierte Betrachtung jeweils nur eines Bearbeitungsschritts bzw. Features bei der Einplanung dar. Bei dem im vorliegenden Abschnitt beschriebenen alternativen Planungsansatz steht deshalb eine feature- und somit teileübergreifende Optimierung der Ressourcenbelegungsplanung im Vordergrund (vgl. auch Abschnitt 9.4.2.2). Die beiden Ansätze zur Realisierung der dynamischen Ressourcenbelegungsplanung stellen somit unabhängige Varianten mit verschiedenen Schwerpunkten dar und können je nach Anwendungsbedürfnissen alternativ eingesetzt werden.

Bei der feature- und teileübergreifenden Optimierung der dynamischen Ressourcenzuweisung besteht eine Reihe von grundlegenden Anforderungen, die eine bloße Erweiterung der Spezifikationssprache SORC um featureübergreifende Konstrukte als Lösungsansatz ausscheiden lassen. So würde der zur Verfügung stehende Planungszeitraum bei einer Anreicherung von SORC um diese neuen Konstrukte wegen der wesentlich höheren Planungskomplexität bei simultaner Betrachtung mehrerer Bearbeitungsschritte oft überschritten. Außerdem erlaubt die für SORC charakteristische individuelle Festlegung der Gütekriterien für Einzelfeatures im allgemeinen Fall keine Vergleichbarkeit mit den parallel einzuplanenden Bearbeitungsschritten. Aus diesen Gründen wird für die featureübergreifende Betrachtung ein grundsätzlich anderes Planungsmodell zugrunde gelegt, das im nachfolgenden Abschnitt in den wesentlichen Punkten näher erläutert wird; eine umfassendere Darstellung ist in [Vorm 90] zu finden.

### 13.3.1 Planungsmodell

Das grundlegende Planungsmodell für die featureübergreifende Optimierung der Ressourceneinsatzplanung wurde bereits in Abschnitt 9.4.2.2 vorgestellt. Charakteristisch ist die Bereitstellung ausführbarer Bearbeitungsschritte in einem Arbeitsgangpool mit ausführbereiten Fertigungsoperationen, in den Arbeitsgänge verschiedener herzustellender Teile simultan eingetragen werden. Aus diesem Pool wird nach dem in CSS verfolgten 'Pull'-Konzept ([OwSH 88]) bei Freiwerden einer Maschine der 'optimal passende' nächste Arbeitsgang ausgewählt. Bei der Bewertung der ausführbereiten Bearbeitungsschritte erfolgt auch eine begrenzte Vorausschau auf die künftige Belegungssituation auf Werkstattebene, um dem Ziel einer Globaloptimierung der Belegungsplanung so nahe wie möglich zu kommen.

Um die Planungskomplexität bei der featureübergreifenden Optimierung der dynamischen Ressourcenzuweisung wirksam zu begrenzen, sind einige Modellannahmen unerläßlich, die im wesentlichen folgende Bereiche betreffen:

- Die Bearbeitungsmaschinen stellen die primären Ressourcen auf Werkstattebene dar. Die Optimierung der Belegungsplanung bezieht sich deshalb nur auf die Maschinenbelegung. Weitere Ressourcentypen werden nur als Fertigungshilfsmittel betrachtet, deren Bereitstellung autonom auf Werkstattebene sicherzustellen ist.

- In einer Maschine kann nur maximal ein Werkstück aufgenommen werden, und eine Maschine kann zu einem Zeitpunkt maximal einen Arbeitsgang ausführen. Die Abarbeitung eines Arbeitsgangs wird als ununterbrechbar und fehlerfrei angenommen.[*]

- An Wechselzeiten werden im Planungsmodell lediglich Werkstücktransporte zwischen Maschinen betrachtet; Handhabungsoperationen für Fertigungshilfsmittel (z.B. Werkzeuge, Spannmittel) werden autonom auf Werkstattebene durchgeführt.

- Werkstücke können dynamisch in die Fertigung eingelastet werden, d.h. die Freigabezeitpunkte für Fertigungsaufträge sind nicht vorbestimmt.

- Werkstücke werden durch einen *bewerteten Featuregraphen* beschrieben, der zu jedem Bearbeitungsschritt neben den sichtenspezifischen Featureparametern die möglichen Bearbeitungsmaschinen und voraussichtlichen Bearbeitungszeiten angibt.

---

[*] Fehler bei der Abarbeitung eines Arbeitsgangs können im Kontrollsystem durch Zurückstellen des Arbeitsgangs in den Arbeitsgangpool und Außerbetriebnahme der Maschine bis zur Beseitigung der Störung berücksichtigt werden.

Der letzte Punkt macht deutlich, daß bei der featureübergreifenden Optimierung der Resssourcenbelegungsplanung direkt auf einer erweiterten Featuregraph-Datenstruktur aufgebaut wird. Die Aufgabe der SSM-Komponente reduziert sich entsprechend auf die Ermittlung der potentiellen Maschinenkandidaten und der geschätzten Bearbeitungszeiten zu jedem Bearbeitungsschritt.

Als Modellparameter fließen in den Planungsprozeß neben den ressourcenspezifischen Bearbeitungszeiten der aktuelle Bearbeitungszustand des Werkstücks, der Belegungszustand der Maschinen ('frei', 'belegt'), die Restzeit einer etwaigen Belegung, das einer Maschine aktuell zugeordnete Werkstück sowie frei definierbare Kostenfaktoren für Maschinen und Werkstücke ein. Über diese Kostenfaktoren kann der Planungsprozeß dynamisch beeinflußt und somit die Verfolgung einer bestimmten Belegungsstrategie erzwungen werden (siehe Abschnitt 13.3.2.3).

### 13.3.2 Auswahl von Arbeitsgängen

Die Vorgehensweise bei der dynamischen Bereitstellung ausführbereiter Arbeitsgänge im Arbeitsgangpool wurde bereits in Abschnitt 9.4.2.2 grundsätzlich aufgezeigt. Die Hauptaufgabe bei der featureübergreifenden Ressourcenbelegungsplanung liegt in der Auswahl eines passenden Arbeitsgangs bei Freiwerden einer Maschine. Bevor auf verschiedene Zuordnungsstrategien und die zugehörige Strategieüberwachung und -steuerung eingegangen wird, erfolgt nachstehend eine Erläuterung des den verschiedenen Zuordnungsstrategien zugrundeliegenden Suchverfahrens.

*13.3.2.1 Der A*-Algoritmus zur Suche 'optimaler' Arbeitsgänge*

Die Auswahl eines für eine anfordernde Maschine möglichst gut passenden Arbeitsgangs aus dem Arbeitsgangpool kann als Suchvorgang nach einem 'optimalen' Kandidaten interpretiert werden. Da die featureübergreifende Optimierung der Ressourcenbelegungsplanung bei der für die Erzielung eines globalen Optimums erforderlichen vorausschauenden Planung auf der Featuregraph-Datenstruktur operieren muß, stellt sich die Arbeitsgangauswahl als ein spezieller Graphensuchalgorithmus dar. Im vorliegenden Fall wird ein einstufiges heuristisches Suchverfahren eingesetzt, das eine Erweiterung der Uniformkostensuche darstellt ([Nils 80]).

Das Ziel des eingesetzten Graphensuchalgorithmus ist die Identifikation von Maschinenbelegungssequenzen vorgegebener Länge mit möglichst geringen Kosten. Ausgehend von den momentan im Arbeitsgangpool vorhandenen Arbeitsgangkandidaten soll eine Zuteilungsreihenfolge gefunden werden, die maschinenübergreifend zu einer möglichst geringen Gesamtausführdauer aller zur Bearbeitung anstehender Fertigungsaufträge führt. Dabei müssen durch die Abarbeitung von Vorgängerarbeitsgängen dynamisch in den Pool aufgenommene neue Arbeitsgänge berücksichtigt werden. Durch eine Zuteilstrategie (siehe Abschnitt 13.3.2.2) wird auf Grundlage der ermittelten minimalen Sequenzen von Arbeitsgangzuteilungen für eine freiwerdende Maschine ein optimal passender Arbeitsgang ausgewählt.

Das Grundprinzip des für die featureübergreifende Arbeitsgangauswahl eingesetzten Suchverfahrens umfaßt folgende Einzelschritte:

1. Füge die Startknoten $s_i$ der Suchgraphen in die Liste OPEN ein und berechne für jeden dieser Knoten die Kosten $f^*(s_i)$.

2. Falls die Liste OPEN leer ist, existiert keine Lösung.

3. Wähle aus der Liste OPEN einen Knoten i mit minimalen Kosten $f^*(i)$.

4. Entferne den Knoten i aus der OPEN-Liste und füge ihn in die Liste CLOSED ein.

5. Falls der Knoten i ein Zielknoten ist oder die maximale Sequenzlänge erreicht ist, wurde eine Lösung gefunden; die Suche kann beendet werden.

6. Falls der Knoten i kein Zielknoten ist:
Expandiere den Knoten i, indem für jeden Nachfolgeknoten j die Kosten $f^*(j)$ berechnet werden und j in die OPEN-Liste eingefügt wird. Erzeuge einen Verweis vom Knoten j auf den Knoten i zur Erzeugung des Lösungspfads in Schritt 5.

7. Fahre fort mit Schritt 2.

Die im ersten Schritt des Suchverfahrens angesprochenen Startzustände bilden im vorliegenden Fall alle Featureknoten im Arbeitsgangpool. Im Laufe der Suche werden sukzessive Sequenzen von Arbeitsgängen ermittelt (Schritt 6), die eine gemäß den Restriktionen in den Featuregraphen zulässige Ausführreihenfolge beschreiben. Die bereits angesprochene Begrenzung des Vorausschauhorizonts beim Planen wird durch eine Limitierung der zu betrachtenden Sequenzlänge vorgegeben (Schritt 5).

Der auf diesem grundlegenden Graphensuchverfahren basierende $A^*$-Algorithmus verwendet als Bewertungsfunktion $f^*$ die Funktion

$$f^*(n) = g(n) + h^*(n),$$

wobei die Funktion g die akkumulierten Kosten vom Startknoten bis zum Knoten n beschreibt und $h^*$ eine Schätzfunktion für die Kosten des Erreichens eines Zielzustands darstellt. Die Funktion g setzt sich für einen Startknoten s folgendermaßen zusammen:

$$g(s) = p_{Werkstück} * p_{Maschine} * (g_{warten} + g_{wechseln} + g_{bearbeiten}),$$

wobei $p_{Werkstück}$ und $p_{Maschine}$ die Gewichtungen des Werkstücks und der abarbeitenden Maschine und $g_{warten}$, $g_{wechseln}$ und $g_{bearbeiten}$ die Kosten für die eventuell erforderlichen Wartezeiten auf die Maschine, die Werkstück-Wechselkosten und die eigentlichen Bearbeitungskosten beschreiben. Für Nicht-Startknoten n entfällt der Anteil $g_{warten}$, da die anfordernde Maschine per definitionem frei für eine Bearbeitung ist. Die Kosten für diese Knoten ergeben sich somit zu

$$g(n) = g(n-1) + p_{Werkstück} * p_{Maschine} * (g_{wechseln} + g_{bearbeiten}).$$

Die anwendungsspezifisch definierbare Funktion h erweitert die durch die Funktion g beschriebene Uniformkostensuche um einen heuristischen Anteil, der kennzeichnend für den $A^*$-Algorithmus ist. Genügt diese Funktion den Bedingungen

1. $h^*(n) >= 0$ und

2. $h^*(n) <= h(n)$ (Zulässigkeitbedingung),

wobei $h(n)$ die tatsächlich anfallenden Restkosten angibt, so liefert der $A^*$-Algorithmus sogar eine optimale Lösung. Durch eine günstige Festlegung der Heuristik $h^*$ kann eine zielgerichtete Auswahl der zu expandierenden Knoten erfolgen, d.h die Anzahl unnötig expandierter Knoten wird minimiert. Die Abschätzung der Restkosten $h(n)$ ist bei umfangreichen Suchproblemen erforderlich, da die realen Kosten oft nicht oder nur mit unverhältnismäßig hohem Aufwand ermittelt werden können.

Die Anwendung des geschilderten Suchverfahrens als Uniformkostensuche ohne Verwendung einer Heuristik auf das in Abbildung 13-3 gezeigte Szenario führt unter den Annahmen

- alle Maschinen- und Werkstückgewichte sind gleich 1,

- die Maschinenwechselzeiten betragen generell fünf Zeiteinheiten,

- die Wartezeiten sind gleich 0, d.h. alle Maschinen sind im Ausgangszustand unbelegt und

- die Zuteilanforderung erfolgte durch Maschine $M_1$

zu folgenden Teilsuchschritten:

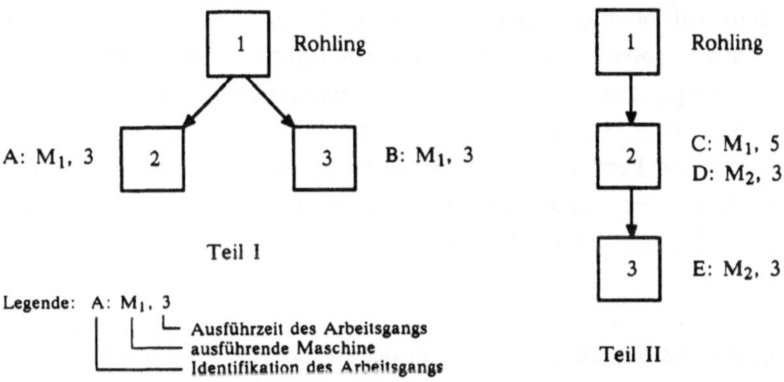



Abbildung 13-3:  Beispielfeaturegraphen für eine Ressourcenbelegungsplanung mit begrenztem Vorausschauhorizont

1. Erzeugen der Startsequenzen:
   OPEN-Liste: [A, 8], [B, 8], [C, 10];

2. Expandieren der Sequenz [A, 8]:
   OPEN-Liste: [B, 8], [C, 10], [AB, 11], [AD, 16], [AC, 18];

3. Expandieren der Sequenz [B, 8]:
   OPEN-Liste: [C, 10], [AB, 11], [BA, 11], [AD, 16], [BD, 16], [AC, 18], [BC, 18];

4. Expandieren der Sequenz [C, 10]:
   OPEN-Liste: [AB, 11], [BA, 11], [AD, 16], [BD, 16], [AC, 18], [BC, 18],
   [CA, 18], [CB, 18], [CE, 18];

5. Expandieren der Sequenz [AB, 11]:
   OPEN-Liste: [BA, 11], [AD, 16], [BD, 16], [AC, 18], [BC, 18], [CA, 18],
   [CB, 18], [CE, 18], [ABD, 19], [ABC, 21];

6. ...

Ein Zwischenzustand im Suchprozeß wird als Paar [Arbeitsgang-Sequenz, akkumulierte
Kosten] dargestellt, wobei eine Arbeitsgang-Sequenz die Reihenfolge der Arbeitsgangzuweisungen an die Maschinen beschreibt. Durch Belegungen von Maschinen
mit anderen Arbeitsgängen können Wartezeiten auftreten. Die Ausführzeiten im
ersten Schritt ergeben sich durch die Einlegekosten der Werkstücke, die als normale
Werkstück-Wechselkosten betrachtet werden. Zum Auffinden der optimalen Ziel-
sequenz [ABDE, 22] müssen im vorliegenden Fall 21 der 31 möglichen Expansionsschritte durchgeführt werden; dabei werden 38 der 48 möglichen Arbeits-
gangsequenzen abgeleitet.

Der Aufwand zum Auffinden der optimalen Lösung des in Abbildung 13-3 gezeigten Ressourcenbelegungsproblems läßt sich durch den Einsatz einer Heuristik weiter reduzieren. Im vorliegenden Ansatz wird eine Schätzfunktion für die Restkosten der Bearbeitung eingesetzt, die ohne zusätzliche Maßnahmen in der Vorverarbeitung allein aus den aktuellen Fertigungsdaten abgeleitet werden kann. Grundlegend für diese Heuristik ist die Festlegung der maximal zu betrachtenden Sequenzlänge *seq_len*, mit deren Hilfe die Restkosten einer Sequenz folgendermaßen abgeschätzt werden können:

1. Bilde eine Liste der Länge *seq_len*, in der die *seq_len* günstigsten gewichteten Bearbeitungskosten für die abzuarbeitenden Features enthalten sind; jedes Feature darf nur einmal in der Liste vorkommen.

2. Setze *resl_len* := *seq_len* – Länge der aktuellen Sequenz.

3. Streiche alle Features aus der Liste, die schon in der Sequenz enthalten sind.

4. Nehme von der Restliste die ersten *rest_len* Elemente und summiere ihre Kosten auf; diese Summe bildet die Abschätzung für die Restkosten.

Diese Heuristik genügt der weiter oben angegebenen Zulässigkeitsbedingung, so daß auch mit dem Einsatz der Heuristik das Optimum gefunden wird. Expandiert werden muß im Graphensuchalgorithmus immer der Knoten in der Liste mit dem geringsten Summenwert aus Realkosten und Schätzkosten; bei mehreren Kandidaten werden Sequenzen größerer Länge bevorzugt. Für das vorgestellte Beispielszenario führt der Einsatz der Heuristik zu folgenden Suchschritten, wobei ein Tripel [Arbeitsgangsequenz, akkumulierte Realkosten, Restkostenschätzwert + bisherige Realkosten] den Zwischenzustand des Suchprozesses beschreibt:

1. Erzeugen der Startsequenzen:
   OPEN-Liste: [A, 8, 17], [B, 8, 17], [C, 10, 19];

2. Expandieren der Sequenz [A, 8, 17]:
   OPEN-Liste: [B, 8, 17], [C, 10, 19], [AB, 11, 17], [AD, 16, 22], [AC, 18, 24];

3. Expandieren der Sequenz [B, 8, 17]:
   OPEN-Liste: [AB, 11, 17], [BA, 11, 17], [C, 10, 19], [AD, 16, 22], [BD, 16, 22],
   [AC, 18, 24], [BC, 18, 24];

4. Expandieren der Sequenz [AB, 11, 17]:
   OPEN-Liste: [BA, 11, 17], [C, 10, 19], [ABD, 19, 22], [AD, 16, 22],
   [BD, 16, 22], [ABC, 21, 24], [AC, 18, 24], [BC, 18, 24];

5. Expandieren der Sequenz [BA, 11, 17]:
   OPEN-Liste: [C, 10, 19], [ABD, 19, 22], [BAD, 19, 22], [AD, 16, 22],
   [BD, 16, 22], [ABC, 21, 24], [BAC, 21, 24], [AC, 18, 24],
   [BC, 18, 24];

6. Expandieren der Sequenz [C, 10, 19]:
   OPEN-Liste: [ABD, 19, 22], [BAD, 19, 22], [AD, 16, 22], [BD, 16, 22],
   [ABC, 21, 24], [BAC, 21, 24], [AC, 18, 24], [BC, 18, 24],
   [CA, 18, 24], [CB, 18, 24], [CE, 18, 24];

7. Expandieren der Sequenz [ABD, 19, 22]:
   OPEN-Liste: [ABDE, 22, 22], [BAD, 19, 22], [AD, 16, 22], [BD, 16, 22],
   [ABC, 21, 24], [BAC, 21, 24], [AC, 18, 24], [BC, 18, 24],
   [CA, 18, 24], [CB, 18, 24], [CE, 18, 24];

8. Die Sequenz [ABDE, 22, 22] hat maximale Sequenzlänge bei minimalen
   Kosten.

Im Gegensatz zu den 21 Expansionsschritten bei der Uniformkostensuche müssen
nur noch sieben der maximal möglichen 31 Expansionsschritte durchgeführt
werden; außerdem werden nur noch 18 der 48 möglichen Sequenzen erzeugt. Der
Suchaufwand verringert sich durch den Einsatz der Heuristik somit gegenüber der
Uniformkostensuche auf deutlich unter die Hälfte.

In die eingesetzte Heuristik floß neben der Restkostenabschätzung implizit bereits
eine weitere Maßnahme zur Aufwandsreduzierung bei der Suche mit ein, nämlich
die Bevorzugung längerer Sequenzen bei gleichen Kosten für die Auswahl der
nächsten zu expandierenden Sequenz. Weitere Heuristiken, etwa Möglichkeiten zur
dynamischen Gewichtung der Bewertungsfunktion $f^*$ und Kriterien, die das Erzeugen
der Nachfolgersequenz unter Umständen verhindern, sind in [Vorm 90] zu finden.

### 13.3.2.2 Zuteilungsstrategien

Mit dem $A^*$-Graphensuchalgorithmus kann bei Freiwerden einer Maschine eine
für die aktuelle Situation optimale Belegungssequenz vorgegebener Länge ermittelt
werden. In der Suche werden nur die für die anfordernde Maschine gültigen Optimierungskriterien berücksichtigt. Übergreifende Optimierungskriterien müssen
deshalb über Zuteilstrategien in die Ressourcenbelegungsplanung eingebracht
werden. In der durchgeführten prototypischen Realisierung wurden zwei verschiedene Zuteilstrategien implementiert. Bei der ersten Strategie wurde auf Einfachheit
Wert gelegt, weshalb die Auswahl eines Arbeitsgangs für eine Maschine ausschließlich aus Maschinensicht optimiert wird. Bei der zweiten Zuteilstrategie wird
versucht, hieraus resultierende ungünstige Zuteilungen durch eine kombinierte Optimierung nach Maschinen- und Werkstückkriterien zu verbessern.

Die erste, maschinenbezogen optimierende Zuteilstrategie zur featureübergreifenden Ressourcenbelegungsplanung verläuft in folgenden Teilschritten:

1. Suche für jede Zuteilanforderung pro Teil einen optimalen Arbeitsgang. Berücksichtige dabei auch Anforderungen von Maschinen, die zu einem früheren Zeitpunkt nicht erfolgreich bearbeitet werden konnten.

2. Wähle aus den im ersten Schritt identifizierten Arbeitsgang-Kandidaten den bei Betrachtung der zugehörigen Folgebelegungssequenz optimalen Arbeitsgang aus und weise ihn der entsprechenden Maschine zu. Bei mehreren simultanen Belegungsanforderungen können Maschinen unberücksichtigt bleiben, da ein Werkstück zu einem Zeitpunkt nur auf einer Maschine bearbeitet werden kann.

Die Wirkung dieser Zuteilstrategie wird an dem in Abbildung 13-4 gezeigten einfachen Szenario verdeutlicht. Dabei soll gelten, daß zum Zeitpunkt 0 die drei Maschinen $M_1$, $M_2$ und $M_3$ simultan eine Zuweisungsanforderung stellen, die Maschinenwechselzeit fünf Zeiteinheiten beträgt, die Sequenzlänge beim Suchen gleich 3 ist und die Maschinen- und Werkstückgewichte gleich 1 sind. Mit 'Sequenz' ist die maschinenübergreifende Folgebelegungssequenz bezeichnet.

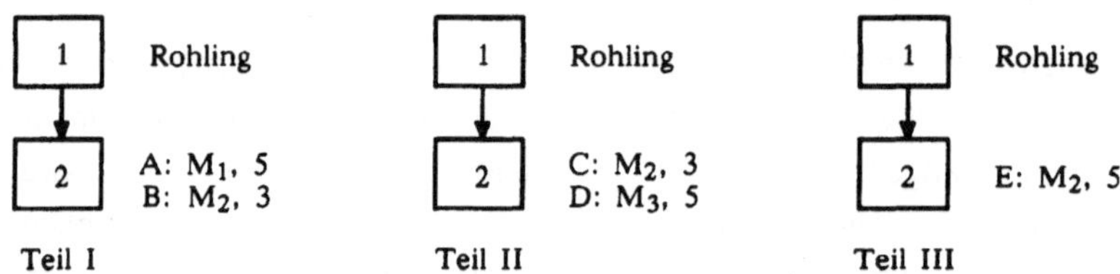


Abbildung 13-4:  Szenario für eine Maschinenzuteilung

Die angegebene Zuteilstrategie führt zur Ermittlung folgender Arbeitsgänge:

| Maschine | Teil | Arbeitsgang | Sequenz | Kosten | Bearbeitungszeit |
|----------|------|-------------|---------|--------|------------------|
| $M_1$ | I  | A | ACE | 28 | 10 |
| $M_2$ | II | C | CAE | 28 | 8  |
| $M_3$ | II | D | DAE | 30 | 10 |

Gemäß dem Zuteilkriterium im zweiten Schritt wird Arbeitsgang A an Maschine $M_1$ und Arbeitsgang C an Maschine $M_2$ zugewiesen (vgl. Abbildung 13-5). Arbeitsgang D kann an Maschine $M_3$ nicht zugewiesen werden, da er zu Teil II gehört und dieses bereits Maschine $M_2$ zugeteilt wurde. Bei Freiwerden der Maschine $M_2$ zum Zeitpunkt 8 (5 Zeiteinheiten Werkstückeinlegezeit + 3 Zeiteinheiten Bear-

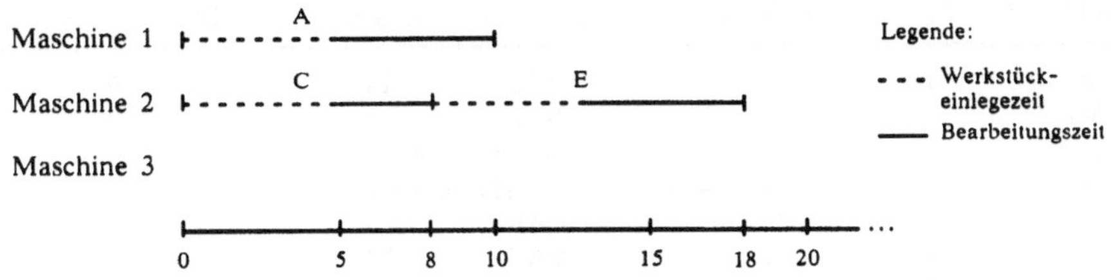



Abbildung 13-5:   Gantt-Diagramm zur Maschinenbelegungsplanung mit
einfacher Zuteilstrategie

beitungszeit) wird Arbeitsgang E an Maschine $M_2$ zugewiesen; Maschine $M_3$ steht
weiterhin leer. Insgesamt werden zur Abarbeitung der drei Teile 18 Zeiteinheiten
benötigt, wobei die summierte sequentielle Gesamtbearbeitungszeit der Teile ohne
Parallelarbeit in den Maschinen 28 Zeiteinheiten beträgt.

Das Grundproblem bei der Verwendung der vorgestellten einfachen Zuteilstrategie
liegt darin, daß der Maschinenauslastung wenig Beachtung geschenkt wird. Dies
liegt daran, daß bei alternativen Ausführmöglichkeiten ein Arbeitsgang bevorzugt
'billigen' Maschinen zugewiesen wird. Im obigen Beispiel führte dies zu einer Nicht-
berücksichtigung von Maschine $M_3$. Bei Zuweisung von Arbeitsgang D an Maschine
$M_3$ und Arbeitsgang E an Maschine $M_2$ würde sich zwar die aufsummierte Gesamtbearbeitungszeit der Teile auf 30 Zeiteinheiten erhöhen, die Gesamtausführungs-
dauer der Bearbeitungen würde jedoch auf 10 Zeiteinheiten sinken.

Zur Beseitigung des aufgezeigten Defizits der einfachen Zuteilstrategie können
die Maschinen- und Werkstückgewichte herangezogen werden, was aber Auswirkungen bis in die Vorermittlung der Teilegewichte nach sich zieht (siehe Abschnitt
13.3.2.3). Eine Alternative hierzu stellt die Verwendung einer komplexeren Zuteilstrategie dar, die eine simultane Betrachtung von Maschinen- und Werkstückanfor-
derungen an die Ressourcenzuweisung durchführt. Diese Strategie beruht auf
folgenden Teilschritten:

1. Für jedes Paar von Maschinen und Werkstücken wird ein optimal passender
   Arbeitsgang gesucht, d.h. beim Suchvorgang werden jeweils sowohl die
   anfordernde Maschine als auch die abzuarbeitenden Teile berücksichtigt.

2. Aus den ermittelten Arbeitsgängen werden pro Maschine diejenigen mit
   den jeweils geringsten Kosten ausgewählt, wobei zusätzlich so viele Zuteil-
   anforderungen wie möglich erfüllt werden sollen; nicht erfüllbare Anforderungen müssen zu einem späteren Zeitpunkt erneut bearbeitet werden.

Für das in Abbildung 13-4 gezeigte Beispiel wird mit dieser Strategie im ersten
Schritt folgende Liste aufgebaut:

| Maschine | Teil | Arbeitsgang | Sequenz | Kosten | Bearbeitungszeit |
|---|---|---|---|---|---|
| $M_1$ | I | A | ACE | 28 | 10 |
| $M_1$ | II | B | BCE | 30 | 10 |
| $M_1$ | III | ------------- keine Lösung ------------- | | | |
| $M_2$ | I | ------------- keine Lösung ------------- | | | |
| $M_2$ | II | C | CAE | 28 | 8 |
| $M_2$ | III | E | EAC | 28 | 10 |
| $M_3$ | I | ------------- keine Lösung ------------- | | | |
| $M_3$ | II | D | DAE | 30 | 10 |
| $M_3$ | III | ------------- keine Lösung ------------- | | | |

Im zweiten Schritt werden folgende Arbeitsgangzuweisungen durchgeführt (vgl. Abbildung 13-6):

$$(M_1, A), (M_2, E) \text{ und } (M_3, D).$$

Die Anzahl der Suchvorgänge hat sich von maximal

$$\sum_{i=0}^{\text{Anzahl der Werkstücke}} (\text{Anzahl der Maschinen} - i)$$

im Fall der einfachen Zuteilstrategie auf

$$\text{Anzahl der Maschinen} * \text{Anzahl der Werkstücke}$$

erhöht. Da die komplexere Strategie auch nicht in jedem Fall zu einer besseren Maschinenauslastung führt, ist im entwickelten Prototypen auch die Möglichkeit der Steuerung der Zuteilstrategie über Maschinen- und Werkstückgewichte vorgesehen, die nachfolgend erläutert wird.

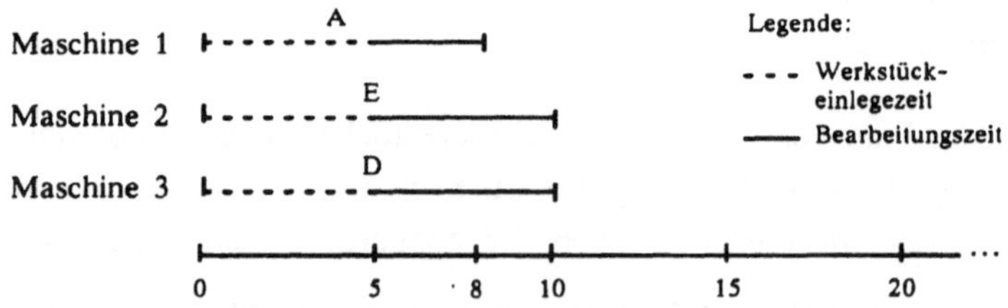


Abbildung 13-6: Gantt-Diagramm zur Maschinenbelegungsplanung mit komplexer Zuteilstrategie

### 13.3.2.3 Strategieüberwachung und -steuerung

Die Möglichkeiten der Steuerung der Zuteilstrategie bei der Ressourcenbelegungsplanung beschränken sich im entwickelten Prototypen auf die statische Vorgabe von Maschinen- und Werkstückgewichten. Hierdurch können Strategien wie z.B. eine kostenoptimale Fertigung (Gleichsetzen aller Gewichte), eine gute Maschinenauslastung bzw. Vermeidung von Engpässen (höhere Gewichtung von potentiellen Engpaßmaschinen) oder eine hohe Termintreue für Prioritätenteile (höhere Werkstückgewichtung) realisiert werden.

In einer weiteren Ausbaustufe des DRS-Systems können die Maschinen- und Werkstückgewichte während der Planungsphase auch dynamisch verändert werden, um beim Erkennen von Strategieabweichungen automatisch korrigierend einzugreifen. Hierzu bietet sich der Einsatz eines Expertensystems an. Das im Prototypen realisierte Simulationssystem ist bereits auf die Verarbeitung sich dynamisch ändernder Gewichtungen ausgelegt.

## 13.3.3 Implementierung

Das DRS-Programmsystem zur featureübergreifenden Optimierung der Ressourcenbelegungsplanung wurde in zwei funktional weitgehend identischen Prototypen realisiert, einer datenbankgestützten und einer objektorientierten Implementierung. Nachfolgend wird nur die datenbankgestützte Variante vorgestellt; Einzelheiten zur objektorientierten Realisierung können [Fünf 91] entnommen werden.

### 13.3.3.1 Systemumgebung

Im Zentrum der Realisierung der featureübergreifenden DRS-Komponente steht ein Simulationssystem, mit dem verschiedene Szenarien und Strategien der Ressourcenbelegungsplanung durchgespielt werden können. Dieses Simulationssystem wurde unter Verwendung des relationalen Datenbanksystems VAX/RdB der Firma Digital Equipment und der in die Programmiersprache C eingebetteten Datenbankmanipulationssprache SQL auf einem Rechner vom Typ MicroVAX II unter dem Betriebssystem VAX/VMS implementiert. Jeder Simulationslauf besteht aus einer Systeminitialisierung, der eigentlichen Simulationsschleife und der Auswertung der Simulationsergebnisse. Diese Schritte werden nach einer Übersicht über den grundsätzlichen Programmaufbau nachfolgend im Überblick vorgestellt; weitere Einzelheiten sowie der Quellcode des realisierten Programmsystems sind in [Vorm 90] zu finden.

### 13.3.3.2 Programmstruktur und Simulationsverlauf

Die Initialisierung eines Simulationslaufs erfolgt in mehreren Schritten (Abbildung 13-7). Zunächst werden durch das Programm 'DB_INIT' die während der Simulation benötigten Datenbankrelationen erzeugt. In diese Relationen trägt das Programm 'FEATURE_INIT' entsprechend der durch FREDOS und SSM ermittelten Teiledaten die Informationen der bewerteten Featuregraphen zu den herzustellenden Teilen ein. Die Ausführzeiten für einen Bearbeitungsschritt werden derzeit manuell über eine Konfigurationsdatei vorgegeben, da im SSM-Teil keine entsprechende Zeitenermittlungskomponente realisiert ist.

Nach dem Aufruf des eigentlichen Simulationsprogramms 'SIM_DRS' werden zur Initialisierung der Simulationsschleife aus einer Konfigurationsdatei die zur Verfügung stehenden Maschinen unter Angabe des aktuellen Belegungszustands, der Maschinenwechselzeiten und der einzelnen Maschinengewichtungen eingelesen. Der Ablauf der Simulation wird über eine Ereignisdatei festgelegt. Als Ereignisse können spezifiziert werden:

- das Einlasten neuer Werkstücke,

- die Änderung von Maschinen- und Werkstückgewichten und

- die jeweils erste Zuteilanforderung einer Maschine.

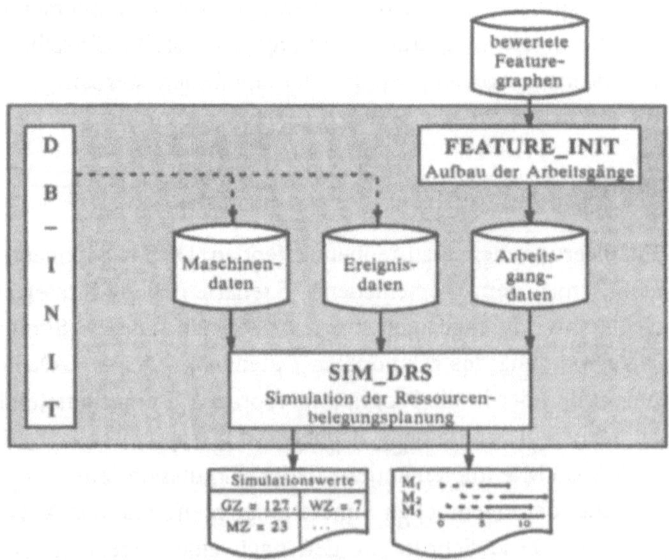


Abbildung 13-7: Programmstruktur der datenbankgestützten, featureübergreifend optimierenden DRS-Implementierung

Anhand dieser vorgegebenen Ereignisse wird eine Ereignisliste aufgebaut, die in der nachfolgend dargestellten Simulationsschleife abgearbeitet wird.

In der Simulationsschleife wird die bei der Systeminitialisierung aufgebaute Ereignisliste schrittweise und ereignisgesteuert abgearbeitet, d.h. im Programmsystem werden nur die Zeitpunkte betrachtet, zu denen ein Ereignis eintritt. Zunächst werden innnerhalb der Simulationsschleife der nächste Simulationszeitpunkt sowie die seit dem letzten Zeitpunkt verstrichene Zeit berechnet. Hierbei werden auch die Maschinenzustandsdaten durch Abzug der verstrichenen Simulationszeit von der Restbelegungszeit der Maschinen aktualisiert. Für die Auswertung der Simulationsergebnisse werden anschließend die Simulationsspur und die Statistiken aktualisiert. Nach einer Sicherung der aktuellen Betriebsmittelzustände wird schließlich das DRS-Kernsystem mit den Komponenten Suchalgorithmus, Zuteilstrategie sowie Strategieüberwachung und -steuerung aufgerufen. Die Simulationsschleife terminiert, wenn alle Werkstücke und alle Ereignisse in der Ereignisliste abgearbeitet sind.

Während des Simulationslaufs werden alle relevanten Zustandsveränderungen in einer Simulationsspur festgehalten. Im einzelnen werden hier alle Werkstückeinlastungen, die Zuordnungen von Arbeitsgängen zu Maschinen sowie dynamische Veränderungen von Maschinen- und Werkstückgewichten aufgezeichnet. Anhand der Simulationsspur werden zu Simulationsende verschiedene statistische Auswertungen durchgeführt, beispielsweise eine Ermittlung der Gesamtbearbeitungszeit und eines Maschinenbelegungsplans in Form eines Gantt-Diagramms. Anhand von Simulationen gleicher Auftragssituationen können vor dem tatsächlichen Produktionsfall für typische Belegungssituationen günstige Vorgabeparameter ermittelt werden. Untersuchungen zu den Auswirkungen der Variation zentraler Parameter wie Sequenzlänge, Zuordnungsstrategie oder Maschinen- und Werkstückgewichte bei der featureübergreifenden Optmierung der Ressourcenbelegungsplanung sind in [Vorm 90] beschrieben.

# E  Featurebasierte Produktionskontrollsysteme: Zusammenfassung und Ausblick

In diesem abschließenden Hauptabschnitt wird die Stellung featurebasierter Produktionskontrollsysteme im Rahmen der rechnerintegrierten Einzel- und Kleinserienfertigung mechanischer Bauteile zusammenfassend untersucht. Insbesondere werden wünschenswerte Weiterentwicklungen bzw. Anpasssungen von CAD-, CAPP-, PPS- und CAM-Systemen für den Einsatz in der hochflexiblen rechnerintegrierten Produktion vorgestellt und mögliche Verbindungen zu dedizierten, funktional hochintegrierten Systemen für die Planung komplexer Bearbeitungsvorgänge aufgezeigt.

Das FIPS-Projekt zum Aufbau eines rechnerintegrierten Produktionskontrollsystems verfolgt die grundlegende Zielsetzung, auf der Basis bestehender Teilkomponenten zur Teileproduktion ein durchgängiges Gesamtsystem zu schaffen. Die Leitlinie hierbei bilden die eingangs der Arbeit aufgestellten Anforderungen an Planungs- und Kontrollsysteme zur Einzel- und Kleinserienfertigung mechanischer Bauteile hinsichtlich Flexibilität, Durchgängigkeit und Redundanzfreiheit, Erweiterbarkeit, Automatisierung sowie Fehlertoleranz und Adaptivität. Die Umsetzung dieser Anforderungen im FIPS–System erfolgt durch eine Systematisierung der Anwendung über das Modell abstrakter Bearbeitungsschritte, welches gleichermaßen eine teilsystemübergreifende generische Sicht der Anwendung und einen konkreten gemeinsamen Bezugspunkt für alle Teilsysteme darstellt.

Das im FIPS-Projekt realisierte Produktionskontrollsystem wurde so konzipiert, daß bestehende Basiskomponenten rechnergestützter Produktionssysteme beim Aufbau eines integrierten Gesamtsystems nicht gänzlich neu implementiert werden müssen, sondern vorhandene Funktionalitäten genutzt werden können. Durch die Rückführung der Teilaufgaben der rechnergestützten Teileproduktion auf abstrakte Bearbeitungsschritte, die eine direkte Korrespondenz zu dem im Geometriebereich entwickelten Feature-Ansatz aufweisen, ist die Stellung der Bereiche Konstruktion, Arbeitsvorbereitung, Produktionsplanung und -steuerung sowie Fertigungssteuerung und -überwachung im Kontext rechnerintegrierter Produktionssysteme neu zu überdenken. Die folgenden Ausführungen hierzu sollen anhand der im FIPS-Projekt gesammelten Erfahrungen den Weg zu neuartigen rechnerintegrierten Produktionssystemen aufzeigen.

An der Schnittstelle zur *Konstruktion* gilt, daß die Beschreibung der Teilegeometrie als Eingabe für die Featureanalyse mit einem beliebigen CAD-System erfolgen kann, wenn mit dem CAD-System eine BREP-ähnliche Datenstruktur erzeugbar ist. Daten für die Featureanalyse, die über das 'reine' BREP-Modell hinausgehen (z.B. Attributierungen der Flächen bezüglich ihrer geometrischen Zugänglichkeit), können ohne Maßnahmen im CAD-System durch entsprechende Aufbereitungsroutinen generiert werden. Die meisten der heute gebräuchlichen 3D-CAD-Systeme, auch solche mit hybriden geometrischen Modelliersystemen, weisen die für den Einsatz in hochflexiblen Produktionssystemen erforderliche Funktionalität auf und sind für den Einsatz in Verbindung mit einem generischen Featureanalysesystem hinreichend gut geeignet.

Das Grundproblem der heutigen *Arbeitsvorbereitung* ist, daß sie zwar bis auf die auftragsbezogene dynamische Ressourcenbelegungsplanung alle zur featurebasierten Arbeitsplanung erforderlichen Planungsschritte abdeckt, die Planungsphilosophie meist aber nur auf das Finden eines 'optimalen' Arbeitsplans für eine ganz bestimmte Aufgabe ausgerichtet ist. Wie gezeigt wurde, werden hierdurch schon in produktionsfernen Schritten der Arbeitsvorbereitung schwerwiegende Einschränkungen hinsichtlich der auf Werkstattebene noch nutzbaren Flexibilität getroffen. Vor allem wegen der fehlenden Konzeptionalisierung der Gesamtaufgabe der Arbeitsvorbereitung und der damit einhergehenden mangelnden Wiederverwendung früherer Planungsergebnisse können bestehende Arbeitsplanungssysteme ohne gravierende Eingriffe nur in einigen Teilbereichen zur Realisierung eines flexiblen rechnerintegrierten Produktionskontrollsystems beitragen, etwa bei der Generierung von NC–Programmen. Andererseits reduzieren sich durch die funktionale Spezifikation der Herstellressourcen im FIPS-Konzept die Aufgaben der Arbeitsvorbereitung auf einfache Selektionsprozesse, die mit gebräuchlichen Hilfsmitteln der Datenverarbeitung vergleichsweise leicht verwirklicht werden können. Insgesamt ist in heutigen Arbeitsplanungssystemen für den Einsatz in der hochflexiblen Teileproduktion nicht ein Mangel, sondern eher ein Überfluß an Funktionalität zu konstatieren.

Die Aufgaben der *Produktionsplanung und -steuerung* reduzieren sich bei einer ausgefeilten dynamischen Fertigungssteuerung, wie sie etwa für das FIPS–System charakteristisch ist, im wesentlichen auf die Ermittlung von Rahmenwerten zur Termin- und Kapazitätsplanung. Punktgenaue Planungsvorgaben des PPS-Systems ohne Berücksichtigung der aktuellen Belegungs- und Verfügbarkeitssituation der Herstellressourcen sind durch das Auftreten unvorhergesehener Ereignisse auf Werkstattebene schon häufig obsolet, bevor die entsprechenden Fertigungsaufträge tatsächlich eingelastet sind. Deshalb ist für hochflexible, reaktive Fertigungssteuerungssysteme die Vorgabe relativ grober Rahmenwerte für Start- und Endtermine der Aufträge ausreichend, wenn in der Fertigungssteuerung sichergestellt ist, daß durch eine werkstattnahe, situationsbezogene Feinplanung die Durchlaufzeit aller

Fertigungsaufträge global minimiert wird und so Auftragsverspätungen bis auf das unvermeidbare Maß reduziert werden. Wie auch Arbeitsplanungssysteme, gehen heutige Produktionsplanungs- und -steuerungssysteme oft weit über das nötige Maß an benötigten Planungsvorgaben hinaus und beeinträchtigen somit wesentlich die im Produktionsbereich nutzbare Flexibilität. Insofern ist auch in diesem Bereich eher ein 'Abspecken' bestehender Systeme als eine Bereitstellung zusätzlicher Funktionalität erforderlich.

Für den Aufbau eines automatisierten, durchgängigen Gesamtsystems zur rechnergestützten Teileproduktion ist ein autonomes, rechnergestützes *Fertigungssteuerungs- und -überwachungssystem* unabdingbar. Im Bereich der Bereitstellung und Rückmeldung von Planungsdaten für bzw. an das Fertigungssteuerungs- und -überwachungssystem ist häufig noch eine manuelle Erfassung auf Werkstattebene anzutreffen, was insbesondere aus Gründen der Fehleranfälligkeit für integrierte automatisierte Systeme unzureichend ist. Hinsichtlich der Verarbeitung von NC-Programmen in den Maschinensteuerungen wirkt sich die Tatsache, daß die heutigen Maschinensteuerungen noch individuelle Maschinencodes verwenden, negativ auf die Portierbarkeit der NC-Rumpfprogramme auf verschiedene Bearbeitungsmaschinen aus. Im Bereich der problemorientierten Programmiersprachen ist die Verwendung maschinenneutraler Zwischencodes seit langem üblich; im Fertigungsbereich steht dieses Konzept ebenso wie die Verwendung generischer Prozeduren, also hochparametrisierter teileneutraler NC–Rumpfprogramme, dagegen gerade erst vor der 'Entdeckung'. Insbesondere der unzureichende Wiederverwendbarkeitsgrad der NC-Programme erlaubt keinen Übergang zu einem 'programming in the large' mit zunehmender Abstraktion von Implementierungsdetails, wie dies heute in weiten Bereichen der Informatik zu beobachten ist.

Auch bei Erfüllung der angesprochenen Anforderungen in den bestehenden Komponenten rechnergestützter Produktionssysteme verbleiben für eine durchgängig automatisierte, flexible Produktion noch Aufgaben bestehen, die sich aus der für das Featurekonzept kennzeichnenden Rückführung der Gesamtaufgabe der Teileproduktion auf wenige elementare Bearbeitungsschritte ergeben. Sicherlich lassen sich nicht alle zur kundenindividuellen Teileproduktion erforderlichen Bearbeitungsverfahren und -formen mit dem Featurekonzept in Einklang bringen. Beispielsweise existieren für die mehrdimensionale spanende Bearbeitung von Freiformflächen derzeit noch keine allgemeinen Methoden, die eine Rückführung auf generische Grundoperationen im Sinne des Featuregedankens gestatten. Insofern kann in absehbarer Zeit auf eine teilespezifische individuelle Planung sicherlich nicht völlig verzichtet werden.

Hochintegrierte Planungsverfahren, bei denen die Funktionalität mehrerer rechnergestützter Teilsysteme (z.B. Konstruktions- und NC-Programmiersystem) für die Planung und Ausführung komplexer Bearbeitungsschritte in der Teileproduktion zusammengefaßt sind, wurden in den letzten Jahren in großer Zahl vorgestellt. Kennzeichnend ist hierbei, daß die erweiterte Funktionalität des integrierten Systems auf Benutzerebene sichtbar ist und somit an die Bedienung dieser Systeme wesentlich höhere Anforderungen gestellt werden. Im Gegensatz hierzu wird beim Featureansatz versucht, die Arbeitsteiligkeit im Produktionsplanungs- und -kontrollprozeß beizubehalten. Beide Ansätze weisen unverzichtbare positive Eigenschaften auf, die sich zu einem umfassenden und durchgängigen Gesamtkonzept integrieren lassen. Der Einsatz zeit- und kostenintensiver Planungs- und Kontrollverfahren kann auf die Bearbeitung hochkomplexer Bearbeitungsschritte beschränkt werden; Standardoperationen können dagegen auf der Basis des Modells abstrakter Bearbeitungsschritte vollautomatisch und effizient geplant und ausgeführt werden.

Im Gegensatz zu Bearbeitungsschritten, die mit dem FIPS-System geplant wurden, sind für die komplexen, gesondert geplanten Bearbeitungsschritte in der Regel weitreichende Festlegungen bezüglich der Herstellmethoden und -ressourcen in frühen Planungsschritten unvermeidlich. Deshalb ist hier die Zuteilflexibilität in werkstattnahen Bereichen der Teileproduktion oft nur sehr gering oder fehlt gänzlich. Für eine integrierte Einplanung beider Typen von Bearbeitungsschritten wäre es sinnvoll, die Komplexarbeitsgänge als unverrückbare Eckpfeiler bevorzugt einzuplanen und die für Standardoperationen zur Verfügung stehende Zuteilflexibilität zur Optimierung auf teile- und auftragsübergreifender Ebene zu nutzen. Im Kern entspricht diese Vorgehensweise dem OPT-Verfahren zur Produktionsplanung und -steuerung, wobei die Engpässe im System aber nicht überlastete Ressourcen, sondern nichtvariable Bearbeitungsschritte darstellen. Der Aufbau derartiger integrierter Gesamtsysteme für alle Arten von Bearbeitungsvorgängen stellt eine der großen Zukunftsaufgaben im Bereich der rechnerintegrierten Produktion dar.

# Literaturverzeichnis

[AdLi 87]     Adiga, S.; Li, R.-K.: Research in Applications of Artificial Intelligence Techniques to Generative Process Planning in Manufacturing. In: Kusiak, A. (Hrsg.): Modern Production Management Systems, Amsterdam, New York, Oxford: North Holland Publishing Company, 1987, S. 587 – 598.

[AGMP 84]     Arbeitsgruppe Marktorientierte PPS: Marktorientierte Produktionsplanung und -steuerung (PPS). Industrie Anzeiger 106 (1984) 9: S. 39 – 45

[AMSD 84]     ohne Verfasser: Flexible Manufacturing Systems Handbook. The Charles Stark Draper Laboratories, Inc., Automation and Management Systems Division, Park Ridge: Noyes Publications, 1984

[AnCh 89]     Anderson, D. C.; Chang, T. C.: Automated Process Planning Using Object-Oriented Feature Based Design. In: Krause, F.-L.; Jansen, H. (Hrsg.): Preprints of the GI/IFIP International Symposium on Advanced Geometric Modelling for Engineering Applications, Berlin, 1989, S. 233 – 246

[AnDF 85]     Ansaldi, S.; De Floriani, L.; Falcidieno, B.: Geometric Modeling of Solid Objects by Using a Face Adjacency Graph Representation. Computer Graphics 19 (1985) 3 (SIGGRAPH '85), S. 131 – 139

[AWF 69]     ohne Verfasser: Handbuch der Arbeitsvorbereitung. Teil 1: Arbeitsplanung. AWF/REFA, Berlin, Köln, Frankfurt: Beuth 1969

[BaMe 82]     Baku, K.; Meyer, E.: Wirtschaftliche Fertigungsorganisation für Automobilzulieferer mit FORS. Zeitschrift für wirtschaftliche Fertigung 77 (1982) 10, S. 476 – 480

[BaZd 84]     Barkocy, B. E.; Zdeblick, W. J.: A Knowledge-Based System for Machining Operation Planning. SME Technical Paper MS 84-716

[BCBD 86]    Bensana, E.; Correge, M.; Bel, G.; Dubois, D.: An expert system approach to industrial job-shop scheduling. Proceedings of the 1986 IEEE International Conference on Robotics and Automation, San Francisco, California, 1986, S. 1645 – 1650

[BeKh 86]    Berenji, H. R.; Khoshnevis, B.: Use of Artificial Intelligence in Automated Process Planning. Computers in Mechanical Engineering 5 (1986) 2, S. 47 – 55

[Benn 70]    Bennet, G. B.: An assembly line balancing system based on an experience-gathering heuristic procedure and a branch-and-bound algorithm. Dissertation, Carnegie Mellon University, Pittsburgh, Pennsilvania, 1970

[Biem 89]    Biemans, F. P. M.: A Reference Model for Manufacturing Planning and Control. Dissertation, Universität Twente, Enschede, 1989

[Bloh 88]    Blohm, H. J.: Fabriken von morgen für Märkte von heute. Industrie-magazinReport High-Tech II, 1988

[Brock 86]   ohne Verfasser: dtv-Brockhaus Lexikon. München: Deutscher Taschenbuch Verlag, 1986

[CaFa 88]    Casu, L.; Falcidieno, B.: A feature-based Modeling System built on top of Euler Operators. Technical Report No. 52 I.M.A.C.N.R., Genua, Italien, 1988

[Came 84]    Cameron, S. A.: Modelling solids in motion. Dissertation, Universität Edinburgh, Schottland, 1984

[CAM-I 81]   ohne Verfasser: CAM-I Illustrated Glossary of Workpiece Form Features. Report No. R-80-PP-02.1, Computer Aided Manufacturing International, Inc. (CAM-I), Arlington, Texas, 1981

[CAM-I 82]   ohne Verfasser: Design of an Advanced Numerical Control Processor. Report No. R-82-ANC-01, Computer Aided Manufacturing International, Inc. (CAM-I), Arlington, Texas, 1982

[CAM-I 86]   ohne Verfasser: Part Features for Process Planning. Report No. R-86-PPP-01, Computer Aided Manufacturing International, Inc. (CAM-I), Arlington, Texas, 1986

[Chan 85]    Chang, F. C.: A knowledge-based real-time decision support system for job shop scheduling at the shop floor level. Dissertation, Ohio State University, Ohio, 1985

[ChBA 84]   Choi, B. K.; Barash, M. M.; Anderson, D. C.: Automatic recognition of machined surfaces from a 3D solid model. Computer Aided Design 16 (1984) 2, S. 81 – 86

[ChBy 87]   Choi, J. U.; Byrd, T. A.: Blackboard model implementation in a knowledge-based job-shop scheduling system. Proceeding of the Second International Conference on Computers and Applications, Bejing, China, 1987, S. 605 – 611

[ChCh 85]   Chryssolouris, G.; Chan, S.: An Integrated Approach to Process Planning and Scheduling. Annals of the CIRP 34 (1985) 1, S. 413 – 417

[ChHe 90]   Chuang, S. H; Henderson, M. R.: Three-dimensional shape pattern recognition using vertex classification and vertex-edge graphs. Computer Aided Design 22 (1990) 6, S. 377 – 387

[Chia 82]   Chiang, Y. P.: Parallel Processing and VLSI Architectures for Syntactic Pattern Recognition and Image Analysis. Dissertation, Purdue University, West Lafayette, Indiana, 1982

[Chis 87]   Chisholm, A. W. J.: Design for Economic Manufacture. CIRP Annuals (1973) 22, S. 243 – 247

[Choi 82]   Choi, B. K.: CAD/CAM Compatible, Tool-Oriented Process Planning for Machining Centers. Dissertation, Purdue University, West Lafayette, Indiana, 1982

[ChWy 83]   Chang, T.-C.; Wysk, R.A.: CAD/Generative Process Planning with TIPPS. Journal of Manufacturing Systems 2 (1983) 2, S. 127 – 135

[ChWy 85]   Chang, T.-C.; Wysk, R. A.: An Introduction to Automated Process Planning Systems. Englewood Cliffs: Prentice Hall, 1985

[Clem 84]   Clemmer, G. L.: An artificial intelligence approach to job-shop scheduling. Master Thesis, Sloan School of Management, Massachusetts Institute of Technology, Boston, Massachusetts, 1984

[ClMe 81]   Clocksin, W. F.; Mellish, C. S.: Programming in Prolog. Berlin, Heidelberg, New York: Springer, 1981

[COI 85]   Creative Output Inc. (Hrsg.): Optimized Production Technology (OPT). Eschborn: Firmenschrift, 1985

[CoMa 86]   Conway, R.; Maxwell, W.: Low-level interactive scheduling. In: Jackson, R. H. F.; Jones, A. W. T. (Hrsg.): Real-Time Optimization in Automated Manufacturing Facilities, Proceedings of a Symposium held at the National Bureau of Standards (NBS), Gaithersburgh, Maryland, 1986 (NBS Special Publication 724)

[DaDa 84]   Davies, B. J.; Darbyshire, I. L.: The Use of Expert Systems in Process Planning. Annals of the CIRP 33 (1984) 1, S. 303 – 306

[Date 87]   Date, C. J.: A guide to the SQL standard. Reading: Addison-Wesley, 1987

[DeLa 84]   Descotte, Y.; Latombe, J.-C.: GARI: An Expert System for Process Planning. In: Pickett, M. S.; Boyse, J. W. (Hrsg.): Solid Modeling by Computers – From Theory to Applications, New York, London: Plenum Press, 1984, S. 329 – 344

[DeLa 85]   Descotte, Y.; Latombe, J.-C.: Making Compromises Among Antagonist Constraints in a Planner. Artificial Intelligence 27 (1985) 1, S. 183 – 218

[DIN 84]   DIN Deutsches Institut für Normung e.V.: NC-Maschinen, Normen (Informationsverarbeitung 6). 1. Auflage. Berlin: Beuth, 1984

[DoWo 88]   Dong, X.; Wozny, M.: FRAFES: A Frame-based Feature Extraction System. Proceedings of 1st IEEE International Conference on Computer Integrated Manufacturing, Rensselear Polytechnic Institute, Troy, New York, 1988 S. 296 – 305

[Dunn 82]   Dunn, M.S.: Computerized Production Process Planning for Machined Cylindrical Parts. Proceedings of the 19th Numerical Control Society Technical Conference, Dearborn, 1982, S. 162 – 173

[Earl 70]   Earley, J.: An Efficient Context-Free Parsing Algorithm. Communications of the ACM 13 (1970) 2, S. 94 – 102

[Eber 84]   Eberlein, W.: CAD-Datenbanksysteme. Architektur technischer Datenbanken für integrierte Ingenieursysteme. Berlin, Heidelberg, New York, Tokyo: Springer-Verlag, 1984

[EHHK 84]   Encarnacao, J.; Hellwig, H.-E.; Hettesheimer, E.; Klos, W. F.; Lewandowski, S.; Messina, L. A.; Poths, W.; Rohmer, K.; Wenz, H. (Hrsg.): CAD-Handbuch. Auswahl und Einführung von CAD-Systemen. Berlin, Heidelberg, New York, Tokyo: Springer-Verlag, 1984

[EHLR 80]    Erman, L. D.; Hayes-Roth, F.; Lesser, V. R.; Reddy, D. R.: The Hearsay-II Speech-Understanding System: Integrating Knowledge to Resolve Uncertainty. Computing Surveys 12 (1980) 2, S. 213 – 253

[ElDa 81]    El-Midany, T. T.; Davies, B. J.: AUTOCAP – A Dialogue System for Planning the Sequence of Operations for Turning Components. International Journal of Machine Tool Design and Research 21 (1981) 3/4, S. 175 – 191

[ElPh 80]    ElGomayel, J I.; Philipps, R. H.: Computerized Process Planning for Metal Cutting. Proceedings of the 8th North American Manufacturing Research Conference, 1980, S. 266 – 270

[ElZB 87]    Eliyahu, O.; Zaidenberg, L.; Ben-Bassat, M.: CAMEX – An Expert System for Process Planning on CNC Machines. Proceedings of the 6th National Conference on Artificial Intelligence (AAAI 87), Seattle, Washington, 1987, S. 794 – 798

[Emer 82]    Emerson, C.: An Automated Coding and Process Planning System Using a DEC PDP-10. Computers and Industrial Engineering 6 (1982) 2, S. 159 – 168

[ErKa 86]    van'tErve, A. H.; Kals, H. J. J.: XPLANE, a Generative Computer Aided Process Planning System for Part Manufacturing. Annals of the CIRP, Vol 35, No 1, 1986, S. 325 – 329.

[Erve 88]    van 't Erve, A. H.: Generative Computer Aided Process Planning for Part Manufacturing: An Expert System Approach. Dissertation, Universiteit Twente, Holland, 1988

[EsDa 83]    Eskicioglu, H.; Davies, B. J.: An Interactive Process Planning System for Prismatic Parts (ICAPP). Annals of the CIRP 32 (1983) 1, S. 365 – 370

[Ever 88]    Eversheim, W.: Organisation in der Produktionstechnik. Band 3, Arbeitsvorbereitung. 2. Auflage. Düsseldorf: VDI-Verlag, 1988

[EvCo 89]    Eversheim, W.; Cobanoglu, M.T.: Integrated Process Planning and Part Programming System for Machining Forging Dies. CIRP International Workshop on Computer Aided Process Planning, Hannover, 1989, S. 37 – 53

[EvHZ 80]    Eversheim, W.; Holz, B.; Zons, K.-H.: Applications of Automatic Process Planning and NC-Programming. Proceedings AUTOFACT West, Anaheim, 1980, S. 779 – 800

294

[EvSS 88]   Eversheim, W.; Sossenheimer, K.; Stolz, N.: Montageorientierte
            Produktionssteuerung in Unternehmen mit Einzel- oder Kleinserien-
            produktion. Zeitschrift für wirtschaftliche Fertigung 83 (1988) 9,
            S. 453 – 457

[FaEA 87]   Fargher, H. E.; Elleby, P.; Addis, T. R.: A reactive scheduling system.
            Proceedings IEEE Colloquium on Expert Planning Systems, London,
            England, S. 1 – 3

[FaGi 87]   Falcidieno, B.; Giannini, F.: Feature Extraction and Organisation into
            a Structured Boundary Model. Proceedings EUROGRAPHICS '87,
            North Holland: Elsevier Science Publishers, 1987

[FaGi 89]   Falcidieno, B.; Giannini, F.: Automatic Recognition and Representa-
            tion of Shape-based Features in a Geometric Modeling System.
            Computer Vision, Graphics & Image Processing (1989) 48, S. 93 – 123

[Faux 86]   Faux, I. D.: Reconciliation of Design and Manufacturing Requirements
            for Product Description Data using Functional Primitive Part Features.
            Report N. R-86-ANC/GM/PP-01.1, Computer Aided Manufacturing
            International, Inc. (CAM-I), Arlington, Texas, 1986

[FeHi 90]   Ferreira, J. C. E.; Hinduja, S.: Convex hull-based feature-recognition-
            method for 2.5D components. Computer Aided Design 22 (1990) 1,
            S. 41 – 49

[FFIM 90]   ohne Verfasser: STEP Form Feature Information Model. Unveröffent-
            lichter Arbeitsbericht des ISO/STEP Form Feature Komitees, 1990

[Fike 70]   Fikes, R. E.: REF-ARF: A System for Solving Problems Stated as
            Procedures. Artificial Intelligence 1 (1970), S. 27 – 120

[Fisc 89]   Fischer, T.: Flexible Integration von Produktionssystemen (FIPS):
            Spezifikation der dynamischen Ressourcenzuteilung. Diplomarbeit,
            IMMD VI, Friedrich Alexander Universität Erlangen-Nürnberg, 1989

[Fisc 90]   Fischer, H.: Verteilte Planungssysteme zur Flexibilitätssteigerung der
            rechnerintegrierten Teilefertigung. München, Wien: Hanser, 1990
            (Fertigungstechnik – Erlangen; 11)

[FMSH 84]   ohne Verfasser: Flexible Manufacturing Systems Handbook. The
            Charles Stark Draper Laboratory, Automation and Management
            Systems Division. Park Ridge: Noyes Publications, 1984

[FoAS 82]    Fox, M S; Allen, B.; Strohm, G. A.: Job-shop scheduling: an investigation in constraint-directed reasoning. Proceedings ACM AAAI-82 Conference, S. 155 – 158

[FöHM 86]    Förster, H.; Hoff, H; Miessen, E.: Marktspiegel – PPS-Systeme auf dem Prüfstand. Praxisorientierter Leistungsvergleich von Standardsystemen zur Produktionsplanung und -steuerung (PPS). Köln: Verlag TÜV Rheinland, 1986

[FoSm 84]    Fox, M. S.; Smith, S. F.: ISIS: a knowledge-based system for factory scheduling. Expert Systems 1 (1984) 1, S. 25 – 49

[Fox 83]     Fox, M. S.: Constraint-directed search: a case study of job-shop scheduling. Dissertation, Carnegie-Mellon University, Pittsburgh, Pennsylvania, 1983 (Los Altos: Morgan Kaufmann Publishers, 1987)

[Fox 86]     Fox, M. S.: Observations on the Role of Constraints in Problem Solving. Proceedings of the Annual Conference of the Canadien Society for Computational Studies of Intelligence, Montreal, Quebec, 1986

[FSAS 83]    Fox, M. S.; Smith, S. F.; Allen, B. P.; Strohm, G. A.; Wimberly, F. C.: ISIS: a constraint-directed reasoning approach to job shop scheduling. Proceedings IEEE Conference on Trends and Applications, Gaithersburg, Maryland, 1983, S. 76 – 81

[Fu 82]      Fu, K. S.: Syntactic Pattern Recognition and Applications. Englewood Cliffs: Prentice Hall, 1982

[Fünf 91]    Fünfgelder, O.: Flexible Integration von Produktionssystemen (FIPS): Objektorientierte Realisierung der ressourcenbezogenen Planungsphasen. Studienarbeit, IMMD VI, Friedrich Alexander Universität Erlangen-Nürnberg, 1991

[GAHP 89]    Grabowski, H.; Anderl, R.; Holland-Letz, V.; Pätzold, B.; Suhm, A.: An Integrated CAD/CAM-System for Product and Process Modelling. In: Krause, F.-L.; Jansen, H. (Hrsg.): Preprints of the GI/IFIP International Symposium on Advanced Geometric Modelling for Engineering Applications, Berlin, 1989, S. 389 – 406

[Gaus 87]    Gausemeier, J.: CAD/CAM-Systeme in der Fertigungsautomatisierung. Sonderheft Fertigungsautomatisierung, Automatisierungstechnische Praxis (1987)

[Gere 62]        Gere, W. S.: A heuristic approach to job shop scheduling. Dissertation, Carnegie Institute of Technology, Pittsburgh, Pennsylvania, 1962

[GGHS 85]       Giese, E.; Görgen, K.; Hinsch, E.; Schulze, G.; Truöl, K.: Dienste und Protokolle in Kommunikationssystemen – Die Dienst- und Protokoll-schnittstelle der ISO-Architektur. Berlin, Heidelberg, New York: Springer-Verlag, 1985

[GoCo 84]       Goldratt, E. M.; Cox, J.: The Goal – Excellence in Manufacturing. New York: North River Press, 1984

[Görl 89]       Görlich, J.: Flexible Integration von Produktionssystemen (FIPS): Generierung von Fertigungsinformation aus CAD-Daten. Diplom-arbeit, IMMD VI, Friedrich Alexander Universität Erlangen-Nürnberg, 1989

[Götz 89]       Götz, G.: Flexible Integration von Produktionssystemen (FIPS): Analyse und Dekomposition zusammengesetzter Features in 3D-CAD-Daten. Diplomarbeit, IMMD VI, Friedrich Alexander Universität Erlangen-Nürnberg, 1990

[GoZS 88]       Gossard, D. C.; Zuffante, R. P.; Sakurai, H.: Representing Dimensions, Tolerances, and Features in MCAE Systems. IEEE Computer Graphics and Applications 8 (1988) 2, S. 51 – 59

[Gran 86]       Grant, T. J.: Lessons from OR for AI: A scheduling case study. Journal of the Operations Research Society 37 (1986) 1, S. 41 – 57

[Hack 84]       Hackstein, R.; Produktionsplanung und -steuerung (PPS) – Ein Hand-buch für die Betriebspraxis. Düsseldorf: VDI-Verlag, 1984

[HaLu 88]       Ham, I.; Lu, S. C.-Y.: Computer Aided Process Planning: The Present and the Future. Annals of the CIRP 37 (1988) 2, S. 591 – 601

[HaLu 89]       Ham, I.; Lu, S. C.-Y.: New Developments of CAPP in U.S.A and Japan. Proceedings CIRP International Workshop on Computer Aided Process Planning, Hannover, 1989, S. 1 – 23

[HaWr 86]       Hayes, C.; Wright, P.: Automated Planning in the Machining Domain. Proceedings ASME Winter Annual Meeting, Production Engineering Division PED 24 (1986), S. 221 – 232

[Haye 87]       Hayes, C.: Using Goal Interactions to Guide Planning. Proceedings of the 6th National Conference on Artificial Intelligence (AAAI 87), Seattle, Washington, 1987, S. 224 – 228

[HeAn 84]    Henderson, M. R.; Anderson, D. C.: Computer Recognition and Extraction of Form Features: A CAD/CAM Link. Computers in Industry 5 (1984) 4, S. 315 – 325

[Helb 87]    Helberg, P.: PPS als CIM-Baustein: Gestaltung der Produktionsplanung und -steuerung für die computerintegrierte Produktion. Berlin: Erich Schmidt, 1987 (Betriebliche Informations- und Kommunikationssysteme; Bd. 8)

[Helm 90]    Helm, M.: Eine vergleichende Darstellung von Ansätzen zur Werkstattsteuerung und Maschinenbelegungsplanung. Diplomarbeit, IMMD VI, Friedrich Alexander Universität Erlangen-Nürnberg, 1990

[Hend 84]    Henderson, M. R.: Extraction Of Feature Information From Three Dimensional CAD Data. Dissertation, Purdue University, West Lafayette, Indiana, 1984

[HoEK 89]    van Houten, F. J. A. M.; van 't Erve, A. H.; Kals, H. J. J.: PART: A Feature-Based CAPP System. Proceedings 21st CIRP International Seminar on Manufacturing Systems, Stockholm, 1989

[Hofm 90]    Hofmann, P.: Fehlerbehandlung in Flexiblen Fertigungssystemen. München, Wien: Oldenbourg, 1990

[HuBr 86]    Hummel, K. E.; Brooks, S. L.: Symbolic Representation of Manufacturing Features for an Automated Process Planning System. Proceedings of the ASME Symposium on Knowledge Based Expert Systems for Manufacturing, Anaheim, CA, 1986, S. 233 – 243

[HuMW 87]    Husbands, P.; Mill, F.; Warrington, S.: A Knowledge Based Process Planning System. In: Sriram, D.; Adey, R. A. (Hrsg.): Knowledge Based Expert Systems for Engineering: Planning and Design, Southampton, 1987, S. 439 – 448

[IFAO 88]    Institut für Angewandte Organisationsforschung (Hrsg.): CAD-Ausbildung für die Konstruktionspraxis, Teil 3. CAD/CAM: Konstruktionsdaten für die Fertigung. München, Wien: Hanser, 1988

[Iska 75]    Iskander, W. H.: An investigation of the use of artificial intelligence in solving the job shop sequnencing problem. Dissertation, Department of Industrial Engineering, Texas Tech. University, Texas, 1975

[ISKS 86]    Inui, M.; Shuzuki, H.; Kimura, F.; Sata, T.: Generation and Verification of Process Plans Using Dedicated Models of Production Computers. Proceedings ASME Winter Annual Meeting, Production Engineering Division PED 24 (1986), S. 275 – 286

[ISO 89]    International Organization of Standardization (Hrsg.): STEP 1.0. First Draft Proposal, National Institute of Standards and Technology, Gaithersburg, Maryland, 1989

[Jaku 82]    Jakubowski, R.: Syntactic Characterization of Machine Part Shapes. Cybernetics and Systems 13 (1982) 1, S. 1 – 24

[Jare 84]    Jared, G.: Shape Features in Geometric Modeling. In: Picket, M. S.; Boyse, J. W. (Hrsg.): Solid Modeling by Computers: from Theory to Applications. New York: Plenum Press, 1984, S. 121 – 133

[Jare 89]    Jared, G.: The feature recognition battle – latest from the front. Proceedings of the British Computer Science Seminar 'New Tools for Shape Modelling', London, England, 1989

[JaRR 90a]    Jablonski, S; Reinwald, B.; Ruf, Th.: A Case Study for Data Management in a CIM Environment. Proceedings of the 2nd IEEE International Conference on Computer Integrated Manufacturing, Rensselear Polytechnic Institute, Troy, New York, 1990, S. 500 – 506

[JaRR 90b]    Jablonski, S; Reinwald, B.; Ruf, Th.: Object-oriented specification of manufacturing resource planning in the FIPS project, Technical Report, Projekt 'Formal Description of Process Plans' der Friedrich Alexander Universität Erlangen-Nürnberg und der Fa. Digital Equipment GmbH, Erlangen/München, 1990

[JaRR 91]    Jablonski, S; Reinwald, B.; Ruf, Th.: Eine Fallstudie zur Datenverwaltung in CIM-Systemen. Informatik Forschung und Entwicklung (1991) 6, S. 71 – 78

[JaRu 87]    Jablonski, S.; Ruf, Th.: Konzeptionelle Aspekte der Datenverwaltung in Flexiblen Fertigungssystemen. Angewandte Informatik 29 (1987) 5, S. 196 – 205

[JaRW 88]    Jablonski, S.; Ruf, T.; Wedekind, H.: Implementation of a Distributed Data Management System for Manufacturing Applications - A Feasibility Study. Proceedings of the 1st IEEE International Conference on Computer Integrated Manufacturing, Rensselear Polytechnic Institute, Troy, New York, 1988, S. 19 – 28

[JaRW 89a]    Jablonski, S.; Ruf, Th.; Wedekind, H.: How Flexible are Flexible Manufacturing Systems? In: Wedekind, H. (Hrsg.): Extension und Intension in Datenbanksystemen, Bericht Nr. 89/2 des Sonderforschungsbereichs 182 "Multiprozessor- und Netzwerkkonfigurationen", Teilprojekt B4, Friedrich Alexander Universität Erlangen-Nürnberg, 1989, S. 55 – 76 (Arbeitsberichte des Instituts für Mathematische Maschinen und Datenverarbeitung, Band 22, Nr. 2)

[JaRW 89b]    Jablonski, S.; Ruf, Th.; Wedekind, H.: Flexibilitätsaspekte der Planung im Arbeitsfeld der automatisierten Produktion. In: Paul, M. (Hrsg.): Proceedings der 19. GI-Jahrestagung 'Computergestützter Arbeitsplatz', Bd. 2, München, 1989, S. 526 – 546 (Informatik-Fachberichte Nr. 223, Berlin, Heidelberg, New York, London, Paris, Tokyo, Hong Kong: Springer-Verlag)

[JaRW 89c]    Jablonski, S.; Ruf, Th.; Wedekind, H.: A Decision Architecture for Integrating Part Construction, Resource Planning, Activity Timing and Manufacturing Control. Proceedings Workshop on Informatics in Industrial Automation, Berlin, 1989, S. 14 – 29

[JaRW 90a]    Jablonski, S.; Ruf, T.; Wedekind, H.: Optimization of Distributed Processing by using a Flexible Data Distribution Mechanism. Proceedings of the IEEE International Conference on Databases, Parallel Architectures, and Their Applications (PARBASE '90), Miami Beach, Florida, 1990, S. 460 – 462

[JaRW 90b]    Jablonski, S.; Ruf, T.; Wedekind, H.: Concepts and Methods for the Optimization of Distributed Data Processing. Proceedings of the 2nd IEEE International Symposium on Databases in Parallel and Distributed Systems, Dublin, Irland, 1990, S. 171 – 180

[JaWZ 88]    Jablonski, S.; Wedekind, H.; Zörntlein, G.: Fehlerbehandlung in Flexiblen Fertigungssystemen. Informatik Forschung und Entwicklung 3 (1988) 2, S. 53 – 63

[JoCh 88]    Joshi, S.; Chang, T.-C.: Graph-based heuristics for recognition of machined features from a 3D solid model. Computer Aided Design 20 (1988) 2, S. 58 – 60

[JRWZ 87a]    Jablonski, S.; Ruf, Th.; Wedekind, H.; Zoerntlein, G.: Data Distribution in Manufacturing Systems. Proceedings of the 7th IEEE International Conference on Distributed Computing Systems, Berlin, 1987, S. 206 – 213

[JRWZ 87b]   Jablonski, S.; Ruf, Th.; Wedekind, H.; Zoerntlein, G.: A Data Distribution Mechanism for Manufacturing Applications. Proceedings of the IEEE International Conference on Data and Knowledge Systems for Manufacturing and Engineering, Hartford, Connecticut, 1987, S. 14 – 22

[KaSC 88]   Kanumury, M.; Shah, J.; Chang, T.-C.: An Automatic Process Planning System for A Quick Turnaround Cell – An Integrated CAD and CAM System. Proceedings of the SME USA-Japan Symposium on Flexible Automation, Minneapolis, 1988, S. 861 – 868

[KeBe 81]   Kettner, H.; Bechte, W.: Neue Wege der Fertigungssteuerung durch belastungsorientierte Auftragsfreigabe. VDI-Z 123 (1981) 11, S. 459 – 466

[Kemp 87]   Kempf, K. G.: Artificially Intelligent Tools for Manufacturing Process Planners. Proceedings 1st International Conference on Expert Systems and The Leading Edge in Production Planning and Control, Charleston, 1987, S. 131 – 163.

[Kemp 89]   Kempf, K. G.: Manufacturing planning and scheduling: Where we are and where we need to be. Proceedings of the 5th IEEE International Conference on AI Applications, Miami, Florida, 1988, S. 57 – 69

[KeYR 88]   Keng, N. P.; Yun, D. Y. Y.; Rossi, M.: Interaction-sensitive planning system for job-shop scheduling. Proceedings 2nd International Conference on Expert Systems and the Leading Edge in Production Planning and Control, Charleston, 1988, S. 215 – 234

[KiAF 87]   King, C. U.; Adams, S. S.; Fisher, E. L.: Representation of Manufacturing Entities. Proceedings 1st International Conference on Expert Systems and the Leading Edge in Production Planning and Control, Charleston, 1987, S. 77 – 91

[Kief 88]   Kief, H. B.: NC/CNC-Handbuch. Michelstadt: NC-Handbuch-Verlag, 1988

[Koll 87]   Koller, R.: Konstruktionslehre für den Maschinenbau. 2. Auflage. Berlin, Heidelberg, New York, Tokyo: Springer-Verlag, 1987

[Koll 89]   Koller, R.: CAD – Automatisiertes Zeichnen, Darstellen und Konstruieren. Berlin, Heidelberg, New York, London, Paris, Tokyo, Hong Kong: Springer-Verlag, 1989

[KrSc 90]    Krause, F.-L.; Schlingheider, J.: Potentiale rechnerunterstützter Produktgestaltung. In: Krallmann, H. (Hrsg.): CIM Expertenwissen für die Praxis, München, Wien: Oldenbourg, 1990

[KrVY 87]    Krause, F.-L.; Vosgerau, F. H.; Yaramanoglu, N.: Using Technical Rules and Features in Product Modelling. Proceedings IFIP Working Group 5.2 Workshop on Intelligent CAD, Boston, Massachussetts, 1987

[KSTW 88]    Kashyap, R. L.; Smit, H. J.; Tsatsoulis, C.; Wiggins, L. K.: An Intelligent System for Integrating Process Planning and Design. Proceedings of the 1988 IEEE International Conference on Robotics and Automation, Philadelphia, 1988, S. 1297 - 1299

[Kurb 89]    Kurbel, K.: Der "elektronische Leitstand L1" für die Fertigungssteuerung. In: Verein Deutscher Ingenieure (Hrsg.): Informatik für die industrielle Automation – INFINA '89, Düsseldorf: VDI Verlag, 1989, S. 193 - 201 (VDI-Berichte 723)

[Kypr 80]    Kyprianou, L. K.: Shape Classification in Computer Aided Design. Dissertation, Cambridge University, Massachusetts, 1980

[Lang 90]    Langer, K.: Eine vergleichende Darstellung von Ansätzen zur Featureerkennung in Produktdatenmodell-Standards. Studienarbeit, IMMD VI, Friedrich Alexander Universität Erlangen-Nürnberg, 1990

[LeFu 87]    Lee, Y. C.; Fu, K. S.: Machine Understanding of CSG: Extraction and Unification of Manufacturing Features. Computer Graphics and Applications 7 (1987) 1, S. 20 - 32

[LeJe 87]    Lee, Y.-C.; Jea, K.-F J.: PAR: A Representation Scheme for Rotational Parts. Proceedings of the 1987 IEEE International Conference on Robotics and Automation, Raleigh, North Carolina, 1987, S. 973 - 978

[LePa 85]    LePape, C. M.: A daily workshop scheduling system. Proceedings of the 5th Technical Conference of the British Computer Society Specialist Group on Expert Systems, University of Warwick, England, S. 195 - 212

[Lind 86]    Lindsay, K. J.: Frame-Based Knowledge Representation for Process Planning. Proceedings 2nd Annual Artificial Intelligence and Advanced Computer Technology Conference, Long Beach, 1986, S. 231 - 235

[Link 76]     Link, C. H.: CAPP-CAM-I Automated Process Planning System. Proceedings of the 13th Numerical Control Society Annual Meeting and Technical Conference, Cincinnati, 1976, S. 401 – 408

[LiSr 84]     Liu, C. R.; Srinivasan, R.: Generative Process Planning Using Syntactic Pattern Recognition. Computers in Mechanical Engineering (1984)

[Loga 83]     Logan, F. A.: Process Planning – The Vital Link Between Design and Production. Proceedings AUTOFACT 5 Conference, 1983, S. 7/93 – 7/107.

[Loge 89]     Loges, D.: Flexible Integration von Produktionssystemen (FIPS): Spezifikation und Verarbeitung der statischen Systemstruktur. Diplomarbeit, IMMD VI, Friedrich Alexander Universität Erlangen-Nürnberg, 1989

[Lowe 76]     Lowerre, B.: The HARPY Speech Recognition System. Dissertation, Carnegie-Mellon University, Pittsburgh, Pennsylvania, 1976

[LuDS 86a]    Luby, S. C.; Dixon, J. R.; Simmons, M. K.: Designing with Features: Creating and Using a Features Data Base for Evaluation of Manufacturability of Casting. Proceedings ASME Computers in Engineering Conference, Chicago, Illinois, 1986, S. 285 – 292

[LuDS 86b]    Luby, S. C.; Dixon, J. R.; Simmons, M. K.: Creating and Using a Features Data Base. Computers in Mechanical Engineering (1986) 11, S. 25 – 33

[MaOS 82]     Matsushima, K.; Okada, N.; Sata, T.: The Integration of CAD and CAM by Application of Artificial Intelligence Techniques. Annals of the CIRP 31 (1982) 1, S. 329 – 332

[MeHa 85]     Meyer, M.; Hansen, K.: Planungsverfahren des Operations Research. 3. Auflage. München: Vahlen, 1985 (WiSo Kurzlehrbücher: Reihe Betriebswirtschaft)

[MeHe 84]     Mertens, P.; Heigl, M.: Neuere Entwicklungen der computergestützten Produktionsplanung: Eignungen – Verbindungen – Entwicklungspfade. Arbeitsberichte des Instituts für Mathematische Maschinen und Datenverarbeitung (IMMD) der Friedrich Alexander Universität Erlangen-Nürnberg, Band 17, Nr. 2, 1984

[Merk 86]     Merkel, H.: Von PPS- zu MRPII-orientierten Systemen. CIM-Management (1986) 4: S. 35 – 41

[Mert 84]     Mertins, K.: Steuerung rechnergeführter Fertigungssysteme. München, Wien: Hanser, 1984 (Produktionstechnik – Berlin; 37)

[Mert 86]     Mertens, P.: Industrielle Datenverarbeitung. Teil 1: Administrations- und Dispositionssysteme. 6. Auflage. Wiesbaden: Gabler, 1986

[Mert 88]     Mertens, P.: Expertensysteme in der Produktion – Eine Bestands- aufnahme. Arbeitspapiere der Informatik-Forschungsgruppe VIII, Friedrich Alexander Universität Erlangen-Nürnberg, 1988

[Mert 90]     Mertens, P. (Hrsg.): Lexikon der Wirtschaftsinformatik. 2. Auflage. Berlin, Heidelberg, New York, London, Paris, Tokyo, Hong Kong: Springer-Verlag, 1990

[Meye 90]     Meyer, M. J.: Eine vergleichende Darstellung von Ansätzen zur rechnergestützten Arbeitsplanung. Diplomarbeit, IMMD VI, Friedrich Alexander Universität Erlangen-Nürnberg, 1990

[Mill 89]     Miller, J. R.: Architectural Issues in Solid Modelling. IEEE Computer Graphics and Applications 9 (1989) 5, S. 72 – 87

[Mitt 73]     Mitthof, F.: Numerisch gesteuerte Fertigung. 2. Auflage. Mainz: Krauskopf-Verlag, 1973

[MuJG 87]     Murphy, A.; Jagannathan, V.; Goodrum, S.: Blackboard Approach to Process Planning Problems. In: Sriram, D.; Adey, R. A. (Hrsg.): Knowledge Based Expert Systems in Engineering: Planning and Design, Southampton 1987, S. 35 – 49

[Nau 87]      Nau, D.S.: Hierarchical Abstractions for Process Planning. In: Sriram, D.; Adey, R. A. (Hrsg.): Knowledge Based Expert Systems in Enginee- ring: Planning and Design, Southampton, 1987, S. 129 – 141

[NiKM 89]     Nieminen, J.; Kanerva, J.; Mäntylä, M.: Feature-Based Design of Joints. In: Krause, F.-L.; Jansen, H. (Hrsg.): Preprints of the GI/IFIP International Symposium on Advanced Geometric Modelling for Engineering Applications, Berlin, 1989, S. 332 – 341

[Nils 80]     Nilsson, N. J.: Principles of Artificial Intelligence. Palo Alto: Tioga Publishing Company, 1980

[NyNK 83]     Nykanen, M.; Nyström, M.; Katainen, A.: Uniblock modelling system. Proceedings of the Second CAM-I Geometric Modelling Seminar, 1983, S. 432 – 439 (CAM-I-Bericht P-83-GM-01)

[OkKK 73]     Okino, N.; Kakazu, Y.; Kubo, H.: TIPS-1: technical information processing system for computer-aided design, drawing and manufacturing. Proceedings Prolamat-73 Conference, Budapest, Ungarn, 1973, S. 141 – 150

[Opit 66]     Opitz, H.: Werkstückbeschreibendes Klassifizierungssystem. Essen: de Gruyter, 1966

[Ow 86]     Ow, P. S.: Experiments in Knowledge-based Scheduling. Technical Report, Carnegie-Mellon University, Pittsburgh, Pennsilvania, 1986

[OwSH 88]     Ow, P. S.; Smith, S. F.; Howie, R.: A cooperative scheduling system. Proceedings 2nd International Conference on Expert Systems and the Leading Edge in Production Planning and Control, Charleston, 1988, S. 43 – 56

[OwST 88]     Ow, P. S.; Smith, S. F.; Thiriez, A.: Reactive Plan Revision. Proceedings ACM AAAI-88 Conference, St. Paul, 1988

[PaBe 77]     Pahl, G.; Beitz, W.: Konstruktionslehre. Berlin, Heidelberg, New York: Springer-Verlag, 1977

[Pabs 85]     Pabst, H. J.: Analyse der betriebswirtschaftlichen Effizienz einer computergestützten Fertigungssteuerung mit CAPOSS-E in einem Maschinenbauunternehmen der Einzel- und Kleinserienfertigung. Frankfurt/Main: Lang, 1985

[PeCL 90]     Perng, D.-B.; Chen, Z.; Li, R.-K.: Automatic 3D machining feature extraction from 3D CSG solid input. Computer Aided Design 22 (1990) 5, S. 285 – 295

[PhMo 85]     Phillips, R. H.; Mouleswaaran, C. B.: A Knowledge-Based Approach to Generative Process Planning. Proceedings AUTOFACT 85, Detroit, 1985, S. 10/1 – 10/15

[PhZM 84]     Phillips, R. H.; Zhou, X.-D.; Mouleswaaran, C. B.: An Artificial Intelligence Approach to Integrating CAD and CAM through Generative Process Planning. Proceedings of the 4th ASME International Computers in Engineering Conference, 1984, S. 459 – 463

[Prat 84]     Pratt, M. J.: Solid Modelling and the Interface between Design and Manufacture. IEEE Computer Graphics and Applications 4 (1984) 7, S. 52 – 59

[Prat 88]     Pratt, M. J.: Synthesis of an optimal approach to form feature modelling. Proceedings ASME Computers in Engineering Conference and Exhibition, Bd. 1, San Francisco, California, 1988, S. 263 - 274

[Prat 90]     Pratt, M. J.: Aspects of Form Feature Modelling. Eurographics Tutorial on Solid Modelling, Böblingen, 1990

[RaFr 88]     Ranyak, P.; Fridshal, R.: Features for Tolerancing in a Solid Model. Proceedings ASME Computers in Engineering Conference, San Francisco, California, 1988

[ReCh 86]     Requicha, A. A. G.: Chan, S. C.: Representation of Geometric Features, Tolerances and Attributes in Solid Modellers based on Constructive Solid Geometry. IEEE Journal of Robotics and Automation, 2 (1986) 3, S. 156 - 166

[Rein 89]     Reinwald, B.: Eine Fallstudie zur rechnerintegrierten Fertigung: Analyse, Konzeption und Implementierung ausgewählter System-komponenten. Diplomarbeit, IMMD VI, Friedrich Alexander Universität Erlangen-Nürnberg, 1989

[Requ 77]     Requicha, A. A. G.: Mathematical Models for Rigid Solid Objects. Technical Memorandum 28, Production Automation Project, University of Rochester, 1977

[Requ 80]     Requicha, A. A. G.: Representations of Rigid Solid Objects. Technical Memorandum 29, Production Automation Project, University of Rochester, 1980

[ReVo 82]     Requicha, A. A. G.; Voelcker, H. B.: Solid Modelling: A Historical Summary and Contemporary Assessment. IEEE Computer Graphics and Applications 2 (1982) 2, S. 9 - 24

[ReVo 83]     Requicha, A. A. G.; Voelcker, H. B.: Solid Modelling: Current Status and Research Directions. IEEE Computer Graphics and Applications 3 (1983) 7, S. 25 - 37

[Ross 90]     Rossignac, J. R.: Issues on feature-based editing and interrogation of solid models. Computers and Graphics 14 (1990) 2

[RuWe 89]     Ruf, Th.; Wedekind, H.: Wiederverwendbarkeit als Schlüsselkonzept in Konstruktion und Arbeitsvorbereitung. In: Härder. T.; Hübel, C. (Hrsg.): Daten- und Wissensverwaltung für integrierte Ingenieur-systeme – Anforderungen und Lösungskonzepte, ZRI-Bericht Nr. 90/1, Zentrum Rechnergestützte Ingenieursysteme, Universität Kaisers-lautern, 1990, S. 15 - 26

[Sack 82]      Sack, C. F.: Computer Managed Process Planning – A Bridge Between
               CAD and CAM. Proceedings AUTOFACT 4 Conference, Philadelphia,
               1982, S. 7/15 – 7/31

[Sack 83]      Sack, C.F.: CAM-I's Experimental Planning System, XPS-1. SME
               Technical Paper MS 83-773.

[SaCo 87]      Sauve, B.; Collinet, A.: An expert system for scheduling in a flexible
               manufacturing system. Robotics and CIM 3 (1987) 2, S. 229 – 233

[SaGo 90]      Sakurai, H.; Gossard, D. C.: Recognizing Shape Features in Solid
               Models. IEEE Computer Graphics and Applications (1990), S. 22 – 32

[Sche 87]      Scheer, A.-W.: CIM: Der computergesteuerte Industriebetrieb. Berlin,
               Heidelberg, New York: Springer-Verlag, 1987

[Sche 88]      Scheer A.-W.: Wirtschaftsinformatik. Informationssysteme im
               Industriebetrieb. Berlin, Heidelberg, New York, London, Paris, Tokyo:
               Springer-Verlag, 1988

[Schi 80]      Schirmer, A.: Dynamische Produktionsplanung bei Serienfertigung.
               Wiesbaden: Gabler, 1980

[Schm 90]      Schmidmer, F.: Flexible Integration von Produktionssystemen (FIPS):
               Visualisierung der Extrahierung von Featureinformation aus 3D-CAD-
               Daten. Studienarbeit, IMMD VI, Friedrich Alexander Universität
               Erlangen-Nürnberg, 1990

[SmFO 86]      Smith, S. F.; Fox, M. S.; Ow, P. S.: Constructing and Maintaining
               Detailed Production Plans: Investigations into the Developmant of
               Knowledge-Based Factory Scheduling Systems. AI Magazine
               7 (1986) 4, S. 45 – 61

[SmHy 87]      Smith, S. F.; Hynynen, J. E.: Integrated Decentralization of Production
               Mnangement: An Approach for Factory Scheduling. Proceedings
               Symposium on Integrated and Intelligent Manufacturing, ASME
               Annual Winter Conference, Boston, Massachusetts, 1987

[Smit 87]      Smith, S. F.: A Constraint-Besed Framework for Reactive Manage-
               ment of Factory Schedules. Proceedings 1st International Conference
               on Expert Systems and the Leading Edge in Production Planning and
               Control, Charleston, 1987

[SpGL 89]   Spur, G.; Germer, H.-J.; Lehmann, M.: Impact of Geometric Modelling for Computer Integrated Manufacturing. In: Krause, F.-L.; Jansen, H. (Hrsg.): Preprints of the International GI/IFIP Symposium on Advanced Geometric Modelling for Engineering Applications, Berlin, 1989, S. 9 - 31

[SpKr 84]   Spur, G.; Krause, F.-L.: CAD-Technik. München, Wien: Hanser, 1984

[SpKT 83]   Spur, G.; Krause, F.-L.; Turowski, W.: Technological Planning for Manufacture: Methodology of Process Planning. In: Rembold, U.; Dillmann, R. (Hrsg.): Methods and Tools for Computer Integrated Manufacturing. Advanced CREST Course on Computer Integrated Manufacturing, Berlin, Heidelberg: Springer-Verlag, 1983 (Lecture Notes in Computer Science 168), S. 53 - 59

[Stef 81]   Stefik, M.: Planning with Constraints (MOLGEN: Part 1). Artificial Intelligence 16 (1981), S. 141 - 170

[StHA 83]   Staley, S. M.; Henderson, M. R.; Anderson, D. C.: Using Syntactic Pattern Recognition to Extract Feature Information from a Solid Geometric Data Base. Computers in Mechanical Engineering 2 (1983) 2, S. 61 - 66

[Stin 75]   Stiny, G: Pictoral and Formal Aspects of Shape and Shape Grammers. Basel, Stuttgart: Birkhauser, 1975

[Teng 84]   Tengvald, E.: The Design of Expert Planning Systems. Institut für Computer und Informationswissenschaften, Universität Linköping, 1984

[TFKS 85]   Tönshoff, H. K.; Freist, C.; Kluge, H.; Schaele, M.: Use of Generic-, Similarity- and Variant-Planning in an Integrated CAD-CAP-System in a Large Manufacturing Company. Proceedings of the 1st CIRP Workshop Seminar on Computer Aided Process Planning, 1985, S. 49 - 53

[Tiel 90]   Tielemann, M.: Zur Konstruktion technischer Objekte. Dissertation, Friedrich Alexander Universität Erlangen-Nürnberg, 1990

[Tilo 81]   Tilove, R. B.: Exploiting spatial and structural locality in geometric modeling. Technical Memorandum 38, Production Automation Project, University of Rochester, 1981

[Tilo 84]   Tilove, R. B.: A null-object detection algorithm for constructive solid geometry. Communications of the ACM 27 (1984) 7, S. 684 - 694

[TiPP 89]     Tilley, S.; Pinte, J.; Peters, J.: Expert Systems for Automated Process and Operation Planning. Proceedings CIRP International Workshop on Computer Aided Process Planning, Hannover, 1989, S. 141 – 166

[TiVL 79]     Tipnis, V. A.; Vogel, S. A.; Lamb, C. E.: Computer Aided Process Planning System for Aircraft Engine Rotating Parts. SME Technical Paper MS 79-155

[TöBA 89]     Tönshoff, H. K.; Beckendorff, U.; Anders, N.: FLEXPLAN - A Concept for Intelligent Process Planning and Scheduling. Proceedings CIRP International Workshop on Computer Aided Process Planning, Hannover, 1989, S. 87 – 106

[Tulk 81]     Tulkoff, J.: Lockheed's GENPLAN. Proceedings of the 18th Numerical Society Technical Conference, Dallas, Texas, 1981, S. 417 – 421.

[Veni 90]     Venitz, U.: CIM-Ramenplanung. Berlin, Heidelberg, New York, London, Paris, Tokyo, Hong Kong: Springer-Verlag, 1990 (Reihe Betriebs- und Wirtschaftsinformatik, Bd. 39)

[VoAd 81]     Vogel, S. A.; Adlard, E. J.: The Autoplan Process Planning System. Proceedings of the 18th Numerical Society Technical Conference, Dallas, Texas, 1981, S. 422 – 429

[Vorm 90]     Vormann, B.: Flexible Integration von Produktionssystemen (FIPS): Untersuchungen zu Ansätzen in der dynamischen Fertigungssteuerung. Diplomarbeit, IMMD VI, Friedrich Alexander Universität Erlangen-Nürnberg, 1990

[WaMM 89]     Warnecke, H.-J.; Mayer, C.; Muthsam, H.: New Tools in CAPP. Proceedings CIRP International Workshop on Computer Aided Process Planning, Hannover, 1989, S. 169 – 180

[Wang 87]     Wang, H.-P.: A Knowledge-Based Computer-Aided Process Planning System. In: D. Sriram, R.A. Adey (Hrsg.): Knowledge Based Expert Systems in Engineering: Planning and Design, Southampton, 1987, S. 259 – 272

[Weat 88]     Weatherall, A.: Computer Integrated Manufacturing: From fundamentals to implementation. London, Boston, Singapore, Sydney, Toronto, Wellington: Butterworths, 1988

[Wede 88a]    Wedekind, H.: Die Problematik des Computer Integrated Manufacturing (CIM) – Zu den Grundlagen eines strapazierten Begriffs. Informatik-Spektrum (1988) 11: S. 29 – 39

[Wede 88b]   Wedekind, H.: Strukturierung wissensbasierter Systeme in der Produktionsplanung. In: Dillmann, R.; Swiderski, D. (Hrsg.): Proceedings der 1. Konferenz über Wissensbasierte Methoden für Produktion, Engineering und Logistik (WIMPEL '88), München, 1988 (Bericht des German Chapter of the ACM)

[WeSE 82]   Weill, R.; Spur, G.; Eversheim, W.: Survey of Computer Aided Process Planning Systems. Annals of the CIRP 31 (1982) 2, S. 539 – 542

[Weil 85]   Weiler, K.: Edge-Based Data Structures for Solid Modeling in Curved-Surface Environments. IEEE Computer Graphics and Applications 5 (1985) 1, S. 21 – 40

[WeZö 87]   Wedekind, H.; Zörntlein, G.: Eine konzeptionelle Basis für den Einsatz von Datenbanken in Flexiblen Fertigungssystemen. Informatik Forschung und Entwicklung 2 (1987) 2, S. 83 – 96

[Wien 87]   Wiendahl, H.-P.: Belastungsorientierte Fertigungssteuerung. Grundlagen, Verfahren, Realisierung. München, Wien: Hanser, 1987

[Wild 84]   Wildemann, H.: Flexible Werkstattsteuerung durch Integration von KANBAN-Prinzipien, in: Wildemann, H. (Hrsg.): Computergestütztes Produktionsmanagement, Bd. 2, München, 1984

[Wils 85]   Wilson, P. R: Euler Formulas and Geometric Modeling. IEEE Computer Graphics and Applications, Aug. 1985, S. 25 – 36

[WiPr 88]   Wilson, P. R.; Pratt, M. J.: A Taxonomy of Features for Solid Modeling. In: Wozny, M. J.; McLaughlin, H. W.; Encarnacao, J. L. (Hrsg.): Geometric Modeling for CAD Applications. North Holland: Elsevier Science Publishers, 1988

[WoDD 86]   Woodhead, R.; Dobolyi, Z.; DePennington, A.: Process Planning as an Application for Expert Systems Technology. Proceedings ASME Winter Annual Meeting, Production Engineering Division PED 21 (1986), S. 143 – 155

[Woo 75]   Woo, T. C.: Computer Understanding of Designs. Dissertation, University of Illinois, Urbana-Campaign, 1975

[Woo 82]   Woo, T. C.: Feature Extraction by Volume Decomposition. Proceedings Conference on CAD/CAM Technology in Mechanical Engineering, Cambridge, Massachusetts, 1982, S. 76 – 94

[Wood 88]    Woodwark, J. R.: Some speculations on feature recognition. Computer
             Aided Design 20 (1988) 4, S. 189 – 196

[WyBM 80]    Wysk, R. A.; Barash, M. M.; Moodie, C. M.: Unit Machining
             Operations: An Automated Process Planning and Selection Program.
             Journal of Engineering for Industry 102 (1980) 4, S. 297 – 302

[Wu 87]      Wu, S.-W.: An expert system approach for the control and scheduling
             of flexible manufacturing cells. Dissertatiion, Pennsylvania State
             University, Pennsylvania, 1987

[YoFu 79]    You, K. C.; Fu, K. S.: A Syntactic Approach to Shape Recognition
             Using Attributed Grammers. IEEE Transactions on Systems, Man, and
             Cybernetics 9 (1979) 6, S. 334 – 345

[ZäMi 88]    Zäpfel, G.; Missbauer, H.: Produktionsplanung und -steuerung für die
             Fertigungsindustrie – ein Systemvergleich. Zeitschrift für Betriebswirt-
             schaft (1988) 9: S. 882 – 900

[Zdeb 85]    Zdeblick, W. J.: CUTPLAN/CUTTECH: A Hybrid Computer-Aided
             Process and Operation Planning System. Proceedings of the 1st CIRP
             Working Seminar on Computer Aided Process Planning, Paris, 1985,
             S. 61 – 64

[ZhGa 84]    Zhang, S.; Gao, W. D.: TOJICAP – A System of Computer Aided
             Process Planning System for Rotational Parts. Annals of the CIRP
             33 (1984) 1, S. 299 – 301

[Zörn 88]    Zörntlein, G.: Flexible Fertigungssysteme. Belegung, Steuerung,
             Datenorganisation. München, Wien: Hanser, 1988

# Stichwortverzeichnis


## A

Adaptivität, 10, 35, 39, 137—138, 142, 285

Arbeitsplan, 15, 17, 69, 70, 86

Arbeitsplanerstellung, 15, 27
*Siehe auch* Arbeitsplanung

Arbeitsplanung, 14, 69—90, 184—200
*Siehe auch* CAPP-System
Anforderungen, 198—200
Begriff, 14
Funktionen, 73—87
generative, 71—73, 88
manuelle, 69, 88
Planungsphasen, 191—198
semi-generative, 70—71, 88
Systemvergleich, 185
Verfahren, 69—73
Wissensrepräsentation, 191, 199—200
Zeithorizont, 14

Arbeitsplanverwaltung. *Siehe* Arbeitsplanung, manuelle

Arbeitsvorbereitung, 14—15, 27—29, 286
*Siehe auch* Arbeitsplanung, CAPP-System

Auftragsfreigabe, belastungsorientierte, 29—30, 122—124, 125
Prinzip, 123
Trichtermodell, 30

Ausführumgebung, 252—253

Automatisierung, 5, 9—10, 35, 39, 41, 88, 135—136, 142, 285

A*-Algorithmus, 164, 272

## B

Basisfeature, 220—221, 235
*Siehe auch* Feature

BDE. *Siehe* Betriebsdatenerfassung

Bearbeitungsschritt, 139—140, 144, 285

Begrenzungsflächendarstellung. *Siehe* BREP

Betriebsdatenerfassung, 18, 37, 97, 124, 160

Betriebsmittelauswahl, 28—29

BOA. *Siehe* Auftragsfreigabe, belastungsorientierte

Boundary Representation. *Siehe* BREP

BREP, 55—57, 65—66, 78—79, 148, 172—178, 179, 218

## C

CAD-System, 47—66
*Siehe auch* Konstruktion
Begriff, 48
Leistungsklassen, 48
Objektmodellierung, 63—64
Objektrepräsentation, 64—66

CAM-System, 107—126
*Siehe auch* Fertigungssteuerung
Aufgaben, 108
Kennzeichen, 108

CAPP-System, 67—90
*Siehe auch* Arbeitsplanung
Aufgaben, 68
Kennzeichen, 68

CIM. *Siehe* Computer Integrated Manufacturing

Codierung, 74—75, 81

Compound-Feature, 150—151, 223—226
*Siehe auch* Feature

Computer Integrated Manufacturing, 3

Constraints, 205—209

Constructive Solid Geometry. *Siehe* CSG

CSG, 57—58, 65—66, 76, 168—172, 179

## D

Datenaktualisierung, 38

Datenaustausch, 38

Datenaustauschformat, neutrales, 40

Datenflußanalyse, 36—39

Datenkommunikation, 39

Datenkonvertierung, 38, 40

Datenmodelle, geometrische, 49—66
 *Siehe auch CAD-System*
 Anforderungen, 49
 eindeutige -, 52—60
 hybride -, 60—62
 konzeptionelles Schema, 66
 multiple -, 60—62
 nichteindeutige -, 50—51
 wechselseitige Abbildbarkeit, 62

Datenredundanz, 38

DbF. *Siehe* Design by Feature

Design by Feature, 76

Destructive Solid Geometry. *Siehe* DSG

Direct Numerical Control. *Siehe* DNC-
 Betrieb

Dispatching. *Siehe* Fertigungssteuerung

DNC-Betrieb, 18, 31—32
 Aufgaben, 31
 Funktionen, 31

Drahtmodell, 51

DRS, 255—284

DSG, 65, 170

Durchgängigkeit, 9, 35, 38, 41, 132—133,
 141, 285


## E

Eignungsnachweis, 157, 250—251

Eintrittsfläche, 149, 154, 219, 238

Erweiterbarkeit, 9, 35, 38—39, 41,
 133—135, 141, 285

Erweiterung
 strukturerhaltende -, 9
 strukturmodifizierende -, 9

Euler-Formeln, 51, 57, 137

Euler-Operationen, 54, 174


## F

Face Set Construction, 152, 227

Fallstudie, 19—42
 Analyse, 32—39

Beschreibung des untersuchten Unternehmens, 20—32
 Kennzeichen, 20

Feature, 76, 78—79, 149, 220—221
 *Siehe auch* Feature-Analyse

Feature-Grammatik, 173—174

Feature-Graph, 154

Featureanalyse, 78, 85, 89, 149, 166—184,
 217—246
 Ablauf, 243—246
 Anforderungen, 179—184
 Aufgabe, 218
 BREP-basierte Verfahren, 172—178
 CSG-basierte Verfahren, 168—172
 Phasen, 221—240
 Systemvergleich, 166—167

Featureattribute, 237

Featurebeziehungen, 183—184, 238

Featuredarstellung, 180—181

Featuredekomposition. *Siehe* Featurezerlegung

Featureerkennung, 150—151, 177,
 222—226

Featureextraktion, 152—153, 177, 226

Featuregraph, 156—159, 239—243, 271

Featureklassifikation, 178, 182—183,
 220—221

Featureorganisation, 154, 177, 236—240

Featurerepräsentation
 explizite, 180
 implizite, 180, 236

Featurevisualisierung, 181—182

Featurezerlegung, 153—154, 228—236

Fehlerkompensation, 10, 137, 214

Fehlertoleranz, 10, 35, 39, 137—138, 142,
 285

Fertigungsressourcen. *Siehe* Ressourcenbeschreibung

Fertigungssteuerung, 107, 116—124, 287
 *Siehe auch* CAM-System

Fertigungssystem, 109—116
 Abstraktionshierarchie, 115
 flexibles, 111, 113
 Steuerungs- und Kontrollsystem,
 114—116
 technisches System, 109—114

Flexibilität, 5, 8—9, 34, 37—38, 41, 77,
 87, 89, 108, 113, 125, 130—132, 141,
 285

Form Feature. *Siehe* Feature

Formelement. *Siehe* Feature

Formelemente, Translation und Rotation. *Siehe* Sweeping

Fortschrittszahlenkonzept, 118—120, 125 *Siehe auch* Just-in-time-Steuerung

FREDOS, 217—246

Freiformflächen, 52, 58, 63


## G

Geometrie, 56

Gittermodell. *Siehe* Drahtmodell


## J

Just-in-time-Steuerung, 118—120, 125


## K

KANBAN-Steuerung, 120—122, 125

Kantenmodell. *Siehe* Drahtmodell

Klassifikation, 74—75, 81, 199

Kombinationsnachweis, 158

Kombinierbarkeit, 251—253

Konstruktion, 12—14, 25—27, 286 *Siehe auch* CAD-System

Kontrollflußanalyse, 32—35


## L

Laminar Sweeping, 152

LAN. *Siehe* Local Area Network

Leitstandsystem, 117—118

Local Area Network, 5

Losgröße, 8, 16, 20


## M

Manufacturing Resource Planning. *Siehe* MRP II

Maschinenbelegungsplanung, 31—32, 38

Mengenoperationen, regularisierte, 57

Modellieren, geometrisches, 49—50, 63—64 *Siehe auch* CAD-System

MRP II, 100—101, 105—106

Mustererkennungsverfahren, 174—176


## N

NC-Programmierung, 15, 29, 84—86 teileneutrale, 85 teilespezifische, 84


## O

Oberflächendarstellung. *Siehe* BREP

Objektdarstellung, implizite, 59—60

Octree, 52—53 *Siehe auch* Punktmengendarstellung

OPT, 103—106

Optimized Production Technology. *Siehe* OPT


## P

Planung, 31, 101—106, 271—272 marktorientierte, 102—103, 105—106 vorausschauende, 31, 101, 164, 271—272

PPS-System, 91—106 *Siehe auch* Produktionsplanung und -steuerung Aufgaben, 92 Funktionen, 93 Kennzeichen, 92

Prioritätensteuerung, 117—118

Produktion, 17—18 *Siehe auch* Fertigungssteuerung, CAM-System

Produktionenregelsystem, 176—178

Produktionsleitsystem, 125

Produktionsplanung. *Siehe* Produktionsplanung und -steuerung

Produktionsplanung und -steuerung, 15—17, 24—25, 93—97, 286 *Siehe auch* PPS-System

Produktionssteuerung. *Siehe* Produktionsplanung und -steuerung

Produktionssystem, Rechnerintegriertes Entwicklungsstufen, 5—6 Funktionalbereiche, 12—18 Zielsetzungen, 6—12

Produktmodell, 25

Prototypen, parametrisierte, 59—60, 64

Prozeßsteuerung, 125

Pull-Prinzip, 214, 271

Punktmengendarstellung, 52—53

## R

r-Menge, 52

Redundanzfreiheit, 9, 35, 38, 41,
132—133, 141, 285

Ressourcenauswahl, 155—156, 161—164
featurelokale Optimierung, 162
featureübergreifende Optimierung,
163—164

Ressourcenbelegungsplanung, 255—284
Aufgabe, 256
featurelokale Optimierung, 256—270
featureübergreifende Optimierung,
270—284

Ressourcenbeschreibung, 160, 249

Ressourcenidentifikation. *Siehe* Ressourcenauswahl

Ressourcenkombination, 155, 158—159

Ressourcenliste, 157—158

Ressourcentyp, 248—250

Ressourcenvorauswahl, 247—254
Aufgabe, 248

Restkörper, 72—73, 148—156, 168, 218,
227—228
Berechnung, 148—149
Zerlegung, 149—154

## S

Scheduleoptimierung, 209—211

Scheduling. *Siehe* Produktionsplanung und
-steuerung

Schichten-Architektur-Modell. *Siehe* Fertigungssystem, Abstraktionshierarchie

SORC, 256—270

SSM, 247—254

Standardarbeitsplan, 70, 83
*Siehe auch* Arbeitsplan

Standardvolumenelemente, Darstellung
durch. *Siehe* CSG

Sukzessivplanungskonzept, 16, 34, 35,
98—100, 105—106

Sweeping, 54—55, 57, 64, 220

Swept-Feature, 150, 180
*Siehe auch* Feature

## T

Teilefamilie, 35, 59, 69, 74—75, 134

Teilemodell, geometrisches, 13—14

Teilestammdaten, 26

Topologie, 55—56

Turn-Key-System, 32

## V

Variantenarbeitsplanung, 69—70, 88

Verfahrenskette, 5, 33, 37, 38, 40

Vertrieb, 24

Visualisierung, 245—246

Vorgabezeitenermittlung, 28

## W

Werkstattsteuerung, 29—30, 201—214
Anforderungen, 212—214
Entwicklungslinien, 203—212
Systemvergleich, 201—202

Wiederverwendbarkeit, 10, 40, 60, 142,
287

## Z

Zeichnung, technische, 50—51

Zellzerlegung, 53—54, 57, 64

Band 250: H.W. Meuer (Hrsg.), SUPERCOMPUTER '90. Mannheim, Juni 1990. Proceedings. VIII, 209 Seiten. 1990.

Band 251: H. Marburger (Hrsg.), GWAI-90. 14th German Workshop on Artificial Intelligence. Eringerfeld, September 1990. Proceedings. X, 333 Seiten. 1990.

Band 252: G. Dorffner (Hrsg.), Konnektionismus in Artificial Intelligence und Kognitionsforschung. 6. Österreichische Artificial-Intelligence-Tagung (KONNAI), Salzburg, September 1990. Proceedings. VIII, 246 Seiten. 1990.

Band 253: W. Ameling (Hrsg.), ASST'90. 7. Aachener Symposium für Signaltheorie. Aachen, September 1990. Proceedings. XI, 332 Seiten. 1990.

Band 254: R. E. Großkopf (Hrsg.), Mustererkennung 1990. 12. DAGM-Symposium, Oberkochen-Aalen, September 1990. Proceedings. XXI, 686 Seiten. 1990.

Band 255: B. Reusch, (Hrsg.), Rechnergestützter Entwurf und Architektur mikroelektronischer Systeme. GME/GI/ITG-Fachtagung, Dortmund, Oktober 1990. Proceedings. X, 298 Seiten. 1990.

Band 256: W. Pillmann, A. Jaeschke (Hrsg.), Informatik für den Umweltschutz. 5. Symposium, Wien, September 1990. Proceedings. XV, 864 Seiten. 1990.

Band 257: A. Reuter (Hrsg.), GI-20. Jahrestagung I. Stuttgart, Oktober 1990. Proceedings. XVIII, 602 Seiten. 1990.

Band 258: A. Reuter (Hrsg.), GI-20. Jahrestagung II. Stuttgart, Oktober 1990. Proceedings. XVIII, 602 Seiten. 1990.

Band 259: H.-J. Friemel, G. Müller-Schönberger, A. Schütt (Hrsg.), Forum '90 Wissenschaft und Technik. Trier, Oktober 1990. Proceedings. XI, 532 Seiten. 1990.

Band 260: B. J. Frommherz, Ein Roboteraktionsplanungssystem. XI, 134 Seiten. 1990.

Band 261: W. Zimmermann, Automatische Komplexitätsanalyse funktionaler Programme. VII, 194 Seiten. 1990.

Band 262: W. Gerth, P. Baacke (Hrsg.), PEARL 90 - Workshop über Realzeitsysteme. 11. Fachtagung, Boppard, November 1990. Proceedings. X, 187 Seiten. 1990.

Band 263: H. Eckhardt, Entwurfstransaktionen für modulare Objektsysteme. VIII, 144 Seiten. 1990.

Band 264: T. Härder, H. Wedekind, G. Zimmermann (Hrsg.), Entwurf und Betrieb verteilter Systeme. Fachtagung, Dagstuhl, September 1990. Proceedings. XII, 283 Seiten. 1990.

Band 265: U. Herrmann, Mehrbenutzerkontrolle in Nicht-Standard-Datenbanksystemen. VIII, 183 Seiten. 1991.

Band 266: R. Cunis, A. Günter, H. Strecker (Hrsg.), Das PLAKON-Buch. VIII, 279 Seiten. 1991

Band 267: W. Effelsberg, H. W. Meuer, G. Müller (Hrsg.), Kommunikation in verteilten Systemen. GI/ITG-Fachtagung, Mannheim, Februar 1991. Proceedings. X, 589 Seiten. 1991.

Band 268: J. Raczkowsky, Multisensordatenverarbeitung in der Robotik. X, 168 Seiten. 1991.

Band 269: G. Hommel (Hrsg.), Prozeßrechensysteme '91. Berlin, Februar 1991. Proceedings. XIV, 449 Seiten. 1991.

Band 270: H.-J. Appelrath (Hrsg.), Datenbanksysteme in Büro, Technik und Wissenschaft. GI-Fachtagung, Kaiserslautern, März 1991. Proceedings. XIII, 507 Seiten. 1991.

Band 271: A. Pfitzmann, E. Raubold (Hrsg.), VIS '91, Verläßliche Informationssysteme. GI-Fachtagung, Darmstadt, März 1991. Proceedings. VIII, 355 Seiten. 1991.

Band 272: R. Grebe, C. Ziemann, Parallele Datenverarbeitung mit dem Transputer. Aachen, September 1990. Proceedings. X, 300 Seiten 1991.

Band 273: M. Timm (Hrsg.), Requirements Engineering '91. VIII, 208 Seiten. 1991.

Band 274: R. Denzer, H. Hagen, K.-H. Kutschke (Hrsg.), Visualisierung von Umweltdaten. Workshop, Rostock, November 1990. Proceedings. VII, 97 Seiten. 1991.

Band 276: H. Maurer (Hrsg.), Hypertext / Hypermedia '91. Tagung der GI, SI und OCG, Graz, Mai 1991. Proceedings. VIII, 299 Seiten. 1991.

Band 277: U. Borgolte, Flexible, realzeitfähige Kollisionsvermeidung in Mehrroboter-Systemen. XIII, 105 Seiten. 1991.

Band 278: H.W. Meuer (Hrsg.), SUPERCOMPUTER '91. Proceedings. VIII, 266 Seiten. 1991.

Band 279: G. Schwichtenberg (Hrsg.), Organisation und Betrieb von Informationssystemen. 9. GI — Fachgespräch über Rechenzentren, Dortmund, März 1991. Proceedings. IX, 337 Seiten. 1991.

Band 280: B. Westfechtel, Revisions- und Konsistenzkontrolle in einer integrierten Softwareentwicklungsumgebung. X, 321 Seiten. 1991.

Band 281: W. Emde, Modellbildung, Wissensrevision und Wissensrepräsentation im Maschinellen Lernen. XI, 204 Seiten. 1991.

Band 282: P. Buchholz, Die strukturierte Analyse Markovscher Modelle. VII, 192 Seiten 1991.

Band 283: M. Dal Cin, W. Hohl (Hrsg.), Fault-Tolerant Computing Systems. 5th International GI/ITG/GMA Conference, Nürnberg, September 1991. Proceedings. XII, 425 Seiten. 1991.

Band 284: R. Stadler, Ausführbare Spezifikation von Directory-Systemen in einer logischen Sprache. X, 142 Seiten. 1991.

Band 285: T. Christaller (Hrsg.), GWAI-91. 15. Fachtagung für Künstliche Intelligenz, Bonn, September 1991. IX, 273 Seiten. 1991.

Band 286: A. Lehmann, F. Lehmann (Hrsg.), Messung, Modellierung und Bewertung von Rechensystemen. 6. GI/ITG-Fachtagung, Neubiberg, September 1991. Proceedings. VIII, 338 Seiten. 1991.

Band 287: H. Kaindl (Hrsg.), 7. Österreichische Artificial-Intelligence-Tagung, Wien, September 1991. Proceedings. VIII, 180 Seiten. 1991.

Band 288: G. Helm, Symbolische und konnektionistische Modelle der menschlichen Informationsverarbeitung. X, 161 Seiten. 1991.

Band 289: N. Fuhr (Hrsg.), Information Retrieval. GI/GMD-Workshop, Darmstadt, Juni 1991. Proceedings. VII, 162 Seiten. 1991.

Band 290: B. Radig (Hrsg.), Mustererkennung 1991. 13. DAGM-Symposium, München, Oktober 1991. Proceedings. XVIII, 584 Seiten. 1991.

Band 291: W. Brauer, D. Hernández (Hrsg.) Verteilte künstliche Intelligenz und kooperatives Arbeiten. 4. Internationaler GI-Kongreß, München, Oktober 1991. Proceedings. IX, 546 Seiten. 1991.

Band 292: P. Gorny (Hrsg.), Informatik und Schule 1991. GI-Fachtagung, Oldenburg, Oktober 1991. Proceedings. IX, 335 Seiten. 1991.

Band 293: J. Encarnação (Hrsg.) Telekommunikation und multimediale Anwendungen der Informatik. GI-21. Jahrestagung, Darmstadt, Oktober 1991. Proceedings. XII, 710 Seiten. 1991.

Band 294: R. Möller (Hrsg.), 2. Workshop Sichtsysteme. Bremen, November 1991. Proceedings, 1991. VII, 118 Seiten. 1991.

Band 295: W. A. Halang (Hrsg.), PEARL 91 — Workshop über Realzeitsysteme. 12. Fachtagung, Boppard, November 1991. Proceedings, 1991. X, 197 Seiten. 1991.

Band 296: M. Hälker, A. Jaeschke (Hrsg.), Informatik für den Umweltschutz — Computer Science for Environmental Protection. 6. Symposium, München, Dezember 1991. Proceedings. XX, 657 Seiten. 1991.

Band 297: Th. Ruf, Featurebasierte Integration von CAD/CAM — Systemen. XVII, 314 Seiten. 1991.